Nichts Besseres zu tun
Über Muße und Müßiggang

von Marie und Eckhard
zum 50. Geburtstag.......
22.05.1999
Herz.

Nichts Besseres zu tun
Über Musse
und Müssiggang

Herausgegeben von
Joseph Tewes

Verlegt bei Tewes, Verlagsbuchhandlung, Oelde

Zweite Auflage 1991
Erschienen bei Verlagsbuchhandlung Tewes
4740 Oelde, Postfach 3706

Umschlaggestaltung: Helmut Ackermann, Memmingen
Gesetzt von Peter-Thomas Kiper, Bielefeld,
aus der Garamond Berthold
Gedruckt bei Clausen & Bosse, Leck
ISBN 3-9802257-0-4

Dieses Buch ist Louise und Florian gewidmet

IV. Fernöstliche Musse

V. Was nur in Musse oder besser gar nicht zu tun sei

VI. Ausblick

Einleitung

Wer möchte ein Leben ohne Muße und Müßiggang führen, leben, ohne sich dem Augenblick und seiner Faszination hingeben zu können. Zeit für sich selber zu haben, welch pure Selbstverständlichkeit und zugleich welch entlegene Option. Sich zu versenken, innig zu verweilen, sich auszudehnen und zusammenzuziehen, zu schaukeln zwischen Anspannung und Entspannung, seine Aufmerksamkeit zu bündeln, lange versunkene Bilder heraufzuholen oder – vorauseilend – entfernte Tage vorzukosten. – Mußesituationen sind Zeitspannen in Genuß, Reflexion und Hingabe. Sie überschreiten die Wirklichkeit in Richtung auf Erhofftes, zeichnen sich durch Distanz zur Realität und leichte Störbarkeit aus, verlieren jeden verantwortlichen Zeittakt aus dem Auge und gehen den Dingen tiefer auf den Grund. In der Muße verwirklichen wir unseren Anspruch, unser Leben selber leben zu wollen.

Dieses Buch ist nicht ohne Absicht und Interesse geschrieben: *Es will seinen Leser zur Muße verführen.* Es versucht, durch Beschreiben von Mußesituationen ein noch zaghaftes Interesse an eben solchen Erfahrungen zu stärken und so ein müßiges Dasein erstrebenswerter werden zu lassen. – Schwierigkeiten, zur Muße vorzudringen, sind nicht verschwiegen. Nahezu alle Autoren reden direkt oder indirekt von ihrer Angst vor vergeudeter Zeit, von ihrem Kleinkrieg gegen anerzogene und zunächst protestlos hingenommene Mußelosigkeit, von ihren oft langjährigen Bemühungen, aus Langeweile Muße werden zu lassen. Diese Bekenntnisse helfen, ein gutes Gewissen für Müßiggang und Muße zu schaffen und sich zu einem Lebensstil durchzuringen, der ähnliche Erfahrungen nicht mehr ausschließt.

Außerdem ist beabsichtigt, Grundmuster müßigen Daseins klarer zu beschreiben, sie damit denkbarer, verstehbarer und beredbarer zu machen.

Schließlich läßt das Buch, das sich so freundlich gibt, keinen Zweifel an seinem subversiven Charakter. Im Lob der Muße unterhöhlt es die unfrohe Leistungsgesellschaft und möchte die Umwertung vom Leistungsbegriff als Leitwert zur Muße ein Stück näher bringen. Dies Buch und seine Autoren räumen der Muße den obersten Rang ein und halten den Satz des Aristoteles, der Mensch lebe um der Muße willen, für die ungeschmälerte Wahrheit. Im übrigen versuchen sie, den Eindruck Goethes, diese Welt habe für die Ruhigen und Müßigen keinen Platz, zu widerlegen.[1]

ZUR BEGRIFFSGESCHICHTE VON MUSSE UND MÜSSIGGANG

Das Wort *„Muße"*, althochdeutsch *„muoza"*, mittelhochdeutsch *„muoze"*, besitzt ursprünglich die Bedeutung von Bequemlichkeit, freie Zeit, angemessene Gelegenheit und Spielraum für etwas haben und es nach Gutdünken ausführen können.[2] Die der *„muoze"* verbundenen Begriffe – Ruhe, Genuß und Würde – kennzeichnen, daß der Begriff in den oberen Ständen zu Hause ist. Das lateinische *„licet"*, *„es ist erlaubt"*, *„es steht frei"* (Ursprung des englischen *„leisure"* wie des französischen *„loisir"*, Freizeit) wird ebenfalls häufig mit muoze gleichgesetzt.[3] Die lateinische Sprache bezieht damit die klerikale und die wissenschaftliche Welt in die mittelalterliche muoze ein. – Zum Substantiv gehört als *Adjektiv* das althochdeutsche „muozig", mittelhochdeutsch „müezeg", wie Muße ist. – Das ursprüngliche *Verb* „müezen", althochdeutsch „muozan", geht auf das germanische „motan" und damit auf den indogermanischen Verbalstamm „med" (messen) zurück und besitzt die Urbedeutung „habe mir zugemessen, besitze als mir Zugeteiltes: *Raum, Zeit, Gelegenheit und Kraft.*"[4]

Diese vier Begriffe als indogermanischen Vorstellungskreis müßigen Lebens zu finden, bewegt mich. Es sind bis auf den heutigen Tag die vier magischen Eckpunkte jeden müßigen Tuns: Freie Zeit, freier Raum, Gelegenheit als das Zufällige, das dem „Augenblick" Zugewandte, schließlich Kraft. Letztere ist nötig, um Muße von vornherein gegen jede Erholung und jedes abgearbeitete Wieder-zu-Kräften-Kommen abzugrenzen.

Was an den lexikalischen Aussagen verwundert und wofür ich keine ausreichende Erklärung gefunden habe, betrifft die Auseinanderentwicklung von Verb und Substantiv. Während *„muoze"* seine alte Bedeutung behält, entledigt sich das Tätigkeitswort nach und nach aller müßigen und beliebigen Züge und nimmt genau gegenteilige, also zwanghafte und der Not gehorchende Vorstellungen an. Das heutige Verb *„müssen"*: „ich muß arbeiten, nach Hause, in die Schule, in den Betrieb" hat nichts von seiner ursprünglichen Bedeutung behalten.

Muße als Substantiv wie als Adjektiv haben überlebt, als Verb ist sie untergegangen. Vielleicht kann man folgern, daß es Muße seit je mehr als anstrebenswerte Vollkommenheitsvorstellung (Substantiv) denn als real vollzogene Lebensweise (Tätigkeitswort) gegeben hat, mehr gewünscht als gelebt, mehr gedacht als getan. Weit von der „muoze" entfernt ist das althochdeutsche *„tragi"*, das Trägesein. Es hat in den germanischen Sprachen etwas Schweres und Trauriges (gotisch trigo für Trauer), und meint mühsame Bewegung des Körpers wie des Geistes, langsam wegen vieler innerer Reibungspunkte, widerstrebend und unwillig, ohne Anmut, Charme und Leichtigkeit.

Hierher gehört auch das Wort „faul", ebenfalls ein weitverbreiteter indogermanischer Stamm, der ursprünglich nur den Bereich des Verfaulten, Übelriechenden, nicht aber den Arbeitsunlustigen meint. Das mittelhochdeutsche *„Vulenzen“* = Faulenzen heißt „faulig schmecken“. Erst später – seit dem 15. Jahrhundert wird der Arbeitsscheue mit dem Widerlich-Riechenden und -Schmeckenden in Verbindung gebracht und durch diesen Vergleich herabgesetzt, ähnlich wie mit den Worten „Aas“ und „Luder“ geschehen. Im Begriff „stinkfaul“ kommen beide Bedeutungen zusammen.

Wenn Thomas von Aquin die Faulheit als schwere Sünde hinstellt, hat er die *„acedia“* vor Augen, eine „apathische Feigheit vor dem Einsetzen der eigenen geistigen Fähigkeiten“ [5], jene uns nicht ganz unbekannte Apathie, die allzu früh resignierende Haltung des: „Auf mich kommt es sowieso nicht an“, „was kann ein einzelner schon tun?“, „es ist mir ohnehin gleichgültig“. Diese Trägheit meint also nicht Arbeitsscheu, sondern ein Zurückbleiben gegenüber sich selbst und seinen Möglichkeiten; mittelalterlich, gegenüber seinem notwendigen Bemühen um Vervollkommnung und Heiligkeit. In diesem Sinne ist *„acedia“* ein theologischer Moralbegriff, der Anwendung findet auf Gebildete, vorab auf Mönche und Nonnen, nicht auf Knechte und Mägde, deren Arbeitsunlust unter den Begriff *„pigritia“* fällt. Zahlreich sind die Wortformen, die vom Adjektiv „müszig“ ausgehen. Das Grimm'sche Wörterbuch behandelt nicht weniger als ein Dutzend: „müszig gehen“, „müszigen“, „Müsziggang“, „Müsziggänger“, „Müsziggängerei“, „müsziggängerisch“, „Müsziggeher“, „Müszigkeit“, „Müszigung“, „müsziglich“ – woraus man auf eine ebenso weite wie gründliche Verbreitung entsprechender Lebensformen schließen kann. Das Mittelalter war keine Leistungsgesellschaft.

Seit dem 15. und 16. Jahrhundert kommt es jedoch zu einer Wende, ein Wert- und Paradigmenwechsel, zu einer Abwertung der Muße und im Gegenzug zu einer Verherrlichung des Arbeitsgedankens. Müßigsein wird nun eindeutig negativ eingestuft. Es bedeutet, seine Zeit schlecht anzulegen, seine Zeit zu verlieren.

> „Du solt vliehen müeszegkeit
> suoche der hende arebeit“,

heißt es in einem Tugendspiegel. Und „Muszgang ist ein unfruchtbar acker“. Den Bürger berührt die Armut des Müßigen wenig, ist sie doch selbstverschuldet. Obendrein ist der Müßige ja zu nichts nutze, von niemandem zu brauchen. „Müßiggang“, so faßt es das jetzt erscheinende Sprichwort zusammen, „ist aller Laster Anfang und des Teufels Ruhebank.“

Müßiggang ist nicht nur selber Sünde, sondern zieht auch einen Schwanz von Lastern nach sich. Luther setzt das Müßiggehen gleich mit Fressen, Saufen, Spielen, Tanzen und Unkeuschheit treiben. *„Der faule Müßiggang ist, Venus, dein Agent.“* – Eine entsprechend entgegengesetzte Entwicklung nimmt der Begriff *„Arbeit“*. Dem Wort liegt der indogermanische Stamm *„arb“* mit der Bedeutung *„verwaist“* zugrunde. *„Arbejo“* heißt ursprünglich: *„bin ein verwaistes und deshalb zu mühevoller Arbeit verdingtes Kind“*.[6] Arbeit bedeutet demnach, sich im Bereich des Mühseligen aufzuhalten, in Bedrängnis und großer Not zu sein. Tacitus schreibt, Arbeit sei für den freigeborenen Germanen unwürdige Mühsal und Plackerei, die er, wo nur möglich, auf den Unfreien abschiebe. – Erste Aufwertungen des Arbeitsbegriffs hängen mit der Christianisierung zusammen. Die Überlegenheit der missionierenden Mönche (Pirmin, Bonifatius, Gallus, Kilian) lag in der erfolgreichen Anwendung neuer, den Germanen nicht bekannter Arbeits- und Kulturtechniken. Allerdings wird die Gleichrangigkeit von „orare", beten, und „laborare", arbeiten, – aus der Regel des Benedikt, 500 n. Chr. – während des gesamten Mittelalters nicht in Frage gestellt. Die Situation ändert sich erst zu Beginn der Neuzeit. Bei Luther bekommt die Arbeit in dem von ihm geschaffenen Begriff des *„Berufs"*, als Ruf Gottes, ein neues theologisches Fundament. Nicht nur für weltliche Herren, sondern bereits in Befolgung eines göttlichen Gebotes muß jetzt gearbeitet werden. Arbeit ist *„gottesfürchtiger Dienst"*. Wie der Vogel zum Fliegen, so ist der Mensch zum Arbeiten geboren. Luther erkennt zwar an, daß Arbeit Mühe und Last bedeutet, für den erbsündigen Menschen jedoch damit eine natürliche Situation. Die *„imitatio Christi"* des Thomas von Kempen (1470 erschienen) hält ihrem Leser vor: „Was suchst Du nach Ruhe, da Du doch zum Arbeiten geboren bist. Ohne Arbeit gelangst Du nicht zur Ruh', ohne Kampf nicht zum Sieg" und „Die Müßiggehenden straft der Herr und gibt der Arbeit Lohn und Ehr".

Der Zwang zur Arbeit wird in wenigen Generationen verinnerlicht.[7]

Erklärungen für diesen Paradigmenwechsel zu Beginn der Neuzeit sind häufig versucht worden. Max Weber entdeckte schon zu Beginn dieses Jahrhunderts einen Zusammenhang zwischen der protestantischen Ethik und dem Geist des Kapitalismus. Auch die Ablösung der alten Feudalschichten durch den Aufstieg des Stadtbürgertums, des Handwerker- und Handelsstandes als neuer führender Schicht gehört in diesen Prozeß. Wer Mitglied der neuen Schichten sein wollte, mußte Eigentum vorweisen, und Eigentum erwarb und vergrößerte man durch Fleiß.

Die Zeiten der Muße schienen damit endgültig abgelaufen zu sein. Als Folge trocknete der Begriff aus. Etwa 20 Formen hatte das Mittelhochdeutsche gekannt. Die Lexika des 18. und 19. Jahrhunderts verzeichnen noch etwa ein halbes Dutzend geläufiger Begriffe, erklären aber schon die Hälte davon als veraltet und unmodern. In der Mitte des 19. Jahrhunderts nennt Daniel Sanders in seinem „Handwörterbuch der Deutschen Sprache", Leipzig 1869, nur noch die Begriffe „Muße" und „müßig" sowie das veraltete Verb „müßigen" im Sinne von „jemanden zu etwas nötigen". – Das Wort „müßig" wird erwartetermaßen negativ interpretiert. Es enthält zumeist den Sinn, daß Personen oder Sachen beschäftigt oder gebraucht sein sollten, es aber nicht sind. „Müßig liegt Dein Eisen (Schwert) in der Halle". Müßig meint „nutzlos, überflüssig, eitel, leer, unwirksam". – Moritz Heyne interpretiert in seinem „Deutschen Wörterbuch", 1892, sogar die Muße selbst negativ, also im Sinne von Müßiggang: „Ich bin der Muße gram, die Arbeit ist mein Leben." – „Das

Deutsche Wort" von R. Pelkrum, Leipzig 1933, nennt auch das Adjektiv müßig – „veraltend" und gibt als seine inhaltlichen Qualitäten an: „leer, unbesetzt, freie Zeit lebend, unbeschäftigt, untätig, nutzlos, überflüssig, tatenlos und wirkungslos", insgesamt eine beeindruckende sprachliche Negativbilanz.

Demgegenüber explodiert der Begriff „Arbeit". Grimm zählt im Wörterbuch von 1854 achtundsiebzig Formen auf, ein Wucherungsprozeß, der noch immer nicht zum Stillstand gekommen ist. Als Folge einer neuen Professionalisierung wird jetzt auch im emotionalen Bereich „gearbeitet". Man arbeitet mit Kindern, Alten und Aidskranken. Die ehemalige *„Seelsorge"* hat der neuen *„Gemeindearbeit"* Platz gemacht. Wo man früher trauerte, leistet man heute *„Trauerarbeit"*, wo man litt, *„Schmerzarbeit"*, überhaupt *„Gefühlsarbeit"*, *„Beziehungsarbeit"* und *„Ablösungsarbeit"*. – Scheint der Begriff Arbeit nicht überall dort unverzichtbar, wo wir etwas wirklich ernst meinen? Arbeit wird offenbar ungeklärtermaßen mit Wirklichkeit gleichgesetzt. Leben selbst scheint nur noch als „Arbeit" möglich. – Warum sagen wir „das Holz arbeitet", wenn es knackt? Arbeitet der Salatkopf, wenn er wächst? Arbeitet die Natur? Hat Gott *„gearbeitet"*, als er die Welt schuf? Oder ist der Begriff des arbeitenden Holzes, der arbeitenden Natur, des Trauerarbeit leistenden Menschen und des arbeitenden Gottes nicht eine närrische und zugleich das Leben bedrohende Ideologie?

Wie steht es heute mit der Lebensfähigkeit der Begriffe Muße und Müßiggang? Werden die Worte in einer verkabelten Leistungsgesellschaft dahinschwinden, von einer verbalen Schwindsucht weggezehrt? Stehen andere Begriffe bereit, das selten gewordene müßige Lebensgefühl auszusagen? Und wie soll man sich selbst zu diesem Prozeß stellen? – Soll man die Worte stärken, oder ist es redlicher, sie absterben zu lassen? – Wieviele Gespräche haben wir über diese Frage geführt! Wie oft wurde Muße als Relikt einer angeblich zu Recht verschwundenen Bildung abqualifiziert und ihr Anspruch elitär genannt. Mit Muße könne eine demokratische Freizeitgesellschaft eben nichts mehr anfangen. Auch komme der Begriff in der engagierten linken Tradition nirgendwo vor, mit Ausnahme des unseligen, durch Freitod geendeten Paul Lafargue, des Schwiegersohns von Karl Marx. – Das Gegenargument, daß es töricht sei, soziale Ungerechtigkeit ausgerechnet im Begriff der Muße zu bekämpfen, daß es inhuman sei, es hinzunehmen, diese Lebensweise und den dazugehörigen Begriff eher verschwinden zu lassen, als sie für uns selbst und eine humane Zukunft zu sichern, diese Argumente wurden kaum mehr wahrgenommen.

Warum soll man nicht akzeptieren, daß der populäre Begriff „Freizeit" inzwischen an die Stelle der Muße getreten ist und ihn gewissermaßen beerbt hat; Freizeit als eine Form *„demokratisierter"* Muße?

Die Unterschiede liegen allerdings auf der Hand. Freizeit bedeutet nicht von sich aus Muße, wenn sie auch eine Affinität auf Muße haben mag. Freizeit ist zwar nicht leer – Abwesenheit von Arbeit und sonst nichts –, ihr Name löst vielmehr positive, wenn auch unscharfe Vorstellungen aus: Freisein von Unangenehmem, entspannt sein, tun, was man lieber möchte; aber gegenüber dem Begriff Muße bleibt sie tatsächlich eigentümlich formal und negativ. Auf der anderen Seite stellt Freizeit eine Art Grundrecht dar und ist von daher viel fundamentaler als der in diesem Vergleich wiederum abgehobene Begriff Muße. Auch bleibt Freizeit als Ergebnis von Arbeitskämpfen der Berufswelt weit mehr verpflichtet als Muße. Stark von den jeweiligen Belastungen und Zwängen der Arbeit infiziert, hat sie auch die Aufgabe, einen weiteren Arbeitstag zu ermöglichen. Außerdem stellt sich in der Freizeit immer wieder die Frage, womit man sie ausfüllen soll. Muße hat diese Frage immer schon beantwortet, leere Muße ist undenkbar, leere Freizeit sehr wohl. Freizeit kann sinnlos, absurd, monoton, ohne Höhepunkte und voll gähnender Langeweile sein, ein nicht-enden-wollender Sonntag. Muße dagegen bleibt voller Sinn und Intensität ohne zeitliche Längen und kommt den Dingen sehr nahe.

Häufig wird der Begriff Muße herangezogen, um die Freizeit im eigentlichen Sinne, also ihren völlig entlasteten und befreiten Kernbereich, mit einer eigenen Vokabel zu charakterisieren (vgl. Hartmut Lüdtke, Freizeit in der Industriegesellschaft, 1975, S. 26).

Muße wird dann die Aufgabe zuerkannt, durch die in ihr niedergelegte Fülle überzeugender Bilder müßigen Lebens die Qualität der Freizeit selbst zu verbessern. Langsamkeit, Lässigkeit, Zeitsouveränität, Faulheit und Gelassenheit wären mögliche sprachliche Nachfolger, obwohl keines von ihnen, schon wegen ihrer verbalen Konstruiertheit, die Stelle des tausendjährigen und noch immer blühenden Mußestockes ausfüllen könnte. Altmodisch ist der Begriff ja nicht erst seit heute, er war es schon im 19. Jahrhundert. Auch Habermas bezeichnete ihn 1958 als „altmodisch“. Umgangssprachlich wurde er vermutlich in den letzten 200 Jahren überhaupt nicht mehr benutzt. Warum er dennoch nicht vollends in Vergessenheit und Abschaffung geriet, muß Gründe gehabt haben. Jedenfalls fand Dorothea Lukowski in ihrer für dies Buch durchgeführten Untersuchung unter 60 Befragten nicht einen, der den Begriff nicht verstanden oder nicht in der Lage gewesen wäre, ihm eindeutige Inhalte zuzuordnen. – Und warum soll das Haus unserer Sprache nicht auch entlegene Kammern enthalten, altertümliche und rare, halb literarische Wörter, selten benutzt, aber dafür unabgebraucht? Oder ist nicht vielmehr das Gegenteil zu befürchten, eine neue Wiederentdeckung der Muße, eine „Mußemode“?

In jedem Fall ist hier der Ort, eine weitere Absicht des Buches zu enthüllen, nämlich nicht nur für die Ausstreuung müßigen Lebens, sondern auch des Wortes „Muße“ einzutreten. –

Musse in der gesellschaftlichen Auseinandersetzung

Es ist nicht zu übersehen, daß sich seit den ausgehenden 70er Jahren eine Umwertung des Mußebegriffs vollzogen hat. Lange Zeit, in den 50er, 60er und 70er Jahren, fehlte der Begriff in der Auseinandersetzung und Diskussion völlig.[8] Wurde er überhaupt verwendet, brandmarkte er schichtenspezifisches und elitäres Verhalten. Wie „Kultur“ und „Bildung“ gehörte die „Muße“ zum selbstverständlichen Erbe herrschender Kreise. Muße hieß „Mußemonopol“[9] und bedeutete „Sklavenhaltergesellschaft“[10]. Bürgerlicherseits erfuhr man „Mußebildung“, Arbeiter hingegen wurden für die Arbeit abgerichtet. Oben verfügte man über Muße, unten kannte man nur Erholung.Wie der Begriff Kultur war auch Muße *„affirmativ“* (Marcuse). Im Mittelpunkt der Aufmerksamkeit standen Kultur und Muße nicht als menschliche Grundmöglichkeiten, sondern als oberschichtspezifische Verhaltensweisen. Man bemerkte, daß beide eine gesellschaftliche Ungleichheit voraussetzten, ungleich verteilt waren, und lehnte mit dieser Ungerechtigkeit – zu Unrecht – auch Kultur und Muße selber ab.

Die Situation hat sich gewandelt. Man kann das sehr deutlich an der Rehabilitation des Kulturbegriffs verfolgen. Der Begriff erweiterte sich. Alltagskulturen, die *„Kultur der Leute“*[11], Abeiterkultur wurden entdeckt. Neben das Grundrecht auf Arbeit trat ein Grundrecht auf Kultur. *„Demokratisierung der Kultur“*[12] lautete die Devise, die auf den unterschiedlichsten Ebenen, vom Deutschen Städtetag (Kultur in den Städten, 1979) bis zu den Empfehlungen der UNESCO und des Europarates proklamiert wurden. Kulturzentren (Glaser), alternative Kultur erschienen. Kulturarbeit und Kulturpädagogik entwickelten sich. *„Kultur für alle“*[13] und *„Teilhabe am Reichtum der Kultur“* wurden Themen von Maikundgebungen.

Eine ähnliche Aufwertung widerfuhr dem Mußebegriff.

Die neue Entwicklung begann, als Muße im Sinne eines Schichtverhaltens ausstarb. Tatsächlich verfügt heute niemand mehr bloß aufgrund seiner Schichtzugehörigkeit über Muße. Der Arbeits- und Leistungsgedanke hat alle Schichten erfaßt. Muße ist damit offenbar wieder positiv verwendbar. Seit Mitte der 80er Jahre erscheint der Begriff wieder häufiger. Plötzlich treten Muße und Mündigkeit nebeneinander auf, eine seit Jahrzehnten undenkbare Verbindung (vgl. Freizeitpädagogik, Zeitschrift für kritische Kulturarbeit, Freizeitpolitik und Tourismusforschung, 3/4, 1985). Muße und Glück zeigen sich Hand in Hand, Muße und schöpferisches Leben werden wiederentdeckt, Muße und Nachdenklichkeit und sogar Muße und „Anschauung“, jener neben „Herstellung“ wichtigsten Kategorie einer befreiten Produktion bei Karl Marx. Gegen die alte These der Selbsterschaffung durch Arbeit (Hegel und Marx) tritt die Gegenthese von der Selbstzerstörung des Menschen durch Arbeit.[14] In der „Krise der Arbeit“ erscheint die Möglichkeit einer Wiederentdeckung der Muße, die herangezogen wird, um die Absolutsetzung des

Arbeitskonzepts zu überwinden. Für das eigene Leben stellt Muße neue Identitätsmuster anstelle zurückgehender Arbeitsidentität dar. Zugleich haben sich die Fronten völlig verkehrt. Die Abwertung der Muße durch die engagierte Linke hat einer distanzierten Achtung Platz gemacht. Muße ist als Waffe gegen den Kapitalismus entdeckt. Dafür wird sie jetzt von den Schichten attackiert, zu deren Privilegien sie angeblich gehört hatte. Es sind die herrschenden Leistungseliten, die heute die Nase über Muße und Müßiggang rümpfen. – Muße scheint sich von einem angeblich reaktionären Klassenbegriff zu einem fortschrittlichen Wert gewandelt zu haben.

Müssiggang und Musse

Muße und Müßiggang, obwohl ein ungleiches Paar, werden in diesem Buch oft in einem Atemzug genannt. Zwei Wörter wie aus einem Generationskonflikt: die würdige Mutter und der kecke Sproß. „Muße", bildungs- und ahnenreich, aus philosophischem Hause, dennoch weltfremd und scheu, der Mystik, der Kontemplation, der Theologie teuer. Daneben Müßiggang: keß, lax und jugendlich, eher unbeschwert, von unnachahmlichem Schlendrian, eine charmante Verantwortungslosigkeit am Leibe. Im Werdegang etwas vom schwarzen Schaf einer noblen Familie, kritisiert von Kirchen und Obrigkeiten, ist er erfüllt von einer souveränen Verachtung des staatstragenden Leistungsprinzips und gewinnt so einen Anflug von Subversivität, ohne jedoch eigentlich gefährlich zu sein, weil es ihm an Radikalität fehlt, und dies ganz im Gegensatz zur harmlos wirkenden Muße, die einer vehementen und grundsätzlichen Verweigerung fähig ist. Müßiggang, als göttliche Kunst der Faulheit von Schlegel ans Firmament gehoben, als eigentliches Prinzip des Adels begehrt und gehaßt, eine Unordnung, aber poetisch, ein Durcheinander, aber schön, zugleich Zeichen einer geglückten Abgrenzung von bürgerlicher Ordentlichkeit. Von Thorstein Veblen im demonstrativen Müßiggang der leisure class gründlich analysiert und moralisch verurteilt (Thorstein Veblen, Theorie der feinen Leute, New York, 1918, Köln 1958), hat der Begriff es gerade deshalb heute leichter.

Schließlich hat der Müßiggang noch eine künstlerische Ader, die sich im Milieu der Boheme am ungeniertesten entfaltet. In den Arkaden und Alleen war er anzutreffen, jener müßige Flaneur Walter Benjamins, der der Kunst zu leben möglicherweise näherstand als der Liebhaber der Muße. Richtig zu Hause war er im alten Orient, an der „Hohen Pforte", im Serail, wo die Edlen den Tag mit der Wasserpfeife begannen und beendeten. Was zwischendurch geschah, war kaum der Mühe des Berichtens wert.

Philosophische Nachfrage

Man kann die Frage, *„was Muße sei"*, eigentlich kaum stellen, da sich die Vielfalt müßiger Situationen nur schwer vereinheitlichen läßt. Entsprechend werden von den verschiedenen Autoren des Buches auch sehr unterschiedliche Mußevorstellungen – von Definitionen zu sprechen, verbietet sich ohnehin – verwendet. – Obwohl also Reichweite, Wirksamkeit und Bedeutung von Muße sehr unterschiedlich gehandhabt werden, geht dennoch von allen geschilderten Situationen eine ähnliche Atmosphäre aus. – Das muß genügen, um den Versuch zu machen, wenigstens einige wiederkehrende Strukturen müßigen Verhaltens aufzuzeigen.

Zunächst scheint Muße eine sehr *alte Vollkommenheitsvorstellung* zu sein, wie Menschen ihr Leben leben möchten. „Wer ruhig und still ist, wird zum Führer des Alls", schreibt Laotse im Taoteking. (Nach traditioneller Auffassung im 6. Jahrhundert v. Chr. entstanden, nach Ergebnissen neuerer Textkritik um 300 v. Chr.) Tschuang Tse (etwa 335–275 v. Chr.) weist darauf hin, das Ziel aller guten Regierung und Philosophie könne nur sein, den Menschen einen ruhigen Verlauf ihres Lebens zu ermöglichen, so wie es auch der gesamten Natur vergönnt sein solle, ihren eigenen Gesetzen zu folgen. – Für den Buddha in Indien wie für die Philosophen Griechenlands ist Muße eine der Voraussetzungen vollkommenen Lebens.

Dieses müßige Verhalten steht meistens im Gegensatz zu allen zweckgerichteten und durch Last und Mühe charakterisierten, dennoch unumgänglichen Tätigkeiten, kurz dem, was wir im allgemeinen „Arbeit" nennen. Muße hat, gleichviel, ob man sie als Tätigkeit oder als Nichtstun versteht, *ihren Sinn nur in sich,* während arbeitende Tätigkeiten im allgemeinen eines zu erreichenden Zieles wegen, also gerade nicht um ihrer selbst willen, durchgeführt werden. Im Mittelpunkt des Arbeitsprozesses steht daher das Produkt, während der Erarbeitungsvorgang selbst nach Möglichkeit an den Rand gedrängt wird. Der Muße dagegen gelten Weg und Ziel gleichviel. Eigentlich hat sie überhaupt keinen Weg oder gar kein Ziel, eher könnte man sagen, sie kreist.

Wenn nun Muße nur um ihrer selbst willen angestrebt wird, auch nicht in der Lage ist, am Schluß auf irgend etwas Geleistetes hinzuweisen, muß sie in sich außerordentlich begehrenswert sein. Muße, lautet der Schluß, muß ein höchst angenehmer, lustvoller, ja glücklich zu nennender Zustand sein. Der Müßige fühlt sich offenbar *in seiner Muße wohl und geborgen.*

Hier fällt ein Stichwort, das unruhig macht. Wie ist Muße eigentlich zu denken, eher als ein Verhalten, also eine *Tätigkeit,* oder eher ein *Sein,* das mich umgreift und in dem ich ruhe?

Bleiben wir doch noch einen Augenblick an dieser kühl-warmen Mauer, wo ich mich allem, was kommen mag, überlasse. Licht und Schatten gehen als Wärme und Kühle durch mich hindurch, Laute vom Kiesweg und aus den Kronen der Bäume. Absichtslos, aber hellwach. Plötzlich spüre ich in namenloser Gewißheit, daß ich bin, daß ich lebe, daß ich wunderbar lebe. „Still, ward die Welt nicht eben vollkommen?" Nietzsches großer Mittag und mein kleiner. – Dieser Augenblick dauert eine köstliche Weile, dann verliere ich ihn oder er mich, hatte ihn auch nicht halten können, noch wollen. –

Was war das gewesen, dieser schöne *Augenblick*, dieses, wie man sofort resignierend gesteht, „unbeschreiblich" Gute, diese „Blüte und Frucht des Daseins" (Schopenhauer), dieser nur als Bild aussagbare Moment? – Wie kann ich versuchen, ihn dennoch zu denken, diesen Augenblick, nun, da er vorüber ist und mich sein Zauber noch immer nicht völlig verlassen hat? – Der deutschen Sprache fehlt – wohl zu Recht – der Begriff des *„Kairos"*, jenes erfüllten, ja vollendeten Augenblicks, dieser charismatische Punkt, Ruhe, Reife und Höhe eines Prozesses in eins, eine Zeitkategorie völlig eigener Art. Kairos ist der richtige Augenblick, der sich nur von sich aus ergeben kann, der vielleicht erhofft, der aber weder gemacht noch hergestellt noch abgerufen werden kann. Das mythische Denken hat die einzig zutreffende Aussage gemacht: den Kairos gibt es nur als Geschenk der Götter. Wen – darf man fragen – beschenken die Götter mit dem Kairos? Er fiel an ihn, an sie, die dort nichtstuend auf der Mauer saßen, jene Müßiggänger, Taugenichtse und Tunichtgute. Und nur darum, weil sie die Weile und Gelassenheit besaßen, für den Kairos dazusein. Wie selbstverständlich fiel er ihnen in den Schoß. Muße und Kairos gehören zusammen.

Wir müssen die Frage, ob Muße eher durch den Tätigkeits- oder den Seinsbegriff zu fassen sei, noch einmal stellen. War das eben eher ein Sein oder ein Tun? – Der Augenblick geschah von allein, er ereignete sich, ich hatte nicht den Eindruck, das Wesentliche daran herbeigeführt zu haben. Meine Muße trug mich, wie der Schlaf mich trägt. Sie geschah als ein sich vollziehendes Sein. Dieses Sein ist stets früher als alles Tätigsein. Und obwohl ich glücklich, warm, wach und hell war, tat ich nichts. Ich bin, einfach so und nichts mehr. Alle Tätigkeits- und Aktivitätsinterpretationen fallen von mir ab. Der Muße ist die Vorstellung, *daß etwas von sich aus geschieht*, nahe – näher als die andere, daß alles, was geschieht, von mir ausgehen und von mir veranlaßt werden muß.

Mache ich auf der anderen Seite den Versuch, diese müßige Situation vom Verhalten her zu verstehen, kann ich auf meine Aufmerksamkeit verweisen, mit der ich die feinen Reize registriere. War ich es nicht, der die gesamte Situation herbeigeführt hatte, der sich hier niedergelassen, sich bewußt anderer Dinge enthalten und so die Muße herbeigelockt hat? Zweifellos absichtsvolle Tätigkeiten, die es erlauben, den gesamten Prozeß auch als Tätigkeitsabfolge zu kennzeichnen.

Sein und Tätigsein scheinen sich zu verschränken. Tätigsein ist Ausdruck des Seins, und Sein erscheint als Tätigsein. Dennoch ist der Tätigkeitsbegriff in unserer Situation stets in Gefahr, als Aktivitätssyndrom mißverstanden zu werden. Sein als grundlegender Begriff ist selber nur als Vollzug, als Verwirklichung zu denken, dem nicht noch ein Tätigsein zugegeben werden muß. Sein ist Vollzug der Gegenwart, verwirklichte Anwesenheit, sich entfaltendes Leben. Und es bedarf keines zusätzlichen Antreibers. Wenn aber Sein und Tätig-Sein in eins fallen, wird die Frage, ob Muße mehr Sein oder Tun ist, überflüssig. Entsprechend laufen die Begriffe „aktiv" und „passiv" am Mußebegriff vorbei. Allenfalls sind sie dialektisch auf ihn anwendbar, also nur dann, wenn mit dem einen auch der andere mitgedacht wird. Der oben Sitzende war so wenig aktiv wie passiv, oder beides zugleich. Er lebt, ohne etwas dafür oder dazu tun zu müssen, ein tätiges Nichtstun.

Betrachten wir den müßig dort Sitzenden noch einen Augenblick, so fällt auf, daß er offenbar bereit war, sich ganz auf die Situation einzulassen, ohne Ablenkung, aber auch ohne Konzentration, ohne Neben-, aber auch ohne Hauptgedanken. Statt dessen war er absichtslos, arglos und offen. Muße scheint wie jedes sinnliche Erleben an die Bereitschaft gebunden, sich der Situation zu überlassen, ja mehr noch, sich ihr hinzugeben. Dies bedeutet weiter, daß der Müßige nicht die entfernteste Absicht hat, die Situation, in der er sich befindet, zu verändern. Sich überlassen bedeutet „*Lassen*", und Lassen bedeutet „*Sich-Enthalten von Einwirkung*". Ich lasse die Welt, wie sie ist, ich akzeptiere ihr So-und-nicht-anders-Sein.

An diesem Punkt scheinen wir eine für uns nur schwer zu akzeptierende Gegenposition unserer normalen Einstellung erreicht zu haben. Nahezu alle Formen unseres Denkens sind durchdrungen vom Willen, etwas zu machen, zu erkennen, zu verändern, zu erforschen, zu beherrschen und zu besitzen. Die Menschen, sagt Nietzsche, „werden lieber noch das Nichts wollen, als nicht wollen".[15]

Neben dem „*Lassen*" ist das „*Vernehmen*" und „*Schauen*" der Muße eigentümlich. Mit Vernehmen und Schauen sind die sinnlichen Grundvermögen „Hören" und „Sehen" angesprochen und bereits interpretiert. Sehen, der Fernsinn des Menschen, orientiert ihn, versetzt ihn in die Lage, die Ereignismassen in wichtige und unwichtige, gefährliche und solche, die man vernachlässigen kann, zu trennen. Sehen ist ein Akt der Unterscheidung, Beurteilung und Beherrschung. Nicht so das Schauen. Schauen nimmt das sich Zeigende erst einmal auf und beläßt es damit in seinem Eigensein. Es ordnet sich gewissermaßen dem Beschauten unter. Versteht man unter Schauen einen Erkenntnisprozeß, handelt es sich um ein Denken, das sich seine Ergebnisse nicht mit Hilfe der eigenen Kategorien erarbeitet, sondern um ein intuitives, unmittelbares Erkennen und Offenbarwerden. Die mittelalterliche Philosophie unterschied zwei Formen des Denkens, die „*ratio*" als Weg schrittweisen Erkennens und den „*intellectus*" als müheloses Vermögen der Seele, der die Erkenntnis gewissermaßen von allein zufällt. Gäbe es letzteres nicht, würde Erkennen ausschließlich „Arbeit" sein, also eine Folge der eigenen Bemühungen. Ein Gedanke könnte mir z. B. nie *„aufgehen"* oder urplötzlich *„einleuchten"*. Eine Vernunft, die ihre Erkenntnisse, Bilder und Ideen nicht nur der „fleißigen und sorgsamen Arbeit des Subjekts" (Kant) verdankt, sondern als vernehmende oder schauende Vernunft unmittelbar vor sich sieht, ist der Muße verwandt. Diese Form, die *vernehmende Vernunft*, benennt die Fähigkeit, schauen zu können, ein Schauen, das das Allgemeine, die Ordnung der Dinge, ihr Wesen, ihren Grund unmittelbar erkennt. Muße schaut die Welt an, den Himmel, ein Stück Gartenland – lassend, staunend, vernehmend, erkennt sie mit Leichtigkeit und wie von selbst das Zusammengehören von Mensch und Natur, sie bemerkt die Ordnung des Ganzen und die Wahrheit als Offenheit des Seins. Muße und vernehmende Vernunft scheinen, wenigstens ein Stück weit, identisch zu sein.

Zu den unmittelbaren Folgen der Muße gehört eine Verfeinerung der Sinne, aller Wahrnehmungen und damit der gesamten Person. Statt der Gewöhnung – plötzliche Entdeckung, statt der Akzeptanz – unerwartete Skepsis. Muße kommt zu neuen Erkenntnissen, neuen Horizonten, neuen Wertmaßstäben, läßt veraltete Moralvorstellungen abstreifen, sich von toten Glaubenssätzen befreien. Muße läßt etwas sehen, was vordem in selbstverständlicher Distanzlosigkeit hingenommen oder überhaupt nicht wahrgenommen wurde. Hier begehrt jemand, für sich selber zu denken. Also habe Mut, Dich Deines eigenen unwiederholbaren Lebens, Dich Deiner eigenen unwiederbringbaren Zeit, Dich Deines eigenen Schauens ohne Leitung eines anderen zuzuwenden, in Muße!

Bisher haben wir Muße stillschweigend eher vom nicht-tätigen und kontemplativen Leben her verstanden: Träumen, Nachdenklichkeit, sich dem Augenblick und den Dingen überlassen, Schauen, Vernehmen, inniges Verweilen, Faulenzen und Feiern. Muße war Hermann Hesses „zur Kunst gesteigertes Nichtstun" oder ein „erfülltes und wunschloses, die Gegenwart ein- und ausatmendes Nichtstun" (Arnold Gehlen, vgl. Aufsatz Tewes), die „sinnliche Kontemplation" Walter Benjamins oder eine „schauende Versunkenheit" (von einem chinesischen Rollbild im Museum Rietberg, Zürich).

Es ist aber keine Frage, daß Muße auch strengere Formen der Auseinandersetzung mit der Wirklichkeit, auch Formen der Arbeit, selbst der Mühe miteinbeziehen kann. „Ich arbeite in Muße" ist eine sinnvolle Aussage, wenn auch die Tätigkeit in diesem Fall nicht unter den uns geläufigen Leistungsbedingungen stehen soll. Der eigene Rhythmus, eine intensivere Bewußtheit und Freude an der Tätigkeit, ein positives Verhältnis zwischen Kraft und geforderter Anstrengung sind unverzichtbar. Beispiele für eine befriedigende, mit Muße verwachsene Arbeit entstammen freilich selten der formellen Berufswelt, sondern fast immer einer zwischen Arbeit und Freizeit angesiedelten Zone. So ist etwa der Wechsel zwischen Muße und selbstbestimmter Tätigkeit von unwiderstehlichem Reiz. Das Denken und Schauen der Mußestunden setzt sich während dieser Arbeit von allein fort und fördert neue

Einsichten und Formulierungen an den Tag, während die von der Arbeit herrührende Ermattung des Leibes die Stunden der Muße köstlich werden läßt.
Konrad Pfaff weitet den Begriff der Muße noch weiter aus, wenn er ihr zutraut, sich gerade an den entfremdeten und massenhaften Prozessen unserer Zeit, dem Medienkonsum, dem Sport und Tourismus zu erproben. Dort bekämpft sie Geschäftigkeit, Außenlenkung und die Mechanismen der Macht: „Wo Kurzweil und Genuß entstehen in der konformgeschlagenen Ablaufwelt, ist Muße am Werke." (vgl. Aufsatz Pfaff)
An dieser Stelle sei dem Verdacht Ausdruck gegeben, Muße könne ein männliches Vorrecht sein. Eigentlich hatte dieser Verdacht schon von Anfang an bestanden: seit Aristoteles die Situation der philosophischen und politischen Muße beschrieb, die in der antiken Polis Sache der Männer war. *Sokrates* nahm sich Muße, *Xanthippe,* sein Weib, die für Hausstand und Familie zu sorgen hatte und dies nur mit Murren auf sich nahm, hatte vermutlich keine. – Mädchen haben weniger Freizeit als Jungen, Frauen weniger als Männer, die Doppelrolle von Beruf und Haushalt ist bei Frauen verbreiteter als bei Männern. – Über die geschlechtsspezifische Übung von Muße gibt es keine empirischen Untersuchungen, aber zu vermuten bleibt, daß Männer, obwohl sie über mehr Freizeit verfügen als Frauen, sich dennoch seltener der Muße überlassen.

Welch ein Glück, nach zwanzigjähriger Abwesenheit das Centro storico von Siena wieder zu betreten und es so vorzufinden, wie man es als junger Mensch voller Wehmut verlassen hatte. Welches Grauen, seine deutsche Heimatstadt aufsuchen zu müssen und die Orte der Kindheit nicht mehr vorzufinden. Mußelosigkeit verbindet sich mit Geschichtslosigkeit, überhaupt mit Einerleisein, Gleichgültigkeit und Rohheit.
Ist Muße deshalb ein konservativer Begriff? – Raschen Änderungen abhold, dem Gleichbleibendem gewogen, liebt Muße den Zeittakt, der den Dingen selber innewohnt, das Wachsen und Vergehen, die Jahreszeiten, den inneren Rhythmus, die Langsamkeit. Wenn „konservativ" bedeutet, Menschen, Dinge, Tiere, Ideen in ihrem eigenen Horizont, in ihrer eigenen Gesetzlichkeit und Zeitlichkeit zu belassen, ist Muße ein konservativer Begriff.
Als Folge des Lassens und Bewahrens hat Muße einen ausgezeichneten Bezug zum Frieden. *„Frieden"* wie *„Krieg"* sind hier im weitest möglichen Sinne gemeint. Muße wird von allen Formen des Krieges negiert und negiert ihn ihrerseits, angefangen von der totalen Mobilmachung meines Selbst im Produktions- oder Bildungsprozeß bis zu allen expansionistischen Zielen im Sport, in der Wirtschaft mit ihrer endlosen Steigerung der Produktivität, mit dem Ausschöpfen aller Ressourcen und der stetig erzwungenen Ausweitung unserer Bedürfnisse.

Die hier angelegte Abwertung des Verweilens und der Gegenwart ist dem Müßigen verhaßt. Außerdem durchbricht seine Lebensweise die Dialektik von Herr und Knecht, den Kreislauf von Unterdrückung und Selbstunterdrückung. Die Weigerung des Müßigen, sich selbst subordinieren und auf den Zustand eines Dinges reduzieren zu lassen, bedeutet auch die Weigerung, andere sich selbst zu subordinieren. (Vgl. Gisela Dischner.)
Muß man reich sein, um sich Muße leisten zu können? – Ein „Reicher" wird schwerlich zur Muße vordringen, ist er doch ständig anderweitig beschäftigt. Muße setzt zwar wirtschaftliche Sicherheit voraus, typisch für sie ist aber ihre *Anspruchslosigkeit.* Diese Unvereinbarkeit gilt auch einflußreichen beruflichen Positionen gegenüber.
In diesen Zusammenhang gehört auch die gegenwärtige Explosion von Informationen, die nichts anderes hervorrufen kann als weitere Armut an Zeit. Der Satz, „je mehr Informationen ich habe, desto freier bin ich", ist absurd. Es existiert natürlich ein Informations-Optimum, das eine Balance zwischen Informationszufluß und Verarbeitung wahrt. Ein Schritt weiter jedoch, und die Informationsmassen verschütten uns: Wegwerfinformationen. Überleben kann man nur durch Verweigerung und Askese.

Zur Anlage des Buches

Das vorliegende Buch stellt eine fächerübergreifende Aufsatzsammlung dar, Soziologen, Philosophen, Pädagogen, Literaturwissenschaftler, Psychologen und Religionswissenschaftler haben dazu beigesteuert. Diese Behandlungsart ist beabsichtigt, weil sie dem Thema angemessen erscheint. Welcher Einzelwissenschaft könnte man Muße als Forschungsgegenstand überlassen? – Demgegenüber haben fächerübergreifende Fragestellungen stets utopischen Charakter. Die Welt ist wieder ganz. Systematisch ist dieses Buch nicht. Freundschaften, Glück, Mißverständnisse und Verkehrsunfälle haben eine Rolle gespielt. Auch Müßiggeherei, Faulheit und Schreibhemmungen haben ihren Teil gefordert. – Vergleicht man den Sammelband mit anderen, fällt auf, daß nirgendwo von „Kongressen" die Rede ist und daß keine neuesten Forschungsergebnise ausgebreitet werden. Muße ist kaum Gegenstand wissenschaftlichen Forschens. Dagegen haben viele Beiträge einen eher privaten Charakter, so als habe jemand eher für sich und seine Freunde einige Gedanken zu Papier gebracht: Confessionen, die von den schwierigen Zugängen zur Muße, aber auch vom Glück müßiger Stunden berichten.
Es gibt auch schmerzliche Leerstellen im Buch. Wie gern hätte ich einen Beitrag über *„Essen und Muße"*, vielleicht mit dem Titel *„Das müßige Mahl"*, abgedruckt! Auch gibt es keinen Aufsatz über Einfluß und Gestalt der Muße in den bildenden

Künsten. Die Leerstelle, die der fehlende Beitrag zu Muße und Pädagogik ließ, konnte nicht ohne protestierenden Kommentar bleiben. (Vgl. Tewes, Schule und Muße, Kommentar zu einer „Leerstelle“.)

Nach innen betrachtet, ergeben sich sechs Abschnitte. Auch hier haben die Zuordnungen nichts Zwingendes. Die Beiträge des 1. Abschnitts beschreiben Mußesituationen eher allgemein, nicht so sehr Inhalte, sondern Strukturen. Muße wird historisch, aus ihren gesellschaftlichen Bedingtheiten in ihrer Bedeutung für den einzelnen oder phänomenologisch beschrieben (Fetscher, Pfaff, Tewes).

Der „Beistand der Philosophie“ im 2. Abschnitt kommt hauptsächlich von Nietzsche, Schlegel und aus der Kritik an der scholastischen Philosophie (Gödde, Dischner, Bernath).

Der 3. Bereich „Muße und Alltag“ bringt Ergebnisse von Befragungen und Tiefeninterviews zu Muße und Müßiggang (Lukowski) sowie die Rolle des Nichtstuns in der Jugendszene (Bauer).

Die Existenz des 4. Abschnitts hängt mit dem Lebenslauf des Herausgebers zusammen, der mehrere Jahre als Lektor an der Universität Chiang Mai in Thailand gelebt hat. Die vorindustrielle Lebensweise der Menschen dort, ihre Art, den Buddhismus zu praktizieren, sowie die Kultur des alten China und Japans haben ihn verändert und möglicherweise dies Buch mitverursacht.

Im 5. Abschnitt, „Was nur in Muße oder besser gar nicht zu tun sei“, finden sich Aussagen, wie bestimmte Menschen ihre Zeit eingerichtet haben und was sie in Muße treiben. Der erste Satz des Essays von K. O. Bauer gilt für alle Aufsätze: „Ich spreche hier von den jenseits der materiellen Existenzsicherung erstrebenswertesten Gütern, lieben zu dürfen und Zeit zu haben.“ Hier liegt der eigentliche Reichtum menschlichen Daseins. Die Inhalte mögen vielfältig sein: Wandern, Lesen, Sich-Kleiden, Eros, Träumen und Trinken. – Jeder Leser sei aufgerufen, seinen Beitrag hier anzufügen.

„Verlangsamung“ heißt das letzte Stichwort (Menne). Hier wird die politische Dimension der Muße und das in ihr liegende Veränderungspotential angesprochen. Es gibt einen Ausblick auf eine andere Weise, mit sich und den Dingen umzugehen, eine mögliche Kultur der Verlangsamung, der es gelingen könnte, aus Freiheit *„Möglichkeiten ungenutzt zu lassen, anstatt unter irrem Zwang auf fremde Sterne einzustürmen“.*

Sommer 1989 Joseph Tewes

1 Goethe, Gespräch mit Riemer vom 13.11.1809, abgedruckt in der Artemis-Ausgabe, Band 22, S. 572
2 F. Kluge, Etymologisches Wörterbuch der Deutschen Sprache, Berlin 1960[18], Artikel Muße, S. 495
3 A. Timm, Verlust der Muße, Hamburg o. J., S. 17
4 F. Kluge, a. a. O., Artikel „müssen", S. 495
5 O. Rammstedt, Apropos Faulheit, in: F. Benseler, R. G. Heinze, A. Klönne (Hrsg.), Zukunft der Arbeit, Hamburg 1982, S. 197 ff., hier S. 198
6 F. Kluge, a. a. O., Artikel „Arbeit", S. 29
7 Vgl. dazu Iring Fetscher, „Arbeit", in: Veränderung der Gesellschaft. Sechs Konkrete Utopien, Fischer Taschenbuch 1092, Frankfurt 1970
8 Abgesehen von den Werken Josef Piepers, „Muße und Kult", 1948, sowie „Glück und Kontemplation", 1957. Diese Bändchen erschienen in mehreren Auflagen bis gegen Ende der 60er Jahre.
9 H. W. Prahl, Freizeitsoziologie, München 1977, hier S. 7
10 D. Kramer, Freizeit und Reproduktion der Arbeitskraft, Köln 1975, hier S. 220 ff.
11 H. Glaser (Hrsg.), Von der Kultur der Leute, Frankfurt 1983
12 Irene Hübner, Kulturzentren, Weinheim und Basel 1981
13 Hilmar Hoffmann, Kultur für alle, Frankfurt 1979
14 Vgl. die Auseinandersetzung Rückriem – Nahrstedt in „Zeitschrift für Pädagogik", Beiheft 19, 1985
15 F. Nietzsche, Zur Genealogie der Moral, in: F. Nietzsche, Werke, herausgegeben von Karl Schlechta, Band II, S. 900

I.

„Nicht definieren, vergegenwärtigen“ – Versuche, Musse zu beschreiben

Iring Fetscher

Sind wir unfähig zur Musse?

Was ist der Sinn unseres Lebens? Wer so fragt, dem ist sein Dasein schon fragwürdig geworden. Warum sollte Leben einen Sinn über sich selbst hinaus haben? Genügt es nicht, daß wir da sind, uns unseres Lebens freuen, jeden Tag dankbar und glücklich genießen – solange wir gesund sind? Bedürfen wir der „Rechtfertigung" in einem „höheren Sinn", der über das Dasein hinausgeht? – Friedrich Nietzsche antwortete hierauf mit dem Hinweis auf die christliche „Sklavenmoral", die uns allezeit ein schlechtes Gewissen macht, wenn wir uns nicht durch unser Tun und Verhalten rechtfertigen können. Vor Gott aber sind wir – so Kierkegaard – allezeit im Unrecht.
Die Feudalherren einer Ständegesellschaft konnten ihr müßiges Leben genießen, weil sie ihre herrschaftliche Existenz und die mühevolle Arbeit der Untertanen als „natürlich" und „gottgewollt" ansahen. Wenn sie nicht herrschend, ausbeutend, genießend etwas vom Leben hatten, wozu war dann das Leben überhaupt da? Wenn die antiken Griechen das *knechtische Herstellen (Poiein)* vom *Handeln der freien Bürger* (dem *Prattein)* unterschieden, dann erblickten sie im letzteren den „eigentlichen" Selbstzweck und Daseinssinn und in der herstellenden Tätigkeit der Sklaven und Metöken lediglich unentbehrliche Mittel hierfür. Ihr Leben war freilich kein isoliertes Dasein freier Personen, sondern ging ganz auf im Gemeinschaftsleben der Polis, das Religion, Kunst und Politik umfaßte.
Karl Marx hat die mit *„höheren Tätigkeiten"* erfüllte Muße antiker Polites wie mittelalterlicher Feudalherren als historisch berechtigte Gestalten kultivierten menschlichen Daseins anerkannt. Solange die Produktivität menschlicher Arbeit nicht ausreichte, um allen Menschen ein Leben in kultivierter Muße zu erlauben, war die einseitige Konzentration der Muße in einer Kaste, Klasse oder Schicht der Bevölkerung in seinen Augen nicht nur legitim, sondern sogar notwendig. Ohne sie hätte es weder höhere Formen von Kunst, Philosophie und Wissenschaft noch Fortschritte von Erkenntnis und Produktivität gegeben. Die Müßiggänger waren es, die neue Produkte, schönere Gebrauchsgegenstände, „überflüssige Dinge" herstellen ließen und damit die menschliche Kultur bereicherten.
Die Blüte von Kunst, Literatur und Wissenschaft zur Zeit der Renaissance ist kein Zufall. Hier traf der Aufschwung der naturwissenschaftlichen Erkenntnisse und der durch sie ermöglichten Steigerung der Produktivität mit einer noch ungebrochenen adlig-feudalen Fähigkeit zu kultivierter Muße zusammen.

Die Reformation hat die mühevolle Arbeit „geheiligt", schlichte Anstrengung zur einzig gottgefälligen Tat gemacht und die stille Kontemplation der Orden wegen ihrer scheinbaren „Nutzlosigkeit" verurteilt. Was Luther unnötig und widernatürlich schien, das hat im 18. Jahrhundert Voltaire als wirtschaftliche Verschwendung und Schaden für Frankreich verworfen. Hämisch rechnete er nach, wie viel reicher die Nation sein könnte, wenn alle Bischöfe, Prälaten, Priester, Mönche und Nonnen in die bürgerliche Gesellschaft eingegliedert „sinnvolle Arbeit" leisteten. Mit der Verdammung der Muße der Geistlichen wurde aber bald auch die des Adels verworfen. Die reich gewordenen Bürger sollten sich nun nicht mehr – wie noch im Jahrhundert zuvor – in noble Müßiggänger und Landedelleute verwandeln, sondern mußten, wollten sie sich vor „Gott und Mensch" Anerkennung verdienen, an der Vermehrung ihres Kapitals arbeiten. Arbeit wurde zur allgemeinen Voraussetzung der Anerkennung, der antike Unterschied von Herstellen und Handeln fiel dahin. Auch die Leitung von Unternehmungen, das Organisieren der Produktion und des Handels galt nun schlicht als „Arbeit" und – namentlich im calvinistischen Christentum – wurde der Erfolg bei der Reichtumsakkumulation zum Indiz göttlicher Erwähltheit.

Wir leben noch immer im bürgerlichen Zeitalter. Muße ist kein anerkannter Wert. „Ausspannen, Ferien machen, den Feierabend genießen", das alles wird offen oder insgeheim nur durch die „Funktion": Wiederherstellung der vollen Arbeitskraft gerechtfertigt. An die Stelle der Muße ist die „Freizeit" getreten, die schon in ihrem Namen ihren Bezug auf die „erfüllte" Arbeitszeit andeutet.

Mag nun die Marxsche Mehrwerttheorie eine Fiktion sein oder die wahren Zusammenhänge der kapitalistischen Produktionsweise auf den Begriff bringen, fest steht, daß die organisierten Arbeiter nur mit großer Mühe im Anschluß an eine Vervielfachung der Produktivität ihrer Arbeit eine Verkürzung der Durchschnittsarbeitswoche zunächst auf 60, schließlich auf 48, 40 und 38,5 Stunden durchsetzen konnten. Auch die Urlaubszeiten wurden – in den hochindustrialisierten Ländern – bis auf 5 Wochen ausgedehnt. Aber aus der verlängerten Freizeit wurde kaum schon Muße. Zwei Jahrhunderte bürgerlicher Sozialisation und kultureller Hegemonie (die auch vom Sozialismus gleich welcher Prägung nicht überwunden wurde) haben die Fähigkeit zur Muße verkümmern lassen. An die Stelle der Muße trat der „Freizeitkonsum", die von Arbeit befreite Zeit muß durch allerlei Konsum und Spiele „vertrieben" werden, wie der verräterische Ausdruck lautet. Es ist so, als könnten Menschen der Arbeits- und Leistungsgesellschaft längeres „Nichtstun" kaum noch ertragen. Auch diejenigen, die höchst unbefriedigende Arbeiten zu verrichten hatten, sind – selbst bei ausreichender Versorgung mit Arbeitslosengeld – deprimiert, wenn sie „feiern" müssen. Dieses „Feiern" hat nichts mit der euphorischen Feier, dem Fest zu tun, in dem das Leben sich selbst genießt, in dem die Zeit stillsteht, weil Glück alle Vergänglichkeit vergessen läßt. Der Unfähigkeit zur Muße korrespondiert die Unfähigkeit zu feiern, die sich mit dem Fortschritt der Industrialisierung, Entwurzelung und Zurückdrängung traditioneller Feste steigert.

Schon früh ist bemerkt worden, daß Reisen eine besondere Art von Glück vermittelt, die vielleicht dem der Muße ähnelt. Reisend fühlt sich nämlich der Mensch der Arbeitswelt, der Pflicht zur Arbeit enthoben, er „darf" müßig sein, zum Fenster hinausschauen, vor sich hin dösen, nachdenken, Musik hören, ohne ein schlechtes Gewissen zu haben. Er „tut" ja etwas, auch wenn er selbst – in der Eisenbahn oder im Flugzeug sitzend – nichts „dazutun" muß. Sind aber diese von dem Gedanken der Arbeit besessenen Menschen wirklich besonders „sozial", weil sie sich zu ständiger Tätigkeit und Anstrengung verpflichtet fühlen? Mir scheint, das Gegenteil ist der Fall. Einmal gilt ja ihr Bemühen in der Regel nur dem individuellen „Vorwärtskommen", der Akkumulation von Reichtum oder von Gegenständen, die soziales Ansehen verschaffen, zum anderen könnten viele Menschen durch ihr bloßes Dasein, Zuhören und Anteilnehmen sehr viel mehr helfen als durch ihre rastlose Arbeit. So pervers aber ist die soziale Wertung in unserer Welt, daß nur solche Tätigkeiten und Verhaltensweisen anerkannt sind und „gelten", für die Honorar, Lohn oder ein sonstiges Entgelt gezahlt wird. Natürlich ist das Wiegenlied, das die Mutter ihrem Kind vorsingt, „keine Arbeit", aber ist diese Tätigkeit deshalb minder wertvoll als der Verkauf von Zigaretten oder die Herstellung von Zahnbürsten? Auch die Fähigkeit zur Muße könnte eine hilfreiche „Leistung" für Mitmenschen sein, deren ganzes Elend – wie schon Blaise Pascal sagte – daher kommt, daß sie nicht ruhig in einem Zimmer sitzen bleiben können.

Walter Benjamin hat mit großer Einfühlsamkeit das Porträt des Flaneurs entworfen, des durch die Straßen der Großstadt schlendernden Müßiggängers, in dessen Seele sich die Schönheit der Großstadt und ihre Reize allererst angemessen spiegeln. Es ist, als gewönne das gigantische Kunstwerk Großstadt erst in seinen Augen einen irgendwie faßbaren Sinn. Für die meisten durch die Straßen hastenden Angestellten, Arbeiter, Beamten und Bosse sind diese Schönheiten kaum vorhanden. Ihre Welt besteht nur aus Nützlichkeiten, und noch die eindrucksvollsten Kunstwerke gewinnen ihre Aufmerksamkeit erst durch den Kaufpreis, für den sie erstanden oder veräußert werden können. Der Aufwand für einen Film wird dann umgekehrt in der amerikanischen Werbung zum Erweis seiner Bedeutung und seines „Wertes". Benjamins Flaneur ist aus unseren Städten verschwunden. In manchen Straßen würde er schon unliebsam auffallen. An seine Stelle ist vielleicht gerade noch der „Einkaufsbummelnde" getreten, der seinem Schlendern diesen – ökonomisch nützlichen – Sinn geben muß. Die Kinder werden in Parks geführt, damit sie frische Luft genießen, die für ihre Gesundheit gut ist, oder in den Zoologischen Garten, damit sie die Tierwelt kennenlernen. Erwachsene gehen ins Kino, um sich „zu zerstreuen", weil sie anders die müßigen Abende nicht aushalten können, oder sie springen ins Wasser eines Hallenbades, weil das für den Kreislauf nützlich ist. Überall ist die Nützlichkeit, ein Zweck, der jenseits der jeweiligen Tätigkeit liegt, als „Rechtfertigung" nötig, nichts wird gelassen „um seiner selbst willen" getan. Die Muße aber war für die Alten der eigentliche Zweck des Lebens. *„Wir sind nämlich unmüßig, um müßig zu sein"*, sagt Aristoteles, wir aber müssen unsere „Freizeit" vertreiben oder als „Mittel" für die Regeneration unserer Arbeitskraft legitimieren. Wir haben die Rangordnung der Werte auf den Kopf gestellt. Vielleicht dachte Nietzsche bei seiner Forderung nach einer „Umwertung aller Werte" auch an diese: die Zurücknahme der Entwertung der Muße und der einzigen Hochschätzung der Arbeit.

Die frühen Künder des Siegeszuges der modernen Produktionstechnik – von Francis Bacon bis Saint Simon und Marx – erhofften sich von der Steigerung der Produktivität menschlicher Arbeit eine Vervielfältigung der Güter, die ein Leben angenehm für alle machen, aber *auch* eine entscheidende Entlastung von mühevoller Arbeit. Bacon sprach davon, daß der biblische Fluch: „im Schweiße Deines Angesichts sollst Du Dein Brot essen" durch die Erfindungen der Menschen wenigstens teilweise aufgehoben werden könne. Karl Marx deutete an, daß in einer Gesellschaft jenseits der kapitalistischen nicht mehr die Arbeitszeit Maßstab des Reichtums sein werde, sondern *„freie Zeit"*, „sowohl *Mußezeit als Zeit für höhere Tätigkeit*" (Grundrisse, S. 599). Marx war zu sehr Kind seiner Zeit, um selbst bei diesen „höheren Tätigkeiten" – zum Beispiel bei wissenschaftlicher Arbeit – nicht gleich wieder daran zu denken, daß sie zu einer abermaligen Steigerung der Arbeitsproduktivität beitragen könnten. Immerhin erwähnt er als Beispiel unentfremdeter, freier Tätigkeit auch das Komponieren, das zwar „verdammtester Ernst" und „kein bloßes amusement" sei, wie Fourier es wolle (a.a.O., S. 505), aber eben doch „Selbstverwirklichung des Individuums", also nicht Mittel zu einem außerhalb liegenden, fremden Zweck (wie dem Geldverdienen). Wäre es aber nicht denkbar, daß wissenschaftliche Tätigkeit, die gar keinem materiellen Zweck dient, sondern allein der Befriedigung von Neugier, die unser Verständnis von Natur, Gesellschaft, Geschichte erweitert, im höheren Maße der Daseinserfüllung dient als solche, die wieder der Steigerung der materiellen Produktion dienstbar gemacht wird? *Von solcher in sich selbst sinnvollen wissenschaftlichen Erkenntnis wie von künstlerischer Tätigkeit und Kunstgenuß kann es gar nicht genug geben.* Ihre Vermehrung bringt weder ökologische noch Konkurrenzprobleme mit sich, der Erkenntniswettbewerb, der nicht der Entwicklung von Produktions- und Zerstörungsmitteln dient, steht einem friedlichen Zusammenleben der Völker und Menschen kaum im Wege.

Fleiß oder Arbeitsamkeit ist eine „sekundäre Tugend", deren Wert höchst zweideutig ist. Vor fleißigen Einbrechern, Mördern, Gangstern, Weinfälschern, Kriegstreibern möchten wir ja doch wohl eher bewahrt werden. Im Unterschied hierzu ist die Fähigkeit zur Muße eine durchaus eindeutige Tugend, auch wenn sie unter der Hegemonie der bürgerlichen Moral nicht mehr anerkannt wird. Muße setzt Gelassenheit voraus, schließt blinden Eifer aus und ist mit wildem Konkurrenzkampf unvereinbar. *Der Müßige nimmt niemandem etwas weg.* In einer Welt, in der nur noch wenige Stunden Arbeit notwendig sind, um die differenzierten Bedürfnisse eines kultivierten Lebens zu befriedigen, ist Arbeitsamkeit eher ein gefährliches Laster. Sie wird uns – in Deutschland wie in den USA, Frankreich, Japan oder der Sowjetunion – aber nach wie vor als höchste Tugend empfohlen, weil wir ohne sie „im internationalen Wettbewerb zurückbleiben würden". Wir sollen sozusagen mehr arbeiten, damit wir morgen nicht noch mehr arbeiten müssen. Aber dieses Argument wird widersinnig, wenn es in einer Gesellschaft zugleich Überstunden Leistende und zwei Millionen Arbeitslose gibt und wenn die Mehrleistung der Menschen in dem einen Land zur Verarmung der Bevölkerung eines anderen führt, das im Konkurrenzkampf nicht mithalten kann. Die industrielle Technik wurde einmal entworfen, um Menschen von der schweren Last körperlicher Arbeit zu befreien, das wenigstens waren die Absichten ihrer Propheten. In Wahrheit diente sie aber vor allem der raschen Akkumulation des Kapitals in den hochindustrialisierten Ländern und der Zerstörung aller vorkapitalistischen Kulturen der Welt, deren Lebensgewohnheiten und Wirtschaftsweisen dem Ansturm billiger Industriewaren nicht standhalten konnten. Voller Neid blicken – seit dem 18. Jahrhundert – die europäischen Bourgeois auf die „guten Wilden" Westindiens oder der Inseln im Stillen Ozean, die allem Anschein nach noch ein Leben in heiterer Muße kennen. Auf sie projizierten sie voller Sehnsucht, was sie selbst in all ihrer Unrast und bei all ihren Erfolgen verloren hatten. Jetzt, da die „Grenzen des Wachstums" drohend vor unser aller Augen stehen, wird es Zeit, daß wir uns auf den Sinn des „Projekts der Moderne" besinnen. Wir wollten uns befreien, aber was tun wir mit der gewonnenen „Freiheit", wenn wir unfähig geworden sind zur Muße?

Wem kultivierte Muße nicht als Lebenssinn einleuchtet, der versucht vielleicht seiner mühevollen Arbeit dadurch Sinn zu verleihen, daß sie „im Dienste des Nächsten" verrichtet wird. Das läßt sich zwar hören, aber gibt keine Antwort, wozu dann das Leben des Nächsten sinnvoll sein soll, wenn es nicht auch wieder dem Dienst an einem Dritten gewidmet sein soll. Nein, auf diesem Weg gelangen wir nicht ans Ziel. Irgendwo muß ein „Sinn" sein, der nicht wieder auf eine andere Person oder Sache verweist. Der konservative Philosoph Arnold Gehlen fand Lebenssinn darin, daß Menschen sich von „Institutionen konsumieren lassen": ein Unternehmer zum Beispiel von seiner Firma, ein General von der Armee, ein Staatsmann vom Gemeinwesen, ein Künstler von der Sache der Kunst. Solche Sinnfindung mag zwar heroisch und erhaben sein, aber ist sie auch human? Der Einwand hätte Gehlen nicht getroffen. Humanitas, Menschenliebe, Duldsamkeit mit Schwäche, das alles rechnete er vermutlich dem Einfluß der „Feminisierung" unserer Spätkultur zu, der er den nihilistischen Heroismus des stoischen Konservativen entgegenstellte. Aber konnte er bei solcher verkrampfter Haltung gelassen sein?

Vielleicht stammt die Attraktivität ostasiatischer Kulte und südasiatischer Gurus für die Menschen der westlichen Zivilisation daher, daß diese Kulturen Gelassenheit und Muße kennen, daß sie über psychische Praktiken verfügen, die Gelassenheit einüben. Die Kunst des Bogenschießens, die der Zenmeister lehrt, besteht in der Fähigkeit, den Pfeil loszulassen, als ob er von selbst flöge. Die Überlegenheit des Judokämpfers fließt aus seiner lockeren Gelassenheit. Nicht angespannte Geschäftigkeit, sondern innere Stille macht ihn stark. So ist auch der Müßige stark in der Fähigkeit, sein Leben zu empfinden, die Natur um ihn, Kunst und Musik, Mitmensch und Gestirne. Für ihn ist alles da, weil er in seiner Gelassenheit aufnahmebereit ist und es „gelten" läßt. Unsere moderne, unmüßige Zivilisation läßt uns die Natur fast nur noch als Ausbeutungsobjekt, die Mitmenschen als Konkurrenten und Hindernisse erfahren, kein Wunder, daß wir blind geworden sind für ihr Eigenrecht, ihre Schönheit, ihren umfassenden Zusammenhang.

Alexander von Humboldt war zwar kein „Müßiggänger", aber er vermochte doch als naturwissenschaftlich gebildeter Weltreisender die Schönheit der Natur zugleich mit ihren erforschbaren Gesetzmäßigkeiten zu erfassen. In seinem Hauptwerk „Kosmos, Entwurf einer physischen Weltbeschreibung" (1844) teilt er uns nicht nur sein Wissen, sondern auch sein freudiges Empfinden in einer anschaulichen Sprache mit, die zugleich Ausdruck des von ihm erfahrenen Schönen ist: „Die Natur ist für die denkende Betrachtung Einheit in der Vielheit, Verbindung des Mannigfaltigen in Form und Mischung, Inbegriff der Naturdinge und Naturkräfte, als ein lebendiges Ganzes. Das wichtigste Resultat des sinnigen physischen Forschens ist daher dieses: in der Mannigfaltigkeit die Einheit zu erkennen, von dem Individuellen alles zu umfassen, was die Entdeckung der letzteren Zeitalter uns darbieten, die Einzelheiten prüfend zu sondern und doch nicht ihrer Masse zu unterliegen, der erhabenen Bestimmung des Menschen eingedenk, den Geist der Natur zu ergreifen, welcher unter der Decke der Erscheinungen verhüllt liegt..." Und nur wenig später spricht Humboldt von den „verschiedenen *Stufen des Genusses*..., welchen der Anblick der Natur gewährt", ein Genuß, der durch die vertiefte Kenntnis nur gesteigert werden könne. Solche Art der Naturwissenschaft geht in der Fundierung technischer Naturbeherrschung nicht auf, läßt sie sogar links liegen. Sie mag dem Praktiker eher müßig erscheinen, und doch ist sie mit unserem Interesse am Überleben angesichts der ökologischen Grenzen der Naturausbeutung eher vereinbar als jene Richtung des Forschens, die in die Natur nur immer tiefer eindringen will, um sie um so vollständiger in den Dienst – nicht einmal nur produktiver menschlicher Zwecke – zu stellen.

Kunst, hat Karl Marx einmal gesagt, ist Freude, die der Mensch sich selber gibt. In einer nicht mehr unter die Arbeitsteilung subsumierten Gesellschaft würde es nicht mehr Künstler geben, sondern könnten alle Menschen ihre künstlerischen, kreativen Potenzen entfalten. „Menschen, die unter anderem auch künstlerisch tätig sind." Menschen, die kreative Muße kennen, nicht mehr eine Minderheit, die Kunst „berufsmäßig" produziert, und eine Mehrheit, die sie nur zu konsumieren, nicht wirklich sich innerlich „anzueignen" versteht.

Wollte man das *Ideal einer befreiten Menschheit* mit soziologischen Kategorien beschreiben, so würde es heißen: *An die Stelle der „verbürgerlichten", auf bürgerliche Normen des Verhaltens nivellierten Klassengesellschaft soll eine zu adliger Genußfähigkeit und wissenschaftlich-künstlerischer Kreativität und Kennerschaft befreite Gesellschaft treten.* Die Überwindung der bourgeoisen Gesellschaft sollte nicht in einer Verallgemeinerung der Bürgerlichkeit und erst recht nicht in einer allgemeinen Proletarisierung bestehen, sondern in jener *„Nobilitierung"*, von der vermutlich auch Marx zuweilen geträumt hat. Mag dieses Ideal auch noch so „utopisch" erscheinen, so hat es doch den Vorteil, mit der Erhaltung der Ökosphäre und einem friedlichen Nebeneinander der Völker und Menschen vereinbar zu sein.

Konrad Pfaff

Musse – eine Reise zu den Quellen der eigenen Kraft

Die Zeiten der Muße sind vorbei, die Zeiten der Klagen, daß die Muße verloren sei, sind angebrochen, die Zeiten der Anklagen gegenüber dem muße-unfähigen Zeitgenossen nehmen überhand.
Haben wir das Bedürfnis nach Muße? Kennen wir das Wort überhaupt noch? Wissen wir damit umzugehen? Lehrt es uns jemand? Werden wir bei unserem Bemühen unterstützt? Von wem etwa? Vielleicht von der Öffentlichkeit, von den Medien, dem Konsumsystem, von den Schulen und Lehrern, von den Organisatoren von Freizeit und Urlaub?
Dies alles wohl kaum. – Vielmehr setzt Muße ein Entlaufen und geglücktes Entkommen voraus, eine Verweigerung und ein Sichentziehen. Erst in dieser Art Widerstand entgeht einer den meisten dieser Tyrannen und gewinnt möglicherweise Zeit und Leben für sich selbst – Muße.

Das Suchen und Finden der Muße – die Reise zu den Quellen der eigenen Kraft – hat selbstverständlich mit dem gesellschaftlichen System zu tun, in dem der Suchprozeß sich vollzieht. – Es ist offenkundig, daß das System an mir interessiert ist. Die Art des Interesses wird sehr deutlich am Beispiel der „Institution". Das, was A. Gehlen einmal das „Verzehrende" der Institutionen nannte, ist im Grunde richtig gesehen: die Institution verzehrt den Menschen bis zu dem Punkt, an dem er auf irgendeine Weise sein Selbstopfer bringt. – Die Institution braucht wie das Individuum Energie als Substrat ihrer Existenz, ein Potential, das sie sich nirgendwo anders als von den in ihr tätigen Individuen holt. Sie muß sozusagen alles tun, um die Individuen dahin zu bringen, sich zur Verfügung zu stellen. Allein deshalb geht sie auf deren Bedürfnisse, Wünsche nach Sicherheit, nach Bergung und Ordnung ein, um im Gegenzug demselben Individuum die Kraft „auszusaugen". Und obwohl das Individuum verzehrt wird, fühlt es sich bei diesem Prozeß stark und sinnvoll.
Der so konditionierte Mensch ist der beste Bürger des Staates: Er glaubt nicht an sich und braucht stets den großen Bruder. Er ist der überredete und somit überwundene Mensch. Er glaubt sich selbst nur in den Teilen, die von den Institutionen

abgedeckt und akzeptiert sind. Manchmal kommen ihm Gefühle, Träume und Wünsche, die ihn beunruhigen und spalten. Er wendet sich jedoch von ihnen ab und schaltet auf Empfang. Alle Institutionen senden ihm die Botschaft der sicheren Entlastung.

Grundgelegt wird diese Haltung bereits in den wichtigsten Sozialisationsagenturen Familie, Schule, Hochschule und Betrieb. Die Schule ist in hohem Maße daran interessiert, daß der Schüler zu denken aufhört und zu gehorchen beginnt. Das geschieht im Rahmen sehr geordneter Leistungsanforderungen, die eine Kette von Demütigungen darstellen, und in der Absicht, den Menschen in seine Rolle als Produzent und Konsument hineinzumanövrieren. Im Auftrag des Systems muß Schule so ablaufen, daß sie einerseits Hilflosigkeit und andererseits „funktionales Denken“ erzeugt. Der Mensch in dieser Krise wird hilflos, sich selbst als Rollenagierer zum Ekel und bekommt dabei das Gefühl einer völligen Sinnentleerung. Die Zwänge, die seine Bedürfnisse und Interessen bedrohen, sind machtvolle Erwartungen der Ordnung, die sich in Ehe, Familie, Beruf, im öffentlichen Leben, Konsum und Freizeit erfüllen.

Das Gefühl für die eigene Wirklichkeit und Bedeutsamkeit – d.h., daß man selbst die wirklichste aller Wirklichkeiten ist –, dieses Gefühl ist abhanden gekommen und damit auch das Bewußtsein, daß ich es bin, der alles Tun und Lassen zu verantworten hat, und daß nur das Ich Ort der Sinnfrage sein kann.

Der Staat, die Institutionen, das System haben mir allzuoft eingeflüstert, daß sie das Recht haben, daß sie die Verantwortung tragen, daß sie die sachlich neutrale Wahrheit vertreten, allzuoft ist das passiert, so daß nun kein Ich mehr da ist, an das Verantwortung, eigene Beurteilung, Bewertung und Sinn gebunden werden können. Ich habe überall gelernt, anderen Mächten und Machthabern mehr zu vertrauen als mir. Subjektiv unwichtig und unscheinbar komme ich mir selbst vor, so daß ich von Glück reden kann, Vertrauen zu meinem Selbst, Verantwortung und Sinn für mich solchen Mächten und Gewalten überantworten zu dürfen.

Diesem Prozeß der Einfügung fallen meine eigenen Bedürfnisse zum Opfer. Bei aufrecht erhaltener Gesellschaftsmacht gilt das Vokabular gesellschaftlich normierter Bedürfnisse, und niemand kann sich ohne Anstrengung, ohne bedeutsamen Bruch den gängigen Interpretationen entziehen. In diesem Sinn schreibt Marx von der Arbeiterklasse seiner Zeit als einer Klasse, der es „an Bedürfnissen fehlt“. Da sie nur den interpretierten Zugang kennen, haben sie gewissermaßen keine Bedürfnisse außer den zugewiesenen und damit erlaubten. – Dies *„Keine-eigenen-Bedürfnisse-zu-Haben“* kennzeichnet über das herangezogene Beispiel hinaus die

Situation der Alltäglichkeit, die dadurch geprägt ist, nur zugewiesene Bedürfnisse, Bedürfnishülsen, zu haben. Die Grimassen unserer Wünsche schauen uns im Werbespot erbärmlich unecht und dumm an. Wir sind Genarrte des Reichtums, des Überflusses, Genarrte der Möglichkeiten von Angeboten, nicht aber Genießer der Wirklichkeit, auch da nicht, wo wir sie zu konsumieren vermögen. Wir leiden daran, daß Konsum uns zwar überleben, aber nicht leben, nicht das Leben genießen läßt.

Ich will die Waren nicht kaufen, für die ich mich verkaufe. Ich will arbeiten und genießen ohne die Vermittlung der Waren und ihres illusionären Scheins. – Oft wünsche ich mir, unbehelligt zu sein von Zeitungen, Radio und Fernsehen; unbehelligt von Telefon, von Reklame und allen Sendungen, Zusendungen und Angeboten.

Ich mag ihnen meine Augen, Ohren, Mund und Nase, ja mein Herz und den Verstand nicht mehr zur Verfügung stellen. Ich mag nicht mehr von Informationen und Unterhaltung zerstreut werden. Ich wünsche mir Neugier und nicht die Überflutung von dem, worauf ich gar nicht neugierig bin. Ich möchte selber senden und empfangen – mit meinesgleichen, selber machen und genießen, selber leben – nicht „vorgelebt" werden.

Ich muß lernen, die *Orte großer Kraftberaubung* zu meiden, und versuchen, Orte der Kraftgewinnung zu finden.

Nur dort, wo ich die Reste der magisch-energiegeladenen Welt aufspüre, lasse ich mich wirklich nieder.

Der Mensch lebt aus etwas, das uns noch bekannt, aber meist verschlossen ist, an das wir uns nur undeutlich erinnern und das uns irgendwann abhanden gekommen ist: Wunsch, Sehnsucht, Gefühl, bedeutende Beziehung, inständiges Verweilen, Sinnverleihung. Daraus könnte uns Kraft und Energie kommen. – Es scheint aber, als sei die Entwendung unserer Wünsche nicht total, als seien lebensnotwendige Reste in uns übrig geblieben. – Der französische Philosoph und Soziologe Lefebvre nennt solche Reste *„Residuen"*, Punkte, die jeder Vereinnahmung durch die Systeme widerstehen, Stücke eines nicht auflösbaren Urgesteins meiner selbst: ein nicht zu überdeckendes Unbehagen, eine nicht zu stillende Angst, eine jugendliche Hoffnung.

Unser Umgang mit diesen Resten soll mehrere Schritte enthalten: Man spürt die Residuen auf, enthüllt ihre kostbare Essenz, formuliert und versucht, sie sich anzueignen. Für die analytische Rationalität freilich stellen sie das Nicht-Klassifizierbare und damit Elemente der Unordnung dar, und obwohl marginal, stören sie das reibungslose Funktionieren, stellen die Totalität des Systems in Frage. Reste solcher Residuen sind in uns allen vorhanden. In den Akten der Reflexion und des Gefühls, in den Zeiten der Muße brechen wir zu ihnen durch.

Erfahrung heute ist für den Menschen angefüllt mit den Lieferungen der Agenturen des Systems. Der normale Zustand alltäglichen Bewußtseins wird über funktionelle Systeme vermittelt. Subjektives, individuelles Erleben wird aus dieser Erfahrung ausgeklammert.
Wir fragen, ob *ein Entkommen aus den gelieferten Erfahrungen* möglich ist. – Ein Durchbruch scheint uns nur in bestimmten machtvollen Ereignissen zu gelingen, Ereignisse, die stark genug sind, die Verhärtungen und Panzerungen unseres alltäglichen Daseins zu sprengen: in der Begegnung der Liebe, im Akt des Glaubens und Hoffens, im Beziehungsreichtum der Kindheit, in der Begegnung mit dem Tod und der Erfahrung der „Todesvorwegnahme". Dies sind *Zustände der Ek-stasis,* des Außer-sich-Seins im Sinne des Transzendierens dessen, was normal und vorgegeben die Welt des Alltags ausmacht. Überschreiten bedeutet den punktuell bezeugbaren Durchbruch durch die gelieferte Welt.

Zur Befestigung dieser Erfahrung gehört Reflexion. – Reflexion ist ein primärer Akt jedes Selbstbewußtseins. Ich beginne im Licht der neuen Erfahrung das gelieferte Gegebene zu überdenken, lasse es aufgehen in seine Bedingungen, in den Prozeß des Zustandekommens, eröffne mir die befreiende Einsicht in seine Relativität und überwinde damit die Dimension der gelieferten Deutungen.
Im Prozeß der Reflexion ist auch Muße mitangesprochen. Muße zeigt sich hier als ein *ursprünglicheres Gewahrwerden und Gewahrsein,* ein Durchbruch zur Erkenntnis, worauf unser Leben eigentlich gegründet ist.
Jedes Erleben solcher Art bezeichnet einen *„archimedischen Punkt"*, die Möglichkeit, Welt neu zu ordnen, neu zu strukturieren. Dieses Erleben ist hochpolitisch und bildet das Kraftpotential eines Engagements, eines Kampfes, der auf Veränderung des Lebens zielt.
Bei einem solchen neuen, sinnbesetzten Anfang geht es neben der Reflexion noch um ein Anderes, nämlich um den Prozeß des *„Leerwerdens"*, der mutigen Verneinung der gelieferten Inhalte sekundärer Erfahrungen, mit denen unser Bewußtsein ständig gefüllt wird. Leerwerden ist eine Voraussetzung des erneuten primären Gewahrseins. Mannigfaltige Versuche im westlichen wie im östlichen Kulturkreis geben Zeugnis davon, wie dieses Leerwerden sich vollziehen kann.
Bei den Mystikern und Liebenden, bei den Weisen des Ostens, in den Lehren des Buddhismus, auch des integralen Yoga (Sri Aurobindo), im Zen wie in der Sufi-

mystik, ist dieses „Leerwerden" eine wesentliche Voraussetzung eines anderen, ausgeweiteten Bewußtseins.

Die Durchbrechung der sekundären Realität verlangt eine Reihe von Befreiungstaten. Was bewirkt, daß ich erwünschte Konformität, Anständigkeit, Pflichterfüllung als zu teuer erkauftes gefährliches Sein entdecke? Was bewirkt, daß ich eines Tages erlebe und überrascht erfahre, daß all diese Techniken und Taktiken des wohlanständigen Überlebens, mechanisch wiederholbar, wie sie sind, mich selbst zerstören, weil sie sich meiner Kraft bedienen, weil sie mich wider all ihr Versprechen ausbeuten und meine Lebensenergie sich zunutze machen?
Zuerst: Es ist wirklich ein „*Zurück*"greifen, das ich versuche. Nur mein Gefühl sagt mir, wenn es überhaupt noch etwas spürt, daß ich mich auf mich besinnen, an mich wenden muß. Es ist vielleicht die uralte Fluchtreaktion vor der übermächtigen, bedrängenden Welt. Eine solche Flucht ist sinnvoll als Zeit- und Denkgewinn.
Ich gehe zurück, weil ich in Not bin, in einer Krise, und das Vordergründige, das von der Gesellschaft allgemein Dargebotene mir nicht hilft, im Gegenteil, mich normiert und typisiert.
Ich habe das Bedürfnis, „zurückzugehen", zu mir zu gehen und mit dem Gefundenen dann zurückzukommen. Was ich zu finden hoffe, ist das, was ich als das Ältere, Archaische, das Ur-Menschliche erkenne. Ich begebe mich in die Stadien und Begegnungen meines Lebens, die Hilfe und Stärkung in sich bargen und Selbstsicherheit zuließen.
Wenn wir von „Zurückgehen" sprechen, meinen wir nicht einfach Regression im üblichen Gebrauch des Wortes, das ein unbewußtes Ausweichen oder Zurückweichen meint. Wir meinen die bewußte Aufnahme von Verbindung zu unserem ureigensten Sein und damit zu unserem eigentlichen Lebensgefühl und Lebenswillen.
Muße wäre hier die Möglichkeit, mit meinem ureigensten Sein in Verbindung zu treten. *Muße erlaubt eine Begegnung mit meiner eigenen Tiefe,* läßt Bilder aufsteigen oder läßt mein bewußtes Ich zu den Tiefenbildern meines Selbst herabsinken. Sie löst tiefsitzende Verspannungen und ermöglicht Zugänge, die mir normalerweise verschlossen bleiben.

Warum hören wir uns Märchen, Sagen, Legenden an. Ich spüre, „meine Sache" wird hier erzählt, und dazu noch kindlich-schön, freundlich-naiv, lebendig-böse.
Ich vergesse Aufgaben und Verantwortung und höre nutzlos meiner Seele zu. Muße vermag ein *mythogenes* Ereignis zu sein. Aber nicht, sich einfach Mythen, Märchen, Ideologien, Religionen, Geheimlehren, Magien zuzuwenden, ist das Entscheidende, sondern die Mikrostruktur dieser Bilder in meinem Inneren zu finden.

Gefühlsreflexionen, mythisches Bewußtsein, utopisch-poetische Kraft sind Erneuerungsenergien für das Dasein in der technisch-funktionalistischen Gesellschaft. – Es gehörte nicht nur zum archaischen Leben, zum mythischen Bewußtsein und zur primitiven Ordnung, daß der Mensch immer wieder aufgefordert war, „*Akte des befreienden Wahnsinns*" (Cooper) zu vollziehen. Zu allen Zeiten, in allen Epochen muß der Mensch, solange er sein Leben bejaht, sich auf solche Handlungen einlassen, sie durchbrechen die Blockade.

Meine Kraft zu entdecken, heißt zweierlei: einmal, die zugesprochene, anerzogene, eingebläute Ohnmacht und Gleichgültigkeit als Illusion erkennen, und zum zweiten, die Möglichkeiten der eigenen Macht erleben. Die Illusion der eigenen Ohnmacht entdecken kann man im Grunde nur, wenn man schon auf eine andere Entdeckungsreise gegangen ist, nämlich auf die zur eigenen Kraft. Sie allein ermöglicht die Überwindung der tief internalisierten Ohnmacht. Die Entdeckungsreise zu den Möglichkeiten eigener Stärke beginnt da, wo mir schon einmal Macht zugesprochen wurde; wo ich gelernt habe, Bedeutung zu erleben.

Viele Menschen bedeuten mir etwas, weil ich für sie auch etwas bedeute. Diese Gegenseitigkeit bedeutsamer Beziehung entsteht am Anfang des Lebens. Darum kann ich hoffen, daß sich auch später ein Widerhall und eine Zusprache von Bedeutung ergeben.

Kindheit aktualisieren im Fühlen, Erleben und Wünschen, ist eine Kraftquelle für den Erwachsenen, die innere Kindheit zu verlieren, bedeutet Ausgrenzung von Kräften, Bedürfnissen und Erlebnisformen ursprünglichster Art. Dadurch, daß wir zu unserem Herzen und Fühlen, zu unserer Kindheit Bezüge herstellen, wird das Dasein als Eingebettetsein in größere Zusammenhänge erlebbar.

Die technische Revolution der industriellen Wirtschaftsform erreichte erst in der zweiten Hälfte des 20. Jahrhunderts den kulturellen Überbau der Gesellschaft.

Es entstehen jetzt eine Massenkultur und eine Kulturindustrie im Rahmen von Freizeit und Konsum, wenn auch daneben die traditionellen Formen der Hochkultur weiterexistieren.

Das bedeutsamste Transportmittel der Massenkultur wird das Mediensystem. Es wird zur globalen Materialisation des Geistes und wichtigster Bestandteil des Zivilisationsgehäuses im Bereich der Freizeitkultur.

Das verborgene Gesetz der Medienöffentlichkeit und all unserer modernen paternalistischen Institutionen lautet: Der Mensch darf nicht alleine gelassen, sich selbst überlassen werden. Der fortwährende Appell an die Massen lautet: sie mögen geschäftig sein, sich dabei aber lenken und leiten lassen.

Die Überflutung mit Reizen, Bildern und Informationen, die Grunderwartung des Konsums, die Bereitschaft zur Unterwerfung werden Kennzeichen einer Gesellschaft, der die Synthese von Massen-Unruhe und Massen-Ruhe, der Aktivierung durch Konsum und Mobilität mit Passivität gelang. Es entsteht ein durchgehendes Verhältnis „von Überredendem und Überredetem", von „Produzent und Konsument", ein Verhältnis der Herrschaft und der bereiten Unterwerfung.
Die Massenkultur ist als Angebotskultur allgegenwärtig. Alles und jedes ist abhörbar, abrufbar, empfangbar.
Dagegen hat in einer *gewachsenen* Kultur jedes Ding seine besondere Gelegenheit, seinen Platz, seinen Ort im Lebenslauf, seine hohe Zeit, seinen Rang. Jedes Spiel, jeder Tanz, der Klang der Flöte, das gesungene Heldenlied, das Epos eines Kampfes, die Verzierung einer Schale, die Figur der Göttin, alles hat seinen Raum, ist zu seiner Zeit.
Jeder Genuß, jedes Lernen, jede Unterhaltung hat seine Zeit, wie auch die Arbeit, die Liebe. – Die Massenkommunikationsmittel haben all dies aufgehoben. Sie haben alles verallgemeinert, es aus seinem individuellen und gesellschaftlichen Leben abstrahiert, um es dann zu jeder Zeit, zu jedem Ort, zu jeder Gelegenheit „senden" zu können.
Hauptfunktion aller Sendung ist die Unterhaltung im Sinne der Zerstreuung. Das Kulturangebot ist in erster Linie da, uns die leeren Zeiten, Stellen und Lebenssituationen auszufüllen. *„Sich unterhalten zu lassen" wäre das Angebot, alles und jedes möglichst ohne teilnehmende Anstrengung, ohne Verarbeitung und ohne Konsequenzen, glatt aufzunehmen:* Wissenschaft, Musik, Serien, Literatur – alles! Dabei ist es die Eigenschaft der kulturellen Megamaschine, alles schnell und pausenlos zu verbrauchen, um Neuem Platz zu machen.
Was kann „Muße" in diesem Zusammenhang sein, kann sie hilfreich sein? Wenn ja, was ist das für eine Haltung, für eine Tätigkeit?

Muße ist eine innere Aktivität, eine *aktive Rezeptivität.* Sie vervollkommnet sich als lockere Erregbarkeit und Spannbarkeit, als eine Empfindsamkeit gegenüber den Dingen, Naturen und Kulturen. Muße als ein Vorgang der Auswahl und Konzentration, der Versenkung und Aneignung von mir als bedeutsam erkannter Dinge und Vorgänge.
Als solche ist sie das Gegenteil von Trägheit, Faulheit und allen mechanischen Ablaufformen. Muße, *gelassen beweglich,* nicht nur Seele und Geist, auch mein Körper fühlt sich leicht an, gelassen beweglich.
Wenn dies „Muße" ist, dann gehört sie zu jeder Kultur, weil sie *die Haltung der Teilhabe, des versenkten Genusses und der empfangenen Erschütterung* darstellt.
So kann sie auch nicht objektiv eingeengt verstanden werden. Sie weist auch nicht

auf eine bestimmte Epoche der Vergangenheit und begehrt nicht eine elitäre, religiöse oder bildungshumanistische Ausschließlichkeit.
Vielmehr können wir sie als Umschreibung einer Qualität im Umgang mit Menschen, Gedanken, Dingen, Pflanzen, Tieren, Kunstwerken und Maschinen darlegen. *Sie charakterisiert die Beziehungsart einer Person, soweit sie sich als teilhabend, genießend und versunken erweist.*
Muße ohne Kontemplation kann es nicht geben: heitere Nachdenklichkeit, intensives Verweilen, anschauende Durchdringung. Muße kann die Verwandtschaft mit der Zen-Haltung nicht leugnen, so wie sie ohne Übung nicht vorstellbar ist.
Unsere Gelassenheit und Heiterkeit sind in Muße gelernt. Unsere mutige Phantasie, tapfere Hoffnung oder strenge Intuition sind erlernt auf „müßige“ Weise. In ihrer, aus der Knechtschaft entkommenen Zweckfreiheit und Nutzlosigkeit gemahnt Muße ans Spiel, an ein Leben ohne Pflichten, Erwartungen und Zwänge.
Welch pflichtenlose Muße, welch verantwortungsgelöstes Spiel schafft uns Gelegenheiten, jenes tun zu können, was uns angemessen erscheint. Zu finden, was zu mir innen und außen paßt, maßvollkommen und isomorph, sollte ich inständig üben in Muße.

Muße als Konzentration, Erarbeitung und Versenkung begründet die Teilhabe des Menschen an Welten und Werken. Sie begründet eine Qualität des Menschen-Seins. Diese umfaßt zuerst eine Qualität des Subjekts und seiner Beziehungen. Aber so wie jedes Beeindrucktsein uns zum Ausdruck drängt, so wie jedes Erleben zum Zeichen sich ausrichtet, so erleben wir Muße, Spiel, „unnütz“ verbrachte Zeit, Versunkenheit als Basis aller schöpferischen Arbeit. Die „Muße“ ist eigentlich nur der andere Pol der leidenschaftlichen Arbeit, die in den schöpferischen Akt getrieben wird. Muße und schöpferische Arbeit gehören zusammen, können eigentlich nicht getrennt werden.

Muße:
Auf Stelzen kam das Wort daher, altväterlich und „gebildet“, und das in Zeiten, die durch Arbeitslosigkeit, monoton rotierende Freizeit und Konsumtyrannei geprägt sind. So kam sie daher – bis sie von den Stelzen fiel. Die gegenwärtige Gesellschaft verlangt viel mehr von ihr: Sie verlangt Lust und dazu Anstrengung und den ganzen Eros der Teilhabe.
Da Muße sich an allem erprobt, muß sie sich insbesondere an den dominanten und elementaren Kulturprozessen unserer Zeit prüfen. Muße gehört zur Medienwelt, zur Massenkultur, zur industriell verfestigten Kultur, sie gehört zum Sport, zum Urlaub von der Stange. Wo Kurzweil und Genuß entstehen in der konformgeschlagenen Ablaufswelt, ist Muße am Werk.

Ihre Aktivität bekämpft die Geschäftigkeit im Namen der Wahrheit. Sie schärft die Widerstandskraft gegenüber Überredung und Außenlenkung. Manchmal verstehen wir es, sie wie seltene Medizin, wie eine schöpferische Droge oder als ein besonders erregendes Genußmittel zu nehmen. Sie hat vieles mit Liebe und mit Glück gemein. Sie ist so unnütz wie diese und gefährdet wie diese die Mechanismen der Macht.

Muße, endlich errungene Befreiung in eine möglichkeitsreiche Stille…

Joseph Tewes

Nichts Besseres zu tun
Über Musse und Müssiggang

„Wenn es nicht ein paar Leute gibt, die sich etwas leisten, was andere ‚Träume' nennen, auch wenn sie dafür erst einmal geprügelt werden, dann kommt ja die Diskussion erst gar nicht in Gang."

Erhard Eppler

Unter diesen alten Kastanien, die gepflanzt wurden, als Goethe noch lebte, hier sitzen und niederschreiben, was mir an Mußegedanken durch den Sinn geht: daß er dies Wort im Alter nicht mehr gern benutzte und daß es mir schwer fällt, müßig zu sein. – Es ist August, die Luft ist warm, Sommerferien, die Städte menschenleer, die Universitäten ausgestorben; unser kleiner Sohn und sein Freund spielen in der Nachbarschaft. Niemand da, der mich stören würde, der etwas von mir verlangte, das die Harmonie dieses Augenblicks beeinträchtigte. Dennoch fällt es mir nicht leicht, mich dieser Situation zu überlassen.
Ich versuche schließlich, wenigstens darüber Klarheit zu gewinnen, was mich daran hindert, hier so gelassen zu sitzen, wie ich es tue.
Da findet sich bei Bertrand Russel in seinem Aufsatz „Lob des Müßiggangs"[1] eine Passage, in der ich mich wiederentdecke. „Wie die meisten meiner Generation bin ich nach dem Sprichwort: ‚Müßiggang ist aller Laster Anfang' erzogen worden. Da ich ein sehr braves Kind war, glaubte ich alles, was man mir sagte: und so entwickelte sich mein Pflichtgefühl derart, daß ich Zeit meines Lebens und bis zum heutigen Tage nicht umhin konnte, immer schwer zu arbeiten." – Das wichtigste Hindernis auf dem Weg zur Muße ist offenbar diese allgemein verinnerlichte Vorstellung von der Notwendigkeit rastloser und nicht-enden-dürfender Arbeit. Arbeit besitzt dabei unbefragt den Nimbus der Selbstverständlichkeit, die außerdem noch hochmoralisch ist. – Schon als Kind mußte ich hören, und es verdunkelte den Horizont, daß man, groß und erwachsen, überhaupt keine Zeit mehr zum Spielen haben werde. Es war nicht in Ordnung und den immer beschäftigten Eltern gegenüber

höchst unkameradschaftlich, wenn nicht die eigene Zeit und das eigene Leben ebenso genutzt wurden.

Das Argument, die Zeit sei rar und man dürfe sie deshalb nicht vergeuden, und daß der Sinn des Lebens nicht im Glück, im Herumspielen, Liegen, Lesen und Träumen, sondern in der Leistung – welche auch immer – bestehe, mußten dem Heranwachsenden gegen größte innere Widerstände unter dem Druck von Elternhaus und Schule schließlich einleuchten. Zeit und Leben wurden plötzlich ein überlassenes Kapital, mit dem man zu „wuchern" habe. Ja, Zeit sei geradezu „Geld", und man müsse sich ständig kontrollieren, ob man sie auch gewinnbringend genug angelegt und aus ihr auch wirklich das Beste gemacht habe. – Es war Max Weber, wie der Student später erfuhr, der schon um die Jahrhundertwende in seinem Werk: „Die protestantische Ethik und der Geist des Kapitalismus" auf die Zusammenhänge zwischen protestantischem Christentum, der Verherrlichung der Arbeit, einer asketischen Grundhaltung zur Welt und zu sich selbst sowie der gleichzeitigen Abwertung der Muße als Kulturmuster hingewiesen hatte.

Aber es gab auch andere Erfahrungen, die sich in der Seele des Heranwachsenden einnisteten, beunruhigende Botschaften.

Müßig zu sein, bedeutete für den Jugendlichen, auf einer abgewetzten Chaiselongue lang auf dem Bauch zu liegen und ein Buch zwischen den Armen, sich irgendwann auf die Seite zu werfen, den Kopf aufgestützt, wieder zu versinken endlich auf dem Rücken, das Buch abwechselnd in der einen oder anderen Hand. Zwischendurch sinken die Arme herunter, die Gedanken ziehen dem Gelesenen nach. Lesen, nachmittagelang, sich in einer anderen Welt aufhalten, verweilen bei Irgend und den Tag bedenkenlos verstreichen lassen.

Schon das Liegen im Hellen wurde von der Familie unten als lasziv empfunden. Da doch hier jedermann arbeitete, ohne mit seinen Mühen je an ein Ende zu kommen, wo sich alles ständig vier Hände wünschte! Wie wirkte da ein Essay von Hermann Hesse, der mit Genuß vom Trägesein erzählt, das, zur Kunst gesteigert, mit Geschmack beherrscht und genossen werden könne.[2] Schlegels Wort von der „Göttlichen Faulheit" erregte damals tiefer als alle Fragen des Katechismus, als die allsonntäglichen Predigten und Christenlehren.

Da meiner Jugend der Begriff Muße fehlte, weder als Wort noch als anschaubare Erfahrung, blieb es schwierig, sie von einem anderen, sehr ähnlichen Phänomen, dem der Faulheit, zu unterscheiden. Faulsein und Nichtstun oder sich seiner Muße zu überlassen, kam damals auf dasselbe heraus, die Tatsache nämlich, nicht genügend zu schaffen. Und die derbe, auf Unterscheidungen nicht bedachte Nachkriegs-Arbeitswut brandmarkte mit der Faulheit auch alle subtileren Formen der Untätigkeit.

Zweifellos haben beide, Muße und Faulheit, etwas miteinander gemein und finden sich gegenseitig auch sympathisch. So ähnelt sich ihre Körperhaltung; beide lagern

an ihrer Lieblingsstelle, auf einem Teppich oder Sessel, beide offensichtlich beschäftigungslos. Sie unterscheiden sich jedoch in ihrer *Gestimmtheit* oder, wenn ich hochgreifen will, in ihrer geistigen Haltung. Faulheit siedelt bedrohlich in der Nähe von Langeweile und bleibt auf der Suche nach Zerstreuung, will also eigentlich selbst ihre Beendigung. Auch ihrer Mühelosigkeit, die sie mit so befriedigter Miene zur Schau trägt, darf man mißtrauen. Zu oft ist Faulheit eigentlich erzwungene Bewegungs- und Ereignislosigkeit. Man sitzt allein herum und fühlt sehr deutlich, daß das Leben eine gute Sache sein könnte, aber wie es zu erreichen sei, weiß man nicht. Muße ist, jedenfalls wenn sie etwas taugt, wenn in ihr etwas geschieht, ganz anders. Ernst Bloch schreibt in den „Spuren“: „Ganz faul zu sein scheint so süß wie einfach. Je älter ich werde, sagte ein Freund, desto mehr sehe ich ein, das einzig Richtige wäre, überhaupt nichts zu schaffen. Den ganzen Tag, meint er, könne er am Fenster liegen an einer südlichen Küste, und draußen brauchte auch nichts zu sein. Ein Hund streckt sich auf dem leeren Platz, gähnt, geht einige Schritte weiter und legt sich wieder. Ein Man kommt von den Stufen des Rathauses, wo er geschlafen hat, langsam nach der anderen Seite, um auf den Stufen der Kirche weiterzuschlafen. Etwas Mais nachher und Kugelspiel reicht aus, denn alles ist wert, daß es die Sonne bescheint.“[3]
Bloch distanziert sich von Anfang an von der Vision seines Freundes. „Faulheit stimmt nicht. Der Mensch bleibt in ihr wie in der Einsamkeit bei sich allein. Das Leben wird unerträglich, es ist hohl, ohne Inhalt und nicht auszuhalten. Auch nicht im Süden oder bei den Naturvölkern. Wenn sie auch nicht unsere Arbeitswut haben und ihre Tage (nicht ihre Feste) von der Ruhe durchzogener sind als unsere, so hat die Romantik des Nichtstuns doch hier kein Beispiel; noch kein Urvolk hielt es aus, eines zu bleiben.“[3]

Daß uns Faulheit überhaupt interessiert, hängt mit unserer übersteigerten Arbeitsorientierung zusammen und ist höchstens als Gegenschlag des Pendels zu verstehen. Nur für homo faber, das Arbeitstier, d.h. für den in bezug auf Arbeit und Muße Geschädigten, kann Faulheit ein „Traumziel“ sein. „Nichts zu tun, zieht darum ebenso an, wie es keiner dort aushält. Es zieht an, weil wir uns scheinbar darin finden; es ist unerträglich, weil dort noch nichts wirklich zubereitet ist.“[3]

Noch anderes hindert uns auf dem Weg zur Muße: unsere übermäßige Ausstattung an Gegenständen. – All diese Zweitwohnungen, Segelboote und Sportausrüstungen setzen uns durch ihr bloßes Dasein unter Leistungsdruck. „Spiel mit mir, benutz mich doch, ich habe zu viel gekostet, um nur in der Ecke zu stehen.“ Wir haben uns diese Ausrüstungen schließlich zugelegt, um sie zu gebrauchen und Genuß aus ihnen zu ziehen. – Man kann feststellen, daß reiche, üppig ausgestattete Gesellschaften arm an Zeit sein müssen, da die Menge der Besitzstände miteinander um die beschränkte Zeit ihres Besitzers rivalisiert. Konsumintensive Gesellschaften müssen zeitarme, mithin mußelose Gesellschaften sein. Umgekehrt bestätigt jeder Besucher eines Entwicklungslandes die ärgerliche Erfahrung, daß arme Gesellschaf-

ten reich an Zeit sind. Und dies, obwohl wir zurecht erwarten dürfen, daß sie dort rastlos mit dem Zusammenbringen des Lebensnotwendigsten beschäftigt sein müßten. – Hierzulande hat das aufwendige Konsumieren neben dem Produzieren den Charakter einer gesellschaftlichen Pflicht angenommen, und die Folgerung, daß die Gesellschaft uns bei unserem Bemühen um Muße nicht nur nicht unterstützt, sondern aktiv behindert, ist ebenso offenkundig wie unbekannt. „Man geht kaum fehl in der Annahme, daß die Erkenntnis von der Unwiederholbarkeit der Zeit zu den bestgehüteten Geheimnissen der Gesellschaft zählt, denn diese ist aufgrund materieller Interessen bemüht, ein solches Geheimnis weiter verriegelt zu halten. Wenn dem Individuum nämlich möglicherweise schmerzhaft bewußt würde, daß es den unersetzbaren Vorrat seiner Zeit ohne Sinn verschwendete und dafür buchstäblich gar nichts als Gegenwert erhielte, so wäre wahrhaft unsicher, ob der außen gesteuerte Konsum im üblichen Maßstab fortgesetzt werden könnte.“ [4]
Hier muß klar gesagt sein, daß man zur Muße nicht vordringen wird, wenn man nicht den *Entschluß* faßt, sich an einer bestimmten Grenze bewußt zu verweigern. Auch der Kompromiß, eben noch kritischer sein zu wollen, nur gute und lohnende Anregungen an sich heranzulassen, hilft nicht. *Muße stellt sich nicht von allein ein, sondern nur als Ergebnis einer Entscheidung, als Ergebnis eines Verzichts.*
Unübersehbar bleibt, daß das Bedürfnis nach Zeit für uns selbst und nach Muße wächst.[5] Bedürfnisse dieser Art ergeben sich offenbar aus dem Alltag selbst. Je mehr unser Leben in der Alltäglichkeit versinkt, desto unabweisbarer erhebt sich die Sehnsucht nach einer anderen Art des Lebens. Es ist das Bedürfnis, tief zu leben, ein Bedürfnis nach einer grundsätzlich anderen Qualität, nach einem frischeren Umgang mit sich selbst und der Welt im Ganzen, kurz nach einer Art zu leben, die wir hier „*Muße*“ nennen wollen.

Ich möchte jetzt drei Texte vorstellen und interpretieren, die Muße-Situationen beschreiben. Obwohl sie sehr unterschiedlichen kulturellen Zusammenhängen entstammen und das Thema Muße nicht eigentlich behandeln, enthalten sie doch nahezu alle zur Muße gehörenden Phänomene. – Wenn ich mir diese Zeilen langsam vorlese, lösen sie fast immer tiefe Gefühle des Friedens in mir aus, sie beruhigen die Gedanken und entkrampfen meinen Körper.
Der kurze erste Text stammt aus dem Roman „Nachsommer“ von Adalbert Stifter (erschienen 1857) und stellt eine Einladung an Heinrich dar, den Sommer wie gewöhnlich auf dem Landgut seines väterlichen Freundes im Voralpenland zu verbringen. Diesmal bittet ihn sein Mentor, nicht – wie sonst üblich – mit Studienprojekten und Plänen zu kommen, sondern die Sommermonate müßig hinzubringen.
Der zweite Text – eine Predigt – wurde von Abt Daito zu Beginn des 14. Jahrhun-

derts in Kioto gehalten.[6] Der letzte Tag des Jahres war gekommen, die Mönche hatten sich gegen Abend in der Meditationshalle versammelt. In dieser Situation beginnt der Abt zu sprechen.
Die letzte Schrift entstammt dem Tagebuch Henry David Thoreaus[7], eines amerikanischen Philosophen aus der Mitte des vergangenen Jahrhunderts. Mit 28 Jahren verließ Thoreau seine gewohnte Umgebung und lebte zwei Jahre in einer selbstgebauten Blockhütte am Ufer des Waldensees. In dieser Zeit entstand eine Art Tagebuch mit dem Titel: „*Walden oder Leben in den Wäldern*" (erschienen 1854).

„Kommt zu uns auf das Land, lebt einmal eine Weile müßig bei uns, d.h., tut, was euch der Augenblick und die Neigung eingeben, wir wollen dieses Haus und den Garten genießen, wollen den Nachbarn Ingheim besuchen, wollen auch zu anderen entfernteren Nachbarn gehen, und die Dinge an uns vorüberfließen lassen wie sie fließen."

„Das alte Jahr geht heute abend dahin. Lassen wir gehen, was zu gehen und alt zu werden bestimmt ist. Das neue Jahr kündigt sich in dieser Dämmerung an. Lassen wir kommen, was zu kommen und erneuert zu werden bestimmt ist. Das Neue und das Alte mischen sich auf jede mögliche Weise, und jeder von uns erfreue sich dessen, wie es ihm beliebt. Ursachen und Wirkungen folgen einander, und Geschehnisse jeder Art manifestieren sich überall frei und autonom. So sehen wir den Gipfel des Ryuho-Berges sich prächtig in den Himmel erheben, während sich das Klostertor weit auf ein unbegrenztes Land öffnet. Dies ist nicht nur das Zeichen der friedlichen Zeit, es gehört zur Ordnung der Dinge, daß der Geist allumfassenden Wohlwollens alles um uns durchdringt. Welche Verse soll ich in diesem Augenblick zu eurer Erbauung zitieren?"

„Im ersten Sommer las ich keine Bücher; ich pflanzte Bohnen. Nein, oft tat ich noch etwas Besseres. Es gab Zeiten, in denen ich mich nicht entschließen konnte, die Blüte des Augenblicks irgendwelcher Arbeit des Kopfes oder der Hände zu opfern. Ich lasse gerne einen breiten Rand an meinem Leben. An manchen Sommermorgen saß ich, nachdem ich mein gewohntes Bad genommen hatte, von Sonnenaufgang bis Mittag in Träumereien versunken, auf meiner sonnenbeschienenen Türschwelle zwischen Fichten, Walnußbäumen und Sumach in ungestörter Einsamkeit und Stille, während die Vögel ringsum sangen oder leise durch das Haus flatterten, bis ich durch die an das westliche Fenster fallenden Sonnenstrahlen oder durch Wagengerassel auf der Landstraße daran erinnert wurde, daß die Zeit vergeht. In solchen Stunden wuchs ich wie das Korn in der Nacht. Sie waren viel besser, als irgendwelches Werk meiner Hände gewesen wäre. Es war keine meinem Leben abgezogene, sondern um so viel dreingegebene Zeit. Ich verwirklichte, was die Orientalen Beschaulichkeit und Arbeitsenthaltsamkeit nennen. Meistens kümmerte ich mich nicht darum, wie die Stunden verflogen, der Tag stieg empor, als ob er mein Werk beleuchten wolle. Es war Morgen, aber siehe, nun ist es Abend geworden, und nichts Berichtenswertes ward getan. Statt zu singen wie die Vögel, freue ich mich stillvergnügt meines dauernden Glücks."[7]

Zu allererst bedeutet Muße offenbar, Zeit haben, Herr seiner Zeit sein. Dabei geht es schon gar nicht mehr darum, viel Zeit zu haben – ob man viel oder wenig davon hat, diese Frage ist gelassen hintan gesetzt. Es ist die Struktur der Zeit selbst, die Zeitlichkeit, die plötzlich keine Rolle mehr spielt. Übrig geblieben ist nur die Gegenwart, das „nunc stans", das „ruhende Jetzt". Es hat die Zeit als Kontinuum abgelöst. Der

Müßige ist frei geworden von Zeit, deshalb kann sie ihn auch nicht unter Druck setzen mit ihrem unablässigen Verrinnen. Er ist in dieser Zeitlosigkeit ruhig und glücklich. Der Eindruck von Schläfrigkeit, der uns häufig aus der ruhigen Situation anweht, tritt hier überhaupt nicht auf. Unsere, uns nicht näher bekannten müßigen Freunde scheinen völlig ausgeruht, hell, empfindsam, freudig und voller Genuß. Ihr gegenseitiges Miteinander-Umgehen scheint ebenfalls sehr erfreulich zu sein: „Wir wollen unseren Nachbarn Ingheim besuchen." – „Es gehört zur Ordnung der Dinge, daß der Geist allumfassenden Wohlwollens alles um uns durchdringt." Und: „Welche Verse soll ich zu eurer Erbauung zitieren?" – Natürlich ist es leicht, freundlich miteinander umzugehen, solange in der Muße keine Konkurrenz aufkommen kann, was seinen Grund letztlich darin hat, daß der Müßige die Welt und auch seine eigene Situation nicht verändern oder verbessern will. Wir wollen „kommen und gehen lassen, was immer zu kommen und zu gehen bestimmt ist." Oder: „Wir wollen die Dinge an uns vorüberfließen lassen wie sie fließen." Oder: „Es ist Morgen und Abend geworden, und nichts Berichtenswertes ward getan."

Wie können wir uns auf diese Aussagen einlassen? – Schon die Formulierung, der Müßige wolle die Welt nicht verändern oder verbessern, ärgert, und zwar die Vertreter aller Lager. Obschon absurd geworden, gilt doch noch immer die Fortschrittsformel des 19. Jahrhunderts, daß alles, was wir tun, irgendwie zur Verbesserung der Welt, der Gesellschaft oder auch nur der eigenen Situation beitrage. In dieser Absicht verbessern wir seit 200 Jahren die Welt! Und nun läßt der Müßige den Tüchtigen bei diesem verdienstvollen Werke im Stich. Ja, er wendet sich von den Grundwerten seiner ringsum aufstrebenden Gesellschaft ab. Und ohne ein Wort der Anklage stellt er mit seiner Existenz jenen Macher, Herrscher und Ausbeuter bloß, der sich gern „Gestalter der Erde" und „Verantwortlicher" nennen läßt, wobei man ihn beim Kanalbauen, Planen, Codieren, Asphaltieren und Flurbereinigen sieht. Der Müßige dagegen läßt die Welt in Frieden, er läßt sie „sein". Er versteht sich eher als „Hirte des Seins" (Heidegger) oder als derjenige, der die Schöpfung Gottes pflegt und bewahrt. Natürlich lebt auch er von ihr, aber mehr mit ihr, er fühlt mit ihr, leidet mit ihr oder genießt sie: Zum Müßigen gehört, daß er die Erde nicht in derselben Weise ausbeutet wie jener Herr der Schöpfung, der sie entstellt und vergiftet. Thoreau schreibt 1837:

„Diese wunderbare Welt ist eher erstaunlich als bequem, eher schön als nützlich und eher ein Gegenstand der Andacht als der Ausbeutung. Die Ordnung der Dinge sollte daher geändert werden: Der siebte Tag sollte der Tag der Arbeit sein, der Tag, an dem wir unseren Lebensunterhalt im Schweiße unseres Angesichts verdienen. Die übrigen sechs Tage aber sollten der Sabbath der Liebe und der Seele werden – eine Zeit, in der wir durch diesen weiten Garten streichen, um uns den sanften Einflüssen und subtilen Eingebungen der Natur zu überlassen."

Ich bemerke, wieviel ungeplante Zeit ich benötige, um mich mit Problemen auseinanderzusetzen. So löste ein Vortrag heftigen Widerspruch aus, ohne daß ich in der Lage gewesen wäre, meinen unterschiedlichen Standpunkt zu formulieren. Die Aversion zeigte sich als Unbehagen, als körperlich spürbares unangenehmes Gefühl. Natürlich wußte ich, daß dieser Empfindung eine intellektuelle Argumentationsebene entsprach, fand aber trotz intensiven Suchens keine Klarheit. – Heute nachmittag, auf der Treppe im Garten, lag mir plötzlich der zu jenem unangenehmen körperlichen Gefühl passende Gedankengang fertig auf der Zunge: Zutreffend formuliert und argumentationsreif ohne alles Suchen. „Ich lasse gerne einen breiten Rand an meinem Leben", schreibt Thoreau in „Walden". Der Satz meint wohl, nicht jeden Quadratmeter Leben zu verplanen, lieber etwas leer zu lassen für Augenblicke wie diese. Ohne den breiten Rand einer nicht voll durchgeplanten Zeit hätte sich diese wichtige Einsicht möglicherweise nicht gezeigt.

Es sollte jetzt versucht werden, Grundzüge der Muße aufzuzeigen, um wenigstens einige begrifflich-tragende Teile in den Aufsatz einzubauen. „Nicht definieren", ruft Rosenstock-Huessy dazwischen: „Vergegenwärtigen" – vergegenwärtigen, also lebendige Muße in der Sprache vernehmbar, spürbar und ansteckend werden lassen! Also gut!

Arnold Gehlen, sonst nicht gerade Prototyp einer müßigen Existenz, spricht einmal vom „erfüllten und wunschlosen, die Gegenwart ein- und ausatmenden Nichtstun"[8]. Welch ein herzerweiternder Satz: ein erfülltes und wunschloses, die Gegenwart ein- und ausatmendes Nichtstun. –

Dieser Beschreibung wollen wir uns eine Weile anvertrauen.

Grundwort bildet das „Nichtstun", das überhaupt Ausgangspunkt vieler Mußebestimmungen zu sein scheint. Auch Hermann Hesse geht vom „Träge-Sein" aus, um es in der Muße zu einer Kunst zu verfeinern. Ganz offenbar handelt es sich aber um ein Nichtstun ganz besonderer Art, denn sein Tätigkeitscharakter kommt in den weiteren Bestimmungen eindrucksvoll zu Wort. Sowohl das „zur Kunst verfeinern" wie „Gegenwart ein- und ausatmen" oder „erfüllt sein" sind anspruchsvolle und hochaktive Tätigkeiten oder Zustände. Tätigkeiten allerdings ohne sichtbare Aktivität. Der Müßige ruht, schaut, liegt, hockt, wandert oder bewegt sich kaum und ist dennoch auf eine schwer beschreibbare Weise in Tätigkeit. Wenn dieses Tun äußerlich nicht wahrnehmbar ist, muß es geistiger Art sein. Gedanken, Gedankenzüge, gedankliche Spiele, Bilder, Bilderketten. „Innerlich voller Figur", sagt Goethe. Offenbar handelt es sich um ein Denken, das auch ein „Schauen" ist. Begriffe aus dem Umfeld der Muße weisen darauf hin, so die „Beschaulichkeit" oder „die Betrachtung", die man als inneres Schauen und Sehen verstehen muß. Dieses Schauen muß aber zugleich ein Denken sein, denn ohne begriffliche Struktur wäre es völlig unaussprechbar, ganz offenbar laufen auch Erkenntnisprozesse ab. Ich erkenne in der Muße Zusammenhänge und Hintergründe, die etwa in der Distanzlosigkeit unmittelbaren Tuns verdeckt gewesen wären. Muße macht Gedanken, sagt Nietzsche. Dem schauenden Denken und Erkennen entspricht ein Fühlen. Meistens sind es angenehme Gefühle: Das vorausnehmende Genießen eines Festes, einiger Tage in Rom oder das melancholisch-erotische Nachschmecken einer lange vergangenen Liebesnacht. Das müßige Schauen ist dabei durchaus in der Lage, jene Situationen wieder heraufzuholen, ja es vermag den Schauenden und das Angeschaute für Augenblicke wieder zu einer Einheit zu verschmelzen, die den Müßigen erschauern läßt. Anders als beim Denken, das als Begriffsbildung, Beweisen und Schlüsse-Ziehen Schritt für Schritt vorangeht, erkennt müßiges Denken unmittelbar und gleichzeitig, ist dabei undiszipliniert, methodenlos, ein Schweifen und Umkreisen, ein Sich-Anschmiegen an den Ort früheren oder zukünftigen Glücks. – Wichtig scheint, daß sich die inneren Vorstellungsketten ohne Energieaufwand weiterentwickeln. Ich benötige weder Disziplin noch Anstrengung zum inneren Schauen. Die Arbeit des Begriffs, die Hegel vom Philosophen verlangt, bleibt dem Müßigen erspart. Seine Bilder und Gedanken steigen von selbst auf und verschwinden wieder, um weiteren Platz zu machen.

Wie vom diskursiven Denken, bleibt Muße von der Meditation zu unterscheiden, die im allgemeinen von dem biografischen Hintergrund des Meditierenden absieht und sich einer, der Muße ungewohnten Stetigkeit befleißigt. Der Meditierende hält das Seil seiner Bewußtheit straff gespannt. Im Vergleich dazu wirkt der Müßige liederlich, man muß die beiden nur anschauen, um das zu bemerken.

Es fällt auf, daß hier das Wort „Schauen", aber nicht das „Sehen" eine Rolle spielt. „Schauen" bündelt die visuelle Aufmerksamkeit viel weniger, es ruht großäugiger auf der Welt. In absichtsloser Offenheit stehen die Gestalten Caspar David Friedrichs vor der Landschaft, „schauend" in ihr versunken. „Sehen" dagegen, so Ernst Jünger, ist oft ein aggressiver Akt, die Zweckhaftigkeit des Sinnes tritt auf den Plan, das „bewaffnete" Auge rückt an. Entsprechender Art sind auch die Dinge, die auf dieser Netzhaut erscheinen: die Welt als Objekt, als Material, als Zeichen für etwas, und die eben noch stille Welt wird zum Signal, sich des Picknickkorbes zu erinnern. Sie sinkt ab zur Kulisse, zum „Erwartungsland".

Hier findet sich eine weitere Bestimmung der Muße: ihre besondere „Objektbeziehung". Angelus Silesius schreibt: „Ist der Mensch müßig, dann begreifet ihn die Sache."[9] Normalerweise gehen wir davon aus, daß wir es sind, die ausgreifen, und die Sache es ist, die ergriffen wird. Nun scheinen sich die Positionen verkehrt zu haben. Aber wie kann die Sache mich begreifen? – Vielleicht hilft uns dieses chinesische Rollbild weiter. – Das Bild stellt eine winterliche Landschaft dar. In der Höhe ein Felsen, gestrichelte Bewaldung, unten am Fuße kahle Bäume, ein Talgrund verliert sich in dunstigem Nebel. Auf den Spitzen und in den Astgabeln der Bäume Schnee, die Zäune sind zugeweht, es ist leer und einsam auf dem Bild. Unter den

Bäumen entdeckt man, halb versteckt, eine Hütte, einfach, aber auf einem soliden Steinfundament. Jemand hat die Fenster weit geöffnet und alle Vorhänge zurückgezogen, die eisige Luft durchdringt die kleine Behausung. Hinter der völlig geöffneten Breitwand sitzt ein winziger Mensch. Er ist warm eingepackt, hat sich ein dikkes Tuch über die Schulter geschlagen, die Hände sind in den Falten verschwunden, eine Kapuze auf dem Kopf; sein Gesicht hat er leicht nach oben gewendet, er schaut, scheint zu lauschen. Wenn man die kleine Figur sieht, weiß man sofort, daß dies nicht der Herr der Natur ist, auch nicht das abendländische „Subjekt". Dieser hier ist in seiner Winzigkeit und seiner empfangenden Haltung ganz auf die Landschaft oder den Kosmos ausgerichtet, auf das Sein, dessen Chiffre die Natur ist. Die Welt ist nicht von seinen Gnaden, gehört nicht ihm, vielmehr gehört er in ihren Zusammenhang, ist Faser im Gewebe. Das Begreifen als Beherrschen spielt überhaupt keine Rolle mehr, vielmehr „umgreift" die Welt ihn und trägt ihn.

Der Müßige, scheint es, hat aufgehört, für sich selber zu sorgen, hat die Zügel aus der Hand gelegt und sich überlassen. – Vorstellungen dieser Art, die bei uns sofort Ängste auslösen, werden von Mußesituationen immer wieder berichtet. „Lasse dich", sagt Meister Eckehart und setzt damit indirekt voraus, daß man sich getrost lassen und loslassen könne. Muße ist nicht die Haltung dessen, der zupackt, sondern dessen, der losläßt, der sich losläßt und überläßt, fast wie ein Schlafender, der sich überläßt, weil nur, wer sich überläßt, einzuschlafen vermag.[10]

Sich überlassen und tragen lassen setzt aber die Überzeugung von der Tragfähigkeit des Seins voraus: innerlich wissen, daß man nicht ins Leere stürzen wird. Tragfähigkeit heißt weiter, die Gutartigkeit des Seins zu unterstellen, das bereit ist, mich zu tragen. Wenn ich sage, der Müßige unterstelle die Gutartigkeit des Seins, denke ich nicht zuerst an die Welt als Schöpfung, die als göttliches Werk gut ist. Erst recht habe ich keinen Grund, mich der Naivität zu bezichtigen, von der Gesellschaft als einer gutartigen auszugehen. Was in der Tat den Grund abgibt, ist der staunenswerte Umstand, daß diese von uns ausgenützte, verachtete und geschändete Erde in unerklärlicher Großmut Jahr für Jahr wieder Sprossen treibt, Gräser und Getreidehalme, und daß auf dieser Erde zu leben gut ist, weil Leben und schließlich auch der Tod gut sind. Diese Überzeugung von dem Gut-Sein des Seins und des Lebens erscheinen mir vereinbar mit einem skeptischen Argwohn der Gesellschaft und ihrer Lebensführung gegenüber.

Hier ist noch ein Weiteres zu erinnern. Muße tut alle Dinge um der Dinge selbst willen. Dieses Grundmuster, eine Sache ausschließlich um ihrer selbst willen zu tun, kann als Richtschnur und Erkennungszeichen für einen auf Muße ausgerichteten Menschen gelten. Also wird er essen, weil ihn hungert und er Freude am Essen hat, nicht primär, um sich zu ernähren; wenn er ein Buch liest, tut er es, um seine Neugier auf diesen Text zu befriedigen und seiner Leselust nachzugehen, nicht aber, um für ein Gespräch gerüstet zu sein. Macht er eine Prüfung, wird er einen Stoff wählen,

der ihn schon lange interessiert, wobei es ihn befriedigt, ein Problem exakt und profund zu erkennen. Er wird versuchen, aus einer Dienstfahrt soviel wie möglich zu machen, um ihr ein Eigengewicht für sein Erleben zu geben. Grundsätzlich wird er dahin tendieren, sich der Verzweckung aller Lebensbereiche zu entziehen.
Der Muße ist es also selbstverständlich, sich ihrer Sache voll, gesammelt und ausschließlich zuzuwenden. Entsprechend eng sind hier die Beziehungen: anschauen, lesen, Gedanken, träumen, sich seinen Phantasien überlassen, dem Himmel, dem Wetter ... Eine Art Kraftfeld baut sich auf, eine Intensität des Erlebens, die sich aber ganz unangestrengt und von allein einstellt. Nichts Trennendes dazwischen, Identitätserfahrungen. Muße ist der Inbegriff unmittelbaren Daseins und damit der Gegenpol jeder Art von Entfremdung. Man spürt, wie die zu anderen Problemen nicht benötigte Kraft sich in gesteigerte Empfänglichkeit und Sensibilität verwandelt. Ein Überschuß sinnlicher und geistiger Kräfte ohne alle Kraftaktmanieren. Man fühlt sich klar, frisch, leicht, ohne Druck und Unbehagen. Muße ist unangestrengte Intensität.
Daß wir diesen Zustand so selten erleben, liegt oft daran, daß wir Mußesituationen meistens als erschöpfte Kreaturen erreichen, und ehe wir uns leicht und wach fühlen, sind wir über unserer Muße eingenickt. – Voraussetzungen für Muße sind erst dann gegeben, wenn der Mensch in der Lage ist, seine freie Zeit mit der gleichen Intensität an Kraftverausgabung[11] zu verbringen wie die Arbeitszeit. Muße sollte nicht mit Erholung verwechselt werden.
Rufen wir uns Bilder müßigen Lebens ins Gedächtnis: Allen gemeinsam ist die ruhige und gesammelte Hingabe an die jeweilige Situation. Muße besitzt eine besondere Beziehung zur Gegenwart, die vom Gefühl für das Jetzt, für diesen Augenblick bis zu einer die Gegenwart in ihren Tiefen ausschöpfenden Mystik reicht. „Auch ohne Lektüre konnte ich ‚stundenlang' in Ruhe verharren und meine Aufmerksamkeit mit scheinbar geringen Gegenständen beschäftigen (Gesetze des Mückenflugs, Rhythmik der Sonnenstäubchen, Melodik der Lichtwellen usw.). Daraus entsprang ein wachsendes Erstaunen über die Vielheit des Geschehens und ein beruhigendes völliges Vergessen meiner Selbst, womit die Basis eines heilsamen, niemals langweilenden far niente gewonnen war."[2]
Ein anderes Wort für Gegenwart heißt Anwesenheit. Gegenwart ist ohne „Anwesenheit von etwas" nicht zu denken. Von seiten der Person bedeutet Anwesenheit: sich bei etwas aufhalten, bei etwas verweilen. In der Muße verweilt der Mensch bei etwas, mögen es die geringen Dinge Hesses sein oder Vorstellungen, die aus dem Inneren aufsteigen. In der Biographie jedes Menschen gibt es solche Punkte, bei denen sich aufzuhalten oder die zu umdenken Glück spendet oder die gar die Schwerpunkte des Lebens ausmachen. Wenn Ortega den Glauben als eine Vorstellung auffaßt, „*bei der man verweilen kann*"[12], gehört das hierher. In der Muße kommen die Sinngehalte des Daseins, das Warum des Lebens in den Blick.

Leben im ruhigen Gefühl der Gegenwart fällt uns schwer. Gegenwart macht uns nervös, möglicherweise, weil sie unseren Erwartungen nicht entspricht, weil sie ereignisloser ist, als wir sie erwarteten, und sie uns langweilt. Wir sind sowohl „gegenwartsunfähig" wie „gegenwartsunwillig". Fausts Verfluchen des Augenblicks – er will verdammt sein, wenn er zum Augenblick sagt: „verweile doch, Du bist so schön" –, diese Ablehnung erfüllter Gegenwart charakterisiert auch unseren Umgang mit der Zeit. Meistens sind wir damit beschäftigt, etwas erreichen zu wollen, und erwarten den Beginn des eigentlichen Lebens erst, wenn wir ein bestimmtes Ziel erreicht haben. Oder aber Gegenwart besteht im Erledigen von Sachverhalten, die bereits früher geplant waren, ist also vergangenheitsdeterminiert infolge einer zurückliegenden Vorausplanung, die nun abgearbeitet werden muß. Muße weigert sich, das Leben als Plan, als Aufgabe, als Material zur Lebensgestaltung zu akzeptieren. Statt dessen versucht sie Gegenwartspunkte, Inseln von Gegenwart oder das Empfinden des Jetzt zurückzugewinnen: „erfülltes und wunschloses, die Gegenwart ein- und ausatmendes" Dasein.

Bisher waren wir einer Form der Muße nachgegangen, die sich aus dem scheinbaren Nichtstun entwickelt hatte. Aber schon die frühesten philosophischen Reflexionen über Muße veranlaßten Aristoteles zu der Frage, wie oder womit man seine Mußestunden ausfüllen und was man in seiner Muße am besten tun solle. In dieser Frage kündigt sich eine andere, die tätige Muße an.
Leben selbst bedeutet schon für die griechische Philosophie Tätigkeit, alles Lebende strebt danach, tätig zu sein, und der Mensch ist in ganz besonderer Weise ein auf Tätigsein angelegtes Lebewesen. Diese Aussage zieht sich wie ein roter Faden durch Philosophie und Anthropologie.
Der Mensch will handeln, werken, tätig sein, und das am liebsten in den Bereichen und mit den Fähigkeiten, die ihm durch Geburt oder Lernen am reichhaltigsten zur Verfügung stehen. „Leben = Tätigsein = Lust", in dieser Formel eröffnet sich handelnde Muße: ein lustvolles Tätigsein, in einem von mir gewählten Feld unter den Vorzeichen von Souveränität, wobei ich die mir eigenen Fähigkeiten sich entwikkeln und spielen lassen kann. Und das alles frei von Zeitdruck: ein schöpferisches Arbeiten. „Unsägliches Glück beim Erwachen in einen durch Nichts bedrohten oder besetzten Tag; der köstliche Luxus, in einem Buch über die Stelle hinaus zu lesen, die man aus irgendeinem Zweck darin aufgesucht hat, der Verführung des Geistes willig hingegeben; die Wonne über eine drei- oder viermal neugeschriebene und dadurch in ihre Ordnung gekommene Seite..." [13] Was an Tätigkeiten der einzelne für sich auswählt, hängt ab von seinen Fähigkeiten. Keine Frage, daß es die lustvolleren sein werden: essen, trinken, tanzen, studieren, ein Möbel bauen, einen Garten pflegen, ein altes Haus instandsetzen, diesen Aufsatz schreiben, einen Raum

frisch streichen, einen Körper berühren und einen Menschen lieben: „Kommunikation, Geschenk, ästhetische Kreativität und Vergnügen, Produktion und Reproduktion des Lebens, Zärtlichkeit, Entfaltung sinnlicher und geistiger Fähigkeiten, Schöpfung von Gebrauchswerten ohne Handelswert, kurz ein Ensemble von Fähigkeiten, die die Substanz des Lebens bilden und daher wohl begründet keinen nachgeordneten Platz, sondern Vorrang beanspruchen." [14]

Muße geht mit Engagement und Intensität oder der Bereitschaft, sich einer Sache oder Aufgabe hinzugeben, durchaus zusammen, solange die Tätigkeit selbstgewählt und der Zeittakt meinem eigenen Rhythmus entspricht. An jedem Schritt dieser Tätigkeit habe ich dann ebenso viel Freude wie später am fertigen Stück. Ich spüre, wie die Anforderungen der Arbeit und meine Kräfte in Harmonie stehen. Ich erfreue mich meines Daseins mit jedem Handgriff, jedem Schritt und jedem Satz. Die Sache, ich selbst und der Vollzug sind zu einer lustvollen Einheit verschmolzen. – Um an dieser Stelle noch einmal auf den Verdacht der Faulheit zurückzukommen, scheint mir, daß die tätige Muße gegenüber der bei uns praktizierten Arbeitsmentalität ein besseres Fundament für ein sorgfältiges Arbeiten abgibt. Wer wünschte sich nicht eine achtsame ärztliche Behandlung, einen ausgeruhten Piloten am Steuer, kein Montagsauto und eine akkurat gewartete Stereoanlage.

Ein wichtiges Feld der tätigen Muße wird ein Bereich sein, der sich mehr und mehr zwischen die Freizeit und die traditionelle Arbeit schiebt, der Bereich der Eigenarbeit, der selbstregulierte und ganzheitliche Arbeitsvollzüge umfaßt. Dazu gehört der Imker aus unserer Nachbarschaft, der seine Völker zur Blüte an die Kastanienallee setzt und später einen unvergleichlichen Honig schleudert, die alte Dame aus der Nachbarschaft, die auf Verlangen Haus, Kind und Katze verwahrt, ein Bauer, der sein altes Backhaus reorganisiert und mit dem Brot die Nachbarschaft versorgt, der Waldarbeiter, der von seinem Holzdeputat abgibt, dazu gehört der Uli, der das zweistöckige Kinderbett und die Schaukel gebaut hat, und ich selber auch, wenn ich Briefe für den Nachbarn entwerfe, der einen Rechtsstreit durchficht. (Vgl. dazu Benseler, Heinze, Klönne, Hg.: Die Zukunft der Arbeit.)

Auf der anderen Seite ist es keine Frage, daß von diesem Tätigkeitsverständnis her Bereiche des normalen Berufs und der Arbeitswelt nicht zureichend gedacht werden können. Sie bleiben im belastenden Bereich der Notwendigkeit, und es kann nur darum gehen, sie soweit wie möglich zurückzudrängen. Der Dualismus zwischen dem Leben in der „Metamaschine" und einer mußevollen Tätigkeit ist wohl auch in Zukunft nicht zu überwinden. Vorstellungen von der Arbeit, die Mußezüge trägt und sich in ihrem Charakter immer mehr der Freizeit annähert, so daß sich ihre Unterschiede schließlich verwischen, scheinen mir illusionär. Das soll aber nicht heißen, daß man nicht versuchen müßte, wie auf jener Dienstreise, mit List die Freuden seiner Muße in den Beruf einzuschmuggeln und die Beraubung dort nach Kräften aufzuheben. [15]

An dieser Stelle soll, um einen Grundzug müßigen Tätigseins zu bestimmen, ein Gedanke von F. Capra aus seinem Buch „Wendezeit" aufgegriffen werden.[16] Es geht um den rätselhaften chinesischen Begriff „Wu Wei", den die taoistische Philosophie häufig benutzt. Er bedeutet wörtlich „nichts tun", „nicht handeln". Laodse spricht öfters von einem Handeln in der Art des „Wu Wei", das angeblich dem tätigen Handeln überlegen sei. – Von westlichen Interpreten wird „Wu Wei" meistens als Passivität gedeutet und damit mißverstanden. Capra weist demgegenüber darauf hin, daß die chinesische Philosophie mit „Wu Wei" nicht meine, sich jeglicher Aktivität zu enthalten, sondern nur bestimmter Formen, nämlich derjenigen, die nicht mit dem fortlaufenden kosmischen Prozeß in Harmonie ständen. „Handeln in der Weise des Wu Wei bedeutet nicht ‚nichts tun und stille halten'. Laßt zu, daß alles tun kann, was es von Natur aus tut, so daß es seine Natur erfüllen kann." Enthält man sich jedes naturwidrigen Handelns, dann ist man in Harmonie mit dem Tao, und dann wird das eigene Handeln erfolgreich sein. Aus chinesischer Sicht scheint es also zwei Arten von Tun zu geben: Aktivität in Harmonie mit der Natur und Aktivität gegen den natürlichen Fluß der Dinge. Nur das erste ist wirklich erfolgreiches Handeln. – Es hat freilich den Anschein, als würde der Text in dieser Aussage irren. Wir bemerken, daß ein Handeln, das sich um Harmonie mit der Natur überhaupt nicht kümmert, offenbar besonders erfolgreich ist, zumindest vorerst noch. Einen Zweifel, welche Art Handeln die tätige Muße verwirklichen wird, kann es dennoch nicht geben.

Hier müssen wir uns noch der Frage nach der politischen Valenz der Muße stellen. Aristoteles hatte in der Politeia unmißverständlich formuliert: „Denn es bedarf der Muße, wer politisch handeln will." – Muße wird hier geradezu als Voraussetzung jeder politischen Beteiligung angesehen, aber wohl zuerst in dem Sinne: Herr seiner Zeit und damit zeitlich ungebunden sein. Besitzt man diesen Freiraum nicht, ist man also nicht Herr seiner Zeit, ist man auch zu Politik, d. h. aber im alten Athen: persönliche Anwesenheit auf der Agora, sich auskennen und mitreden können, unfähig. Der Sklave oder der schwerarbeitende Mensch sind allein aufgrund ihres Mangels an Zeit politisch entmündigt.
Ein anderes Argument ist noch ernster zu nehmen. Es fällt der Muße, den Alltäglichkeiten entzogen, leichter, Vollkommenheitsvorstellungen zu entwickeln. Würde diese, dem politischen Handeln vorausfliegende und es vorentwerfende Phase fehlen, würden die weitreichenden Perspektiven gesellschaftlicher Entwicklung, kurz – die idealen und utopischen wie auch die eigentlich kritischen Momente – ausbleiben. Sie alle benötigen, um sich zu entfalten, eine Distanz vom Alltag. (Vgl. Aufsatz Menne.)
In Mußesituationen erhöht sich unsere Sensibilität, und wir registrieren Reize und

sind zu Reaktionen fähig, die uns normalerweise abgehen. Muße führt zu einer Verfeinerung unserer gesamten Organisation, unserer politischen, ästhetischen, sozialen und moralischen Gestimmtheit. „Wer keinen Mut zum Träumen hat, hat keine Kraft zum Kämpfen“: ein Satz aus der jugendlichen Sprüchekultur. – Wo anders als in müßigen Situationen wird vorausempfunden, entworfen und ausgedacht, wie wir in Zukunft leben wollen. (Meyer-Abich) – Und daß die Muße zwar ohne laute Parolen der alten Leistungsideologie die Gefolgschaft aufgekündigt hat, wird sich als nachhaltig und folgenreich erweisen. Muße besitzt eine stille subversive Kraft im Sinne Laodses, wo das Weiche das Harte überwindet.

Wenn nach diesen Beobachtungen auch das Argument, Muße sei oder mache unpolitisch, nicht mehr unbeschränkt gilt, so muß doch eingeräumt werden, daß die Umsetzung des in der Muße Erfahrenen in politische Praxis oder der Umschlag vom kontemplativen Leben zum aktiven, gar politischen, sich nicht problemlos vollzieht.

Ganz allgemein verstärkt sich in den letzten Jahren der Eindruck, daß die Politik immer weniger in der Lage ist, die eigentlichen Probleme der Gesellschaft zu lösen. Unter Politik verstehe ich hier die bewußte und vorausschauende Gestaltung der Gesellschaft im Interesse menschlicher Lebensverhältnisse (Oskar Negt). Wenn den dazu Beauftragten diese Gestaltung immer weniger gelingt, wird es immer notwendiger, daß die Menschen selbst sich ihrer elementaren politischen Pflichten entsinnen und ihre übergangenen Bedürfnisse klarstellen. Nicht nur als Forderung, sondern als gelebtes, als anders gelebtes Leben. Je weiter sich das System entwickelt und uns zeitlich freisetzt, desto stärker wird auch die Bedrohung zunehmen. Was mag an Lebensqualität bis zur Jahrtausendwende noch übrig geblieben sein? Man darf wohl behaupten, daß jede unpolitische und nur privatistisch gelebte Muße ihre eigene Abschaffung befördert, oder positiv, daß Muße danach streben muß, schließlich öffentliche und allgemeine Muße zu werden.

Es ist wohl besser, am Schluß noch etwas zur materiellen Voraussetzung der Muße anzuhängen. Die griechischen wie die chinesischen Philosophen sind sich darin einig, daß eine ausreichende materielle Versorgung zwar Voraussetzung der Muße ist, daß ihr aber mäßige materielle Güter besser bekommen als eine zu reiche Ausstattung. Muße in Verbindung mit großem Besitz, gesellschaftlicher Anerkennung, hoher Position oder einem einflußreichen Amt – das man grundsätzlich nur eine begrenzte Zeit seines Lebens innehaben sollte – haben sich schon immer – so auch heute – ausgeschlossen. Lin Yutang schreibt dazu: „Der Kult des müßigen Lebens war alles andere als ein Vorrecht der wohlhabenden Klasse. Es handelt sich vielmehr um einen Kult von Seiten des armen, erfolglosen Wissenschaftlers und Geistesarbeiters, der sich entweder freiwillig für das müßige Leben entschieden hatte oder dem es sich zwangsläufig auferlegte. Wenn ich gewisse Meisterwerke unserer Literatur lese und mir vorstelle, wie da irgendso ein armer Gelehrter seinen ebenso armen Studiosen diese Gedichte und Aufsätze vortrug, die das einfache und müßige Leben priesen, so sage ich mir, daß diese Männer bestimmt aus solcher Unterweisung eine unendliche Genugtuung und geistige Tröstung bezogen haben. Scharfsinnige Erörterungen über die Nachteile des Ruhms und den Nutzen der Unberühmtheit mußten den bei öffentlichen Prüfungen Durchgefallenen angenehm in den Ohren klingen, und Sprichwörter wie ‚Spät essen (wenn der Appetit geschärft ist) heißt Fleisch essen' mußten dazu beitragen, daß der schlechte Hausvater sich vor seiner Familie nicht allzu sehr zu schämen brauchte. Mit der Zeit wurde dieser Typ des hochsinnigen Gelehrten, der die Reinheit seines Wesens höher achtete als seine Leistung, seine Seele höher als Ruhm und weltliche Güter – nach allgemeiner Auffassung das höchste Leitbild im chinesischen Schrifttum."[17]

Bleiben wir noch eine Weile in müßiger Runde beisammen: Lin Yutang will uns Situationen empfehlen, die zur Muße wie zum Teetrinken in besonderer Weise geeignet sind:

— wenn man an einem Feiertag still in seinem Zimmer sitzt
— wenn man Gedichte liest
— wenn man auf einem Instrument spielt
— wenn man Bilder betrachtet
— wenn es ganz leicht regnet oder Schnee fällt
— wenn man in seiner kleinen Bibliothek Räucherkerzen entzündet hat
— nach Beendigung einer Einladung, wenn die Gäste fort sind.

Es wird jeden reizen, diese Liste persönlich zu verlängern, so wie ich es auch tun werde:

— die Ruhe des nächtlichen Hauses
— der einladende Schreibtisch
— wenn eine längere Arbeit beendet ist
— der Sessel im Bücherzimmer
— die Treppe im Garten
— die Tage zwischen Weihnachten und Neujahr
— unter diesen schönen Kastanien sitzen, die gepflanzt wurden, als Goethe noch lebte…

EPILOG

Um deutlich zu machen, daß Muße nicht nur ein individuelles, sondern ein die gesamte Gesellschaft betreffendes Phänomen darstellt, sollen einige Thesen folgen, die ein politisches Rahmenprogramm der Muße entwerfen:

— „Der Mensch lebt um der Muße willen“ (Aristoteles), nicht der Arbeit wegen. Arbeit hat ihren Sinn höchstens darin, Muße materiell zu ermöglichen.

— Es wird in Zukunft weniger Arbeit geben. Die Rationalisierung, d.h. gleichbleibende oder gar steigende Produktion bei Senkung des menschlichen Arbeitsanteils, wird in den nächsten Jahren entscheidende Fortschritte machen. Die wirtschaftliche Situation dürfte gekennzeichnet sein durch hohe Produktivität und gleichzeitige hohe Arbeitslosigkeit.

— Dies Schrumpfen der Arbeit ist grundsätzlich zu begrüßen, muß aber, wollen wir nicht zu allgemeiner Arbeitslosigkeit kommen, begleitet werden von einem Prozeß der Umverteilung von Arbeit und Einkommen.

— Die Identifikation mit der Arbeit geht in allen Bereichen zurück, wenn auch diese Distanzierung in der Öffentlichkeit wegen der Attraktivität von Arbeitsplätzen eher verdeckt ist. Lebensziele wie soziale Kontakte, Lebensgenuß, mehr Zeit für sich selbst rücken an die Stelle der bisher beherrschenden Werte Arbeit, Leistung oder Besitz. Die Soziologen haben für diesen Vorgang den Begriff „Nachindustrielle Ethik“ oder „Paradigmenwechsel“ gefunden.

— Nach wie vor besitzt Arbeit, die man als sinnvoll empfindet, die die menschliche Souveränität achtet, die etwa in Gruppen geleistet werden kann und vielleicht sogar Spaß macht, einen hohen Stellenwert. Sie findet sich allerdings hauptsächlich außerhalb der beruflichen Sphäre.

— Wir stehen vor der Entscheidung, eine arbeitsfreie Mußegesellschaft oder eine arbeitslose Leistungsgesellschaft zu werden, d.h., entweder weniger Arbeit für jeden, aber Arbeit für alle, oder mehr Arbeit für die immer leistungsfähigeren Arbeitsplatzbesitzer und Arbeitslosigkeit für Millionen.

An dieser Stelle werden alle Arbeitszeitregelungen unterstützt, die dem einzelnen mehr Zeitsouveränität ermöglichen. Außer Formen von „Job-Sharing“ vor allem das „Sabbathjahr“, das Recht jeden Bürgers, wenigstens einmal im Leben ein volles Jahr nach eigenem Ermessen zu gestalten: garantierte Wiedereinstellung.

— Die Bemühungen der Politik, das Problem der Arbeitslosigkeit zu lösen, lauten etwa: Ankurbelung der Wirtschaft, Ausfahren aller Kapazitäten etc. Diese Strategien sind vor dem Hintergrund einer weitgehenden Absättigung an Produktion sowie der Belastung der Erde absurd geworden. Die Behauptung, dies System bedürfe, um weiter existieren zu können, ständiger Expansion, ist Ideologie. Natürlich sind bei wachsender Wirtschaft die Verteilungsprozesse konfliktfreier.

— Die entscheidende Frage ist nicht: „Wie können mehr Arbeitsplätze – gleich wofür – geschaffen werden?“, sondern: „Wie können die Menschen mit weniger Arbeit und mit möglicherweise weniger Konsum ein hochbefriedigendes Leben führen?“ –

Es wäre töricht und eine neue Form von Maschinenstürmerei, die formelle Produktion, die große Industrie abschaffen zu wollen. Dennoch müßte der nicht profitorientierte informelle Sektor als eigenständiger beruflicher Bereich zwischen Freizeit und etablierter Produktion politisch gefördert werden. Seine klassischen Aufgaben liegen im personal-sozialen und kulturellen Bereich, aber ebenso in Gebieten einfacher Produktion, Landbau, im handwerklichen Bereich, Möbel, Bekleidung, der Pflege, Wartung und Reparatur. (Vgl. dazu: Benseler, Heinze, Klönne, Zukunft der Arbeit, Hamburg 1982.)

— Eigenarbeit bedeutet wenigstens partielle Rückgewinnung von Autarkie, Erlebnis der eigenen Kraft, Nähe von Herstellung, Gebrauch und Genuß. Sie ist im Prozeß der Selbstverwirklichung des Menschen nicht zu entbehren.

— Die Schule kann nicht weiterhin sein, was sie im Augenblick ist, nämlich Organisation zur Anpassung und Einschleifung in die Arbeitswelt. Sie muß vielmehr durch eine allseitige Entfaltung der menschlichen Kräfte Grundlagen legen, daß die Menschen diese neue Chance auch tatsächlich qualifiziert wahrnehmen wollen und können.

— Jedermann müßten Weiterbildungsmöglichkeiten offenstehen. (Vgl. dazu Adam Schaff, Wohin führt der Weg? Die gesellschaftlichen Folgen der zweiten industriellen Revolution, Wien, München, Zürich 1985.) Dabei ist „Weiterbildung“ nicht primär funktional-technisch, sondern kulturell gemeint und hätte der persönlichen Vervollkommnung des Menschen zu dienen.

— Die Begriffe Fortschritt und Wachstum als Werte müssen völlig neu interpretiert werden. Wachstum kann nicht länger Steigerung des Bruttosozialprodukts bedeuten, weil dessen Steigerung keine Steigerung des menschlichen Wohlergehens mehr beinhaltet. Produktion steigert nicht mehr das *gute Leben*, sondern stellt es vielmehr in Frage. Wachstum und Fortschritt müssen sich auf die Prozesse menschlicher und gesamtgesellschaftlicher Vervollkommnung beziehen. Darüber müßte ein gesellschaftlicher Konsens erzielt werden.

— Unsere Gesellschaft hat ihren Mitgliedern bisher fast ausschließlich eine einzige Form der Selbstverwirklichung vorgeschrieben: durch Leistung und Konsum. Diese Möglichkeit scheint an ihr Ende gekommen zu sein. Wollen wir weiter existieren, sind Lebensweisen unverzichtbar, die die Muße und ihre anthropologischen Werte stärker berücksichtigen.

1 Russel, Bertrand, Lob des Müßiggangs, 1935, in: Philosophische und politische Aufsätze, herausgegeben von Ulrich Steinforth, Stuttgart 1977
2 Hesse, Hermann, Die Kunst des Müßiggangs, Kurze Prosa aus dem Nachlaß, Frankfurt/M. 1973
3 Bloch, Ernst, Spuren, Frankfurt/M. 1959, hier: Stachel der Arbeit, S.125 ff.
4 Gamm, Hans-Jochen, Umgang mit sich selbst, Reinbek 1979, hier S.47
5 Opaschowski, H.W.; Raddatz, G., Freizeit im Wertewandel, Hamburg 1982
6 Suzuki, D.T., Der westliche und der östliche Weg, Berlin 1960, S.67 f.
7 Thoreau, Henry David, Walden oder Leben in den Wäldern, Zürich 1971, S.117/118
8 Gehlen, Arnold, Das gestörte Zeitbewußtsein, in: Merkur, 1963, IV, S.313
Es ist bezeichnend, daß sich Gehlen dieses Ein- und Ausatmen der Gegenwart in der Badewanne vorstellt, in einer intimen Flucht- und Inselsituation, die sich noch der gesuchteste Wissenschaftler guten Gewissens leisten darf; es handelt sich hier nicht um eine offenbare, sondern um eine versteckte Mußesituation. Die als befreiend empfundene, wenngleich tabuisierte Muße kann anscheinend nur im Schutze anderer gesellschaftlich akzeptierter Situationen verwirklicht werden.
9 zitiert nach Baumeister, Willi, Das Unbekannte in der Kunst, Köln 1947, S.24
10 Pieper, Josef, Muße und Kult, München 1956[7], S.53
11 Kramer, Dieter, Freizeit und Reproduktion der Arbeitskraft, Köln 1977[7]
12 zitiert nach Gehlen, a.a.O., S. 317
13 Hentig, Hartmut von, Weder Sanatorium noch Gralsburg, in: Die Zeit, Nr.1/1982, S.46
14 Gorz, André, Abschied vom Proletariat, Jenseits des Sozialismus, Frankfurt/M. 1980
15 Hentig, Hartmut von, Ergötzen, Belehren, Befreien, München 1982, S.362
16 Fritjof, Capra, Wendezeit, München 1984[8], S.34
17 Lin Yutang, Weisheit des lächelnden Lebens, Reinbek 1960, S.136 ff.

II.

„Der Mensch lebt um der Musse willen“ (Aristoteles) Der Beistand der Philosophen

Klaus Bernath

Thomas von Aquin und der Verlust der Musse

Zugegeben, es ist keineswegs naheliegend, den Verlust der Muße mit dem Namen des Thomas von Aquin zu verbinden. Was sollen denn die Hetze und der Streß, das sich immer weiter verschärfende Arbeitstempo und der allgemeine Geschwindigkeitsrausch unserer Tage[1] mit dem Mittelalter zu tun haben, das sich – nach der schwärmerischen Mittelalterbegeisterung der Romantik[2] – neuerdings durch vielbesuchte Ausstellungen und nicht zuletzt durch Umberto Eco[3] vermittelt, eines freundlich-nostalgischen Interesses sicher sein kann? Ein Kenner hat geradezu von einer andauernden Gegenwärtigkeit des Mittelalters gesprochen[4], aber von einer differenzierten Bewußtheit mittelalterlicher Lebensvorgänge kann mit Sicherheit keine Rede sein. Dafür sind die vermittelnden Texte viel zu unbekannt. Das meiste ist noch immer in unedierten Handschriften verborgen, und selbst was davon gedruckt ist, und das ist nicht wenig, bleibt auch für den gebildeten Zeitgenossen hinter der schwer übersteigbaren Mauer des scholastischen und Chroniken-Lateins in unzugänglicher Ferne. Solange das so ist, greift der interessierte Laie lieber zu Romanen wie dem „Namen der Rose“, und er wird dabei nicht nur unterhalten, sondern auch kenntnisreich belehrt.

Nun ist zu beachten, daß Eco ein Panorama der dogmatischen Konflikte des vierzehnten Jahrhunderts gibt. Für die Zeit des Thomas von Aquin ist aus seinem Roman nichts zu lernen; das ist natürlich nicht die Schuld des Autors, denn er hat sich nun einmal das spätere Mittelalter zum Thema gemacht. Es sei aber daran erinnert, daß es auch einen sehr lesenswerten Essay desselben Autors über Thomas[5] gibt. Nur leider ist auch darin nichts für unsere Frage zu finden, und so bleibt nichts weiter übrig, als schließlich doch ein paar Spezialstudien vom Staub der Bibliotheken zu befreien und am Ende noch in Originalwerke des Thomas hineinzusehen; aber keine Angst: die zitierten Stellen werden übersetzt.

Den folgenden Überlegungen liegt die vielleicht phantastisch klingende Vermutung zugrunde, daß der gegenwärtige Verlust der Muße, ja die Höherbewertung der Arbeit gegenüber der *betrachtenden Lebensform,* historisch auf einen bestimmten Konflikt um die Mitte des dreizehnten Jahrhunderts zurückgeht, den sogenannten *Mendikantenstreit* an der Universität Paris. Von diesem zunächst inneruniversitären Streit, der sich rasch ausweitete und dann an der päpstlichen Kurie in

Rom entschieden wurde, war Thomas von Aquin persönlich betroffen, denn es ging auch um seine eigene Lehrerlaubnis an der Sorbonne. Er hat in den Konflikt durch eine eigene Schrift eingegriffen und dabei nicht nur seine eigenen und die Interessen seines Ordens verteidigt, sondern in seinem Eifer, den Streit auf einer grundsätzlichen Ebene theologisch zu entscheiden, entgegen seiner sonstigen Besonnenheit schlicht überreagiert. Dabei hat er nicht nur den Platz der Ordenstheologen an der damals bedeutendsten Universität des christlichen Abendlandes verteidigt, sondern *eine ganze Lebensform, die des früheren Mönchtums, das betrachtende Leben, preisgegeben und dafür das Arbeitsethos der Moderne an dessen Stelle gesetzt.* Wie das zugegangen ist, soll nun näher begründet werden, wobei freilich nur eine sehr knappe Skizze gegeben werden kann.

I

„Es steckt alles voller nicht mehr erkannter, verleugneter Theologie."
Erhart Kästner

Mit den neugegründeten Orden der Franziskaner und der Dominikaner war zu Beginn des 13. Jahrhunderts eine völlig neue Form des Ordenslebens in die Geschichte eingetreten. Hier soll nun vor allem von den Dominikanern die Rede sein, die nach dem Willen ihres Ordensgründers Dominikus nicht nur die Mauren in Spanien bekehren, sondern auch die häretischen Bewegungen im südlichen Frankreich bekämpfen sollten. Das war nicht möglich von der ländlichen Abgeschiedenheit der früheren Klöster aus, die neuen Orden zogen deshalb von Anfang an dorthin, wo die geistigen Auseinandersetzungen stattfanden, nämlich in die Städte, und es ist eine durchaus zutreffende Feststellung in der Arbeit von F. Hirschenauer[6], der diese Darstellung folgt, daß der neue Orden „sich die ganze Welt als Arbeitsfeld erwählte"[7]. Dabei mußte natürlich das alte Ordensideal der Ortsbeständigkeit aufgegeben werden wie die Selbständigkeit des einzelnen Klosters. Aufgegeben wurde aber auch der Besitz, und zwar nicht nur der persönliche, wie in den herkömmlichen Orden, sondern auch der gemeinschaftliche, denn er wäre nur eine Belastung gewesen. Diese Ordensleute wollten statt dessen von den milden Gaben der Gläubigen leben; daher die Bezeichnung *Bettelorden* oder *Mendikanten*[8]. Die wichtigste Neuerung betrifft jedoch das Studium, dem sich der neue Orden von Anfang an widmete, denn nicht nur eine rhetorische Ausbildung war gefragt, um das Predigtamt ausüben zu können, sondern eine fundierte theologische Ausbildung, um den Katharern, Waldensern und den gebildeten Heiden innerhalb wie außerhalb der Kirche entgegentreten zu können. Darum schickte noch der Ordensgründer selbst im Jahre 1217 sechs seiner ersten Gefährten nach Paris, damit sie dort studieren und einen Konvent gründen sollten[9].

Im Franziskanerordnen lagen die Dinge etwas anders, weil zunächst der Widerstand der ersten Generation des Ordens gegen das Studium überwunden werden mußte. Schließlich fiel aber auch ihm ein Lehrstuhl an der Sorbonne zu, den der Magister Alexander von Hales innehatte, der 1231 in den Orden eintrat.

Hier ist nun an den großen Streik an der Sorbonne zu erinnern (März 1229 bis April 1231), weil er zur Vorgeschichte des hier zu erörternden Konflikts gehört. Dazu war es gekommen, weil im Verlaufe irgendeiner Wirtshausrauferei die städtische Polizei eingegriffen und einen Studenten erschlagen hatte. Das empörte nicht nur die übrigen Studenten, sondern es rief auch die Professoren auf den Plan, die ihre Rechte bedroht sahen: Die Universität war nämlich kraft päpstlichen Privilegs autonom und verfügte über eine eigene Gerichtsbarkeit und Ordnungsmacht. Das Vorgehen der städtischen Polizei wurde also als Eingriff in verbriefte Rechte aufgefaßt, und so kam es zu dem großen Vorlesungsstreik mit Auszug der Professoren und Studenten aus der Universität. Davon waren jedoch die Ordenstheologen nicht betroffen, und in ihren Ordenshäusern wurde der Lehrbetrieb fortgesetzt. Daß sie dabei von ihren Kollegen aus dem Weltklerus als Streikbrecher empfunden wurden, ist nachvollziehbar. Mehr noch: Im Jahre 1229 und dann noch einmal 1231, konnten die Dominikaner je einen theologischen Lehrstuhl besetzen, so daß sie nun auf Dauer zwei Professuren an der Universität innehatten[10]. Als die Professoren aus dem Weltklerus nach dem Ende des Streiks an die Sorbonne zurückkehrten, mußten sie feststellen, daß sich inzwischen ihre Konkurrenten aus den beiden Bettelorden fest etabliert hatten. Gut zwei Jahrzehnte schwelte der Konflikt, bis er im Jahre 1252 offen ausbrach. Nun forderten die Weltgeistlichen, daß die Orden je eine ihrer beiden Schulen schließen und von ihren zwei Lehrstühlen ebenfalls je einen aufgeben sollten. Die Franziskaner waren schon zum Einlenken bereit, nicht so die Dominikaner. Sie trugen den Fall vor den Heiligen Stuhl, der klar zu ihren Gunsten entschied. In einer Bulle vom 14. April 1255 legte Papst Alexander IV. fest, daß die beiden Orden ihre Schulen und ihre jeweils zwei Lehrstühle behalten sollten[11].

Die Lage komplizierte sich jedoch dadurch, daß der ursprüngliche Streit um die Lehrstühle, bei dem es nur um die Besetzung von Stellen und nicht um Lehrinhalte ging, in der Folgezeit vom Streit um die Lehren des Joachim von Fiore überlagert wurde. Hierauf kann nun nicht näher eingegangen werden. Nur soviel muß erwähnt werden, daß ein Lektor aus dem Franziskanerorden namens Gerard von Borgo San Donini die Schriften des Abtes Joachim mit einer eigenen, die Häresie streifenden Einleitung versehen, neu herausgab. Man kann sich vorstellen, mit welcher Genugtuung diese Entgleisung von den Gegnern der Ordensleute aufgenommen wurde. In Predigten und Schriften griff Wilhelm von St. Amour, einer der Hauptkontrahenten aus dem Weltklerus, die von Gerard vertretenen Lehren an. Dabei übertrieb und vergröberte er bewußt und stellte, was die private Lehrmeinung eines Ordensangehörigen war, als die von den Mendikanten allgemein vertretene Lehre hin[12].

Um den Konflikt zu entschärfen, boten nun die Dominikaner einen Kompromiß an. Sie wollten ihre beiden Lehrstühle behalten, aber die Aufnahme von Lehrern aus dem Orden in den Stand der Magister von deren Zustimmung abhängig machen. Das mochte wiederum der Papst nicht durchgehen lassen, weil damit in seine Rechte eingegriffen wurde. Die Streithähne wurden nach Anagni zitiert, wo damals die Kurie residierte. Aus dem Dominikanerordnen nahmen Albert der Große und Thomas an der Verhandlung teil, von den Gegnern Wilhelm von St. Amour und zwei weitere Magister aus dem Weltklerus. Auch hier entschied der Papst klar zugunsten der Orden. Die häretische „Einführung" zu den Schriften des Abtes Joachim wurde verboten, nicht aber diese selbst. Die Rechte der Orden an der Universität wurden bestätigt, die drei Gegner ihrer Würden und Lehrämter für verlustig erklärt und aus Frankreich verbannt, die Kampfschrift[13] des Wilhelm von St. Amour verboten. Dem König von Frankreich wurde aufgetragen, die Predigerbrüder und Franziskaner besonders zu schützen. Zu den Unterwerfungsbedingungen der Pariser Universität gehörte ferner, die Ordenslehrer Bonaventura aus dem Franziskanerorden und den Dominikaner Thomas als Magistri aufzunehmen, was im Oktober 1257 auch geschah. Im Jahre 1259 machte die Universität noch den Versuch, Wilhelm aus der Verbannung zurückzuholen und wieder in sein Lehramt einzusetzen. Der Papst blieb jedoch unnachgiebig, und damit war der Mendikantenstreit endgültig entschieden[14].

II

„Ratto, ratto, che il tempo non si perda..."
Dante, Purg. XVIII

Nach dieser knappen Übersicht über die äußeren Ereignisse ist nun auf den Inhalt der Streitschriften einzugehen. Auch hier können nur wenige Gesichtspunkte hervorgehoben werden. Aus dem Pamphlet „Über die Gefahren der jüngsten Zeit" des Wilhelm von St. Amour geht hervor, wie geschickt der Autor nicht nur seine Kollegen von der Universität, sondern auch die Seelsorger aus dem Weltklerus gegen die neue Konkurrenz der Mendikanten einzunehmen sucht. Die Verbindung der aus dem schlichten Futterneid herrührenden Anklagen mit den häretischen Lehren mancher Anhänger des Abtes Joachim von Fiore wurde schon erwähnt. Schließlich geht Wilhelm so weit, den neuen Orden die Daseinsberechtigung insgesamt zu bestreiten, indem er deren offenbar ertragreiche Existenzgrundlage, das Spendensammeln, für unzulässig erklärt. Weil die Angehörigen der Bettelorden meinen, vom Evangelium und seiner Verkündigung selbst leben zu können, rühren sie keine Hand für ihren Lebensunterhalt. Sie gehen selbst keiner ordentlichen Arbeit nach, glauben aber, sich in die Geschäfte der anderen einmischen zu dürfen. Für solche

Leute sei körperliche Arbeit das beste Mittel zu ihrer Besserung, denn allein in der Tatsache des Bettelns liege die Gefahr des Schmeichelns und des Abgleitens in Dieberei und Verleumdung. Wer dagegen den Weg der Vollkommenheit gehen will, soll in eines der (herkömmlichen) Klöster eintreten, wo der gemeinschaftliche Besitz den Lebensunterhalt sichere[15] und wo er, so kann man ergänzen, weder die Kreise der Pariser Universitätsprofessoren stört noch dem Weltklerus die Einkünfte streitig macht.

Auf diesen Frontalangriff gegen die Grundlagen der neuen Lebensweise der Bettelmönche antwortet Thomas eingehend in einer gründlichen Verteidigungsschrift: „Gegen solche, die Gottesdienst und Ordensleben angreifen“[16]. Er widerlegt darin Punkt für Punkt die Anwürfe der Kampfschrift des Wilhelm. Hier interessieren besonders seine Verteidigung des Armutsideals wie die Verbindung von Ordensleben mit Seelsorge und Wissenschaft. Was er über das Ideal der evangelischen Armut und zur Verteidigung des Bettelns sagt, kann hier außer Betracht bleiben, dagegen soll einmal genauer beleuchtet werden, wie Thomas die neuen Aufgaben seines Ordens mit dem Ideal des kontemplativen Lebens in Einklang bringt. Dieser Frage ist auch noch eine weitere Schrift des Thomas gewidmet, „Über die Vollkommenheit des geistlichen Lebens“[17], die hier anzuführen ist.

Thomas behandelt an vielen Stellen seiner philosophischen und theologischen Schriften das Verhältnis von *tätigem* und *beschaulichem* Leben[18], wobei er sich auf die Tradition seit Aristoteles berufen kann. *Dem beschaulichen Leben, dem Leben der Betrachtung und Muße, kommt dabei eindeutig der Vorrang zu.* Das heißt nicht, daß es von selbst schon zur Vollkommenheit hinführe. Ein vollkommener Laie in der Welt ist der Heiligkeit näher als ein nachlässiger Mönch; dennoch ist das beschauliche Leben in vieler Hinsicht der sicherere Weg.

In seiner Verteidigung des neuen Ordensideals der Mendikanten, die nicht mehr im Schutz des weltflüchtig-zurückgezogenen Klosterlebens mit seiner relativen Sicherheit des Lebensunterhalts durch Ländereien und Abgaben verharren, sondern sich in die mehrfach ungesicherte Lage der Glaubensverkündigung in der Welt begeben, sich den geistigen Kämpfen der Zeit aussetzen und darum in den intellektuellen Zentren leben, und dies auf der Grundlage der Almosen, geht Thomas auf diese Unterscheidung der Lebensformen zurück. Er kommt dabei in die Zwangslage, theoretisch eine Lebensform zu preisen, die er und seine Ordensgenossen längst aufgegeben haben. Er kann nun nicht einfach zum Lobe des tätigen Lebens übergehen, und so verfällt er auf den Ausweg der „gemischten Lebensform“. Wie immer in der Theologie, zumal in der mittelalterlichen, muß Thomas auch dafür nach der Unterstützung durch eine anerkannte Autorität suchen, und so kann er tatsächlich auf einen Text bei Augustinus[19] zurückgreifen, in dem schon von einer Dreiteilung gesprochen wird: „So steht es auch mit den drei Arten von Lebensverwendung, der untätigen, aber nicht in Trägheit untätigen, sondern in Muße sich der Betrachtung oder Erforschung der Wahrheit widmenden Lebensart, dann jener, die sich den öffentlichen Angelegenheiten weiht, und drittens der aus beiden gemischten Lebensverwendung..."

Was aber bei Augustinus ein im Anschluß an Varro angeführter Nebengedanke ist, rückt bei Thomas ins Zentrum seiner Argumentation. Mit einer überraschenden Wendung erklärt Thomas nämlich die gemischte Lebensform zur höchsten unter den drei Möglichkeiten, die zur Wahl stehen. In der rechten Mischung und Verschmelzung der beiden Lebensformen, des tätigen und des beschaulichen Lebens, sieht Thomas das höchste und vollkommenste Lebensideal[20]. Er argumentiert, Christus und die Apostel hätten diese Lebensform gewählt, und sie kommt auch deren Nachfolgern, den Prälaten und Bischöfen der Kirche, zu. Ganz besonders aber paßt die Beschreibung dieser dritten Lebensform, der aus Tätigkeit und Betrachtung gemischten, aber auf das neue Ordensideal der Predigerbrüder. Damit sind die Angriffe abgewehrt, die ihnen das Streben nach mönchischer Vollkommenheit überhaupt absprechen wollten, und die von den alten Lehrstuhlinhabern wie Wilhelm von St. Amour verachteten – aber auch als Konkurrenten gefürchteten – Theologen aus den Bettelorden finden sich unversehens auf dieselbe Höhe wie die Bischöfe und Prälaten gehoben. Diesem Gedanken wird man ein gehöriges Maß an Kühnheit nicht bestreiten können.

Im Zusammenhang liest sich das so: „Am allervollkommensten aber gestaltet sich das Werk der Seelsorgearbeit dann, wenn jemand durch Gelübde oder durch seinen Stand verpflichtet ist, die Seelsorgsarbeit zu übernehmen wie die Bischöfe und die Ordensleute, die sich durch Gelübde zu dieser Arbeit verpflichten."[21] Damit sind natürlich die Predigerbrüder gemeint, denn die traditionellen Mönchsgelübde der Armut, der Keuschheit und des Gehorsams schlossen eine Verpflichtung zur Seelsorge nicht mit ein.

Den besonderen Vorzug der Orden, die sich außer dem Streben nach persönlicher Vollkommenheit auch noch der Seelsorge widmen, begründete Thomas aus den drei Graden der Nächstenliebe. Der erste Grad liegt im Austeilen irdischer Güter und leiblicher Wohltaten, der zweite im Mitteilen natürlicher geistiger Güter und der dritte im Spenden übernatürlicher, geistlicher Güter, der Unterweisung in der göttlichen Lehre und dem Spenden der Sakramente. Darüber schreibt Thomas: „Das Austeilen solcher Güter aber ist eine ganz einzigartige Vollkommenheit brüderlicher Liebe, weil ja durch diese Güter der Mensch mit dem letzten Ziel verbunden wird, worin seine höchste Vollendung besteht."[22]

Um der Nächstenliebe willen dürfen sich nach Thomas Ordensleute auch den Werken des aktiven Lebens widmen. Als solche führt er das Kriegführen an[23] – man denke hier an die geistlichen Ritterorden –, das Predigen[24] und schließlich das Studium[25], letzteres nennt er sogar „besonders angemessen". Darum urteilt er: „Den höchsten Rang unter den Ordensleuten nehmen diejenigen ein, die zur Lehre und

zum Predigen bestimmt sind. Sie kommen an Vollkommenheit den Bischöfen gleich."[26]
Soweit die Aussagen in seinem späteren theologischen Hauptwerk, der Summa; aber auch schon in den hier hauptsächlich angeführten polemischen Schriften aus dem Umfeld des Mendikantenstreits argumentiert Thomas, daß um der Nächstenliebe willen selbst eine Einschränkung des betrachtenden Lebens in Kauf genommen werden darf[27] und daß es für Ordensleute im höchsten Grade angemessen ist, zu lehren, vor allem die Heilige Schrift[28] – womit ganz allgemein die Theologie gemeint ist, denn die übliche Bezeichnung der Theologieprofessoren war Magister in Sacra doctrina oder Magister in Sacra pagina. Das Studium dient wiederum der eigenen Vollkommenheit und ist darum schon besonders angemessen für die Ordensleute. Mit der ihm eigenen Gründlichkeit lehrt Thomas, daß es aus drei verschiedenen Gründen empfehlenswert ist: einmal fördert es das betrachtende Leben, und das direkt, weil es die Einsicht fördert, und indirekt, indem es die Irrtümer und Gefahren des betrachtenden Lebens hintanhält, denen besonders jene häufig zum Opfer fallen, die in den Heiligen Schriften unbewandert sind; solche können beispielsweise dem Irrtum des Anthropomorphismus verfallen. Das Studium dient ferner der Vorbereitung der Predigt, und es hilft, die Lüsternheit des Fleisches zu überwinden, wofür Thomas eine Stelle aus einem Brief des heiligen Hieronymus anführt: „Liebe das Studium der Schrift, und du wirst die Laster des Fleisches nicht mehr lieben."[29] Am Ende dieser Beweiskette steht: Es ist nicht nur rechtens, daß Ordensleute überhaupt wissenschaftlich arbeiten, sondern es ist angemessen, einen eigenen Orden zu gründen, der sich dem Studium der theologischen Wissenschaft widmen soll.[30] Damit hat Thomas die neue mönchische Lebensform der in der Welt missionierend, predigend und studierend tätigen Ordensleute umfassend und überzeugend verteidigt, und damit könnte diese Erörterung schließen, wenn da nicht doch noch ein ungutes Gefühl zurückbliebe, daß damit noch nicht alles gesagt und nicht alle Bedenken ausgeräumt sind. Die Betrachtung muß darum noch einmal neu ansetzen und sich der Frage stellen, welchen Preis Thomas für den glanzvollen Sieg über die Widersacher seines Ordens bezahlt hat.

III

„Muße ist keine Arbeitsqualität, hat weder mit Zeit noch mit Freizeit zu tun."
Ernst Jünger

Im Mendikantenstreit des dreizehnten Jahrhunderts hat die von Thomas vertretene Richtung den Sieg davongetragen, und die in der Welt tätigen Bettelorden der Dominikaner und der Franziskaner wurden bleibende Bestandteile des kirchlichen Lebens im Abendland. Sie haben die Stürme der Reformation überdauert, und sie

sind immer noch höchst lebendig. Damit könnte man sich zufriedengeben und die von Thomas so beredt verteidigte Synthese des tätigen und des betrachtenden Lebens für rundum gelungen und einen historischen Gewinn halten.
Man kann aber auch die Frage stellen: Geht denn die Rechnung wirklich so glatt auf, lassen sich die beiden gegensätzlichen Lebensformen in einer dritten harmonisch vereinen? Es macht hellhörig, wenn Thomas selbst einräumt, „in jedem Gemischten überwiegt bald der eine, bald der andere der einfachen Bestandteile“[31]. Auf unsere Frage angewandt, kann das doch nur heißen, daß bei dem Versuch, das beschauliche Leben mit dem tätigen zu verbinden, das Leben der Muße und der Betrachtung letztlich unterliegen muß. Die Möglichkeit, daß es Schaden nehmen könnte, hatte Thomas selbst eingeräumt[32]; die Frage ist nur, ob es bei einer begrenzten Einbuße bleibt, die hinnehmbar wäre.
Untersucht man das Leben der ersten theologischen Lehrer aus den Mendikantenorden daraufhin, wie sie in ihrer persönlichen Lebenspraxis die Synthese von aktivem und kontemplativem Leben verwirklicht haben, so ist der Befund ziemlich eindeutig. Waren die Theologieprofessoren an der Sorbonne[33] zuvor noch recht gemächlich im Genusse ihrer Privilegien lebende Herren, so hört mit dem Einzug der Ordensleute gewissermaßen die Gemütlichkeit auf. Mit ihnen beginnt ein straff geregelter Lehrplan, und die Theologie wird durch völlig neue Arbeitsmethoden wie die *systematische Erfassung der Quellen, Standardisierung des Verfahrens, Ausbildung einer festen Terminologie* und *Teamwork* nicht nur *„institutsfähig“*, sondern sie entwickelt sich zur *ersten Wissenschaft mit Modellcharakter für alle übrigen Disziplinen,* die sich nach und nach aus ihr ausgliedern. Alles, was M. Heidegger als die charakteristischen Merkmale der neuzeitlichen Wissenschaft beschrieben hat, wurde zuerst im Rahmen der Pariser Hochscholastik seit der Mitte des dreizehnten Jahrhunderts praktiziert, und zwar in der Theologie. Diese besonderen Arbeitsmerkmale der neuzeitlichen Wissenschaft beschreibt Heidegger[34] so:
„Was geht in der Ausbreitung und Verfestigung des Institutcharakters der Wissenschaften vor sich? Nichts Geringeres als die Sicherstellung des Vorrangs des Verfahrens vor dem Seienden (Natur und Geschichte), das jeweils in der Forschung gegenständlich wird. Auf dem Grunde ihres Betriebcharakters schaffen sich die Wissenschaften die ihnen gemäße Zusammengehörigkeit und Einheit. Deshalb steht eine institutsmäßig betriebene historische oder archäologische Forschung der entsprechend eingerichteten physikalischen Forschung wesentlich näher als einer Disziplin ihrer eigenen geisteswissenschaftlichen Fakultät, die noch in der bloßen Gelehrsamkeit stecken geblieben ist. Die entscheidende Entfaltung des neuzeitlichen Betriebcharakters der Wissenschaft prägt daher auch einen anderen Schlag von Menschen. Der Gelehrte verschwindet. Er wird abgelöst durch den Forscher, der in Forschungsunternehmen steht. Diese und nicht die Pflege einer Gelehrsamkeit geben seiner Arbeit die scharfe Luft. Der Forscher braucht zu Hause keine Bibliothek mehr. Er

ist überdies ständig unterwegs. Er verhandelt auf Tagungen und unterrichtet auf Kongressen. Er bindet sich an Aufträge von Verlegern. Diese bestimmen jetzt mit, welche Bücher geschrieben werden müssen."

Aus dieser Beschreibung ist zu entnehmen, wie und wodurch die Technik der Neuzeit entsteht. Es ist ja nicht so, daß zuerst eine bestimmte Art der Wissenschaft da wäre, aus deren Anwendung dann die Technik entstünde. Es ist umgekehrt so, wie gleichfalls M. Heidegger[35] ausgeführt hat, daß am Anfang die Technik steht, die dann die neuzeitliche Wissenschaft ausbildet. Hier im Raum der Theologie ist zuerst der *technische Zugriff* eingeübt worden, und er läßt sich in allen Einzelheiten bereits um die Mitte des dreizehnten Jahrhunderts aufzeigen. In unserem Jahrhundert wird auch die Computertechnik in der Theologie angewandt. Damit geschieht nichts grundsätzlich Neues, denn die Denkweise war seit jener entscheidenden Phase der voll ausgebildeten Scholastik bereits kybernetisch. Da ist es zufällig, wenn erst in diesen Jahrzehnten das Gerät zur Verfügung steht, mit dem sich dann das Werk des Thomas elektronisch aufbereiten ließ.[36]

Wer das alles noch als begrüßenswerten Fortschritt und als Gewinn ansehen will, dem bleibt das unbenommen. „Der Verlust der vita contemplativa in der Moderne", den N. Martin[37] mit Bedauern feststellt, sollte aber niemanden mehr wundern. Geht man auf die historischen Wurzeln zurück, so erweist sich, daß Thomas mit der Aufgabe der betrachtenden Lebensform zugunsten einer theoretisch konstruierten gemischten Lebensweise, die die Vorzüge von Arbeit und Muße in einer höheren Einheit verbinden soll, eine Entscheidung mit weitreichenden Folgen getroffen hat. Man wird ihm zugutehalten müssen, daß er in einer bedrohlichen Lage die Existenzberechtigung seines Ordens zu verteidigen hatte. Das ist ihm mit bleibendem Erfolg gelungen. An den „Sozialen Kosten" dieses Erfolges zahlen wir heute noch ab, und sie steigen sogar weiter.

Zu dem Preis, der für die technische Entwicklung gezahlt werden muß, gehört die jetzt offen zutrage tretende allgemeine Zerstörung der Umwelt und die damit einhergehende Selbstzerstörung des Menschen. Darüber existiert schon eine unüberschaubare Literatur; über den Zusammenhang dieser in beiden Richtungen fortschreitenden Katastrophe kann man neuerdings in einem von H. Dieckmann und A. Springer[38] zusammengestellten Sammelband eindringliche Schilderungen lesen. So zählt H. Dieckmann[39] in einem seiner Beiträge die heute hauptsächlich erkennbaren Umweltgefahren auf, während neben anderen Mitarbeitern dieses Bandes vor allem A. Erlenmeyer[40] den Zusammenhang der äußeren mit der inneren Gefährdung betont:

„Es geht nicht nur um die nukleare Rüstung, sondern auch um die mit ihr innig verbundene Zeitbombe der ökologischen Vernichtung unserer natürlichen Umwelt. Somit erleben wir das Böse in einer globalen Wirklichkeitsstruktur (...).

Auf die Widerspiegelung dieser Wirklichkeitsstruktur treffen wir in unseren Träumen. Wir müssen uns unsere Ängste vor Vernichtung unserer Gegenwart und der Zukunft unserer Kinder eingestehen, weiter unsere Ohnmacht und Hilflosigkeit und die daraus resultierenden Wünsche, selbst vernichtet zu werden, und, noch schlimmer, selbst zu vernichten."

Der erste Preis, der in den unscheinbaren Anfängen der neuen Denkweise, und zwar zunächst für die Durchsetzung des Mendikantentums und die Ausbildung von Wissenschaft innerhalb der Theologie gezahlt wurde, bestand in der Aufgabe der kontemplativen Lebensform durch die neuen Orden des dreizehnten Jahrhunderts. Zwar bestehen Formen des betrachtenden Lebens in manchen alten und auch einigen neugegründeten klösterlichen Gemeinschaften fort, aber sie bestimmen nicht mehr das Bewußtsein der christlichen Kirchen des Westens.

Die bloße Kenntnis dessen, was da eigentlich verloren ging, muß man sich heute mühsam aus dem Studium von Spezialarbeiten beschaffen. Über die Anfänge der kontemplativen Lebensform unterrichtet immer noch verläßlich eine ältere Studie von Fr. Boll[41], während für das Werk Platons die grundlegende Arbeit von A.-J. Festugière[42] unentbehrlich ist. Wie stark die betrachtende Lebensform auch das Denken des Aristoteles prägt, kann man in der außergewöhnlichen Dissertation von J. Dudley[43] erfahren. Hier kann man nach eingehender Begründung aus den Quellen dieses Ergebnis ausgesprochen finden:

„Daher ist Gott Gegenstand derjenigen Betrachtung, die das vollkommene menschliche Glück ausmacht. Gott ist natürlich nicht der einzige Gegenstand der Betrachtung. Doch jede Betrachtung zielt darauf, sich zu Gott zu erheben. Gott ist der vollkommenste Gegenstand der menschlichen Betrachtung, die er vervollkommnet."

Hier stört allein der Ausdruck „Gegenstand", und er zeigt, wie auch dieser gelehrte Autor aus der scholastisch-cartesianischen Denkweise nicht herausgekommen ist. In der Sache hat Dudley natürlich recht, und was den innersten Zusammenhalt der antiken Philosophenschulen darstellte, konnte bruchlos in die Lebensweise des frühen Mönchtums der alten Kirche übergehen. Dafür nur zwei Zeugnisse aus den Überlieferungen der ägyptischen Mönche. Das erste lautet:

„Sterbend sprach Abbas Bisarion: ‚Der Mönch muß wie die Cherubim und Seraphim ganz Auge sein'."[44]

Das zweite formuliert dasjenige, worum es geht, radikal: „Abbas Alonios sagte: ‚Wenn der Mensch nicht in seinem Herzen spricht: Ich und Gott allein sind in der Welt', wird er keine Ruhe haben."[45]

Diesem Ideal der Betrachtung lebten die frühen Mönche in der Wüste Ägyptens vor allem als Einsiedler, während die Lebensform der abendländischen Mönche seit der Gründung des Klosters Monte Cassino durch Benedikt von Nursia (geb. 480, gest. nach 542) die klösterliche Gemeinschaft war. Wie ihre Lebensweise bis in die Einzelheiten geregelt und auf das eine Ziel der Betrachtung hin geordnet war, kann man heute nur mit ungläubigem Staunen in der erhaltenen und immer noch geltenden Benediktusregel nachlesen, von der eine neuere zweisprachige Ausgabe[46] empfohlen werden mag.

Daß die Mönche aber auch eine eigenständige Theologie hervorgebracht haben, die der heute fast mit Ausschließlichkeit erforschten wissenschaftlich-scholastischen Theologie des Mittelalters an innerem Wert in nichts nachsteht, hat ein schwedischer Autor, A. Härdelin[47], neuerdings in einem lesenswerten Aufsatz dargelegt. Er stellt den Gegensatz der Theologie der Mönche und der Scholastiker so dar:

„Die Mönche lebten in ihren Klöstern, wo sie – von der „Welt" getrennt – ein kontemplatives Leben der Gottsuche führten. Die Schulmeister lebten in den Städten, wo sie in den damals aufkommenden Universitäten unterrichteten. Ab dem 13. Jahrhundert waren sie auch öfters Angehörige der neuen Bettelorden. Trachteten die Mönche vom Glauben aus nach der geistlichen Weisheit *(sapientia)*, so suchten Lehrer und Studenten an den Universitäten nach der begrifflichen Klarheit, die sie durch Infragestellen und kritische Prüfung mit Hilfe philosophischer Methoden gewinnen wollten. Bemühten sich die Mönche um die geistliche Erfahrung *(experientia)*, so erstrebten die Scholastiker das rein intellektuelle Wissen (scientia)."[48]

Für beide ist die Grundlage in den Texten der Heiligen Schrift und in den Werken der Kirchenväter zu finden. Der Umgang mit diesen Texten ist jedoch in charakteristischer Weise unterschieden. Was für die scholastischen Theologen nur Belegstelle für den Erweis ihrer Lehren aus der Tradition ist, hat für den Mönch eine ganz andere, lebenspraktische, Bedeutung. Die von ihnen geübte Lesung ist als *lectio divina* „das meditative Lesen der heiligen Texte im Gebet und im Suchen des Angesichtes Gottes"[49].

Es bleibt jedoch nicht bei dem rezeptiven Umgang mit den Zeugnissen der Tradition, sondern auch die Theologie der Mönche bildet ihre eigene reich entfaltete Literatur aus, von der eine besonders gepflegte Gattung der Schriftkommentar ist. Aber auch diese Kommentare sind nicht Exegese im wissenschaftlichen Sinn, sondern sie haben einen eigenen lebenspraktischen Sinn, d.h., sie sind „erbaulich", wenn man das Wort überhaupt noch verwenden kann, ohne gleich Ironie und Abwehr hervorzurufen. A. Härdelin[50] führt als charakteristisches Beispiel dieser Literaturgattung den großen Kommentar des heiligen Bernhard von Clairvaux über das Hohe Lied an, der aus einer Reihe von Predigten besteht.

Aus Predigt und Unterweisung gehen dann theologische Traktate hervor, aber auch hier ist ein wichtiger Unterschied zu beachten, wenn man diese Werke in ihrer Eigenart würdigen will: „In der Regel sind jedoch diese monastischen Traktate kaum systematisch, sondern ihrer Art nach mehr bibeltheologisch. Sie benutzen die Sprache der Bibel und nur ausnahmsweise die für die Scholastik typische abstrakte, philosophisch geprägte Terminologie. Ist der scholastische Traktat durch Distinktio-

nen und analytische Unterscheidungen gekennzeichnet, so ist die monastische Theologie synthetisch und integrierend."[51]
Beide Weisen der Theologie unterscheiden sich am stärksten in ihrem Umgang mit der Bibel: „Für den Scholastiker bietet die Bibel das Thema der Predigt. Darüber hinaus wird sie als Beweis oder Beleg dafür benutzt, was der Verfasser in seiner kunstvoll gegliederten Ermittlung sagen will. So verhält es sich kaum in diesen monastischen Texten (...). Die Worte sind Träger von Geheimnissen, die sie dem Meditierenden offenbaren. Die Bildersprache wird nicht in eine eindeutige, begriffliche Sprache übersetzt, sondern sie zeigt dem Mönch ihre *Stärke* eher in ihrer Unergründlichkeit, in der Tiefe und Vielschichtigkeit, die sie eben in ihrer Bildlichkeit und Konkretion besitzt."[52] Zusammenfassend beschreibt Härdelin[53] die monastische Theologie als eine *„Theologie des Weges,* (...) die das Herz mit Staunen erfüllt, nicht nur das Gehirn mit Kenntnissen".
Soviel über die monastische Theologie, die ganz im Dienst der Betrachtung steht. Neben die Lebensweise der alten Mönche stellt jedoch J. Pieper[54] die „irdische Kontemplation", und in ihr verwirklicht sich nichts Geringeres als das Glück des Menschen. Davon spricht das kleine Buch von Pieper, das im Jahre 1957 zuerst erschienen ist, noch mit ungebrochener Zuversicht, und auch bei der Überarbeitung des Buches für die Neuauflage von 1962 kamen dem Autor keine Zweifel, ob es das wohl immer noch gäbe. Nur ein Vierteljahrhundert trennt das Büchlein von dem alarmierenden Band der Berliner Tiefenpsychologen, aus dem zuvor zitiert wurde. In eindringlichen Wendungen umschreiben sie das ganze Ausmaß der Depressivität und der Destruktivität des gegenwärtigen Menschen. Einen Ausweg können sie außer ihrer redlichen seelenärztlichen Bemühung nicht anbieten.
Wenn wirklich im dreizehnten Jahrhundert eine wesentliche Weise aufgegeben wurde, in der Menschen ihr Glück verwirklichen, dann sind der Mendikantenstreit und das Eingreifen des Thomas nicht nur eine Frage für Mediaevisten.

1 Vgl. Paul Virilio, Geschwindigkeit und Politik. Berlin 1980.
2 Bekannte Beispiele sind: Wilhelm Heinrich Wackenroder, Herzensergießungen eines kunstliebenden Klosterbruders (1797); Novalis, Die Christenheit oder Europa (1799).
3 Der Name der Rose. München 1982; ders., Nachschrift zum ‚Namen der Rose'. München 1984.
4 Hartmut Boockmann, Die Gegenwart des Mittelalters. Berlin 1988.
5 Umberto Eco, Laudatio auf Thomas von Aquin. In: ders., Über Gott und die Welt. München 1985, S. 284–296.
6 Die Stellung des hl. Thomas von Aquin im Mendikantenstreit an der Universität Paris. St. Ottilien 1934. Im folgenden zitiert Hirschenauer.
7 Hirschenauer 30.
8 Vgl. Adolf Ott, Thomas von Aquin und das Mendikantentum. Freiburg im Breisgau 1908.
9 Hirschenauer 30 f.
10 Hirschenauer 33.
11 Hirschenauer 39.
12 Hirschenauer 42.
13 De periculis novissimorum temporum.
14 Hirschenauer 43 f.
15 Hirschenauer 46 f.
16 Contra impugnantes Dei cultum et religionem. In: S. Thomae Aquinatis Opuscula Theologica. Cura et studio P. Fr. Raymundi M. Spiazzi O.P. Vol. II. Taurini-Romae 1954, pp. 1–110.
17 De perfectione vitae spiritualis. L. c., pp. 115–153.
18 Ein umfassendes Verzeichnis der einschlägigen Stellen bei H. Batzill, Das tätige und das betrachtende Leben. Texte aus den Werken des hl. Thomas von Aquin. In: Benediktinische Monatsschrift 12 (1930) 338–354; 447–458.
19 De civitate Dei, XIX, 2: In tribus quoque illis vitae generibus, uno scilicet non segniter, sed in contemplatione vel inquisitione veritatis otioso, altero in gerendis rebus humanis negotioso, tertio ex utroque genere temperato, cum quaeritur quid horum sit potius eligendum, non finis boni habet controversiam (...). Übers. von A. Schröder. Bibliothek der Kirchenväter. Bd. 28. Kempten und München 1916, S. 199.
20 Vgl. Hirschenauer 105.
21 De perf. vit. spir., c. 23, n. 707: Sed tunc perfectissimum est quando ad zelum animarum habendo voto seu professione obligatur, sicut Episcopus, vel etiam religiosi ad hoc per votum obligari.
22 De perf. vit. spir., c. 14, n. 649: Huiusmodi autem bonorum collatio ad singularem quandam perfectionem pertinet fraternae dilectionis: quia per haec bona homo ultimo fini coniungitur, in quo summa hominis perfectio consistit. – Die Stellenangabe bei Hirschenauer, S. 120, Anm. 33, ist irrig und entsprechend zu berichtigen.
23 Summa Theol. II–II, 186, 3.
24 Ebd., art. 4.
25 Ebd., art. 5.
26 Ebd., art. 6.
27 De perf. vit. spir., c. 23, n. 697: Intendere ergo saluti proximorum cum aliquo detrimento contemplationis propter amorem Dei et proximi, ad maiorem perfectionem caritatis videtur pertinere quam si aliquis intantum dulcedini contemplationis inhaereret, quod nullo modo eam deserere vellet, etiam propter salutem aliorum (...).
28 De perf. vit. spir., c. 26, n. 731: quinimmo convenientissimum est religiosis docere, praecipue sacram Scripturam.
29 Summa theol. II–II, 187, 5 (Zusammenfassung).
30 Ebd.: congrue potest institui religio ad studium litterarum.
31 Summa Theol. II–II, 179, 2 ad 2: In quolibet mixto praedominatur aliquid simplex.
32 De perf. vit. spir., c. 23, n. 697; vgl. Anm. 27.
33 Vgl. L.-J. Bataillon, Les conditions de travail des maîtres de l'Université de Paris au XIIIe siècle. In: Revue des Sciences Philosophiques et Théologiques 67 (1983) 417–433.
34 Die Zeit des Weltbildes (1938). Zuerst in M. Heidegger, Holzwege. Frankfurt am Main 1950, S. 69–104. Wieder abgedr. in: GA Bd. 5, S. 75–113; 84 f.
35 Die Frage nach der Technik. In: M. Heidegger, Vorträge und Aufsätze. 2. Aufl. Pfullingen 1959, S. 13–44; bes. 30 f.
36 Vgl. W. Brugger, Index Thomisticus. In: Theologie und Philosophie 52 (1977) 435–444.
37 Art. Muße. In: Historisches Wörterbuch der Philosophie. Bd. 6. Basel – Stuttgart 1984, Sp. 257–260; 259.
38 Weltzerstörung. Selbstzerstörung. Eine tiefenpsychologische Analyse unserer Situation. Olten und Freiburg im Breisgau 1988.

39 Das Problem atomarer Bedrohung und kollektiver Verdrängung. In: H. Dieckmann, A. Springer, Weltzerstörung, a.a.O., S. 51–79; bes. 65 f.
40 Die Wirkungen geschichtlicher Ereignisse auf die Psyche. In: H. Dieckmann, A. Springer, Weltzerstörung, a.a.O., S. 235–248; 240.
41 Vita Contemplativa. Sitzungsberichte der Heidelberger Akademie der Wissenschaften. Philosophisch-historische Klasse. Jahrgang 1920. 8. Abhandlung. Heidelberg 1920.
42 Contemplation et vie contemplative selon Platon. Bibliothèque de Philosophie. II. Deuxième édition. Paris 1950.
43 Gott und *theoria* bei Aristoteles. Die metaphysische Grundlage der Nikomachischen Ethik. Europäische Hochschulschriften. Reihe XX. Philosophie. Bd. 89. Frankfurt am Main – Bern 1982, S. 115.
44 Sprüche der Väter. Apophthegmata Patrum. Hrsg. von P. Bonifatius OSB, Mönch des Klosters Chevetogne, Belgien. Graz – Wien – Köln 1963, S. 80.
45 Sprüche der Väter, a.a.O., S. 76.
46 Die Benediktusregel. Lateinisch-deutsch. Hrsg. von P. Basilius Steidle OSB. 2. überarb. Aufl. Beuron 1975.
47 Alf Härdelin, Monastische Theologie – eine „praktische" Theologie vor der Scholastik. In: Münchener Theologische Zeitschrift 39 (1988) 108–120. Im folgenden zit. Härdelin.
48 Härdelin 110.
49 Härdelin 111.
50 Härdelin 113.
51 Härdelin 114.
52 Härdelin 117 f.
53 Härdelin 120.
54 Glück und Kontemplation, Dritte, durchges. Aufl. München 1962, bes. S. 75–88.

Günter Gödde

„Das beschauliche Element in grossem Masse verstärken" Zu einer Theorie der Musse bei Friedrich Nietzsche.

Muße als Akt der Hingabe an Natur und Kunst, an alles Menschliche und Lebendige werden wir nacheinander in Nietzsches Bildungsvorstellungen, in seiner Zeit- und Kulturkritik, seinem Konzept von Leiblichkeit und *„höherer Gesundheit"*, seiner Philosophie von Macht, Glück und Freude sowie seiner Symbolik des *„großen Mittags"* aufsuchen. –
Da diese Gedankengänge in den persönlichen Erfahrungen und Bildungserlebnissen Nietzsches verwurzelt sind, ist es sinnvoll, zunächst auf seine Lebensgeschichte einzugehen.

Ein „Einzelner" sein wollen – Der Bildungsgang des jungen Nietzsche

Friedrich Nietzsche (1844–1900) entstammt einem traditionsbewußten protestantischen Pfarrhaus. Er war noch nicht fünf Jahre alt, als der Vater an einer Gehirnerkrankung starb.
Fortan wuchs er nur unter Frauen auf: der Großmutter, zwei Tanten väterlicherseits, der Mutter und der zwei Jahre jüngeren Schwester Elisabeth sowie einer Haushälterin. Da in diesem Frauenkreis eine sanfte und friedliche Atmosphäre herrschte und er den Lärm der Straße mied, hatte er bei Schuleintritt Schwierigkeiten im Umgang mit den Gleichaltrigen. Auf die meisten von ihnen muß er wegen seines gesitteten Benehmens und seiner pastoralen Ausdrucksweise sehr befremdlich gewirkt haben. Gleichwohl fand er in der Volksschule zwei Freunde, die eine ähnlich behütende Erziehung genossen hatten und auch seine weitläufigen Interessen, vor allem an Literatur und Musik, teilten. Der eine war Wilhelm Pinder, der andere Gustav Krug. Dieser Dreierbund, in dem Nietzsche eindeutig die Führung hatte, hielt die ganze Jugendzeit hindurch eng zusammen. Selbst als sich die schulischen Wege der Freunde trennten, tat dies ihrer Bildungsgemeinschaft keinen Abbruch. Im Sommer 1860 gründeten sie sogar einen künstlerisch-literarischen Verein, die „Germania", über dessen Zielsetzung Nietzsche folgendes schrieb:

„Wir beschlossen damals eine kleine Vereinigung von wenig Kameraden zu stiften, mit der Absicht, für unsere produktiven Neigungen in Kunst und Literatur eine feste und verpflichtende Organisation zu finden: d.h. schlichter ausgedrückt: es mußte sich ein Jeder von uns verbindlich machen, von Monat zu Monat ein eignes Produkt, sei es eine Dichtung oder eine Abhandlung oder ein architektonischer Entwurf oder eine musikalische Produktion, einzusenden, über welches Produkt nun ein Jeder der Anderen mit der unbegrenzten Offenheit freundschaftlicher Kritik zu richten befugt war. So glaubten wir unsere Bildungstriebe durch gegenseitiges Überwachen eben so zu reizen, als im Zaume zu halten." (Nietzsche 1, 653 f.).

Schon Jahre bevor ihm die Germania ein kritisches Forum bot, hatte sich Nietzsche in seinen Mußestunden dem schöpferischen Gestalten zugewandt. Vom Lesen aller möglichen Schriften und Bücher war er dazu übergegangen, selber Gedichte und kleine Dramen zu schreiben; später kamen Tagebuchaufzeichnungen und autobiographische Darstellungen hinzu. Auch in der Musik begnügte er sich nicht damit, ein exzellenter Klavierspieler zu werden, sondern fing mit dem Komponieren an. Da ihm Familie und Schule zu jener Zeit wenig Begrenzungen auferlegten, konnte er seinem Bildungsstreben freien Lauf lassen.

„Vielleicht war es nun ein Übelstand, daß … Neubegier, vielleicht auch Wissensdrang mir die mannigfachsten Bildungsstoffe in größter Unordnung zuführte, wie sie wohl geeignet waren, einen jungen, kaum dem heimatlichen Nest entschloffenen Geist zu verwirren und vor allem die Grundlagen für ein gründliches Wissen zu gefährden. So kennzeichnet diese ganze Zeit vom neunten bis zum fünfzehnten Jahre eine wahre Sucht nach einem ‚Universalwissen', wie ich es zu nennen pflegte …

Gegen dieses planlose Irren in allen Gebieten des Wissens empfand ich aber mit der Zeit einen Widerwillen; ich wollte mich zu einer Beschränkung zwingen, um einzelnes gründlich und innerlich zu durchdringen." (Nietzsche, zit. nach Frenzel 1966, 16).

Mit der bisher erlebten Ungebundenheit ist es jäh vorbei, als Nietzsche 1858 den familiären Kreis verläßt und für sechs Jahre zur Internatsschule Pforta überwechselt. In dieser abgelegenen Eliteschule werden die Zöglinge nicht nur an die Quellen humanistischer Bildung herangeführt, sondern auch zu ernsthafter und disziplinierter Lebensführung angehalten. Hinter den dicken Klostermauern herrscht ein strenges, nahezu militärisches Reglement. Der gesamte Tagesablauf von frühmorgens bis spätabends ist genau eingeteilt und setzt jeglichem Individualismus empfindliche Grenzen. So wenig die strenge Zucht Nietzsche behagt, so betrachtet er sie doch als eine Herausforderung, der er sich bewußt stellen will, um charakterlich kräftiger und widerstandsfähiger zu werden. Bei aller Bereitwilligkeit, die geforderte Schülerrolle anzunehmen und sich in den Schulbetrieb einzuordnen, achtet er aber stets darauf, sich nicht zum Sklaven dieser Institution machen zu lassen.

„Gerade aber dieser fast militärische Zwang, der, weil er auf die Masse wirken soll, das Individuum kühl und oberflächlich behandelt, führte mich wieder auf mich selbst zurück. Ich rettete vor dem einförmigen Gesetz meine privaten Neigungen und Bestrebungen, ich lebte einen verborgenen Kultus bestimmter Künste, ich bemühte mich in einer überreizten Sucht nach universellem Wissen und Genießen die Starrheit einer gesetzlich bestimmten Zeitordnung und Zeitnutzung zu brechen." (Nietzsche, zit. nach Janz 1978, I, 72 f.)

In Pforta wurden die Weichen gestellt für eine gründliche philologische Auseinandersetzung mit den griechischen und römischen Autoren der Antike sowie mit den deutschen Klassikern und den Größen der Weltliteratur. Im humanistischen Geist der Antike suchte und fand Nietzsche Maßstäbe und Ideale, an denen er die Kultur seiner Zeit messen konnte; in diesem Geist begann er zu philosophieren.
Als das Ende seiner Gymnasialzeit herannahte, machte ihm die Studien- und Berufswahl Kopfzerbrechen. Sollte er seinen künstlerischen Neigungen folgen und Musiker werden, sollte er sich der Philosophie widmen oder Philologie studieren? Er entschied sich schließlich für Altphilologie im Hauptfach und Theologie im Nebenfach. Ausschlaggebend für die Entscheidung war sein Verlangen

„nach einem Gegengewicht gegen die wechselvollen und unruhigen bisherigen Neigungen, nach einer Wissenschaft, die mit kühler Besonnenheit, mit logischer Kälte, mit gleichförmiger Arbeit gefördert werden könnte, ohne mit ihren Resultaten ans Herz zu greifen. Dies alles aber glaubte ich damals in der Philologie zu finden ...“ (Nietzsche, zit. nach Janz 1978, I, 120)

In diesen Worten deutet sich sowohl die Angst an, in der Hingabe an seine musikalischen oder philosophischen Neigungen den Boden unter den Füßen zu verlieren, wie auch seine spätere Distanz zum Philologenberuf.
Die ersehnte „akademische Freiheit“ weiß Nietzsche anfänglich als Kontrastbild zum Internatsdrill zu schätzen. Nach einjährigem Schlendrian und den üblichen Vergnügungen in einer Studentenverbindung kehrt er ihr aber desillusioniert den Rücken und konzentriert sich ganz auf das eigentliche Studium. Unter der Führung des berühmten Philologen Ritschl erwirbt er sich in wenigen Jahren den Ruf eines hochqualifizierten Wissenschaftlers. Er hat noch nicht einmal seine Promotion abgeschlossen, als ihm 1869 ein Lehrstuhl für Klassische Philologie in Basel angeboten wird.

Diese biographische Skizze läßt erkennen, daß der junge Nietzsche eine äußerst sorgfältige Erziehung und Bildung in künstlerischer, geisteswissenschaftlicher und philosophischer Hinsicht erhalten hat. In Familie, Gymnasium und Universität sah er sich mit höchst unterschiedlichen Erziehungsstilen – mit Behütetsein und preußischer Strenge, Individualisierung und uniformierendem Zwang, Freiheit und Gebundenheit – konfrontiert. So schwer ihm die Übergänge von der einen zur anderen Erziehungswelt fielen, so imponiert doch seine Entschlossenheit, sich den Freiraum für seine individuelle Entwicklung durch niemanden streitig machen zu lassen. Hier liegen die Wurzeln seiner intellektuellen Redlichkeit. Schon früh kann man bei ihm auf einen Lebensentwurf schließen, der von dem ernsten Wunsch und Willen getragen ist, ein *„Einzelner“* zu werden. Kein Wunder, daß er sich mit bloßer Gelehrsamkeit nicht begnügen will, daß es ihn nach „Universalbildung“ verlangt. Man kann auch unschwer erahnen, daß in seinem Bildungsgang die Fähigkeit zum schöpferischen Alleinsein, zur kritischen Selbstreflexion und zum gesammelten

Nachdenken über das Kulturleben in allen seinen Nuancen, mit anderen Worten: die Fähigkeit zur *Muße,* einen hohen Stellenwert gehabt hat.

Zur Muße gehört offenbar ein *inneres Freiwerden durch Ausweitung des Blicks auf das „Ganze" unseres Lebens.* Wenn Erziehung und Bildung die Ganzwerdung der menschlichen Person zum Ziel haben, dann ist Bildung ohne Mußefähigkeit ein Widerspruch in sich. Wer sich selbst und die Kultur, in der er lebt, ganzheitlich sehen und sich zu einem „Individuum" entwickeln will, braucht Mußestunden, Zeiten der inneren Einkehr, der Sammlung, des Bei-sich-selbst-Seins.

Daß das Leben des Durchschnittsmenschen alles andere als eine Ganzheit ist, stand für Nietzsche außer Zweifel. Er glaubte nicht, daß sich daran viel ändern ließe. Was ihn aber mit tiefer Sorge erfüllte, war die Befürchtung, daß sich die geistige Elite immer weiter von wahrer Bildung und Muße entferne und darum ihrer Führungsaufgabe in der Kultur nicht mehr gewachsen sei. Seine Kritik richtet sich in erster Linie gegen die Eingriffe des Staates, der die oberste Führung im Erziehungs- und Bildungswesen an sich gerissen hat.

NÜTZLICHKEIT VERSUS MUSSE – NIETZSCHES KRITIK AN DER BILDUNSFEINDLICHKEIT DES STAATES

Eine erste öffentliche Kritik an der Bildungsherrschaft des Staates übt Nietzsche in seinen Vorträgen „Über die Zukunft unserer Bildungsanstalten", die er 1872 als junger Professor an der Universität Basel gehalten hat. Bemerkenswert ist, daß er schon in seiner Vorrede die enge Zusammengehörigkeit von Bildung und Muße unterstreicht. Er wendet sich nämlich mit seinem Bildungsanliegen ausdrücklich nur an die Mußefähigen unter seinen Lesern,

> „welche noch nicht in die schwindelnde Hast unseres rollenden Zeitalters hineingerissen sind und welche noch nicht ein götzendienerisches Vergnügen daran empfinden, von seinen Rädern zermalmt zu werden... Diese aber können sich nicht daran gewöhnen, den Wert jedes Dinges nach der Zeitersparnis oder Zeitvergeudung abzuschätzen, diese ‚haben noch Zeit'; ihnen ist es noch erlaubt, ohne vor sich selbst Vorwürfe zu empfinden, die guten Stunden des Tages und ihre fruchtbaren und kräftigen Momente auszuwählen und zusammenzusuchen, um über die Zukunft unserer Bildung nachzudenken... Ein solcher Mensch hat noch nicht verlernt zu denken, während er liest, er versteht noch das Geheimnis, zwischen den Zeilen zu lesen, ja er ist so verschwenderisch geartet, daß er gar noch über das Gelesene nachdenkt, vielleicht lange nachdem er das Buch aus den Händen gelegt hat." (Nietzsche 1, 649).

Ruhe und Zeit haben, die fruchtbaren Momente des Tages ergreifen und sie für kritisches Lesen und eigenständiges Denken verwenden – das sind wesentliche Elemente, durch welche die Muße Bestandteil jeden Bildungsprozesses und jeden Nachdenkens wird.

Die fünf Baseler Vorträge sind im wesentlichen ein Dialog zwischen einem Philosophen und seinem Schüler, der sich auf die prekäre Bildungssituation am Gymnasium und an der Universität bezieht. Dieser in Fortsetzungen geschilderte und darum mit einiger Spannung zu lesende Dialog ist in eine Rahmenhandlung eingebettet, in der Nietzsche ein persönliches Erlebnis aus seiner Studentenzeit erzählt: Er habe damals gemeinsam mit einem Freund einen Ausflug an den Rhein unternommen, um auf den Höhen über Rolandseck eine Erinnerungsfeier zu begehen.

„Es war einer jener vollkommenen Tage, wie sie, in unserem Klima wenigstens, nur eben diese Spätsommerzeit zu erzeugen vermag: Himmel und Erde im Einklang ruhig nebeneinander hinströmend, wunderbar aus Sonnenwärme, Herbstfrische und blauer Unendlichkeit gemischt." (Nietzsche 1, 654)

Anlaß der Feier war der Jahrestag ihrer während der Gymnasialzeit gegründeten Bildungsgemeinschaft „Germania". Die beiden Freunde genießen den wunderbaren Spätsommertag in der Natur. Zum eigentlichen Erlebnis für sie wird aber der Bildungsdisput, dessen Zeuge sie mehr oder weniger zufällig werden.

Durch den Mund des Philosophen, den er als geistige Autorität vorschiebt, äußert Nietzsche seine eigene Kritik an der Bildungsfeindlichkeit des Staates. Das Interesse des Staates bestehe in erster Linie darin, in möglichst kurzer Zeit brauchbare Staatsdiener heranzuziehen. Von diesem Standpunkt aus ist es nur konsequent, daß dem Staat an einer höheren, individualistisch ausgerichteten Bildung, wie sie Nietzsche vorschwebt, nicht viel gelegen ist. Wozu soll er seinen Zöglingen Muße gönnen, wenn es ihm gar nicht darauf ankommt, ihre Denkfähigkeit und geistige Unabhängigkeit zu fördern?

Nietzsche spricht zwei Hauptprobleme der zeitgenössischen Bildung an: einerseits die Erweiterung und Verbreitung der Bildung, andererseits die Verringerung und Abschwächung der Bildung. Die staatlichen Bestrebungen zur Erweiterung der Bildung dienten dazu, Schulen und Universitäten auf die Zwecke der Industrie, des Militärs und der Bürokratie auszurichten. Immer mehr Jugendliche werden zum Besuch eines Gymnasiums aufgerufen, um zu rascher Bildung und auf die „Höhe der Zeit" zu gelangen. Die Hauptziele, die hierbei ins Auge gefaßt werden, sind Geld- und Prestigewerte:

„Hier haben wir den Nutzen als Ziel und Zweck der Bildung, noch genauer den Erwerb, den möglichst großen Geldgewinn. Die Bildung würde ungefähr von dieser Richtung aus definiert werden als die Einsicht, mit der man sich ‚auf der Höhe seiner Zeit' hält, mit der man alle Wege kennt, auf denen am leichtesten Geld gemacht wird." (Nietzsche 1, 667)

Die so verstandene Bildung wird in den Dienst der materiellen Existenzsicherung und des Strebens nach sozialem Aufstieg gestellt. Demgegenüber sieht Nietzsche das Wesen wahrer Bildung darin, daß sie sich nicht im Kampf ums Dasein erschöpft, weder von materieller Bedürftigkeit noch von vorübergehenden Zeit- und Modeströmungen abhängig ist. Was er letztlich befürchtet, ist die Verwandlung der Gymnasien und Universitäten in „Anstalten zur Überwindung der Lebensnot".

Wenn Nietzsche weiterhin die Verringerung und Abschwächung der Bildung kritisiert, so wendet er sich damit gegen die Arbeitsteilung in den Wissenschaften, nicht zuletzt auch in der Forschungsarbeit an den Universitäten. Gehörten gerade die „Gelehrten" früher zu den Repräsentanten der Bildung, so mündet die zunehmende Spezialisierung in enge Fachbezogenheit ein. Bewundernd sei dann zwar von „Treue im Kleinen" oder „Kärrnertreue" die Rede. Aber diese Umwertung verschleiere nur notdürftig die Tatsache, daß der Fachgelehrte sich zwar auf seinem Fachgebiet bestens auskennt und dort eine erstaunliche Virtuosität erlangt, aber kaum mehr darüber hinaus zu denken vermag. Über des Gelehrten Verhältnis zur Muße schreibt Nietzsche an anderer Stelle:

> „Während der wirkliche Denker nichts mehr ersehnt als Muße, flieht der gewöhnliche Gelehrte vor ihr, weil er mit ihr nichts anzufangen weiß.Seine Tröster sind die Bücher: das heißt, er hört zu, wie jemand Anderes denkt und läßt sich auf diese Art über den Tag hinweg unterhalten." (Nietzsche 1, 397)

Als der Philosoph seine kritischen Ausführungen beendet hat, ist den beiden Zuhörern sehr unbehaglich zumute. Ihr Bildungsoptimismus hat einen gehörigen Dämpfer erhalten. Auf einmal begreifen sie, daß sie sich mit ihrer „Germania" nur durch Zufall auf eine Insel abseits vom Strom staatlich gelenkter Bildung zurückgezogen hatten. Sie können sich nunmehr aus klarer Einsicht von den staatlich vorgesehenen Wegen fernhalten und einen individuellen Weg suchen, der allerdings schwieriger, verschlungener und steiler ist.

In Nietzsches Kritik, daß die Bildung in immer weitere Kreise hineingetragen wird, sind Anklänge eines höchst fragwürdigen Konservativismus enthalten. Dennoch könnte sein von einem aristokratischen Individualismus getragenes Bildungsanliegen einen berechtigten Kern aufweisen. So wäre die Einrichtung besserer Schulen und Universitäten denkbar, um Persönlichkeiten heranzubilden, welche den Menschheitsproblemen weitaus eher gewachsen wären als die jetzigen technokratischen und bürokratischen „Führungskräfte".

In den Baseler Vorträgen werden hauptsächlich zwei Gegner attackiert, die der Muße und Bildung – und überhaupt jeder höheren Kultur – feindlich gegenüberstehen: der Staat und die Fachgelehrten. Als dritten Gegner betrachtet Nietzsche das „Gewerbe", die „Geldwirtschaft", deren Interessen in der bürgerlichen Arbeitsmoral und Arbeitsmentalität ihren Niederschlag gefunden haben.

MÜSSIGGANG ALS „LASTER" – NIETZSCHES KRITIK DER BÜRGERLICHEN ARBEITSMORAL

Der „Geist der Nationalökonomie" war es, der nach Nietzsches Auffassung im 19. Jahrhundert auf alle Lebensbereiche übergriff und in besonderem Maße die Einstellung der Menschen zu Arbeit und Muße bestimmte. Man könnte ebensogut vom „Geist des Kapitalismus“ sprechen, wie es Max Weber getan hat. Das Bürgertum als die tragende Säule des ökonomischen Fortschritts pries den Segen der Arbeit. Fleiß, Leistungsbereitschaft, strenge Zeit- und Krafteinteilung, Mäßigkeit, Gehorsam usw. wurden zu bürgerlichen Werten und Tugenden erhoben. Am meisten gefragt war der disziplinierte, pflichtbewußte, rastlos tätige Mensch, der sich in seiner ganzen Lebensführung auf die Erfordernisse des Arbeitsprozesses einzustellen vermochte. Wurde der vita activa alles Lob zuteil, so fiel die vita contemplativa weitgehender Abwertung anheim.

Nietzsche, der Muße und Müßiggang als Wegbereiter der Selbstbestimmung und Selbstbildung des Individuums erachtete, mußte sich durch die bürgerliche Arbeitsmoral zum Widerspruch provoziert fühlen. Er fühlte sich aufgerufen, für den Müßiggänger Partei zu ergreifen und ihn vor den Anfeindungen und Ressentiments der „braven Menschen“ in Schutz zu nehmen. So konnte er keine „Lasterhaftigkeit“, speziell keine Selbstsucht darin erkennen, daß der Müßiggänger Anspruch auf Freiräume erhebt, um sie für die eigene Selbstentfaltung zu verwenden. Vielmehr liegt das eigentliche Laster in der Rast- und Ruhelosigkeit, die, von der modernen Arbeitsweise ausgehend, das gesamte Leben durchdringt.

„Man schämt sich jetzt schon der Ruhe; das lange Nachsinnen macht beinahe Gewissensbisse. Man denkt mit der Uhr in der Hand, wie man zu Mittag ißt, das Auge auf das Börsenblatt gerichtet, – man lebt wie einer, der fortwährend etwas versäumen könnte. ‚Lieber irgend etwas tun als nichts‘ – auch dieser Grundsatz ist eine Schnur, um aller Bildung und allem höheren Geschmack den Garaus zu machen ... Die Arbeit bekommt immer mehr alles gute Gewissen auf ihre Seite: der Hang zur Freude nennt sich bereits ‚Bedürfnis der Erholung‘ und fängt an, sich vor sich selber zu schämen ... Ja es könnte bald soweit kommen, daß man einem Hange zur vita contemplativa (das heißt zum Spazierengehen mit Gedanken und Freunden) nicht ohne Selbstverachtung und schlechtes Gewissen nachgäbe.“ (Nietzsche 3, 556 f.)

Wenn unermüdlich vom „Segen der Arbeit“ geredet wird, so liegt dem nach Nietzsche die Furcht vor dem „individuellen Leben“ zugrunde. Diese Furcht wird von Seiten des Staates kräftig genährt, denn man hat erkannt, daß eine solche Arbeit

„die beste Polizei ist, daß sie jeden im Zaume hält und die Entwicklung der Vernunft, der Begehrlichkeit, des Unabhängigkeitsgelüstes kräftig zu hindern versteht. Denn sie verbraucht außerordentlich viel Nervenkraft und entzieht dieselbe dem Nachdenken, Grübeln, Sorgen...“ (Nietzsche 3, 154)

Auch muß man die Vorbildlichkeit derer bezweifeln, die ihre persönlichen Interessen, ihr eigenes Selbst „zum allgemeinen Besten“ zurückstellen. Paradoxerweise zeigt sich gerade bei diesen Fleißigen ein Hang zur Trägheit und Bequemlichkeit, wo es um sie persönlich geht. In dieser Hinsicht sind sie „faul“, und diese Faulheit, welche im Grunde der Seele der Tätigen liegt, behindert sie, das Wasser aus ihrem eigenen Brunnen zu schöpfen (Nietzsche 2, 233). So ist es nicht verwunderlich, daß sie sich häufig langweilen und vielerlei Zerstreuungen brauchen. Am liebsten ist es ihnen, auch in der Freizeit ständig beschäftigt zu sein. Daher ist jeder, der sie beschäftigt, ein Wohltäter. Obwohl schließlich vollgestopft, bleiben sie „nimmersatt“ und „gedankenbar“ (Nietzsche 1, 482).

Daß eine solche Haltung keineswegs als etwas Verächtliches angesehen wird, liegt daran, daß derlei Sklavenhaftigkeit in der bestehenden Gesellschaft nicht die Ausnahme, sondern die Regel ist. Von da ist es dann nicht mehr weit zu einer geistig-sinnlichen Verkümmerung.

> „Wie oft sehe ich es, daß der blindwütende Fleiß zwar Reichtümer und Ehren schafft, aber zugleich den Organen die Feinheit nimmt, vermöge derer es einen Genuß an Reichtümern und Ehren geben könnte. (Nietzsche 3, 392)

Daraus den Schluß zu ziehen, daß Nietzsche dem Tätigsein ablehnend gegenüberstünde, wäre irreführend. Was ihm als Persönlichkeitsideal vorschwebt, ist ja gerade der kraftvolle Mensch, der handelnd ins Leben eingreift und dadurch sein Lebensgefühl steigert. Nietzsche kann sich aber nicht damit abfinden, daß der Mensch zum Sklaven seiner Arbeit wird:

> „Alle Menschen zerfallen, wie zu allen Zeiten so auch jetzt noch, in Sklaven und Freie; denn wer von seinem Tage nicht zwei Drittel für sich hat, ist ein Sklave, er sei übrigens was er wolle: Staatsmann, Kaufmann, Beamter, Gelehrter.“ (Nietzsche 2, 231 f.)

Nietzsches Alternative zur bürgerlichen „Sklavenmoral“ läßt sich in drei Punkten zusammenfassen: ein entspannteres, lässigeres Verhältnis zur Arbeit selbst, damit Freude und Befriedigung an der Arbeit aufkommen können; eine Erneuerung der seit der Antike bestehenden Hochschätzung der Muße, damit man sich mit gutem Gewissen der vita contemplativa hingeben kann; und ein ausgewogenerer Rhythmus von Arbeit und Muße, damit der Mensch nicht zum bloßen „homo faber“ wird, sondern auch das „Nachdenken, Grübeln, Träumen, Sorgen, Lieben, Hassen“ kultivieren kann.

Entwickelte sich Nietzsche in den Jahren seiner Baseler Professur (1869–1879) zum offensiven Gesellschafts- und Kulturkritiker, so bahnt sich in dieser Zeit eine dramatische *„Werdenskrise“* an. Sie wirbelt seine gesamte Existenz – Beruf, Freundschaften und weltanschauliche Orientierung – durcheinander und zwingt ihn zu einer radikalen Umstellung seines Lebensstils. Die Hauptstationen dieses eruptiven Wandlungsprozesses hat Stefan Zweig prägnant erfaßt:

> „Der Blick des beginnenden Nietzsche ist vollkommen nach rückwärts gewandt in die ‚Historie‘, in Totes und Gewesenes, seine Lebensfreude vermauert in eine Alte-Männer-Manie, seine Heiterkeit, sein Übermut in eine professorale Würde, sein Blick in Bücher und gelehrte Probleme. Mit siebenundzwanzig Jahren bricht die ‚Geburt der Tragödie‘ einen ersten Stollen in die Gegenwart: noch trägt aber der Verfasser die ernste Maske der Philologie auf seinem ernsten Gesicht... Der wahre Nietzsche beginnt mit seinem Einbruch in die Gegenwart, der tragische Nietzsche, der unzeitgemäße, mit seinem Blick in die Zukunft, mit seiner Sehnsucht nach dem kommenden Menschen. Dazwischen liegen ununterbrochene Schlagwetter von Verwandlungen, vollkommene Umstülpungen des innersten Wesens, der brüske Windwechsel von Philologie zur

Musik, vom Ernst zur Ekstase, von sachlicher Geduld zum Tanz. Mit sechsunddreißig Jahren ist Nietzsche Prinz Vogelfrei, Immoralist, Skeptiker, Dichter und Musikant, ‚besser jung' als je in seiner Jugend ... Ungeheuer, unvergleichlich ist das Tempo der Verjugendlichung. Mit vierzig Jahren hat Nietzsches Sprache, seine Gedanken, sein Wesen mehr rote Blutkörperchen, mehr frische Farbe, Verwegenheit, Leidenschaft und Musik als mit siebzehn ..." (Zweig 1966, 339 f.)

In diesem Wandlungsprozeß strebt Nietzsche danach, sich von allen bisherigen Fremdeinflüssen frei zu machen und sein „wahres Selbst" zu finden. Sein Ringen um Selbstfindung hat entscheidende Auswirkungen auf die weitere Entwicklung seiner Philosophie und insbesondere seiner Theorie der Muße.

„Werde, der du bist" – Nietzsches Durchbruch zu seinem eigenen Selbst

Bereits in den „Unzeitgemäßen Betrachtungen" (1873–1876), vor allem in deren dritter Abhandlung „Schopenhauer als Erzieher", gibt Nietzsche die Losung aus: „Werde, der du bist." Aber wie soll man das eigene Selbst finden? Nietzsche empfiehlt, sich auf diejenigen zu besinnen, die man in seinem bisherigen Leben wahrhaft geliebt und verehrt hat: auf seine Erzieher und Bildner. Nur wer sein Herz an einen großen Menschen hänge und sich zu ihm emporentwickeln wolle, könne sein eigenes Selbst entdecken, da dies nicht tief verborgen in ihm, sondern hoch über ihm liege.
Nietzsche selbst hatte sich Schopenhauer als Erzieher und Philosophen gewählt. An Schopenhauers unbestechlicher Wahrheitsliebe und Kraft des Verneinens, seiner Klarheit des Denkens und seiner trotz aller Lebensschwierigkeiten immer wieder durchbrechenden Heiterkeit konnte er sich des eigenen Wertstrebens und heroischen Lebensentwurfes bewußt werden. Erst dieser große Denker ließ ihn „aus der Betäubung, in welcher man gewöhnlich wie in einer trüben Wolke webt," zu sich kommen:

„Wenn einer darüber nachdenkt, was zum Beispiel Schopenhauer im Verlaufe seines Lebens alles *gehört* haben muß, so mag er wohl hinterdrein zu sich sagen: ‚ach deine tauben Ohren, dein dumpfer Kopf, dein flackernder Verstand, dein verschrumpftes Herz, ach alles was ich mein nenne! wie verachte ich das! Nicht fliegen zu können, sondern nur flattern! Über sich hinauf zu sehen und nicht hinauf zu können! Den Weg zu kennen und fast zu betreten, der zu jenem unermeßlichen Freiblick des Philosophen führt, und nach wenigen Schritten zurück zu taumeln. Und wenn es nur Ein Tag wäre, wo jener größte Wunsch sich erfüllte..." (Nietzsche 1, 380 f.)

Neben Schopenhauer, dem er nie begegnet war, galt Nietzsches Bewunderung Richard Wagner. Er fuhr oft nach Tribschen bei Luzern, wo Richard und Cosima damals lebten und fand dort ein Zuhause. Was ihn mit „Vater" Wagner aufs innigste verband, waren zunächst die Begeisterung für die Kunst und der Wille zur Kulturerneuerung aus dem Geiste Schopenhauers. Als Wagner nach Bayreuth übersiedelte, hat Nietzsche sogar erwogen, als Vortragsreisender im Dienst der Wagnerschen Ideen zu wirken. Die vierte seiner „Unzeitgemäßen Betrachtungen" trägt den Titel „Richard Wagner in Bayreuth".

Aber Schopenhauer und Wagner waren nur Stützpfeiler auf Nietzsches beschwerlichem Wege zu einem eigenen Selbst. In ihm reifte die Einsicht, daß er unmöglich Wagner und seiner eigenen Berufung zugleich dienen konnte. Hinzu kam, daß Wagner seine Kunst immer mehr zu einer Ersatzreligion ausgestaltete und nicht vor unredlichen Kompromissen mit den von Nietzsche verachteten Strömungen des Nationalismus, des Antisemitismus und des Christentums zurückscheute. Die geistige Ablösung von Schopenhauer dokumentiert sich in Nietzsches nächstem Buch „Menschliches, Allzumenschliches".

Das Loskommen von tiefen Bindungen der Verehrung ist für Nietzsche schmerzlich. Er reagiert mit schweren Krankheitssymptomen, vor allem leidet er unter heftigen Migräneanfällen. Sein Gesundheitszustand verschlechtert sich derart, daß er sich 1879 entschließt, die Professur in Basel aufzugeben.

Physische Schwäche, Verlust an sozialen Beziehungen, geistige Entwurzelung und Verurteiltsein zum Nichtstun – Nietzsche wird im Kern seiner Persönlichkeit erschüttert. Aus der Krise, die er in den Jahren 1879–1881 durchlebt, geht er jedoch gewandelt hervor:

> „Die Krankheit löste mich langsam heraus: sie ersparte mir jeden Bruch, jeden gewalttätigen und anstößigen Schritt ... Die Krankheit gab mir insgleichen ein Recht zu einer vollkommenen Umkehr aller meiner Gewohnheiten; sie erlaubte, sie gebot mir Vergessen; sie beschenkte mich mit der Nötigung zum Stilliegen, zum Müßiggang, zum Warten und Geduldigsein ... Aber das heißt ja denken! ... Meine Augen allein machten ein Ende mit aller Bücherwürmerei, auf deutsch: Philologie: ich war vom ‚Buch' allein erlöst, ich las jahrelang Nichts mehr – die größte Wohltat, die ich mir je erwiesen habe! – Jenes unterste Selbst, gleichsam verschüttet, gleichsam still geworden unter einem beständigen Hören-Müssen auf andere Selbste (– und das heißt ja lesen!) erwachte langsam, schüchtern, zweifelhaft, – aber endlich redete es wieder. Nie habe ich so viel Glück gehabt als in den kränksten und schmerzhaftesten Zeiten meines Lebens." (Nietzsche 6, 326)

Die Krankheit veranlaßt Nietzsche zu größtmöglicher Rücksichtnahme auf sein leibliches Wohlbefinden, zur Umstellung seiner ganzen Lebensführung. Beständig auf der Suche nach den für ihn jeweils besten klimatischen Verhältnissen, nach Sonne und wolkenlosem Himmel, führt er ein Wanderleben zwischen dem Meer an Oberitaliens Küstenstädten und der steilen Gebirgslandschaft des Engadin. Sein bevorzugter Aufenthaltsort ist Sils Maria, wo er Stunden höchster Seligkeit erlebt. Seine euphorischen Stimmungen können allerdings schnell wieder in Depressionen und Schmerzzustände umschlagen.

Der Weg aus seiner großen Werdenskrise läßt Nietzsche zu seiner eigenen Sprache und Philosophie finden. Sein freigeistiges Denken wird „fröhlicher", seine Rede gleichnishafter und dichterischer. In „Also sprach Zarathustra" wird er zum Verkünder einer neuen Botschaft. Von ihm selber gilt, was er Zarathustra über die drei Verwandlungen des Geistes sagen läßt. Zuerst ist der Geist ein „Kamel“, der sich die Lasten der Tradition aufbürdet und sie geduldig trägt. Danach geht er in die Wüste und verwandelt sich in einen rebellischen „Löwen“, der mit seinen bisherigen Glaubensüberzeugungen bricht und zum Gegenspieler alles Hergebrachten wird, sei es Religion, Moral, Sitte und Gewohnheit. In der Verwandlung zum „Kind“ findet die geistige Entwicklung ihren Abschluß. Das Kind hört auf, nur im Gegensatz zu leben. Es ist Unschuld und Neubeginn, ein Spiel, ein Ja-Sagen. Nun gilt es, eine neue Welt mit neuen Werten zu entwerfen. Für Nietzsche bedeutet dies eine neue Moral („Umwertung aller Werte“), ein neues Menschenbild („Wille zur Macht“), ein neues Persönlichkeitsideal (der „Übermensch“) und eine neue Lebensbejahung (aus dem Gedanken von der „ewigen Wiederkehr des Gleichen“) aufzubauen. Diesen großen Projekten hat er sich in den letzten Jahren seines geistigen Schaffens mit fieberhafter Tätigkeit gewidmet.

„Im Leibe wohnen“ – Zum Verhältnis von Musse und Leiblichkeit

Im Zusammenhang mit Nietzsches Krankheit, seinem Wanderleben und seinen Hochstimmungen in der Natur berührten wir bereits Nietzsches Konzept der Leiblichkeit, das für eine genauere Bestimmung der Muße grundlegend ist.

Immer, wenn bisher die Symptome und Ursachen der Mußeunfähigkeit zur Sprache kamen, war die Thematik der Selbstüberforderung und „Selbstlosigkeit“ tangiert worden. Wer sich ständig in Arbeit, Vergnügen oder sonstige Zerstreuungen flüchtet, kann nicht in Fühlung mit seinem Inneren sein. Er muß seinem Selbst fremd gegenüberstehen. Das „Selbst“ scheint etwas zu sein, das der Person das Erleben des Ganzheitlichen und Zusammengehörigen vermittelt. In diesem Sinne sagt auch Nietzsche: „Hinter deinen Gedanken und Gefühlen, mein Bruder, steht ein mächtiger Gebieter, ein unbekannter Weiser – der heißt Selbst“, um dann hinzuzufügen: „In deinem Leibe wohnt er, dein Leib ist er“ (Nietzsche 4, 40).

In der Formulierung „Im Leibe wohnen“ kommt zum Ausdruck, daß der Leib die eigentliche Ruhestätte und Heimat des Menschen ist. Nur wenn der Mensch den Leib als Kraftquelle zur Verfügung hat, kann er sich der Muße hingeben. Daher wird dem Leib im Verhältnis zu Seele und Geist eine eindeutige Vorrangstellung in der menschlichen Existenz zugewiesen: „Leib bin ich ganz und gar, und nichts außerdem; und Seele ist nur ein Wort für ein Etwas am Leibe“. Und weiter heißt es: „Werkzeug deines Leibes ist auch deine kleine Vernunft, mein Bruder, die du ‚Geist‘ nennst, ein kleines Werk- und Spielzeug deiner großen Vernunft.“ (Nietzsche 4, 39)
Mit diesen Thesen plädiert Nietzsche dafür, daß das leibhaftige Leben der Ansatz-

punkt jeder Lebensklugheit und Lebenskunst sein muß. Zugleich wendet er sich gegen die christliche Religion, die am „Heil der Seele", und die idealistische Philosophie, die an der abgehobenen „Vernunft" ansetzen. Was diese „Verächter des Leibes" zustande bringen, ist aber nicht Selbstverwirklichung, Glück und Freude, sondern tiefe Verunsicherung und innere Zerrissenheit. Denn wer den Leib und dessen *„große Vernunft"* unterdrückt, unterdrückt den ganzen Menschen.

Um seine Mußefähigkeit zu entwickeln, müßte sich der Mensch zuallererst von der in der religiösen Erziehung verinnerlichten Sexualfeindlichkeit und Leibverachtung lösen.

„Ich beschwöre euch, meine Brüder, bleibt der Erde treu und glaubt denen nicht, welche euch von überirdischen Hoffnungen berichten." (Nietzsche 4, 15)

Für den ganz im Diesseits verwurzelten Menschen gilt es, die Tugenden des Leibes – Anmut, Schönheit, Kraftgefühl und Gesundheit – zur Entfaltung zu bringen. Lernte er es, mit seinen Leibeskräften hauszuhalten und sie nicht an alle möglichen Institutionen wegzuschenken, so wäre der Weg für ihn frei, in den entscheidenden Situationen des Lebens leibhaftig präsent und das heißt zugleich geistesgegenwärtig zu sein. Nur von der Leibhaftigkeit und Geistesgegenwart führt der Weg zur erfüllten Muße.

Nietzsche sieht den Einzelnen als einen „Werdenden" im Sinne einer leiblich-seelisch-geistigen Ganzwerdung, der sich dem Ideal einer *„höheren Gesundheit"* annähern soll.

Der Begriff der Gesundheit bezieht sich jeweils auf ein individuelles Phänomen; alle Versuche, sie mit objektiven Kriterien zu erfassen, sind gescheitert:

„Es kommt auf dein Ziel, deinen Horizont, deine Irrtümer und namentlich auch deine Ideale und Phantasmen deiner Seele an, um zu bestimmen, was für deinen Leib Gesundheit zu bedeuten hat." (Nietzsche, zit. nach Schipperges 1975, 89)

Folglich muß sich jeder einzelne seine eigene Gesundheit – und damit seine individuelle Art der Mußefähigkeit – erobern.

Mit seiner Gesundheitslehre knüpft Nietzsche an jene jahrtausende alte Tradition an, welche sechs Punkte eines kultivierten Umgangs mit dem eigenen Leib behandelte:

- den Umgang mit Licht und Luft,
- die Frage der Ernährung,
- den Rhythmus von Bewegung und Ruhe,
- den Wechsel von Wachen und Schlaf,
- die Frage der Verdauung und
- die Regelung des Affekthaushalts (vgl. Schipperges 1975, 160 ff.).

Auf all diesen Gebieten sind Einsichten einer klugen Lebensführung gewonnen worden, die Nietzsche als „Arzt der Kultur" aufgegriffen und weiterentwickelt hat.

Wenn er empfiehlt, sich viel Sonne zu gönnen, große Sorgfalt auf Ernährung und Aufnehmen sowie auf Verdauung und Ausscheiden (auch im geistigen Sinne) zu verwenden, nach großen Aktivitäten „die Windstille der Seele" einkehren zu lassen, nicht die Langeweile als den „kräftigsten Labetrank aus dem eigenen innersten Born" zurückzuweisen, den Schlaf zur rechten Zeit einzuschieben usw. – so finden wir hier wertvolle Hinweise, was Muße in der Lebenspraxis bedeuten kann. Dabei wird stets betont, daß man nur in kleinen Schritten, jeweils vom Nächsten ausgehend, gesünder werden kann. Man gebe das Mittel in kleinen Dosen, aber unablässig auf weite Strecken hin, bis sich allmählich gute Gewohnheiten herausgebildet haben.

Sich selbst überwinden – Musse als freudiges Machtgefühl

Nietzsche schreibt: „Wo ich Lebendiges fand, da fand ich den Willen zur Macht." Und er fügt hinzu: „Nur, wo Leben ist, da ist auch Wille: aber nicht Wille zum Leben, sondern – so lehre ich's dich – Wille zur Macht." (Nietzsche, 4, 147 ff.). Diese rätselhaften Sätze bedürfen der Interpretation.

Nach Walter Kaufmanns Auffassung (1982), der wir uns im wesentlichen anschließen, steht der Wille zur Macht im Zentrum der gesamten Philosophie Nietzsches und ist unlösbar mit dem Gedanken der Sublimierung verbunden. Damit grenzt er sich von allen Auslegungen ab, die entweder die Bedeutung des Willens zur Macht herunterspielen oder ihn als rücksichtslose Selbstdurchsetzung deuten. Er interpretiert den Willen zur Macht als positiven Grundantrieb, der den Menschen veranlaßt, über sich hinauszudrängen und sich die *Fülle des Lebens* einzuverleiben. Daher gehören Vitalität und Leidenschaftlichkeit zu seinen Erscheinungsformen. Seine höchste Ausprägung und Erfüllung findet er aber in der Vernunft (Geist). Nur wer seine sinnlich-vitalen Kräfte beherrscht und sublimiert, kann sie in produktive Bahnen lenken. Mit Beherrschung und Sublimierung ist gemeint, daß der Mensch eine gewisse Ordnung in das durch seine Leidenschaften hervorgerufene Chaos bringt, ohne jedoch die Energie und Leidenschaft seiner Triebe zu schwächen oder gar zu unterdrücken. Eine solche Läuterung des Willens zur Macht geht mit dem unablässigen Streben einher, an seinem Charakter zu arbeiten und ihm Stil zu geben:

> „Seinem Charakter ‚Stil geben' – eine große und seltene Kunst! Sie übt der, welcher Alles übersieht, was seine Natur an Kräften und Schwächen bietet, und es dann einem künstlerischen Plane einfügt, bis ein Jedes als Kunst und Vernunft erscheint und auch die Schwäche noch das Auge entzückt." (Nietzsche 3, 530)

Offenbart sich große Macht im hohen Grad an Selbstüberwindung, so deutet das Bedürfnis, andere zu beherrschen und zu unterdrücken, auf die Schwäche einer Persönlichkeit hin. Unsublimiertes Machtstreben mündet notwendig in Masochismus (Selbstverleugnung, Mitleids- oder Ressentiment-Haltung) oder Sadismus (Geltungsstreben, Herrschsucht und Grausamkeit) ein (vgl. Gödde 1983). Der geläuterte Wille zur Macht verzichtet hingegen auf ausbeuterische oder manipulierende Macht *über* andere und bemüht sich statt dessen um integrierende Macht zusammen *mit* anderen.

Weiterhin stellt Nietzsche eine Verbindung von Macht, Glück und Lebensfreude her. Bemerkenswert ist in diesem Zusammenhang, daß er dem Lustprinzip nur eine untergeordnete Stellung im Verhältnis zum Machtprinzip einräumt. Dabei wird Lust als bewußtes Gefühl verstanden, das ausdrücklich durch die Abwesenheit von Leiden gekennzeichnet ist. Folgt man der Annahme, daß der Mensch Macht im Sinne von Handlungsfähigkeit und Souveränitätsgefühl anstrebt, so schließt das nicht aus, daß er sich auf diesem Wege sein Glück erobern will. Glück wird hier nicht als Bewußtseinszustand aufgefaßt, sondern als Seinszustand: als Korrelat von Macht. Ist Glück ein Zustand, nach dem der Mensch faktisch strebt, so kann man das Gefühl der Freude als bewußten Aspekt dieses Zustands ansehen.

Aus dieser Unterscheidung ergibt sich, daß Glück aus einer Verbindung von Macht und Freude herrührt; und Freude ist dann mehr als bloße Lust, denn sie schließt Leiden und Schmerzen als notwendige Bedingungen auf dem Wege des Mächtiger-Werdens mit ein. Freudige Gefühle entstehen nicht erst dann, wenn das Leiden aufhört, sondern im Prozeß des Überwindens selbst. Die Wechselbeziehung von Macht und Freude befähigt den Menschen, ein „gutes Leben" zu führen.

Von diesem Standpunkt aus kann Nietzsche die christliche Moral nicht gelassen hinnehmen, sondern muß sie leidenschaftlich bekämpfen, weil er in ihr an allen Ecken und Enden den Geist der Macht- und Freudlosigkeit wittert. So wendet er sich entschieden gegen das Gebot der Nächstenliebe, das in seinen Augen kein gutes Leben, sondern nur eine verfehlte Art von „Selbstlosigkeit" hervorbringt. Der Altruist denkt viel zu viel an andere und verliert seine eigene Persönlichkeitsentwicklung aus den Augen. Die Menschheit braucht eine neue Moral, die antriebsfreundlicher, toleranter und aufgeklärter ist als die lebensfeindliche des Christentums. Nur eine „Umwertung aller Werte" kann dem Menschen zu Selbstvertrauen, Lebensfreude und Liebesfähigkeit verhelfen.

Wenn wir den gewonnenen Maßstab von Glück an die Muße anlegen, so fragt sich, welcher Art sie sein muß, um Macht und Freude des Menschen zu fördern. Für Nietzsche geben alle hedonistischen Vorstellungen der Muße als Freisein von Leiden keine tragfähige Basis ab. Wer nur Seelenruhe und Behaglichkeit haben will, kann den Zustand freudiger Macht nicht erreichen, denn Intensität des Lebensgefühls setzt mutiges Ringen mit den Problemen und Widerständen der Welt voraus. Auch die Aneinanderreihung von Genüssen, Vergnügungen und Abenteuern, die stärkere Empfindungen auszulösen vermag, kommt dem persönlichen Wachstum nicht zugute. Ebensowenig sind äußere Erfolge ein Indikator für ein starkes und freudiges Grundgefühl. Man muß

„zwischen den wirklichen und scheinbaren Beförderungen des Menschenglücks unterscheiden: wie weder Reichwerden, noch Geehrtsein, noch Gelehrtsein den Einzelnen aus seiner tiefen Verdrossenheit über den Unwert seines Daseins herausheben kann und wie das Streben nach diesen Gütern nur Sinn durch ein hohes und verklärendes Gesamtziel bekommt“ (Nietzsche 1, 357).

Ein Ansatzpunkt, um dieses übergreifende Ziel zu bestimmen, ergibt sich aus Nietzsches Auffassung, daß der Wert einer Handlung an dem erreichten Grad der Selbstüberwindung zu messen sei. Damit verwirft er alle Strategien, die dem Müßiggänger um des Glückes willen die Strapazen des Autonom-Werdens ersparen wollen. Autonomie erfordert eine ständige Anstrengung, sich aus dem dichten Netz von traditionellen Bindungen und Konventionen gewaltsam herauszulösen. Wer in der Muße nach Autonomie strebt, ist in entscheidenden Situationen auf sich allein gestellt. Er führt ein hartes, aber nicht notwendig freudloses Leben. Der Weg, auf dem er am ehesten zu Glückszuständen gelangen kann, ist für Nietzsche das schöpferische Leben, wobei er vornehmlich an Künstler und Philosophen denkt. Wer schöpferisch ist, ist auch mächtig.

Die freie und schöpferische Persönlichkeit erhob Nietzsche zum Ziel der Menschheit. Bereits in seinen Frühschriften heißt es:

„die Menschheit soll fortwährend daran arbeiten, einzelne große Menschen zu erzeugen – und dies und nichts anderes sonst ist ihre Aufgabe“ (Nietzsche 1, 383 f.).

In seinem späteren Werk bezeichnet er den „Übermenschen“ als den „Sinn der Erde“ (4, 14). Mit dem Wörtchen „über“ wird zum Ausdruck gebracht, daß sich dieser Menschentyp über das Animalische und Menschlich-Allzumenschliche erhebt, indem er sich selbst überwindet. In ihm gelangt der Wille zur Macht zu voller Entfaltung.

Das heroische Ideal des Übermenschen ist vielfach mißverstanden und nicht zuletzt von den Ideologen des Nationalsozialismus mißbraucht worden, woran Nietzsche mit seinen vieldeutigen Aussagen über „Krieg“ (statt edler Wettkampf), „Züchtung“ (statt Erziehung, Bildung und Kultivierung), „Herrenrasse“ (statt kultureller Elite) und „Übermensch“ (statt Ideal menschlicher Größe) keineswegs unbeteiligt war. Wie Kaufmann überzeugend nachgewiesen hat, läßt sich die angebliche Geistesverwandtschaft zwischen Nietzsche und dem Nationalsozialismus nicht aufrecht erhalten. Nietzsche stand in entschiedenem Gegensatz zum Antisemitismus; er verachtete den Nationalismus und zog es vor, ein „guter Europäer“ zu sein; auch gegen die neue Vergötzung des Staates zog er zu Felde und warnte die Menschheit vor der zerstörerischen Macht des Totalitarismus.

Der Entwurf des Übermenschen läßt Nietzsches Sorge um den „ganzen Menschen“ erkennen. Er stellt einen Gegentyp zum „modernen Menschen“ dar, wie ihn

Nietzsche im Arbeitssklaven, im braven Staatsbürger, im religiösen Masochisten und im zufriedenen Bildungsphilister verkörpert sah. Er sollte ein Typus „höchster Wohlgeratenheit", ein Repräsentant wahrer Kultur, und, nicht zu vergessen, ein Müßiggänger sein.

Folgt man Nietzsches eigenen Worten, so kommt Goethe diesem Persönlichkeitsideal sehr nahe:

> „Was er wollte, das war Totalität; er bekämpfte das Auseinander von Vernunft, Sinnlichkeit, Gefühl, Wille ... er disziplinierte sich zur Ganzheit, er schuf sich ... Goethe konzipierte einen starken, hochgebildeten, in allen Leiblichkeiten geschickten, sich selbst im Zaume habenden, vor sich selbst ehrfürchtigen Menschen, der sich den ganzen Umfang und Reichtum der Natürlichkeit zu gönnen wagen darf, der stark genug zu dieser Freiheit ist; den Menschen der Toleranz, nicht aus Schwäche, sondern aus Stärke." (Nietzsche 6, 151)

Goethe hatte Reifungskrisen zu überwinden, aber durch ein tätiges und machtvolles Leben drang er zu einer gelassenen und heiteren Daseinsgestaltung vor. Was er bei aller charakterlichen Verschiedenheit mit Nietzsche gemeinsam hat, ist die Spannweite seiner Seele, die Intensität und Breite seiner Erlebnisfähigkeit, wie sie nur einem mußefähigen Menschen zu eigen sein kann.

Haben wir bisher gesehen, daß Mußefähigkeit im leiblich-vitalen Dasein und im freudigen Machtgefühl fundiert ist, so stoßen wir hier auf einen weiteren Aspekt, den Nietzsche schon in seinen „Unzeitgemäßen Betrachtungen" anvisiert hat:

> „Wer sich nicht auf der Schwelle des Augenblicks, alle Vergangenheit vergessend, niederlassen kann, wer nicht auf einem Punkte wie eine Siegesgöttin ohne Schwindel und Furcht zu stehen vermag, der wird nie wissen, was Glück ist, und noch schlimmer: er wird nie etwas tun, was Andere glücklich macht." (Nietzsche 1, 250)

An einer späteren Stelle greift er die beglückende Hingabe an den Augenblick, dieses für die Muße so bedeutsame Zeiterleben, wiederum auf:

> „Das Leben besteht aus seltenen einzelnen Momenten von höchster Bedeutsamkeit und unzählig vielen Intervallen, in denen uns besten Falls die Schattenbilder jener Momente umschweben. Die Liebe, der Frühling, jede schöne Melodie, das Gebirge, der Mond, das Meer – Alles redet nur einmal ganz zum Herzen: wenn es überhaupt je ganz zu Worte kommt. Denn viele Menschen haben jene Momente gar nicht und sind selber Intervalle und Pausen in der Symphonie des wirklichen Lebens." (Nietzsche 2, 337)

Solche freudigen Augenblicke sind vermutlich deshalb von so großer Bedeutsamkeit, weil sie uns ein Hochgefühl bescheren, das uns von der Schwere des Daseins befreit. Sie vermögen die sinnlichen und geistigen Fähigkeiten zu steigern und mitunter in schöpferische Inspiration einzumünden:

> „Der Begriff Offenbarung, in dem Sinn, daß plötzlich, mit unsäglicher Sicherheit und Feinheit, Etwas *sichtbar*, hörbar wird, beschreibt einfach den Tatbestand. Man hört, man sucht nicht; man nimmt, man fragt nicht, wer da gibt; wie ein Blitz leuchtet ein Gedanke auf, mit Notwendigkeit, in der Form ohne Zögern, – ich habe nie eine Wahl gehabt.· (Nietzsche 6, 339)

Die geistige Inspiration vermag auch den Leib in Schwingungen, in ekstatische Bewegungen zu versetzen.

„die Muskel-Behendheit war bei mir am größten, wenn die schöpferische Kraft am reichsten floß … Man hat mich oft tanzen sehen können; ich konnte damals, ohne einen Begriff von Ermüdung, sieben, acht Stunden auf Bergen unterwegs sein. Ich schlief gut, ich lachte viel – ich war von einer vollkommenen Rüstigkeit und Geduld." (Nietzsche 6, 341).

Den „grossen Mittag" erleben – Musse als Augenblick und Ewigkeit

Das Glück, das in der Stille des Mittags liegt, hat Nietzsche zum ersten Mal mit folgenden Worten umschrieben:

„Wem ein tätiger und stürmischer Morgen des Lebens beschieden war, dessen Seele überfällt um den Mittag des Lebens eine seltsame Ruhesucht, die Monden und Jahre lang dauern kann. Es wird still um ihn, die Stimmen klingen fern und ferner; die Sonne scheint steil auf ihn herab. Auf einer verborgenen Waldwiese sieht er den großen Pan schlafend; alle Dinge der Natur sind mit ihm eingeschlafen, einen Ausdruck von Ewigkeit im Gesichte – so dünkt es ihn. Er will Nichts, er sorgt sich um Nichts, sein Herz steht still, nur sein Auge lebt, – es ist ein Tod mit wachen Augen. Vieles sieht da der Mensch, was er nie sah, und soweit er sieht, ist Alles in ein Lichtnetz eingesponnen und gleichsam darin begraben. Er fühlt sich glücklich dabei, aber es ist ein schweres, schweres Glück." (Nietzsche 2, 690)

Hier werden die Tageszeiten gleichnishaft auf den Lebenslauf als Ganzes und das Naturerleben der mittäglichen Stille auf die Wende in der Lebensmitte übertragen. Was uns in diesem Zusammenhang vornehmlich interessiert, ist der Aspekt der Zeitlichkeit: Die Zeit steht still, weder die Last der Vergangenheit noch die Sorgen um die Zukunft sind spürbar, die Zeitperspektive erstreckt sich über den Augenblick hinaus ins Unendliche. „Mittag und Ewigkeit" sind immer wiederkehrende Formeln in Nietzsches Spätwerk. Wenn die Lebensbewegung soweit zur Ruhe kommt, daß das Erlebnis der Ewigkeit im Augenblick durchbricht, ergibt sich ein Zustand tiefster Sammlung und geistiger Transparenz des Lebens, einer Art Wesensschau, in der für den Menschen erkennbar wird, was er im stürmischen Dahinfließen der Zeit nicht zu sehen vermochte. Mit dieser Erkenntnis wiederum verbindet sich eine eigentümlich beglückende Stimmung: „ein schweres, schweres Glück", das mit der uns als Erfahrung vertrauteren Helligkeit und Leichtigkeit der Lebensfreude kontrastiert.

Wenn Nietzsche das Symbol des Mittags verwendet, so hat er den südlichen Mittag vor Augen, der von Hitze und Helligkeit erfüllt ist. Er preist den „Süden" – das strahlende Sonnenlicht und den bis ins Unendliche klaren Horizont, der ihn von der Dumpfheit und Verdüsterung seines nordischen Gemüts befreit hat.Der Süden wird ihm zur großen Schule der Genesung im Sinnlichen und Geistigen.

Der *„große Mittag"* hat aber im „Zarathustra" eine tiefere Bedeutung. Er markiert die unmittelbar bevorstehende Stunde, in der der Menschheit die Lehre von der

„ewigen Wiederkehr des Gleichen“ verkündet werden soll. Der Ewige-Wiederkunft-Gedanke kam Nietzsche in Sils Maria, „6000 Fuß jenseits von Mensch und Zeit“, in einem ekstatischen Augenblick voller Lebensbejahung. Ein Anklang dieses Erlebnisses findet sich in einer berühmten Stelle des Zarathustra:

„Sieh doch – still! der alte Mittag schläft, er bewegt den Mund: trinkt er nicht eben einen Tropfen Glücks – einen alten braunen Tropfen goldenen Glücks, goldenen Weins? ... Was geschah mir: horch! Flog die Zeit wohl davon? Falle ich nicht? Fiel ich nicht – horch! in den Brunnen der Ewigkeit? ... Wie? Ward die Welt nicht eben vollkommen? Rund und reif? Oh des goldenen runden Reifs — wohin fliegt er wohl?“ (Nietzsche 4, 344).

In diesen Zeilen verbindet sich das Erlebnis der Ewigkeit mit dem Erlebnis einer Vollkommenheit der Welt. Daraus erwuchs der Gedanke von der ewigen Wiederkunft aller Dinge, vom Kreislauf der Weltzeit, in der die Beständigkeit des Seins und der Wechsel des Werdens zusammenfallen. Wie Bollnow (1980) betont, besteht eine Übereinstimmung zwischen dem „goldenen runden Reif“, der die vollkommen gewordene Welt symbolisiert, und dem zeitlich verstandenen Bild vom „Ring des Seins“ oder „Ring der Wiederkunft“.

Wenn das Leben ein ewiger Kreislauf ohne Zweck und Ziel ist, ist es in seinem Wesen nihilistisch. Doch für Nietzsche lag gerade in der Lehre der ewigen Wiederkehr die Rettung aus dem Nihilismus. Von ihr erwartete er allen Ernstes eine Wende in der Menschheitsgeschichte. Die in ihr enthaltene Hochschätzung des Augenblicks, des Endlichen und Individuellen erschien ihm als wahrhaft „erlösende“ Alternative zu den für ihn überholten Weltanschauungen seiner Zeit: sowohl zum christlichen Erlösungsglauben, daß die menschliche Seele unsterblich sei und im Himmel weiterexistiere; als auch zum wissenschaftlichen und politischen Fortschrittsglauben des 19. Jahrhunderts, daß das Heil des Menschen mit Notwendigkeit im weiteren geschichtlichen Prozeß eintreten werde. Aber Nietzsches Hoffnung auf die zündende Wirkung seines Privatmythos hat sich nicht erfüllt. Seine Lehre von der „ewigen Wiederkehr des Gleichen“ wird als unhaltbar zurückgewiesen.

Von diesem kritischen Einwand abgesehen, bleibt festzuhalten, daß es für jeden Akt der Muße, der durch den „großen Mittag“ in exemplarischer Weise symbolisiert wird, auf ein Aufgehen im Augenblick ankommt. Mußefähig sein heißt notwendig, ganz im Augenblick leben, die gegenwärtige Situation ergreifen und damit das eigene Schicksal bejahen können. Nicht weniger wesentlich ist die Erkenntnis, daß ein Anhalten des Zeitstromes, wodurch die Zeit den Charakter der Flüchtigkeit und des Zerrinnens verliert, zur Kraftquelle für den Menschen werden kann.

„Wenn sich aber grade aus der Stunde des Mittags ein neuer Wille für die Zukunft entwickelt, so erklärt sich das aus der Krafterfahrung, die eigentümlich zu diesem Glückserlebnis gehört, und führt hinüber zu dem höchst bedeutsamen Zusammenhang, in dem sich die Leistung des ausnahmshaften und vereinzelten Glückserlebnisses für das Ganze des menschlichen Lebens ergibt: Aus der Stille der Zeitlosigkeit erwächst von innen her notwendig wieder die Spannung, die mit neuer Kraft in die Ebene der geschichtlichen Zeit zurückkehrt und hier das in jenen seltenen Augenblicken geschaute Ziel in die Wirklichkeit umsetzt." (Bollnow 1980, 235 f.)

Um Nietzsches Auffassung vom Wesen der Muße zu bestimmen, haben wir sie unter den Aspekten der Bildung, der Leiblichkeit, des freudigen Machtgefühls und des beglückenden Zeiterlebens untersucht. Hierbei wurde deutlich, daß in den Hingabeakt der Muße stets der „ganze Mensch" einbezogen ist. Die Fähigkeit zur Muße läßt sich nicht vom Lebensstil, der gesamten Lebensführung und Weltanschauung eines Individuums trennen.

Darum fällt uns das Glück der Muße nicht in den Schoß. Wir können es aber auch nicht direkt mit dem Willen anstreben. Nur wenn wir kontinuierlich an uns selbst arbeiten und die Kunst des Lebens erlernen, haben wir die Chance, in die Tiefen wahrer Muße einzutauchen.

Sich selbst, seine seelischen und geistigen Freiräume, sein Leib- und Lebensgefühl ernst zu nehmen – darin kann man das Hauptcharakteristikum des Müßiggängers sehen.

„Erst dieses Ideal, eine Art seelischer Entspannung, intellektueller Gelöstheit, ein bewußtes Ausklinken aus dem rastlosen Getriebensein der Welt der Tätigen, ermöglicht (wie das Ausklinken beimAbseilen des Segelfliegers) den freien Schwebezustand.

Die Metapher ‚fliegen', ‚schweben', ‚tanzen' ist eine der häufigsten im Werk Nietzsches.

Sie enthält jenen antizipierten Zustand der Freiheit, der sich nicht begrifflich fassen läßt, weil er als Grenzüberschreitung des Bestehenden auch die Sprache und Begrifflichkeit des Bestehenden notwendig überschreiten muß, um die ‚terra incognita' erahnen zu lassen, ein Land einer möglichen Zukunft jenseits des Arbeits- und Verwertungszwangs." (Dischner 1980, 229)

Bollnow, Otto Friedrich: Das Wesen der Stimmungen, Frankfurt 1980

Dischner, Gisela: Friedrich Schlegels Lucinde und Materialien zu einer Theorie des Müßiggangs, Hildesheim 1980

Frenzel, Ivo: Friedrich Nietzsche in Selbstzeugnissen und Bilddokumenten, Reinbek 1966

Gödde, Günter: Masochismus und Moral, Wien – München – Zürich 1983

Hammer, Felix: Leib und Geschlecht. Philosophische Perspekiven von Nietzsche bis Merleau-Ponty und phänomenologisch-systematischer Aufriß, Bonn 1974

Janz, Curt Paul: Friedrich Nietzsche, Biographie in drei Bänden, München – Wien 1978

Kaufmann, Walter: Nietzsche: Philosoph, Psychologe, Antichrist, Darmstadt 1982

Muße als Lebenskunst, 10/1985, Heft 2 der Zeitschrift „miteinander leben lernen"

Nietzsche, Friedrich: Sämtliche Werke, Kritische Studienausgabe in 15 Bänden, herausgegeben von Giorgio Colli und Mazzino Montinari, München 1980

Rattner, Josef: Friedrich Nietzsche, in: Vorläufer der Tiefenpsychologie, Wien – München – Zürich 1983

Schipperges, Heinrich: Am Leitfaden des Leibes: zur Anthropologik und Therapeutik Friedrich Nietzsches, Stuttgart 1975

Zweig, Stefan: Nietzsche, in: Baumeister der Welt, Frankfurt 1966, S. 303

Gisela Dischner

„O Müssiggang, einziges Fragment von Gottähnlichkeit..." F. Schlegel
Spaziergänge in Sprachlandschaften.

„Was arbeitest du? ..., Ich arbeite nicht; ich bin vorhanden!"[1]
Sind wir noch vorhanden? – Sind wir uns abhanden gekommen? – Wie sind wir in der Welt? Ist die Welt nur handlich da für uns, um sie zu benützen? Sehen wir sie noch? Wie abgenutzt sind wir von der Arbeit, die wir für andere tun, um etwas zu verdienen, das uns erlaubt, etwas für uns zu tun? – Staunen wir noch wie in Kindertagen den Tautropfen im Grase nach? Verstehen wir etwas von der Kunst des Teezubereitens? – Wann erhob sich der Mensch aus der rohen Naturnotwendigkeit? – „... als er fähig wurde, den feinen Nutzen des Nutzlosen zu bemerken"[2]. Was ist das für eine Welt, wo dieser Zustand als Ausnahmezustand gilt, als „Müßiggang"?

Von der *„fröhlichen Wissenschaft der Poesie"* und der *„gottähnlichen Kunst der Faulheit"* lese ich im ersten Satz von Friedrich Schlegels *„Idylle über den Müßiggang"*. Ich möchte versuchen, mich müßiggängerisch in diesem schönen Text zu bewegen, denn wie anders sollte er mich erreichen? Müßiggängerisch – also nicht analytisch, nicht vergleichend und nicht detailsezierend, sondern wie? Die Worte nachschmekkend, sie dem eigenen Wortverdauungsprozeß überlassend, warten, wie sie sich in mir verwandeln, verändern, anreichern mit meiner Wortgeschichte und meinen Wortgeschichten; ich wandere durch einen Text, bleibe stehen beim Wort *„fröhliche Wissenschaft"* – sinne der Brücke nach, die von hier, wo der Julius der „Lucinde" „wie ein nachdenkliches Mädchen am Bach" sitzt und den fliehenden Wellen nachsieht, wie von diesem *„locus amoenus"* eines erdachten Müßiggangs eine Brücke in die dramatische Sprachlandschaft reicht, wo Nietzsche so messerscharf polemisch in seiner *„fröhlichen Wissenschaft"* die Unfähigkeit zum Müßiggang als das Grundübel seiner Zeit erkennt, als den fast endgültig scheinenden Triumph der „Welt der Arbeit", in welcher auf das Denken verzichtet wird und Fleiß und Nutzen die Kardinaltugenden geworden sind, jene, wie es in der „Idylle" später heißt, „Todesengel mit dem feurigen Schwert, welche dem Menschen die Rückkehr ins Paradies verwehren".

Indem ich stehenbleibe und verweile und Schlegel zu mir sprechen lasse, überblenden sich diese beiden Sprachlandschaften, es ist nicht eigentlich eine Brücke, wie ich gerade noch empfand, denn beide sind gleichzeitig da für mich, weil ich sie schon in meinem Innern trage, während ich jetzt durch die mir seit Jahren vertraute „Idylle“ flaniere und mich wieder „von der gottähnlichen Kunst der Faulheit“ so entzücken lasse, daß der Schreibstift mir aus der Hand gleitet und ich in den Himmel blinzle, wo soeben eine weiße Wolke sich wie ein fröhliches Seepferd der Sonne nähert. Ich schließe die Augen, um die ganze Sonnenwärme noch einmal überall zu genießen, kein Bild soll mich von diesem Genuß trennen, den ich mir unter die Haut gehen lasse, bis aus den Poren der Schweiß dringt, den die Sonne wieder trocknet. Längst hat das Seepferd die Sonne verdunkelnd beritten und sich in eine nicht mehr tieranaloge wolkenschuppige Struktur zerfasert, ich gebe ihm nachträglich die vage Schreib-Gestalt, während der stärker werdende Wind die Palmblätter vor die Sonne fächelt, mir sekundenweise Schatten bringend, die heißgewordene Haut wohllüstig kühlend, welch wollüstige Abwechslung! In solcher Wollust bin ich ganz empfänglich für „das hohe Evangelium der echten Lust und Liebe“, das der Julius der „Idylle“ mir verkündet: „O Müßiggang, Müßiggang! du bist die Lebensluft der Unschuld und Begeisterung; dich atmen die Seligen und selig ist, wer dich hat und hegt, du heiliges Kleinod! einziges Fragment von Gottähnlichkeit, das uns noch aus dem Paradies blieb.“

Ist nicht alle Begeisterung Unschuld, weil die Begeisterung, die wir dabei erfahren, uns wieder unschuldig macht? So möchte ich das *und* zwischen *Begeisterung* und *Unschuld* streichen, weil diese *„Lebensluft“* uns in jenen Zustand der *„second innocence“* versetzt, den die Romantik *nach* dem Durchgang durch ratio und Skepsis erreichte. Wohin eile ich denn schon wieder durch die Geistesgeschichte, statt hier zu verweilen, unter dieser Palme, im raschelnden Flüstern des kühlenden Windes, wo dieser Text mir zuflüstert? Wie schnell verlasse ich doch diese Lebensluft, die die Seligen atmen, wie unfähig bin ich doch, diesen sonnenerfüllten Textaugenblick mir unter die Haut gehen zu lassen, meine Sprachporen zu öffnen, mit geschlossenen Augen zu lauschen, was sich da sagen will, zu mir, jetzt, hier unter dieser Palme in einem kleinen Paradiesgarten, wo ich fast schon zu faul bin, die Fliegen zu vertreiben, die an meinen Poren das Salz nippen, das Sonne und Wind entstehen ließen. Aber sie sind doch lästig, die Fliegen. Sie stören meine Hingabe an den Textaugenblick, an die Bilder, die langsam und von selbst in meinem Innern entstehen.

Gibt es Fliegen im Paradies? Was antworten die Seligen? Sie schweigen lächelnd. Ein kleiner Vogel zwitschert. Ihn freut die Fliegenspeise. Wären wir fähig zur Reflexion ohne die Störung der Fliegen? Ich habe Lust zu diesem Text von Schlegel von 1799, und ich möchte ihn mit diesem südlichen Herbsttag 1985 verbinden. Möchte? Ist das nicht schon zu viel? zu zielbewußt? zu wenig müßiggängerisch? Stellt sie sich nicht viel lockerer her, diese Begegnung mit dem Text, fügt sich dieses Sonnensimmern nicht ganz von selbst in die Worte, die ich langsam lese, und die „Lebensluft", die sich zwischen den Worten herstellt? Die Worte „einziges Fragment von Gottähnlichkeit, das uns noch aus dem Paradiese blieb" lagern jetzt in mir, erfüllen mich so, daß ich nicht weiterlesen mag, sondern nachsinnend nachsimmernd, kauend verdauend mich strecke und dem kleinen Gecko über die Mauer folge; sein plötzliches stilles Starren nach ein paar huschigen Zick-Zack-Bewegungen geht auf mich über, das Gefühl, ganz reglos zu werden und gleichzeitig ganz aufmerksam und offen, so daß diese Sonnenluft, diese Worte, dieses Goldgrün der Weinblätter mit den rostigen Flecken, diese wollig weiße, pummelig kleine Wolke mitten im fast dunkelblauen Himmel in mich einströmen oder – das kann ich kaum unterscheiden – ich mich zu ihnen hin verlängere, und Innen und Außen ineinander verströmen; die Wolke ist in mir – aber wer bin ich? vielleicht jetzt diese Wolke? vielleicht der kleine Gecko mit dem fast noch durchsichtigen Körper und den riesigen Augen?

Ich sah mit den Augen des Geckos auf die Fliegen wie auf eine Beute, und während ich nun doch eine besonders aufdringlich kitzelnde auf dem braunen Unterarm erschlug, zischte der Gecko aus seiner Reglosigkeit blitzschnell hervor, und schon hörte ich ein leicht schmatzendes Geräusch, das mich in meine Körpergrenzen und Bedürfnisse zurückversetzte. Immerhin hatte der *„Zauberstab der Analogie"* gewirkt – ich griff nach der Schüssel mit den gelben Pflaumen neben mir und kaute langsam auf dem frischen Fruchtfleisch, das im Schatten kühl geblieben war – ein frisches, süß-saftiges Wohlgefühl kam gleichsam im ganzen Körper an, milderte die Sonnenglut auf der Haut und verstärkte die Worte „Fragmente von Gottähnlichkeit", die diese Empfindungen und Gesten wie eine feine Musik begleiteten. Wenn Gott ganz Wahrnehmung ist, so wurde ich jetzt gottähnlicher. O Müßiggang![3]

Dieses pflanzenartige Brüten, die orientalische Ruhe, das Sich-Einlassen auf das scheinbar Nebensächliche – „Gesetze des Mückenfluges, Rhythmik der Sonnenstäubchen, Melodik der Lichtwellen"[4] – dies alles *ist* produktiv: Der Müßiggänger, auch in aller „Selbstvergessenheit" und Ruhe, verhält sich nie als *Objekt,* wird nie fremdbestimmt, ist immer erfüllt von unsichtbarer Energie in einer Dialektik von Entspannung und Konzentration.[5]

Der Müßiggang ist ein Weg, das Leben in Kunst zu verwandeln, und die Kunst in Leben.[6] Die größte Kunst nennt Friedrich Schlegel die Kunst zu leben – sie ist identisch mit dem Dasein des Müßiggängers.

„Der Mensch ist nur ein Stück von sich selbst", sagt Friedrich Schlegel, der Müßiggang soll ihn zu sich als Einheit zurückführen. Der Müßiggang muß aber erst erlernt werden, deshalb ist es höchste Zeit, in die Kunst des Müßiggangs einzuüben, allerdings mit dem Risiko, daß die Leute, die diese Kunst beherrschen, nicht mehr freiwillig mehr als unbedingt nötig arbeiten wollen werden – das Versprechen von Konsumgütern wird sie dann kaum mehr reizen –, deshalb freilich ist es eine ketzerische und subversive Lehre, und sie wird sicher untersagt, wenn es sich erst herumgesprochen hat.[7]

Der Mensch weiß über die ungeheuren kreativen Kräfte seines Innern fast nichts mehr, weil er sie nie frei entfalten kann, nur verordnet „einsetzen" durfte. Die Zeit, jetzt quantifiziert zur „Arbeitszeitnorm", könnte als wirklich freie Zeit begriffen, etwas ganz anderes als „Freizeit" werden: Sie wäre die Grundlage für den freien Menschen, der endlich die Lebenskunst des Müßiggangs erlernen könnte, dessen entsinnlichte Wahrnehmung, Handlung, dessen Klischeedenken plötzlich zum Stillstand käme, zu einer Leerstelle, von der aus der Weg nach innen geht, in das Inland der eigenen dann unerschöpflich scheinenden Möglichkeiten. Dann würde er die „Arbeitswelt" als Ausland begreifen, und er bekäme Heimweh nach dem, der er sein könnte.[8]

Der Künstler, der als tendenzieller Lebenskünstler dem Müßiggänger noch am nächsten steht, sieht sich sehr oft durch sein Ringen um gesellschaftliche Anerkennung (sehen wir vom Broterwerb ab) dem Zwang unterworfen, etwas Sinnvolles, Schönes, der Menschheit Dienendes, also letztlich Nützliches zu produzieren. Die Formel des Horaz „prodesse et delectare" gilt auch heute noch, so sehr sie dem Wesen der Kunst fremd ist – sie wiederholt sich in der modernen Diskussion ums „Engagement", das, wenn es fehlt, den Künstler zu einem Parasiten, einem Nichts-Tuer stempelt. Der Müßiggänger bekennt sich genau zu dieser Ab-Wertung, indem er bewußt nichts Bestimmtes, nichts Nützliches, nichts Verwertbares (auch nicht für den Feierabend) tut. Sein egoistisches, gesellschaftlich nicht zu funktionalisierendes Ziel ist, wie Nietzsche sagt, „sich selbst auszubilden, zu etwas Neuem, Höherem" (Nietzsche III: 859).[9] Insofern ist der Müßiggang als Antiökonomie schlechthin zu verstehen.[10]

Der Müßiggänger ist nicht der Held, der bewußt „Sand ins Getriebe streut", das wäre schon wieder ein bestimmter Nutzen, zu dessen Wesen gehört, von sich selbst abzusehen, von sich zu abstrahieren, Bedürfnisse zu verdrängen, Wünsche zu verschieben, auf Genüsse zu verzichten.[11]

Der Müßiggänger, der amoralisch ist im Bewußtsein der „Immoralität aller Moral" (die vor Nietzsche schon Schleiermacher in seiner „Ethik" nachzuweisen versucht), *sieht nie von sich ab.* Insofern ist er freilich eine Idealkonstruktion, eine vorbildliche Figur, die im realen Leben sich wohl immer nur in Augenblicken verwirklicht. Als Dauer aber schwebt Schlegel eine *Dialektik von Gelöstheit und Konzentration* vor: „Alle Thätigkeit muß ein Farniente göttlicher Ruhe begleiten" (KA XVIII: 206).[12,13]

Die Menschen, die in der „Sklavenmoral" sozialisiert wurden und nicht fähig sind, diese zu überwinden, weil sie sich vor der notwendigen Selbstaufhebung der Moral fürchten, werden schließlich an der Ausbeutung als Form der Selbstausbeutung zugrunde gehen. Der Müßiggänger wäre sozusagen das Gegenteil von allem, was mit der Ausbeutung und der Selbstausbeutung noch zu tun hat – deshalb vom Standpunkt der alten Moral aus notwendig egoistisch – aber genau dies wäre Lebensbejahung. Voraussetzung der Befreiung aller. Unter der politisch-praktischen Fragestellung werden die Menschen in Nietzsches Philosophie begriffen „als ihrem Wesen nach *sich selbst* ‚ausbeutende', *sich selbst* ‚verneinende' Individuen".[14, 15]

Der Müßiggänger ist einer, der Muße hat, sich für den Kairos, den erfüllten Augenblick, „frei" zu halten, er befindet sich nicht in der quantifizierenden, linearen Zeit der Arbeitswelt, er lebt für die Muße.[16]

In der mythischen Zeit ist die Vergangenheit, wie die verstorbenen Ahnen ebenso präsent wie das, was einst sein wird. In der romantischen „neuen" Mythologie findet Novalis dafür den Begriff „geistige Gegenwart". In der „geistigen Gegenwart" gibt es keine Trennungen, nicht die von Vergangenheit und Gegenwart, nicht die von Schlaf, Traum und Wachen, von passiv und aktiv, nicht die von Ernst und Spiel. Der Müßiggänger lebt in dieser geistigen Gegenwart, und sein von außen gesehen passiv-träumerischer Zustand ist doch gleichzeitig jener, auf die arabesken Nebensächlichkeiten achtenden „schwebenden Aufmerksamkeit" des Psychoanalytikers vergleichbar,[17] wie er in der Idealkonstruktion Freuds gedacht war. Diese produktive Passivität, dieses Sich-Einlassen auf das, was einen scheinbar zufällig umgibt, ist gerade eine Fähigkeit, die für den erfüllten Augenblick wachhält – den die Tätigen oft versäumen vor lauter Tätigsein – und die zugleich ein distanziert-analytisches Verhalten ermöglicht.[18] – Im Müßiggang ist dies Verhalten jedoch nicht auf ein therapeutisches Ziel hin kanalisiert, sondern geöffnet für die „Unverborgenheit des Seins" (Heidegger), die uns im Alltag entzogene „Alétheia" – *Wahrheit.*

Statt eine Kunst des Müßiggangs als Teil einer Kulturrevolution zu lehren, wurde im vorigen Jahrhundert die alte Verbindung von „Muße und Herrschaft", für die der „Edelmann" steht (Kaltenbrunner: 135)[19] aufrechterhalten und die bürgerlichen Tugenden von Fleiß, Disziplin und Sparsamkeit scheinbar emanzipatorisch der „leisure class" entgegengehalten; das ist jetzt für die „Konsumgesellschaft" eine etwas überholte Einstellung. Angesichts der Teilung in entfremdete Arbeit und ebenfalls entfremdete unproduktive Konsumtion in der „Freizeit" läßt sich freilich über den Müßiggang schwer diskutieren, über seine Notwendigkeit für alle Formen nicht verwertbarer (und damit tendenziell subversiver) Kreativität und Phantasie. Eine Theorie des Müßiggangs heute enthielte ein Widerstandsmoment gegen das marktorientierte, verwertungslogisch-befangene „creativity training", das auch noch die letzten Freiräume besetzt und den Menschen für sich zurichtet. Statt Herrschaft und Muße zu identifizieren, gilt es vielmehr, den Zusammenhang der *Arbeit* mit Herrschaft, Autorität und Repression zu zeigen: „Diese Erfahrungen in Arbeit und Herrschaft tätowieren sich dem Menschengeschlecht bis unter die Haut ein" (Kaltenbrunner: 145). In der Gestalt des Prometheus hat Schlegel auf diese Tätowierung hingewiesen. Kaum je finden wir so früh eine derartig scharfe Analyse der beginnenden kapitalistischen Produktionsweise, der „abstrakten" Arbeit, der Produktion für den Tausch und der Quantifizierung einer zu diesem Zeitpunkt erst in *England* durchgeführten „Arbeitszeitnorm" wie in der Beschreibung des Prometheus, seiner Hektik, die das Leben entsinnlicht und den Menschen von sich selbst entfremdet. Prometheus hat hier alle positiven Züge der Emanzipation von göttlicher Hierarchie (wie in Goethes Gedicht) verloren, er ist sozusagen zur Allegorie der entfremdeten Arbeit geworden und enthält in diesem Umschlag die ganze Tragik der „Dialektik der Aufklärung".
Es gibt noch einen anderen Gegentyp zum Müßiggänger (der Müßiggänger hat Züge des libertinen Künstlers, Bohemien, Flaneur – Dandy), und zwar den Philister – und ihm, dem bildungsbürgerlichen Philister, dessen passive Betulichkeit mit der Kunst ihm Zierde dünkt, gilt die besondere Kritik der Frühromantik.[20]

Schlegels *Lucinde* war an der Wende zum 19. Jahrhundert das größte Skandalon für die Philister. Novalis sah in ihnen die Antithese von Geist verkörpert, und Tieck schildert den Philister schon im Prolog zu „Oktavian": „er ist nach ihm ein verständiger, brauchbarer und ruhiger Mensch, der aber weder Herz noch Enthusiasmus besitzt, die Geheimnisse der Natur nicht kennt und von dem Adel der Leidenschaften ... nichts versteht und nichts verstehen will." (Reiff: 108)[21,22]

Der Müßiggang ist nicht innerhalb des dualistischen Begriffssystems von „Arbeit" und „Freizeit" gedacht, sondern innerhalb eines diese Logik kritisierenden Einheitswillens, entstanden aus einer ästhetischen Energie. Diese vereinigt Bewußtsein und, wie Schelling formuliert hat, „freie Tätigkeit", in ihr seien Selbstreflexion und Reflexion des Objekts nicht mehr getrennt, gleichzeitig wäre *Natur* nicht mehr ausgeklammert oder „beherrscht", sondern erlöst.[23]

Freie bewußte Tätigkeit, die Teil des Müßiggangs ist, kennt nicht die Unterscheidung Arbeitszeit – Freizeit. Der Müßige hört nicht auf, müßig zu sein, wenn er ißt, trinkt, liebt. Der Denkende stellt sein Denken nicht in der Freizeit ab. Er „arbeitet" also ständig? Verweisen wir den Begriff der Arbeit in die „Welt der Arbeit"!
Ich denke, daß die Anfänge der Kunst des Müßiggangs, der produktiven Passivität – beispielsweise erhöhte Wahrnehmungsfähigkeit und Sensibilisierung *aller* Sinne – in den verschiedenen „Alternativbewegungen" allmählich verbreitet werden.
Gemeinsam ist diesen Bewegungen der Kampf gegen alle Zerstückelungen des Lebens, der schließlich nichts anderes ist als der Kampf gegen jede Art der Entfremdung – das heißt gegen die auf allen Ebenen systematisch betriebene Trennung (das Getrennte steht sich fremd gegenüber, statt als notwendiger Gegensatz innerhalb der „Zusammenfügung" der *harmonia* im griechischen Wortsinn verstanden zu werden).[24]

Das dualistische Denken hat seinen Höhepunkt, der vielleicht schon überschritten worden ist, in der Moderne. Aber schon Heraklit klagte über die Unfähigkeit, notwendig Gegensätzliches als Ineinander-Umschlagendes zusammendenken zu können: „Sie verstehen nicht, wie Sich-Absonderndes sich selbst beipflichtet: eine immer wiederkehrende Harmonie wie im Fall des Bogens und der Leier."[25]

„Sollen wir, Geliebter, an den Strand gehen und den Text mitnehmen? Wie er sich beim Meeresrauschen liest?" – „Am Strand lese ich Muscheln, wenn es hochkommt." – Alle Theoretiker des Müßiggangs, Schlegel, W. v. Humboldt, Nietzsche, Lafargue, Russell, gehen als Folge des Müßigganges von einer *Erotisierung der Existenz* aus.

Freilich, ich schreibe von einem Vergangenen und bin selbst längst schon wieder in einem anderen Zustand, die Schreibaktivität und Konzentration der Erinnerung des vergangenen Zustandes läßt diesen als einen erscheinen, in den sich schon Sehnsucht mischt, ein Zustand, der nicht mehr ganz jener des erfüllten Augenblickes selbst ist, freilich noch voller Muße, denn ich habe nichts verplant an dem, was ich gerade schreibe, weder die Länge des Textes noch die Spätnachmittagsstunde, in der ich schreibe. Aber wie? Zwinkert mir Schlegel nicht zu und zeigt mir seinen Julius und fragt: Wen erfindest du denn da nachdenklich wie eine Frau, die unter einer leicht fächelnden Palme sitzt? Und läßt Dir meine Worte schmecken? Wohl

bekomm's! Vielleicht finden sie neue Leser, die irgendwo müßiggängerisch herumlungern?
Wieder höre ich Schlegels Julius zu, der seiner Geliebten schreibt – „ungeachtet mein Gemüt in seiner Behaglichkeit so matt war, wie die von der gewaltigen Hitze aufgelösten und hingesunkenen Glieder, dachte ich ernstlich über die Möglichkeit einer dauernden Umarmung nach ... Erst nachdem die Kraft der angespannten Vernunft an der Unerreichbarkeit des Ideals brach und erschlaffte, überließ ich mich dem Strome der Gedanken, und hörte willig alle die bunten Märchen an, mit denen Begierde und Einbildung, unwiderstehliche Sirenen in meiner eigenen Brust, meine Sinne bezauberten." Der Gedanke an eine „dauernde Umarmung" erscheint als unerreichbares „Ideal". Das Ideal schafft Distanz, löst sich vom geliebten Gegenstand, von der konkreten Situation, die dauernde liebende Umarmung bricht „an der Unerreichbarkeit des Ideals" – auch die bestimmte Liebe löst sich auf in eine Liebe zum Da Sein, die „Kraft der angespannten Vernunft" bricht, das Begreifen endet, ein anderes Denken wird möglich, Julius überläßt sich „dem Strome der Gedanken", das ziellose, vom Gegen-Stand entbundene Denken wird ganz Wahrnehmung. „Gottes Liebe ist höher als alle Vernunft" – der Müßiggang, dieses „Fragment von Gottähnlichkeit", verläßt die angespannte Vernunft, das Begreifen-Wollen, das Eingreifen-Wollen, das Wollen. Die Welt der Handlung und der Arbeit ist auf dieser Ebene verlassen, der müßiggängerische Nichtstuer, der von der Gesellschaft aus gesehene „Taugenichts", ist der Nicht-Tuer, der Denkende, Wahrnehmende, Liebende. Und freilich als solcher eine Idealkonstruktion.

In der Maske der Autorschaft begegne ich dem Text? Vielleicht ist auch dies Illusion? Denn während ich lese, kann ich nicht gleichzeitig schreiben, und während ich der weißen Wolke nachsinne, hier in diesem Herbst 1985, der wie ein Frühling ist voll südlicher Wonne und Sonne, denke ich, daß der Schriftsteller Schlegel 1799 vielleicht auch einer Wolke nachsann, während er seinen Autor Julius erfand und diesen dem in der Lucinde so viel gelobten Rollentausch überließ. Während also die Zeit stillsteht und zwischen 1799 und 1985 verschwindet, denke ich: Wo sitzt der Leser dieses Textes? Wie begegnet er dieser in einen Liegestuhl entworfenen Autorin, die an einem Pflaumenkern saugt, in die Sonne blinzelnd? Während ich längst schon woanders sein werde?

Leonce fragt sich am Anfang des „Lustspiels" Leonce und Lena: „Bin ich ein Müßiggänger? Habe ich jetzt keine Beschäftigung? – Ja, es ist traurig..."[26] Erst als Valerio auftritt, wird der Müßiggang wieder – wie bei Schlegel – zur gottähnlichen Kunst erhoben. Als Leonce Valerio nach seiner Profession fragt, antwortet Valerio ihm, wie es in der Regiebemerkung heißt, „mit Würde"! „Herr ich habe die große Beschäftigung müßig zu gehen; ich habe eine ungemeine Fertigkeit zum Nichtstun; ich besitze eine ungeheuere Ausdauer in der Faulheit. Keine Schwiele schändet meine Hände, der Boden hat noch keinen Tropfen von meiner Stirn getrunken, ich bin noch Jungfrau in der Arbeit..." Der Fluch der aus dem Paradies Vertriebenen scheint Valerio nicht getroffen zu haben – das „Fragment von Gottähnlichkeit", das uns aus dem Paradies noch blieb, macht den Fluch nicht endgültig. Leonce ist entzückt, in der Welt der „Beschäftigten" einen gleichgesinnten Müßiggänger zu finden. Aber freilich bewegen wir uns in einem Lustspiel, und Leonce ruft „mit komischem Enthusiasmus": „Komm an meine Brust! Bist du einer von den Göttlichen, welche mühelos mit reiner Stirne durch den Schweiß und Staub über die Heerstraße des Lebens wandeln, und mit glänzenden Sohlen und blühenden Leibern gleich seligen Göttern in den Olympus treten? Komm! Komm!"

Das ist nicht nebenbei dahingesagt von Leonce, denn am Ende des Lustspiels sprechen Leonce und Valerio ein Verbot aus gegen das Ethos der Arbeitswelt und der Arbeitszeit. So spricht Leonce zu Lena: „.... wir lassen alle Uhren zerschlagen, alle Kalender verbieten und zählen Stunden und Monden nur nach der Blumenuhr, nur nach Blüte und Frucht..." Valerios Schlußworte danach, die Schlußworte des Lustspiels, erheben den Müßiggang gleichsam zur Staatsreligion, und das, was als die höchste Tugend der Gesellschaft gilt, wird bestraft – deutlicher konnte Büchner nicht werden. Natürlich wird dieses kosmopolitische Manifest des Müßiggangs in der Sekundärliteratur zum Großteil nicht ernstgenommen – die Maske des Lustspiels als solche nicht durchschaut – und der „politisch-engagierte" Büchner von diesem verspielten „Märchendichter" scharf getrennt – die Apologeten der Arbeitsmoral in Form auch von „Literaturwissenschaftlern" hören einfach nicht hin oder verfälschen sogar, was gesprochen wird, in einer ignoranten Interpretation. Die linke „Ideologiekritik" verfährt dabei nicht besser als die konservative Arbeits- und Nutzenmoral.

Valerios Schlußworte fehlen nicht, sie sind da, lesbar für alle, und wenn die „commode Religion" auch nicht als „kommende Religion" gelesen werden konnte (darüber gab es eine längere Diskussion bei der Entzifferung der Handschrift Büchners), so bleibt uns die Freiheit, es so zu lesen oder nicht –: „Valerio: Und ich werde Staatsminister, und es wird ein Dekret erlassen, daß, wer sich Schwielen in den Händen schafft, unter Kuratel gestellt wird; daß, wer sich krank arbeitet, kriminalistisch strafbar ist; daß jeder, der sich rühmt, sein Brot im Schweiße seines Angesichts zu essen, für verrückt und der menschlichen Gesellschaft gefährlich erklärt wird; und dann legen wir uns in den Schatten und bitten Gott um Makkaroni, Melonen und Feigen, um musikalische Kehlen, klassische Leiber und eine commode Religion!"

Ganz in der Gegenwart leben, ohne reflexionslos zu werden, ganz DA-SEIN. Blaise Pascal hat in seinen „Pensées" auf diese Kunst reflektiert. Wie direkt treffen uns doch seine Worte, die er vor mehr als drei Jahrhunderten formulierte, über die Unfähigkeit, den Kairos, den erfüllten Augenblick zu leben. Wie trifft es die Autorin, die längst kein Palmenblatt mehr fächeln sieht, sondern in einer nebligen Stadt im Norden ihren Terminkalender zur Seite legt: „Wir halten uns niemals an die Gegenwart. Wir nehmen die Zukunft vorweg, als käme sie zu langsam, als müßten wir ihren Lauf beschleunigen; oder wir rufen die Vergangenheit zurück, um sie anzuhalten, als entschwände sie zu rasch: so töricht sind wir, daß wir in den Zeiten umherirren, die nicht unser sind, und nicht an die einzige denken, die uns gehört; und so eitel, daß wir an die denken, die nichts mehr sind, und ohne Überlegung der einzigen entfliehen, die besteht. So tun wir, weil die Gegenwart uns gemeinhin verletzt. Wir verbergen sie vor unserem Blick, weil sie uns quält, und wenn sie uns angenehm ist, beklagen wir es, sie entgleiten zu sehen. Wir versuchen, sie durch die Zukunft zu stützen, und denken daran, über die Dinge zu verfügen, die nicht in unserer Macht sind, auf eine Zeit hin, die zu erreichen wir keinerlei Sicherheit haben.
Ein jeder prüfe seine Gedanken, er wird sie alle mit der Vergangenheit und mit der Zukunft beschäftigt finden. Wir denken fast gar nicht an die Gegenwart, und wenn wir daran denken, so nur, damit wir daraus die Einsicht gewinnen, um über die Zukunft zu verfügen. Die Gegenwart ist niemals unser Ziel: die Vergangenheit und die Gegenwart sind unsere Mittel; einzig die Zukunft ist unser Ziel. So leben wir nie, sondern wir hoffen zu leben; und während wir uns immer dazu bereiten, glücklich zu sein, ist es unvermeidlich, daß wir es niemals sind..."[27]

Die Heimat des Müßiggängers wie des Dichters kann in der Welt des Bestehenden nur das Unterwegs sein, es ist U-Topie, Nirgendort, es ist überall und nirgend, es ist jenseits des Bestehenden und in Augenblicken, wo die rastlose Welt endlich still steht, doch antizipierbar; aufblitzend in dem, was Walter Benjamin den „Stillstand der Geschichte" nennt, in welchem das Kontinuum des Geschehens aufgesprengt wird und die Erfahrung zuläßt von dem, was Heimat wäre, gäbe es die Welt der rastlos Tätigen und der Trennungen (auch jener in der Arbeitsteilung) nicht mehr.[28]

Da der Müßiggänger „überall und nirgends" zu Hause ist, erfüllt ihn gleichzeitig die Unendlichkeitssehnsucht (Sucht nach Transzendierung des Bestehenden) des „Taugenichts" und das souveräne Gefühl, nichts besitzen, nichts festhalten zu müssen, da alles gleich heimatlich und fern, vertraut und fremd ist je nach dem eigenen Zustand.[29]

In dieser u-topischen Heimat ist der Spannungszustand zwischen Mensch und Natur aufgehoben. Das bedeutet nichts anderes, als daß Mensch *und* Natur noch nicht erlöst sind und nur beide zusammen erlöst werden können. Auch Bloch sieht Mensch und Natur, wie schon Novalis und vor allem Schelling, als der Heimkehr bedürftig, also im Zustand der Unerlöstheit, „unter dem Bann", wie Adorno formuliert. Schellings Gedanke von der Humanisierung der Natur und der

Naturalisierung des Menschen, den der frühe Marx aufnahm, kehrt in ähnlicher Form bei Nietzsche, Bloch und den Philosophen der Frankfurter Schule wieder. So setzt beispielsweise der Begriff der „Aura" bei Benjamin (das Sich-Einlassen-Können auf eine Landschaft, auf die Dinge, die durch diesen Blick auf sie verlebendigt „die Augen aufschlagen") einen Müßiggänger voraus. Und Adorno hat Benjamins Gedanken der endgültigen Zerstörtheit der Aura durch das technische Zeitalter (und die technische Reproduzierbarkeit) zu Recht kritisiert! Die Aura ist so altmodisch wie der Müßiggänger, und die Heimat und beide sind als verwandelte Begriffe für die Zukunft zu denken.[30]

Blochs Idee der „Heimat" bezieht sich nicht zufällig auf die Schelling-Marxsche Metaphorik der „Humanisierung der Natur" und der „Naturalisierung des Menschen", ein Zustand, dessen Gleichzeitigkeit Schelling in der „intellektualen Anschauung" realisiert sieht, in welcher der Mensch endlich sich als „transzendentes", auf eine versöhnte Natur bezogenes, höheres Wesen erfährt: „Göttlich ist es, mit der Natur menschlich umzugehen und mit dem Menschen natürlich", spricht Schlegel als Lebensideal aus. Die „humanistische Natur als Heimat" (Bloch) wäre keine „Freizeit"-Natur, sondern jener paradiesische, pflanzenähnliche Zustand, von dem Schlegel in der „Idylle über den Müßiggang" spricht, ein Zustand, der, wie Novalis es nennt, die „Offenbarungsfähigkeit" des Menschen voraussetzt, die Fähigkeit, nicht nur synästhetisch zu empfinden, sondern dies gleichsam mit den inneren Organen zu tun. Nichts anderes als diese Empfindung unmittelbarer Gewißheit, wo Gedanken sich in Gesetze verwandeln und das Wunder natürlich erscheint, ist der Zustand der intellektualen Anschauung – und, so meine These: Dieser Zustand wird erst durch den Müßiggang ermöglicht.[31]

Süd-Heimat, Nord-Heimat:
Das Höhlendasein in der nordischen Lebkuchen-, Tee-, Mühlespiel-Zeit mit Ausblick auf sausende Wolken hat auch seine Reize; Casals Interpretation der Suiten Bachs erhöhen sie. „Allein der", schreibt Georges Bataille, „dessen Wahl im Augenblick nur vom Gutdünken abhängt, ist souverän."[32]
Die Hinneigung zum Müßiggang als Daseinsform, die nicht notwendig an ein Privileg gebunden ist, war schon immer diesseits aller „Stände" zu beobachten, bei *Taugenichtsen* aller Art. Der Satz des Novalis: „Die höchste Kunst, die Kunst zu leben" – steht gleichsam unsichtbar über ihren Türen, die für sie Durchgangstüren sind, denn sie halten sich nicht fest – das Unterwegs ist ihr Zu-Hause:

Selbst
losgelassen.
Selbstlos
gelassen.

1 Lukanga Mukara (= Hans Paasche): Die Forschungsreise des Afrikaners ins Innerste Deutschlands, Vorwort F. Hähnel, Hrsg. Grüner Zweig, Nr. 45, Packpapier Nr. 7, o. J.
2 Kakuzo Okakura, Das Buch vom Tee, Wiesbaden 1955
3 Im folgenden werden einige Textstellen aus meinem 1980 erschienenen, inzwischen aber vergriffenem Buch: Gisela Dischner, Friedrich Schlegels Lucinde und Materialien zu einer Theorie des Müßiggangs, Hildesheim 1980, abgedruckt. – Daß ich einwillige, sie hier noch einmal wiederzugeben, obwohl sie meinem gegenwärtigen Erkenntnisstand nicht mehr gänzlich entsprechen, geschieht, um dem freundlichen Drängen des Herausgebers entgegenzukommen.
4 Hermann Hesse, Die Kunst des Müßiggangs, Kurze Prosa aus dem Nachlaß, Frankfurt 1973
5 Dischner, a. a. O., S. 184
6 a. a. O., S. 186
7 a. a. O., S. 186
8 a. a. O., S. 188
9 Nietzsche, Friedrich, Werke, hrsg. K. Schlechter, München^6 1969
10 Dischmer, a. a. O., S. 228
11 a. a. O., S. 228
12 Kritische Ausgabe (KA), München, Paderborn, Wien, 1958 ff., Hrg. Ernst Behler, unter Mitwirkung von Hans Eichner und Jean-Jacques Anstett
13 Dischner, a. a. O., S. 228/229
14 Müller-Warden, Joachim: Versuch zur Bestimmung gesellschaftspolitischer Implikationen der unter dem Aspekt des Politischen aufgefaßten Philosophie Friedrich Nietzsches, Hannover 1978 (Diss. masch.)
15 Dischner, a. a. O., S. 230
16 a. a. O., S. 180
17 a. a. O., S. 181
18 a. a. O., S. 181
19 G.-K. Kaltenbrunner, Faulheit und Revolution, in: G. Dischner,R. Faber (Hrsg.), Romantische Utopie – Utopische Romantik
20 a. a. O., S. 188/189
21 Paul Reiff, Die Ästhetik der deutschen Frühromantik, Urbana, Illinois 1946, S. 108
22 Dischner, a. a. O., S. 189
23 a. a. O., S. 189/190
24 a. a. O., S. 191
25 Die Vorsokratiker I, Griechisch/Deutsch, Hrsg. J. Mansfeld, Stuttgart 1983
26 Georg Büchner, Sämtliche Werke, Hrsg. von Paul Stapf, Wiesbaden o. J.
27 Blaise Pascal, Größe und Elend des Menschen, Auswahl, Übersetzung und Nachwort von W. Weischedel, Frankfurt 1979 (it 441), 42 ff.
28 Dischner, a. a. O., S. 230
29 a. a. O., S. 231
30 a. a. O., S. 231
31 a. a. O., S. 231
32 Georges Bataille: Die psychologische Struktur des Faschismus, in: Die Souveränität, Hrsg. E. Lenk, München 1978, S. 47

III.
Musse und Alltag

Karl-Oswald Bauer

Tunix und Nullbock
Chancen des Nichtstuns in der Jugendkultur

Vorspiel in der Kneipe

„Was tust du zur Zeit?"
„Nichts."
Der 19jährige grinst und studiert die Wirkung seiner Worte auf den Fragesteller. Er hat vor kurzem sein Abitur gemacht und „wartet" auf die Einberufung zum Zivildienst.
„Ich habe zunächst versucht, Arbeit zu bekommen. Aber nichts zu machen. Höchstens auf dem Bau. Aber dafür bin ich nicht der richtige Typ."
„Was tust du, wenn du nichts tust?"
„Einfach nichts. Ich brauche nichts zu tun. Sie sorgen für mich zu Hause. Ich kann einfach machen, was ich will. Am Anfang war das ganz schön, aber auf die Dauer liegt mir das nicht. Ich möchte lieber aktiv sein."
„Und was machst du so den Tag über?"
„Ich male zum Beispiel. Vielleicht studiere ich mal Design oder Kunst. Ich male viele Sachen, die mit meinem Leben zu tun haben. Mit meinem Leben als Homosexueller. Als ich meinen Klassenkameraden mal was davon gezeigt habe, war ich über ihr Interesse ganz überrascht. Die haben sich wirklich sehr dafür interessiert, nicht auf so eine neugierig-lüsterne Art, nein, wirklich, weil sie etwas wissen wollten. Das fand ich unheimlich gut."
„Liest du zur Zeit?"
„Überhaupt nicht. Ich habe früher viel gelesen, auch bedingt durch meinen Deutsch-Leistungskurs. Auch pädagogische Literatur, da habe ich mich eine Zeitlang unheimlich reingestürzt, Rousseau und so. Aber im Augenblick lese ich gar nicht. Das ist so, als wäre das erstmal von mir abgefallen."

Dieses aus dem Gedächtnis protokollierte Gespräch brachte mich auf die Idee, dieses Nichtstun als Teil einer jugendlichen Lebensphase zu sehen, angesiedelt in einer Passage, einem Übergang von einer Lebensphase zur nächsten, von einer sozialen Position in eine andere. Solche Übergänge finden im späten Jugendalter statt. Sie rufen Unsicherheit hervor, eröffnen aber auch Möglichkeiten und Aussichten auf einen neuen Lebensraum. Das Nichtstun wird zunächst als wohltuend empfunden, besonders nach der Geschäftigkeit in der langen Schulzeit. Aber es wird nicht lange ausgehalten. Nach einigen Wochen kommt Unruhe auf.
Die soziale Stellung dieses Jugendlichen und der meisten anderen war zunächst durch seine Familienzugehörigkeit festgelegt. Erst jetzt geht dieser Status endgültig verloren. Eine neue, eigene Stellung in der Gesellschaft muß erst noch gefunden

werden. Für immer mehr Heranwachsende nimmt die Dauer dieser Phase seit etwa zwanzig Jahren deutlich zu.[1] Ein Ende des soziologisch definierten Jugendalters wird oft erst mit dreißig erreicht, und auch danach ist der Status eine eher wacklige Angelegenheit. Lebensphasen ohne klar definierten sozialen Status lassen sich nur schwer ertragen. Deshalb haben die entwickelten Industriegesellschaften für die Jugendlichen Möglichkeiten geschaffen, eine Art *Interimsstatus*, einen Platz im Wartesaal, einzunehmen.[2]

Der von mir interviewte junge Mann hat materiell noch den Status eines Kindes: „Ich brauche nichts zu tun. Wirklich überhaupt nichts. Ich bekomme zu essen, meine Sachen werden in Ordnung gehalten. Aber auf die Dauer ist das nichts für mich."

Entscheidend ist: Er *braucht* nichts zu tun. Alles Notwendige wird schon für ihn getan. Eigentlich gute Voraussetzungen für die Muße, sollte man denken. Doch der junge Mann kann die Situation nicht (mehr) genießen. Er strebt etwas anderes an. Aber was? – Er bemüht sich um Klärung seiner persönlichen Situation. Setzt sich mit seiner Lage kreativ auseinander und zeigt seinen Freunden und Klassenkameraden, wie er sich und sein Leben darstellt. *Selbstbespiegelung und Ästhetisierung des eigenen Lebens* sind Stichwörter, die ich hier notiere und später wieder aufgreife.

Der *Erwachsenenstatus* liegt noch in weiter Ferne und ist auch *weniger begehrenswert* als noch vor fünfzehn Jahren.

„Ich bin nicht scharf darauf, möglichst schnell in den Beruf zu gehen, sondern ich möchte das eigentlich, so lange es geht, hinauszögern", sagt ein anderer Interviewpartner.[3] Obwohl der Interimsstatus des Jugendlichen mit erheblichen psychischen und materiellen Belastungen verbunden ist, sind doch viele Jugendliche nicht gerade versessen darauf, ihn zu beenden. Wie kommt das? Ich denke, *ein* Grund für die geringe Attraktivität der Erwachsenen-Normalexistenz liegt im Wandel der Wertvorstellungen, durch den die selbstverständliche Übernahme bestimmter Erwachsenenrollen erschwert wird.

Wenn auch noch die Zukunft unklar ist, wenn sogar die Frage gestellt wird, *ob Zukunft überhaupt noch stattfindet*[4], wird sich auch das Erleben der Gegenwart, mithin der Umgang mit der Zeit ändern. – Zwei Abschnitte handeln daher *vom geizigen und vom verschwenderischen Umgang mit der Zeit.*

Nichtstun von Jugendlichen kann bedeuten: laszives Sichräkeln in kostbaren Stoffen auf teuren Polstern. Jugendliches Nichtstun kann auch bedeuten: herumlungern und warten, bis was Spannendes passiert. Das Nichtstun kann elegante und brutale Formen annehmen.

Die Eleganz der Jugend stachelt unseren Ehrgeiz an und kränkt uns. Ihre Aggressivität, das blitzschnelle Zufassen aus der Situation des trägen Abwartens heraus, erschreckt uns, weckt aber auch unsere Abenteuerlust. Wir: das sind übrigens die Etablierten über dreißig.

Wertwandel und die neuen Chancen der Musse

„I dont't know what I want but I know how to get it."

Die enorme Zunahme der nicht durch Arbeit gebundenen Zeit im Laufe der vergangenen dreißig Jahre hat eine *Verlängerung der Jugendphase* ermöglicht.[5] Die nach uns Geborenen sind länger jung; und vielleicht dürfen auch wir uns noch im fortgeschrittenen Alter jugendlich geben, ohne gleich als unreif zu gelten. Zugleich hat sich der soziale Wandel derart beschleunigt, daß die Weitergabe von Gewißheiten, auf denen das Leben einer Generation basiert(e), an die nächste Generation immer fragwürdiger wird. Vielleicht kommen die Jüngeren mit den gewandelten Bedingungen besser zurecht und haben den Älteren einiges beizubringen. In dieser Situation hat es die Pädagogik nicht leicht. Lehrer machen keine gute Figur, wenn sie die überholten Erfolgsrezepte ihrer eigenen Jugendzeit, vermischt mit inkonsistenten Moralvorstellungen, zum besten geben. Das Gespenst der „Motivationskrise" geht um. Es spukt in Klassenzimmern und Aufsätzen von Professoren für Erziehungswissenschaft. Schulforscher beobachten Verhaltensmerkmale wie Desinteresse, müdes Lächeln, Gähnen, halb geöffnete Augen, mürrische Unlust, notorisches Stricken im Unterricht. Begriffe wie „schulunwillig" und „lernfeindlich" werden verwendet. Wenn ein Schüler sagt: „Schweigen ist meine Sprache", dann ist das aus der Sicht des Pädagogen eine „Kommunikationsstörung", und wenn Schüler provozieren, dann mit Slogans wie „Wir haben nichts zu verlieren als die Langeweile!" Gern wird dann von der Seite der Pädagogen aus die Brücke zu „Drogenkonsum" und „Hedonismus" geschlagen, und auch der Sex wird ins Spiel gebracht. Bei der Erklärung wirft man mit psychopathologischen Kategorien um sich: infantil-pubertär, pubertär-narzißtisch, Motivationsverfall usw.

Schule, Lehrer und Gesellschaft appellieren an Wertvorstellungen, die offenbar bei den Jugendlichen keine Gültigkeit haben, zumindest bei einem wachsenden Teil der Jugendlichen nicht mehr. Diese Werte werden zum Teil als ausgehöhlt, als unwirklich empfunden. *„Schule ist der größte Betrug"*, meint ein Schüler. Ich glaube allerdings nicht, daß die Schüler in einem *„Wertvakuum"* leben. Sie orientieren sich durchaus an langfristigen Lebenszielen und „Werten". Aber die Rangfolge der Werte hat sich geändert. *Wohlbefinden, Gesundheit, persönliche Sinnfindung, Schönheit stehen obenan, während Arbeit, Leistung und Pflichterfüllung abgerutscht sind.* Ich stütze mich im folgenden bei meiner Argumentation auf die Theorie des Wertwandels, bin aber

der Überzeugung, daß diese Theorie in wesentlichen Punkten erneuert werden muß.[6] Die Theorie besagt, kurz zusammengefaßt, folgendes:
Menschliche Bedürfnisse und Ziele lassen sich in zwei Kategorien einteilen. Die erste Kategorie, die materiellen Bedürfnisse, umfaßt das Streben nach Stabilität und Sicherheit sowie Versorgung mit lebensnotwendigen Gütern. Die zweite Kategorie enthält die der „postmateriellen" Bedürfnisse nach mehr Mitbestimmung, Erhaltung der Natur, Freiheit der Meinungsäußerung und ästhetischen Qualitäten. Vor allem diejenigen Ziele werden hoch bewertet, die noch am wenigsten verwirklicht sind. In einer Gesellschaft, die materielle Grundbedürfnisse befriedigen kann, aber darüber hinausgehende Wünsche nach Partizipation und Schönheit weitgehend unberücksichtigt läßt, werden diese „postmateriellen" Ziele besonders betont.
Generationsunterschiede kommen dadurch zustande, daß die Bedürfnisstruktur vor allem während der Kindheit geprägt wird und die Möglichkeiten der Befriedigung materieller bzw. postmaterieller Bedürfnisse sich wandeln. Erwachsene behalten ihre Bedürfnisstruktur zunächst auch dann bei, wenn sich die Umweltbedingungen ändern, während die nachwachsende Generation flexibler reagiert.

Ich möchte hier vorschlagen, *den Katalog der postmateriellen Ziele um das Bedürfnis nach frei verfügbarer Zeit zu erweitern.* Die Trennung der Zieldimensionen ist übrigens sehr künstlich. Tatsächlich sind ästhetische Bedürfnisse, Partizipationswünsche und Wünsche nach einem autonomen Umgang mit der Zeit ineinander verwickelt und voneinander abhängig.
Der Wunsch nach mehr Muße entwickelt sich auf der Grundlage einer relativ großen materiellen Stabilität und breitet sich unter Jugendlichen rascher aus als in der älteren Generation. Die Vorstellung, auch ohne Arbeit leben zu können, wird immer attraktiver. Besonders ausgeprägt ist der Wandel der Einstellung zur Arbeit und Leistung bei den Jüngeren.[7].
Nehmen wir an, die Theorie des Wertwandels sei im Kern richtig. Arbeit würde dann immer weniger als in sich sinnvoll, als Bereich der Selbstverwirklichung des Menschen aufgefaßt. An die Stelle der Arbeit träten kreative Tätigkeiten, Muße, Schönheit. Abhängige, fremdbestimmte Arbeit würde als notwendiges Übel erlebt. Was passiert nun, wenn Arbeit in ihrer gegenwärtigen durchschnittlichen Organisationsform ethisch immer fragwürdiger, zugleich aber ein immer knapperes und damit begehrteres „Gut" wird, weil man ohne Arbeit weder eine soziale Stellung noch ein gesichertes Einkommen erhält?
Wir können annehmen, daß durch die Arbeitslosigkeit, die als Drohung das Leben vieler Jugendlicher überschattet, die neuen Werte zurückgedrängt werden. Möglicherweise wird an ihnen festgehalten, aber es wird zugleich schwieriger, sie zu verwirklichen. Die Diskrepanz zwischen dem angestrebten Leben und der realen

Situation wird immer größer. Ich glaube, daß ein großer Teil der Jugendlichen sich genau in diesem Dilemma befindet. Das Bemühen um Ausbildungs- und Arbeitsplätze muß intensiviert werden, die Chancen stehen schlechter, und zugleich wird gesehen, daß die erstrebten „Güter" Ausbildungs- und Arbeitsplatz lange nicht die Qualitäten haben, die man sich wünscht.

Das Leben zentriert sich um Probleme, die nicht die wesentlichen sind. Und diejenigen, die arbeitslos oder in den Wartesälen der Gesellschaft notdürftig untergebracht sind, haben keine Zeit zur Muße. Ihr Nichtstun ist erzwungen und ungeliebt. Manche Kritiker der gegenwärtigen gesellschaftlichen Zustände führen die „Motivationskrise" vieler Schüler im Jugendalter auf die ungünstigen Zukunftsaussichten und letztlich auf die Arbeitslosigkeit zurück. Ich halte diese Erklärung für falsch, im Gegenteil, ich glaube, was als Motivationskrise bezeichnet wird, ist in Wirklichkeit eine Krise der Werte und Motivationskrisen werden nicht ab-, sondern zunehmen, je mehr die Jugendarbeitslosigkeit verschwindet.

Erst dann haben die neuen Werte eine gute Chance, sich durchzusetzen.

Insgesamt gesehen, sind die Aussichten der Muße günstiger geworden. Sie tritt freilich unter heutigen Jugendlichen in anderen Erscheinungsformen und unter neuen Namen auf. Dazu gehören: Sich die Zeit nehmen, auch mal zwei Stunden mit einem anderen Menschen über Persönliches zu reden; von Dingen schwärmen, für die man sich interessiert; wegfahren und Bekannte besuchen ...

Ich glaube, daß die Theorie des Wertwandels in der jetzt vorliegenden Form noch unbefriedigend ist. Inglehart beispielsweise erklärt den Wertwandel durch wirtschaftliche Ursachen. Er bleibt hier noch in der marxistischen Tradition, die Wertvorstellungen und ethische Ziele für sekundär hält, für Bestandteile eines ideologischen Überbaus, der sich auf eine materielle Basis zurückführen läßt. Ich neige eher Max Weber zu, der die Auffassung vertreten hat, daß moralische und religiöse Veränderungen durchaus in der Lage sind, sich die zu ihnen passenden wirtschaftlichen Bedingungen zu schaffen. Die von Weber beschriebene protestantische Ethik war die fundamentale Triebkraft für die Entstehung der kapitalistischen Industriegesellschaften.[8]. Ebenso könnte zutreffen, daß die „neue" Ethik der Selbstverwirklichung auch die Entstehung einer Gesellschaft mit einer neuartigen Wirtschaftsstruktur herbeiführt. Dies wäre nur dann idealistisch gedacht, wenn die wirtschaftlichen Rahmenbedingungen derzeit tatsächlich keine erhebliche Reduzierung des Arbeitsumfangs und eine Veränderung der Arbeitsqualitäten zuließen. Was nun die Ursachen des Wertwandels betrifft, ist auf das Beispiel der protestantischen Ethik zu verweisen. Sie war eine religiös motivierte Gegenbewegung gegen die Herrschaft der katholischen Kirche, die ihre Legitimation verloren hatte. Gründe für den Legitimationsverlust gab es genug. Insbesondere der offenbare Widerspruch zwischen offizieller Lehre und tatsächlichem Verhalten der Päpste, Prälaten und Mönche hatte zu einem Verlust an Glaubwürdigkeit geführt. Stehen wir heute nicht in bezug auf die aus der protestantisch-puritanischen Ethik hervorgegangene Arbeits- und Leistungsmoral vor einer ähnlichen Situation? Verhalten sich denn die Erwachsenen nach den Maßstäben ihrer eigenen Moral? Und wenn sie es tun, erscheinen nicht viele von ihnen verdrossen und neurotisch? Und die scheinbar oder wirklich Glücklichen, verdanken die ihr Glück irgendwelchen Leistungen? Werte, die im persönlichen Leben nicht verwirklicht werden, müssen auf die Dauer hohl erscheinen. Menschen, die solche Werte weiter propagieren, werden als verlogen wahrgenommen. Besonders empfänglich für solche Eindrücke sind Kinder und Jugendliche. Sie beobachten sehr scharf und achten darauf, ob die Erwachsenen auch so handeln, wie sie reden. Und das gelingt uns eben immer weniger, weil wir selbst angefangen haben, den Sinn außerhalb unserer täglichen Beschäftigungsrituale zu suchen.

Narziss und die Sehnsucht nach dem Schönen

Ende der 70er Jahre entdeckten Pädagogen und Psychologen einen neuen „*Sozialisationstyp*". Damit ist ein Typus von Jugendlichen gemeint, der sich durch bestimmte auffällige Verhaltensweisen und eine diesen zugrundeliegende Persönlichkeitsstruktur auszeichnen soll. Sie nannten den neuen Typ in Anlehnung an griechische Mythologie und Freudsche Psychoanalyse „Narziß".[9].

Ein Hauptschullehrer erzählt von einem Schüler, den er als „narzißtisch-oral" kennzeichnet. Für uns ist vor allem von Interesse, was dieser Narziß für Probleme mit der Arbeit hat:

Als er Rechenaufgaben lösen soll, protestiert er: Heute habe ich aber keinen Bock. Und dann: Mensch, ist das langweilig! Ach, schon wieder arbeiten![10]

Der Lehrer hat Hemmungen, den Schüler einfach als faul und frech zu bezeichnen. Er meint, der Schüler sei unablässig getrieben, nach Geborgenheit und Wärme zu suchen. Der psychoanalytische Erklärungsansatz führt dieses Streben auf Kindheitserfahrungen zurück, auf eine mangelnde Bewältigung der ödipalen Entwicklungsphase, auf die Erfahrung mit einem „schwachen" Vater und einer symbiotischen Mutter-Kind-Beziehung. Statt diesen Erklärungsansatz hier weiter zu verfolgen, möchte ich mich bemühen, das veränderte Erscheinungsbild von Heranwachsenden auf die gewandelten Bedingungen der Adoleszenz und des Jugendalters zurückzuführen. Erst, was so nicht erklärt werden kann, bedarf der Erklärung durch Rückgriff auf Kindheitserfahrungen.

Mein eigener Standpunkt bei der Beschreibung dieses Sozialisationstyps ist der eines Sympathisanten der „ichschwachen" Jugendlichen, in denen ich so vieles von mir selber wiederfinde, daß ich mich wie Narziß in den Anblick meines eigenen Spiegelbildes vertiefe, wenn ich ihnen zuschaue.

Schon in der Einleitung wurde deutlich, daß die Auseinandersetzung mit der eigenen Person, die Suche nach dem Selbst zentrale Entwicklungsaufgaben des Jugendalters sind. Selbstfindung und Selbstklärung können relativ schnell rasch abgeschlossen werden, wenn die Gesellschaft klare und stabile Erwachsenenrollen anbietet und kurze, einschneidende Übergangsrituale wie Prüfungen, Beschneidungen usw. durchführt, um einem jungen Mann oder einer jungen Frau klarzumachen: Ab heute bist du erwachsen.

Das Jugendalter in entwickelten Industriegesellschaften ist jedoch ganz anders „organisiert". Die Statuspassage dehnt sich zeitlich immer weiter aus, und statt einer eindeutigen Erwachsenenidentität wird eine große Vielfalt von Lebensstilen und Möglichkeiten der „Selbstverwirklichung" erfahren. Von einer einheitlichen Kultur kann bei uns kaum die Rede sein. Wir sind umgeben von einer Vielfalt von Religionen, Kulturen und Sprachen. Die einheitstiftenden Weltbilder sind längst zerfallen, und auf den Fundamenten der wissenschaftlichen Kultur läßt sich kaum bauen, weil auch hier der Boden teils sandig, teils sumpfig ist.

Die Selbstfindung ist zweifellos schwieriger geworden und gerät in vielen Fällen zum lebenslangen Bemühen. Auch ohne ichschwache Väter und überbehütende Mütter können wir daher erwarten, *daß Jugendliche ihrer eigenen Person mehr Aufmerksamkeit zuwenden,* als das ehedem der Fall war. Nun ist es schwierig, sich rein abstrakt-psychologisch mit der eigenen Person zu beschäftigen. Vieles in uns läßt sich gar nicht verbalisieren und rationalisieren. Unsere Gefühle, Hoffnungen und Leidenschaften verlangen nach anderen Ausdrucksmitteln, als sie die Alltagssprache oder gar das Psychologen- und Pädagogendeutsch anbieten. Es ist daher kaum verwunderlich, daß Jugendliche ihre Suche nach dem Selbst in expressiven Stilen darstellen. Der eigene Leib vor allem wird Zentrum der Aufmerksamkeit. Sowohl der auf die eigene Person gerichteten als auch der erwünschten Aufmerksamkeit der anderen. Man will sich sehen und man will, daß andere einen ansehen. Narziß stellt sich selbst dar. Er tut es gelegentlich nackt, meistens aber halbverhüllt, und gern in auffälligen Kostümierungen, die er rasch wechseln kann. Er präsentiert sich aber nicht nur in Kleidung, Haartracht und „Body Art". Auch seine Wohnung, sein Zimmer erzählen von ihm und wandeln sich mit ihm. Vielleicht hängen gerahmte Selbstporträts an der Wand oder Photographien, die seinen bisherigen Lebensweg dokumentieren. Er zeigt viel von sich selbst, und wenn er eine Schallplatte auflegt, dann verraten Text und Musik, was ihm gerade wichtig ist. „Wenn du wissen willst, wer ich bin, dann hör dir diese Platten an", sagte mir einer von ihnen. Narziß ist in sich selbst verliebt, weil er schön ist.

Die Ausdrucksmittel, die heutige Jugendliche finden, um von sich selbst zu erzählen – an ihrem Körper, in ihrem Zuhause, an allem, was zu ihnen gehört –, sind oftmals aufregend schön. Meine Generation war im Vergleich dazu sachlich bis häßlich. Anmut und Grazie waren nicht unsere Stärke. Ich hatte seither oft Anlaß zu bewundern, wie erfolgreich Jugendliche darin waren, schöne Seiten an sich selbst zu entdecken und vorzuzeigen. Es gilt dies auch für weite Bereiche der Body Art der Punks, die sehr auffällige Formen von Körperschmuck (wieder)entdecken.

Narziß ist fähig zur Muße. Seine aufregenden Einfälle kommen ihm in Minuten und Stunden des Nichtstuns. Er legt sich in die Badewanne, nicht weil Samstag ist, sondern weil es so schön ist. Er stellt sich vor den Spiegel, probiert, läßt sich Zeit. Als Lehrling hinter die Käsetheke eines Kaufhauses gestellt, hält er Ausschau nach Menschen, die ihn bewundern; und wenn man bei ihm Käse kaufen will, muß man ihn erst aus seinem Schlummer wecken. Wenn du ihn zu dir einlädst, kommt er festlich gekleidet und wohlriechend eine Dreiviertelstunde zu spät. Wenn du Glück hast und er dich nett findet, verpaßt er die letzte Bahn und bleibt über Nacht bei dir. Wenn du Narziß mit Terminkalender, festen Absprachen und Zeitschemata kommst, reagiert er verschnupft. Er treibt irgendwo in der großen Zeit dahin, tut dabei seine Arbeitspflichten, ohne immer bei der Sache zu sein. Narziß ist geistesabwesend und verschafft sich damit Momente der Muße mitten auf der Einkaufsstraße, im Geschäft, im Büro, auf der Schulbank und im Bus.

Wenn er nicht hören will, ist er nicht erreichbar. Das macht seine Stärke aus, die Fähigkeit, einfach zu verschwinden, wenn er noch vor einem steht. Seine Lehrer kann er zur Verzweiflung bringen, ohne daß sie ihm deswegen wirklich böse sind. Er erinnert sie peinlich an ihre eigene Sehnsucht nach Schönheit und nach sich selbst. Die Sehnsucht wird totgeschlagen mit pychopathologischen Etiketten aus der Mottenkiste einer patriarchalischen Gesellschaft mit genital fixierter Normalsexualität.

Damit ist ein heikles Stichwort gefallen. Wie steht Narziß zum Geschlecht? Wohin gleiten die Hände beim Nichtstun? Pilgrim hat in seinem mutigen Buch über die geschlechtliche Selbstbefriedigung an den Nachmitag eines Faun erinnert, an den Zusammenhang zwischen Muße und sexueller Lust am eigenen Leibe.[11] Ohne Zweifel, Narziß berührt sich selbst oft und mit Lust. Je unbeschwerter er das kann, an beinah jedem Ort, auch in der Schule, desto weniger wild ist er auf die Belohnungen, die man ihm vor die Nase hält, wenn er tun soll, was andere wollen. Narziß, so erzählt einer der Mythen, die Freud möglicherweise nicht beachtet hat, entgeht der Verwundung durch Amors Pfeil. Er ist geschlechtlich autonom. Er dient mit seiner Sexualität nicht – weder der Fortpflanzung noch der sozialen Beziehungsstruktur. Jedenfalls gelingt es ihm auch ohne solche Dienste, uneingeschränkte Lust zu erleben.

Zeitver(sch)wendung

Unser Zeiterleben hängt von sozialen und kulturellen Bedingungen ab. Wir können unsere Aufmerksamkeit stärker auf die Gegenwart oder stärker auf die Zukunft richten. Wir können in dem Gefühl leben, stets zu wenig Zeit zu haben, oder in dem Gefühl, uns Zeit lassen zu können. In agrarisch-strukturierten Gesellschaften war das Zeiterleben noch stark von den natürlichen Zyklen, der Abfolge der Jahres-, Monats- und Tagesrhythmen abhängig. Mit der Industrialisierung wird die Zeit immer abstrakter und „objektiver". Der ersten Generation der Industriearbeiter mußte die Bedeutung der Zeit mit teilweise drastischen Mitteln erst beigebracht werden.[12] Später wird dann die Zeit als Arbeitszeit zum zentralen Gegenstand ständiger Auseinandersetzungen zwischen Arbeitern und Kapitalbesitzern. Die Zeit wird mit dem Geld verbunden. Und spätestens von diesem Moment an ist Zeit ein knappes Gut.

Seit Anfang der sechziger Jahre scheint sich das Zeiterleben von Kindern und Jugendlichen noch einmal gewandelt zu haben.[13] Die Frage wie, steht hier im Vordergrund. Meine Annahme lautet: Neben der dominanten, kulturell vorgeschriebenen Form der Zeiterfahrung haben immer auch andere, zum Teil ältere Formen des Zeiterlebens weiter bestanden. Diese „alternativen" Formen des Zeiterlebens lagen im Konflikt mit der dominanten Zeitauffassung. Vergleicht man das Zeiterleben heutiger Jugendlicher mit dem Zeiterleben vor zwanzig Jahren, sind einige auffällige Verschiebungen zugunsten einer eher gegenwartsbezogenen Zeitorientierung zu beobachten. Bevor ich die empirischen Nachweise hierfür nenne, möchte ich ausführlicher auf die erfolgskontrollierte dominante Zeiterfahrung eingehen.

Kinder erhalten noch vor der Einschulung Uhren. Sie lernen frühzeitig, mit Terminplänen umzugehen, mit ihrer Zeit hauszuhalten. In der Schule gibt es Stundenpläne, festgelegte Pausenzeiten. Auf dem Weg zur und von der Schule müssen sich die Kinder nach Fahrplänen richten. Auch die Verfügung über die sogenannte freie Zeit ist in starkem Maße von vorgegebenen Zeitplänen abhängig, beispielsweise von den Sendezeiten des Fernsehens, von Veranstaltungsterminen und den Zeiten für Musik- und Sportstunden.[14]

Zeit wird als knappes Gut erfahren, das eingeteilt und aufgespart werden muß. Dieser Art des Umgangs mit Zeit entspricht ein Persönlichkeitstyp, der in seiner extremen Ausprägung von Psychoanalytikern als zwangsneurotisch eingestuft wird. Der Zwangsneurotiker überregelt sein Leben, weil er in ständiger Furcht vor seinem inneren „Chaos" lebt. Sein Verhalten wirkt starr und ritualisiert, für Spontaneität ist kein Raum oder, besser gesagt, keine Zeit.[15]

Wenn es tatsächlich einen Zusammenhang zwischen dem sparsamen Umgang mit

Zeit und einer triebverdächtigen Persönlichkeitsstruktur gibt, dann können wir vermuten, daß ein flexiblerer Persönlichkeitstyp, der mehr Triebbefriedigung zuläßt, auch mit der Zeit lockerer umgeht. Narziß und der Terminkalender – das paßt nicht zusammen. Und wenn Narziß eine Armbanduhr hat, dann ist dies ein Schmuckstück, meistens ohne Ziffern und ohne Sekundenzeiger. Auf die Minute und auf die Sekunde kommt es ihm nicht an. Aber nicht nur Narziß ist ein bißchen schlampig im Umgang mit der Zeit. Ein großer Teil seiner unauffälligen Altersgenossen zeigt eine unübersehbare Neigung zur Zeitverschwendung. Ein Jugendforscher hat, ausgehend von einer Einteilung des Zeiterlebens in drei Typen, kürzlich untersucht, wie die heutige „verwöhnte" Generation mit der Zeit umgeht.[16] Die von ihm verwendete Typologie stammt (wieder einmal) aus der Klinischen Psychologie. Die häufigste und kulturell am ehesten anerkannte Zeitorientierung wird denn auch als die *„neurotische"* bezeichnet. Der neurotische Umgang mit Zeit ist gekennzeichnet durch ständigen Gebrauch der Uhr, das Gefühl, zu wenig Zeit zu haben, den Drang, Tages- und Wochenabläufe genau zu planen. Ich erlaube mir die Begriffsschöpfung *„Zeitgeiz"* hierfür. Sparsamer bis geiziger Umgang mit der Zeit ist auch unter Jugendlichen die vorherrschende Art, Zeit zu verwenden. Für einen zweiten Typ ist der *„depressive"* Umgang mit der Zeit charakteristisch. Er ist gekennzeichnet von starken Schuldgefühlen. Man hat vieles im Leben versäumt und falsch gemacht und kramt ständig in der eigenen Vergangenheit. Der dritte wird schließlich als *„hedonistischer"* (= lustbetonter) Typ bezeichnet. Dieser Typ macht selten Zeitpläne, kommt selbst oft zu spät, nimmt anderen aber ihr Zuspätkommen auch nicht weiter krumm und läßt sich gern von eigenen Pflichten ablenken. Mit seinem Geld kommt er selten aus.

Bei den von Günther befragten Jugendlichen stößt dieser genießerische Zeittyp auf erhebliche Sympathie; Vergleiche mit älteren Untersuchungen scheinen zu belegen, daß die Zustimmung sehr viel höher ist als noch in der Elterngeneration. Demnach ist der Zeitverschwender unter den Jugendlichen im Kommen.

Dies darf jedoch nicht darüber hinwegtäuschen, daß der zeitgeizige, neurotische Typus immer noch dominant ist und daß es auch einen depressiven, schuldbewußten Umgang mit der Zeit gibt.

Geiziger Umgang mit der Zeit ist typisch für Jugendliche aus der Mittelschicht und für Aufsteiger. In der Sozialisationsforschung ist ja immer wieder auf die „Unfähigkeit" der Unterschicht hingewiesen worden, Belohnungen aufzuschieben und langfristig zu planen.

Zeitgeizige Jugendliche werden wahrscheinlich mehr Erfolg im Leben haben, gemessen an den Kriterien einer kapitalistischen Leistungsgesellschaft. Aber der Preis, den diese Kinder der Mittelschicht zahlen müssen, ist hoch. Die Kehrseite des Sichanklammerns an die Zeit ist die Neurose. Und Neurose bedeutet Leid und Verlust an Lebensglück. Die protestantische Ethik verkürzt nicht nur die Lebenschancen der Unterdrückten, sondern auch die Lebensfreude der Unterdrücker und Erfolgreichen.

Dem hedonistischen Typen korrespondiert ein Zeitempfinden, das Fischer[17] „okkasionell und gegenwartsorientiert“ nennt. Diese Zeiterfahrung blendet Vergangenheit und Zukunft weitestgehend aus und erlebt die Gegenwart entsprechend ausgedehnt. Gerade die Zukunftsorientiertheit hat sich unter Jugendlichen in den letzten zwanzig Jahren radikal verändert. Zukunft wurde früher von Jugendlichen geradezu herbeigesehnt, weil sie sich grundlegende Verbesserungen von einer zukünftigen Welt erhofften. Die Erwachsenen waren in dieser Hinsicht skeptischer. Heute ist es umgekehrt. Jugendliche erwarten von der Zukunft weniger Positives als die Angehörigen der älteren Generation.[18] Es ist daher nicht verwunderlich, wenn eine Rückwendung zur Gegenwart stattfindet. Die empirische Untersuchung zeigt, daß Jugendliche mit okkasionellem Zeitbewußtsein einfach mehr Zeit haben, daß sie weniger weitausgreifend in die Zukunft planen, sich seltener Verabredungen notieren und den Tagesablauf weniger planen als andere Jugendliche. Sie ergreifen die Gelegenheit beim Schopf und sind entsprechend unberechenbar. In ihrer Freizeit machen sie gern Unsinn, fahren schwarz, albern herum, machen „Action“, kurven verrückt durch die Gegend und machen auch mal irrsinnig laut Musik.[19] Als Traumort wählen sie besonders häufig das Nachtleben in einer Großstadt. Was sie mit ihrer Zeit anfangen, erinnert kaum an die kontemplative Form der Muße. Aber der hohe Grad an Spontaneität und die Hinwendung zur Gegenwart sind doch typisch für einen verschwenderischen, genießerischen Umgang nicht nur mit der Zeit. Okkasionelles Zeitbewußtsein ist eher typisch für die Unterschicht. Da okkasionell eingestellte Jugendliche einen attraktiven Lebensstil vorführen, der durch Lebensgenuß, Abenteuerlust und Frechheit auffällt, könnten sie aber auch Jugendliche aus anderen Schichten „anstecken“. Politisch sind sie eher enthaltsam bis angepaßt, gehören also nicht zu den „Engagierten“. Bezogen auf Politik, bedeutet okkasionelle Orientierung: sich nicht festlegen, von Fall zu Fall entscheiden, wen man unterstützt. Okkasionell Orientierte gehören auf jeden Fall zu den Jugendlichen, die Spaß am Nichtstun haben und sich keine Gedanken darüber machen, ob sie ihre Zeit „verschwenden“. Narziß wird wahrscheinlich finden, daß sie ein bißchen hektisch und laut sind, aber mindestens ihre Vorliebe für das Nachtleben in Großstädten mit ihnen teilen.

EKSTASE UND DIE ERFAHRUNG DER ENTGRENZUNG

Auch das okkasionelle Zeiterleben gründet noch in der Alltagswirklichkeit. Es gibt jedoch Erlebnisformen, die so fremdartig und „unangepaßt“ erscheinen, daß wir sie als außergewöhnliche, seltene und kostbare Grenzerfahrungen betrachten – oder, je

nach Standpunkt, vielleicht auch als pathologische Zustände. Hierzu gehört die Erfahrung der Ewigkeit und der Grenzenlosigkeit der eigenen Person. Dieses in der psychoanalytischen Sprache als *„ozeanisch"* bezeichnete Gefühl wird auf die frühe symbiotische Mutter-Kind-Beziehung zurückgeführt.[20] Wirth bringt das ozeanische Gefühl mit einer besonderen Wahrnehmungsform in Verbindung, und zwar mit der *ganzheitlichen Wahrnehmung*, zu der wir dann „regredieren", also zurückfinden, wenn es uns gelingt, unsere zielgerichtete, aussondernde und zergliedernde rationale Wahrnehmung außer Kraft zu setzen. Im Zustand der ganzheitlichen Wahrnehmung gibt es keine Grenzen von Zeit und Raum mehr. Auch die Grenze zwischen uns und unserer Umwelt ist aufgehoben. *Alle Sinne sind hellwach, aber keiner dominiert, der Körper bewegt sich leicht, wie schwerelos, wir verfolgen keine Ziele, sondern gehen ganz darin auf, zu sein.* Es gibt viele Wege, in diesen Zustand der Ekstase zu gelangen. *Ein* Weg, der mir dazu offensteht, ist das Erlebnis von Musik. Ein anderer Weg besteht darin, ausgiebig und körperbetont zu tanzen. Wieder andere Wege führen über das Erleben der Natur oder erotische und sexuelle Hochstimmungen. Auf jeden Fall läßt sich Ekstase nicht durch Beschäftigung oder durch Betriebsamkeit erreichen und solange nicht, wie Denken und Fühlen an praktische Probleme gebunden bleiben. Ekstase transzendiert den Alltag und die Normalität. Sie ist zweifellos eine *„Grenzerfahrung"*, die uns über uns selbst hinausführt.[21]
Ich bin davon überzeugt, daß die Jugendkulturen der letzten zwanzig Jahre in sehr viel stärkerem Ausmaß die Geister der Ekstase beschwören, als dies etwa – von eruptiven Ausnahmen abgesehen – in der Zeit von 1950 bis 1965 der Fall war. Die Suche nach außergewöhnlichen Bewußtseinszuständen, nach der Welt hinter der Welt, ist zur Massenbewegung geworden. Sie war dies in früheren Epochen sicherlich auch schon. Man denke an die christlichen Mystiker des Mittelalters oder an die weite Verbreitung von Meditationspraktiken in den östlichen Kulturen. Aber in den fünfziger und sechziger Jahren unseres Jahrhunderts war die Jugend so nüchtern und rationalistisch eingestellt, daß ekstatische Zustände, etwa anläßlich von Rock-'n'-Roll-Konzerten, auf die Mehrheit der Jugendlichen eher befremdlich gewirkt haben dürften.

Ekstatische Zustände sind mit einer profanen, geregelten, sinnlich verarmten sozialen und dinglichen Umwelt kaum vereinbar. Ich glaube, die Entzauberung, die tief in die westlichen Religionen eingedrungen ist, hat das Ihre dazu beigetragen, daß Jugendliche empfänglicher für *„alternative"* Religionen und Kulte geworden sind. Je „weltlicher" und „gemäßigter" die Kirchen geworden sind, je deutlicher ihr Charakter als Organisation hervortritt, desto weniger sind sie in der Lage, das „Heilige, Göttliche, Ewige" erfahren zu lassen. Wissenschaftliches Weltbild und moderne Existenzphilosophie, soziologische Theorien wie der Materialismus oder die sozialwissenschaftliche Version der Psychoanalyse können religiöse Strebungen allenfalls verdrängen, nicht aber ersetzen. Intellektuelle Konstruktionen erweisen sich als völlig ungeeignet, das Verlangen nach starken sichtbaren und fühlbaren Symbolen zu erfüllen.

Der veränderte Wahrnehmungsmodus in der Ekstase ermöglicht es, *das geradlinige Weltbild einer am „Machen" ausgerichteten Zivilisation als eine einseitige Form der Wirklichkeitsverarbeitung zu erkennen.* Die Dinge bekommen einen anderen, tieferen Sinn. Überall gibt es Hinweise und Fingerzeige, auch wo der nüchterne Betrachter keinen kausalen Zusammenhang entdecken kann. Handlungen werden ausgeführt, die eindeutig magischen Charakter haben. Hier soll etwas bewirkt werden, ohne daß auf der materiellen Wirklichkeitsebene agiert wird. Phantasie und Einfühlungsvermögen sind gefragt, weniger die praktische Intelligenz.

Die Magie des Lichtes spielt eine wichtige Rolle. Bei Kerzenlicht faulenzt es sich besser als im Neonlicht, weil es gemütlicher ist, aber hinzu kommt, daß der Wahrnehmungsmodus sich bei Kerzenschein umstellt. Kerzenlicht erleichtert das subjektive Sehen und läßt die Dinge weniger starr und tot erscheinen.

Nichtstun als Statussymbol – Nichtstun als Abenteuer

Es gibt da etliche Jugendliche, die sich auffällig gediegen kleiden. Beispielsweise tragen sie Hemden von Lacoste (sind inzwischen out, ich weiß), erkennbar an kleinen aufgenähten Krokodilen, oder von Hechter, erkennbar an zwei kleinen bunten Diagonalen, oder von Marc-o'Polo, erkennbar an den Anfangsbuchstaben „MOP", die ebenfalls in Brusthöhe auf das Kleidungsstück aufgenäht werden. Dazu passen Jeans von Closed (Aufnäher am Hosenschlitz), Turnschuhe von Nike. Über das Hemd wird ein Pullover von Armani geworfen, erkennbar an dem stilisierten Adler. Dazu passende Duftnoten stammen von Lagerfeld oder Chanel. Die Kleidungsstücke sind teuer, „empfindlich", gelten als modisch. Eine Zeitlang wurden ungemischte Farben bevorzugt, lediglich mit Weiß aufgehellt: Hellblau, Hellgelb. Inzwischen ist auch intensives Rot wieder zugelassen. Eine große Rolle spielt reines Weiß. Der Schnitt ist körpernah, aber locker, keineswegs eng. Man trägt Krawatte dazu, aber meistens „auf Halbmast". Es ist Freizeitkleidung, der man die Sauberkeit ansieht, auf der der kleinste Fleck störend ins Auge fallen würde. Menschen, denen diese Kleidung steht, wirken auf mich leicht, beinah schwerelos. Die dünnen Stoffe umfließen die Gestalt des Trägers, verwandeln ihn in ein zartes Gebilde, das anspricht, ohne eine plumpe Geste nahezulegen. Bei aller demonstrativen Sauberkeit ermuntert dieser „Aufzug" zum Flirt eher als zu Bekundungen von Tugend und Keuschheit. Ich empfinde sie als sanft erotisch, im Gegensatz zu anderen Stilen, die einen starken sexuellen Reizcharakter haben. Der Haarschnitt ist eine gepflegte Kombination von kurz und lang, die Stirn verhängt, was ich als Betonung kindlicher Erscheinung empfinde. Die Beschäftigung mit der eigenen Frisur wird zum Gegenstand eines sinnlichen Interesses am eigenen Leib, den man gern den Händen eines kundigen Friseurs anvertraut. Ich erinnere mich, daß für mich dagegen der Gang zum Friseur immer ein notwendiges Übel war. Ich war unfähig zu akzeptieren, daß mich jemand „schön machte", und zu genießen, daß mir jemand den Kopf kraulte. Ich könnte hier ein weiteres Kapitel aufschlagen und einiges über Kosmetik schreiben. Leider verstehe ich von der Sache selbst nicht viel. Feststellen läßt sich immerhin, daß ein Teil auch der männlichen Jugendlichen der kosmetischen Pflege des eigenen Körpers erhebliche Aufmerksamkeit und viel Zeit widmet. Zum Stil gehört auch eine bestimmte Art, sich zu bewegen. Die Bewegungen sind lässig, aber verhalten, leicht tänzelnd, ohne stark expressiv zu werden. Auch hier zur Schau gestellte Leichtigkeit.

Es ist nun äußerst merkwürdig, wie Journalisten und Wissenschaftler, die den „*Popper*" beschrieben haben, auf dieses Erscheinungsbild reagierten. Fast alles, was ich über Popper gelesen habe, handelte von der Arroganz und dem Dünkel der feinen jungen Leute und dem soziologisch motivierten Abscheu des Beobachters gegenüber arroganten feinen jungen Leuten. Stutzig machte mich dabei, abgesehen von meiner sinnlichen Faszination für diesen Stil, die Tatsache, daß meine Kollegen und die Redakteure der Illustrierten gegen die wirklichen feinen Leute in Politik, Wirtschaft und Kirche nicht das Geringste haben. Ihr Abscheu gegen das Feine konzentriert sich ganz auf die jugendlichen Dandys. Eine Erklärung für diese gespaltene Haltung den Feinen und Vornehmen gegenüber finde ich in Wirths psychoanalytischer Deutung der Ambivalenzhaltung von Erwachsenen gegenüber jugendtypischen Phänomenen: In der Distanzierung von „Poppern" äußere sich ihre uneingestandene Sehnsucht, selbst zu den Feinen, Vornehmen, Schönen zu zählen.[22] Ich werde versuchen, diese Behauptung zu belegen, indem ich nachweise, daß die soziologische Deutung dieses Stils an den Tatsachen vorbeigeht. Daß sie trotzdem weithin akzeptiert ist, führe ich darauf zurück, daß gerade Soziologen oft nicht wahrhaben wollen, wie attraktiv das Feine auf sie wirkt.

Der Jugendforscher Baacke ordnet die „Popper" unter die materiell orientierten Jugendgruppen ein.[23] Hierfür könnte die auffällige Anhäufung von Markenzeichen sprechen. Ich möchte vorschlagen, die Markenzeichen anders zu deuten. Meistens befinden sie sich an der linken Brust, wie ein Orden. Ich denke, es handelt sich in der Tat um eine Art Orden. Einen Orden nämlich, den man sich selbst verleiht. Man ehrt sich selbst durch ein kostbares Kleidungsstück. Das materielle Bedürfnis scheint mir sekundär zu sein. Man braucht eben Geld, um die Dinge kaufen zu können. Primär ist das ästhetische Bedürfnis und das Bedürfnis, sich sozusagen selbst zu schmeicheln. Materiell orientierte Jugendliche würden das Geld ins Sparschwein werfen und sich „was Vernünftiges" kaufen, sobald genügend Geld da wäre.

Wie weit ist dieser Stil eigentlich verbreitet?
In vielen Schulen habe ich im Rahmen meiner wissenschaftlichen Tätigkeit junge Lehrer zu sehen bekommen, die schlampig angezogen waren und deren physische Erscheinung keinen Gedanken an Erotik aufkommen ließ. Diesen Lehrern saßen dann oft – und das gilt für Hauptschulen ebenso wie für Gymnasien – Schülerinnen und Schüler gegenüber, deren Schönheit und Sauberkeit einen augenfälligen Kontrast zum Erscheinungsbild des Lehrers bildeten. Das ist nicht unbedingt neu. In der Weltliteratur wimmelt es von Beschreibungen des schulmeisterlichen Erscheinungsbildes, in denen von abgewetzten speckigen Anzügen, unsauberen Taschentüchern und roten Nasen die Rede ist. Nur saßen in früheren Zeiten diesen abgeschabten Existenzen meist Schüler gegenüber, die schlicht und ordentlich gekleidet waren. Der sinnliche, luftige und erotische Stil ist zweifellos etwas Neues und trägt die Sehnsucht nach freier Zeit, nach Muße und Lebensgenuß noch in das muffigste Klassenzimmer.
Einige Soziologen betrachten den Stil der Popper als Ausdruck eines demonstrativen Konsumverhaltens, durch das sich Mittel- und Oberschichtjugendliche von proletarischen Jugendlichen abgrenzen wollten. Der hohe Preis, der für die Warenzeichen gezahlt werden muß, stellt eine soziale Barriere dar. Die Markenzeichen werden zu Statussymbolen. Eine solche Sichtweise geht zurück auf Veblen, einen bissigen Kritiker der „leisure class",[24] also der Klasse der Müßiggänger. Mit den Müßiggängern meint Veblen die feinen Leute, die es nicht nötig haben zu arbeiten und ihre privilegierte Stellung durch nutzlose und kostspielige Aktivitäten und Konsumgüter zum Ausdruck bringen. Hierzu gehören bei Veblen noch Sportarten mit hohem Sozialprestige wie Tennis und Polo. Dazu paßt dann sportliche Freizeitkostümierung.
Der Popper-Stil erinnert in der Tat an bestimmte Verhaltensweisen einer im Überfluß lebenden Oberschicht. Es wäre jedoch falsch, hieraus den Schluß zu ziehen, die Popper seien Oberschichtjugendliche, also reiche Nichtstuer. Sie sind ebensowenig Oberklasse, wie die von ihnen verächtlich als „Prolos" bezeichneten Jugendlichen mit Gammeljeans und hautengem T-Shirt Proletarier sind. Wir haben es hier mit symbolischem Status im Rahmen einer fiktiven Statuswelt zu tun. Nichts ist hier im materiellen Sinne wirklich außer dem schönen Schein.[25]
Am meisten Anklang finden Popper nicht bei den Jugendlichen aus Mittel- und Oberschicht, sondern bei weiblichen Hauptschülern.[26] Wenn Popper Luxus, laszives Sichräkeln, lässige Eleganz und gute Bedienung zu schätzen wissen, dann nicht deswegen, weil sie so verwöhnt damit wären. Das Gegenteil ist der Fall. Sie müssen sich den Zugang zu diesen Statussymbolen oft mühsam erkaufen. Sie zahlen einen hohen Preis für eine Fassade, hinter der sich oft auch materielle Armut verbirgt. Für Erwachsene sind sie vor allem deswegen eine Herausforderung, weil sie so tun, als täten sie nichts.

Drückte der Popper-Stil Wunschträume und Aufstiegsphantasien aus, so kommt es bei einer anderen Variante des Nichtstuns zu handgreiflicheren Herausforderungen der sozialen Umwelt. Ein Jugendforscher, der seine Interviews auf der Straße in englischen Großstädten macht, schreibt hierüber: „Für die meisten Kids ist der Ort, wo was los ist, die Straße ... Die wichtigste Beschäftigung auf diesem Schauplatz ... ist tatsächlich das Nichtstun."[27]

Das Nichtstun bedeutet hier scheinbar cooles Abwarten, bis etwas passiert. Das, was passiert, ist nicht vorhersehbar. Aber man sorgt dafür, daß etwas passiert. Nichtstun wird zum Nervenkitzel, zur riskanten Abwechslung. Es kann zu Prügeleien mit einer anderen Gruppe führen. Es kann zum Zertrümmern der Milchflaschen harmloser und unschuldiger Durchschnittsbürger reizen. Es kann mit der „Sprengung" einer Fete enden. Nichtstun ist hier Vorstadium einer mittleren Explosion. Die Jugendlichen geraten in die Situation des Nichtstuns, weil sie zunächst einmal andere Möglichkeiten, sich zu beschäftigen oder beschäftigen zu lassen, vermeiden wollen. Aus diesem Grund sitzen sie *nicht* zu Hause herum und sehen fern. Aus demselben Grund gehen sie auch keiner geregelten sonstigen Freizeitbeschäftigung nach. *Nichtstun ist das Vorspiel zum Abenteuer, zum Einbruch des Unerwarteten in die Langeweile.* Es ist geradezu Voraussetzung für das Erlebnis des Abenteuers. Erst wenn man sich allen Veranstaltungen und Aufgaben entzogen hat, erst wenn man aus dem Schon- und Schutzraum der Familie ins Freie tritt, sich auf offener Straße befindet, also auch nicht im Jugendzentrum oder auf dem Sportplatz, erst dann wird es abenteuerlich. Die meisten Leute benutzen die Straße nur, um woanders hinzugelangen. Auf der Straße herumzustehen und zunächst einfach nichts zu tun, gibt dir eine gewisse Überlegenheit über deine Umwelt. Du siehst die Dinge mit anderen Augen als die beschäftigten Menschen, die irgendwelchen Zielen zustreben. Die soziale Kontrolle und Überwachung ist schwierig, was dir einen weiteren Vorteil verschafft. Du kannst sehr rasch einen Ortswechsel vornehmen, wenn gesellschaftliche Kontrollorgane auftauchen. Deine ganze Aufmerksamkeit ist frei zu deiner Verfügung, weil du eben nichts tust.

Epilog – Ade ihr alten 68er

„Links denken, rechts leben!"

Die wissenschaftliche Forschung ist eine mächtige gesellschaftliche Institution. Wenn solch ein kolossaler Apparat einige seiner künstlichen Augen und Ohren auch auf die Jugend richtet, kennzeichnet dies ein besonderes Verhältnis *„der Gesellschaft"* zu den Jugendlichen.

Ich habe „die Gesellschaft" in Anführungszeichen gesetzt, weil in Wirklichkeit ja nur bestimmte Teilgruppen der Gesellschaft und ihre Repräsentanten zur Produktion eines „wissenschaftlichen“ Jugendbildes beitragen. Unsere Auseinandersetzung, meine Auseinandersetzung mit Jugendlichen ist Ausdruck eines gesellschaftlichen Konfliktes und zugleich eines persönlichen Kampfes, der sich auch in meinem Inneren abspielt, wo sozusagen Vertreter der verschiedensten Jugendkulturen und Vertreter anderer Generationen und ihrer Denkweisen und moralischen Prinzipien miteinander im Widerstreit liegen. Ich spreche immer auch von mir selbst, wenn ich über Jugendliche spreche. Sie ermöglichen mir, indirekt Trauer, Sehnsucht, Überdruß, Langeweile und Wut zu äußern und fordern mich zugleich auf, mich für das, was ich getan und wie ich gelebt habe, zu rechtfertigen.

Ich schreibe über das Nichtstun auch deswegen, weil es mir so ungeheuer schwerfällt, einmal nichts zu tun. Soweit wäre ja alles in Ordnung, denn ich bin nicht arbeitslos, keiner zwingt mich, nichts zu tun. Leider ist nichts in Ordnung. Als ich mich, beruflich in gesicherter Position, in dieser Gesellschaft einzurichten begann, als ich mich schon daran gewöhnt hatte, tagtäglich mein kleines Scherflein beizutragen zum großen Werk des wissenschaftlich bereiteten Fortschritts, als ich bereits anfing zu vergessen, was ich alles geschrieben und veröffentlicht hatte, wurde ich plötzlich krank. Für die als äußerst bedrohlich wahrgenommenen körperlichen „Funktionsstörungen“ fanden sich keine organischen Ursachen. Eine Krankheit der Seele also. Für mich auch eine unüberhörbare Erinnerung an den Tod, der mir bevorsteht.

Der einigermaßen gesichert erscheinende Boden, auf dem ich fast zehn Jahre gegangen war, fing an zu schwanken. Ich bin Erziehungswissenschaftler, der sich von materialistisch denkenden Soziologen hat beeinflussen und faszinieren lassen. Politisch war und bin ich eher links orientiert, mit einer starken Sympathie für echte Liberalität. Materialistisches Denken aber tut sich schwer, persönliches Erleben und „Sinnfragen“ ernst zu nehmen. Daß aber Sinnfragen mehr sind als eine Freizeitbeschäftigung, daß sie existenzbedrohende Ausmaße annehmen können, erfuhr ich gerade am eigenen Leib, der anfing sich zu sträuben.

Politisch hatte sich einiges geändert. Es gab die neuen sozialen Bewegungen, es gab jetzt die Grünen. Viele „Linke“ erschienen mir auf einmal in einem ganz anderen Licht. Ich entdeckte: Die sind ja genauso machtbesessen, geldgierig, verlogen, spießig, verklemmt wie die, die sie zu bekämpfen vorgeben. Ich merkte, daß Professoren oft als Professoren handeln, das heißt als Vertreter eines zwar etwas heruntergewirtschafteten, inzwischen aber wieder mit neuen Privilegien auf Kosten der „Mitarbeiter“ ausgestatteten Standes. Natürlich gibt es hier Ausnahmen, aber ich schätze den Anteil der wirklichen Intellektuellen an den Amtsinhabern auf nicht mehr als fünf Prozent. Die Mehrheit verhält sich als ständische Korporation, die versucht, Auslesemacht, Sozialprestige und letztlich auch Geld auf sich zu häufen. Wann habe ich es erlebt, daß einer von diesen emsigen Kritikern der gesellschaftlichen Verhältnisse zugegeben hätte, daß er einen Fehler gemacht, daß er unrecht gehandelt hat, daß er faul und nachlässig war. Viele „Altlinke" sind kleinbürgerliche Musterknaben, die dann auch folgerichtig mit fünfzig in ihren Konfirmationsanzug zurückfinden. Sie haben den Durchblick, sind tüchtig und erfolgreich, niemals aber borniert, faul, geil, gefräßig und grausam. Sie fahren nicht aus der Haut, sind nicht sentimental, kennen Brutalität nur aus schlechten Filmen, verachten die Muße, witzeln allenfalls über religiöse Ergriffenheit und sehen keinen Sinn darin, über den Tod zu reden. Schönheit ist für sie ein postmodernes Phänomen, so daß sie sich keinesfalls überwältigen lassen von Sternenhimmeln, Landschaften, Kathedralen, Tempeln, verführerischen Menschen. Für sie hat die Welt keine Rätsel. Sie leben in einer Welt ohne Zauber. Sie kleiden sich unauffällig, mal eher schlampig, mal eher adrett, um ja nicht den Anschein zu erwecken, sie wollten was Besseres sein. Diskotheken halten sie für einen Ort, der Jugendlichen vorbehalten ist, die aufgrund ihrer Sozialisationsdefizite dort leiden müssen. Jemand, der einen Moment dasteht und nicht weiß, was er gerade machen soll, bedarf in ihren Augen der caritativen Aufmerksamkeit von Freizeitbetreuern, die ihn auf den rechten Weg zurückführen.

Der Glaube der Altlinken an die Zukunft ist ungebrochen. Die Entwicklung der Produktivkräfte in Verbindung mit dem sich zuspitzenden Klassenantagonismus wird schon für eine neue bessere Welt sorgen, ohne daß dies im Moment ihren kleinbürgerlichen Frieden stört. Natürlich nur unter der Bedingung, daß die Menschen und auch die Jugend sich politisch richtig organisieren und an dem großen Werk mitarbeiten. Subjektives ist dabei insoweit zugelassen, als eben manche an sich selbst „arbeiten" müssen, bevor sie politisch arbeiten können. Überhaupt läßt sich durch Arbeit jedes Problem lösen. Formen der Arbeit: Beziehungsarbeit, Gruppenarbeit, befreite Arbeit, freie Arbeit (in der Grundschule), Forschungsarbeit, Sozialarbeit, Gemeinwesen- und Stadtteilarbeit, kreative Arbeit, Gestaltarbeit, Gremienarbeit und natürlich: Jugendarbeit.

Alles wird zum Gegenstand von Arbeit, alles wird Arbeit. Und alle sind wir Arbeiter oder Mitarbeiter.

Funktioniert das?

Wenn durch Arbeit auch meine „Probleme" gelöst werden könnten, dann müßten sie längst gelöst sein. Solange ich damit fortfahre, „an mir selbst zu arbeiten", behandle ich mich selbst immer noch so, wie ich jahrelang von anderen behandelt worden bin.

Ich bin nicht machbar. Menschen sind nicht machbar. Durch Arbeit kommen wir nicht weiter; und mühsames Erklettern von Theoriegebäuden verschafft keinen besseren Überblick.

Sozial- und Erziehungswissenschaftler haben dazu beigetragen, daß das Vokabular der Psychopathologie in die Beschreibung und Deutung von Jugendkulturen

Eingang gefunden hat. Manchmal erinnert mich das an den Umgang mit dem Phänomen Onanie im achtzehnten und neunzehnten Jahrhundert. Auch damals waren es Wissenschaftler, die „nachgewiesen" haben, daß Selbstbefriedigung eine Krankheit sei. Ich denke, man sollte den Spieß mal herumdrehen und Freud auf die altlinken Musterknaben anwenden. Ihre bevorzugten Verdrängungsmechanismen sind Rationalisierung, Intellektualisierung und Reaktionsbildung. Rationalisierung heißt: Sie wissen für alles kausale Gründe, auch für ihr eigenes Versagen. Intellektualisierung heißt: Sie „heben" alles auf die Ebene einer gefühlsleeren, unanschaulichen, von keiner Geste begleiteten Sprache. Reaktionsbildung heißt: Sie bekämpfen bei anderen das am heftigsten, wonach sie selbst insgeheim lechzen: das Planlose, das Schöne, das Verführerische, das Dumme, das Heilige und das Nichtstun.
Ich verdanke den Jugendkulturen und der Freundschaft und Liebe zu Menschen, die zehn oder fünfzehn Jahre jünger sind als ich, viele Lichtblicke. Sie haben mir gezeigt, daß meine Art zu leben mich selbst und andere nicht glücklich macht. Es war für sie erst nicht leicht, es mit einem Menschen auszuhalten, der so wenig Talent zur Muße hat wie ich. Denn sie wollten weder belehrt noch bearbeitet noch geführt werden. Ebenso wie ich hatten auch sie oft keine Zeit. Aber sie dachten weniger an die Zeit, waren nicht gefangen in einem Zeitkäfig aus Tages-, Wochen-und Jahresplänen.
An die Adresse der Altlinken ein letzter bitterer Gruß:
Ich gebe euch auf, ihr alten 68er. Der Abschied fällt mir leicht, denn immer, wenn ich an euch denke, habe ich einen schalen Geschmack im Mund. Ich bin ein enttäuschter Liebhaber, der auf große Gesten und scheinheiliges Getue hereingefallen war. Die Gleichheit, die ihr predigt, ist immer die Gleichheit der anderen. Behaltet sie. Und euer Verständnis von Muße erscheint mir infantil. Dieser Konsum von Tennisplätzen und -schlägern, von Segelbooten, von Kerosin und Lagerfeld ist in meinen Augen nicht mehr als Zeittotschlagen.

Nachbemerkung, April 1989

Dieser Aufsatz ist, wenn er gedruckt vorliegen wird, in mancher Hinsicht nicht mehr aktuell. Die Popper sind vorüber, und die Altlinken sind in das Stadium der Besonnenheit und Reife, der dunklen Anzüge und der mitternachtsblauen Limousinen eingetreten. Sie genießen die Assimilation an ihre Vaterimago.
Trotzdem bin ich davon überzeugt, daß das, was ich hier über verändertes Zeiterleben, Wertwandel, Ekstase, beschwingten Narzißmus, Kynismus und altlinken Infantilismus geschrieben habe, weiterhin gültig ist. Inzwischen rattert der Fortschritt. An der Universität haben auch die Geisteswissenschaftler jetzt Computer gekriegt. Die „Gerätepools" heißen „*Unix-Stationen*". Wegweiser führen hin zu die-

sen Geräteversammlungen. Jemand (ein Saboteur!) hat auf ein Hinweisschild fein säuberlich ein T vor das U gesetzt. So gibt es einen Wegweiser, der den Suchenden leitet: „Zu den TUNIX-Stationen".

Ich widme diesen Aufsatz Frank, der im Vergleich zu mir ein Virtuose der Muße ist.

1 Zur Ausdehnung der Jugendphase und zum Phänomen der sogenannten Postadoleszenz vgl. Jugendwerk der Deutschen Shell, 1981, Band 1, S. 80 ff.; zum Thema „Statusverlust" vgl. Kreutz 1974, 1976
2 Über die entwicklungspsychologische Bedeutung des „Interimsstatus" siehe Ausubel, 1968, S. 312 ff., 368 ff.
3 Interviewzitate aus: Bauer, K.O., Hellmann, D., Hoffmann, R., Pardon, H.: Zukunftserwartungen und Lebensinterpretationen von Jugendlichen in einer Ruhrgebietsgroßstadt, Dortmund 1981, S. 52
4 ebd., S. 53
5 Dies zeigt sich u.a. darin, daß ein immer größerer Anteil von Jugendlichen zwischen 13 und 16 Jahren noch eine allgemeinbildende Schule besucht. 1960 waren nur 21 % der Sechzehnjährigen in allgemeinbildenden Schulen, 1978 bereits 45 % (Zinnecker 1981, S. 113). Jugend im Sinne von „Noch zur Schule gehen" hat also eine enorme Ausweitung erfahren.
6 Die Diskussion über den Wertwandel wurde ausgelöst durch die empirischen Analysen von Inglehart (1977, 1980, 1981). Eine zusamenfassende Darstellung seiner Theorie und ähnlicher Ansätze, Wertwandel zu beschreiben und zu erklären, findet sich in: Bauer, Hellmann, Pardon, 1983, S. 12 ff.
7 Immer mehr Jugendliche können sich ein attraktives Leben auch ohne Arbeit vorstellen. Der Begriff „Lebensgenuß" wird heute deutlich positiver bewertet als vor zwanzig Jahren. Empirische Belege bei Bauer, 1983, S. 31 ff.
8 Weber, 1920
9 Es gibt eine Flut von Aufsätzen über den Neuen Sozialisationstyp. Eine gute Zusammenstellung bei Häsing, Stubenrauch, Ziehe, 1979
10 Rolff, Zimmermann, 1985, S. 22
11 Pilgrim, 1985
12 Rolff, Zimmermann 1985, S. 144 ff., insbes. S. 150
13 ebd., S. 144
14 ebd., S. 149
15 Eine Beschreibung dieses Typs findet sich u.a. bei Wirth, 1984
16 Günther, 1982
17 Fischer, 1981
18 Bauer, 1983
19 Belege bei Fischer, 1981, S. 358, 373
20 Eine um Objektivität bemühte Darstellung des „ozeanischen Gefühls" gibt Wirth, 1984, S. 111 ff.
21 Zum Thema „Grenzerfahrungen" gibt es einen lesenswerten Sammelband: Psychologie heute-Redaktion, 1984
22 Der uneingestandene Narzißmus etlicher Sozialwissenschaftler zeigt sich darin, daß sie ständig bemüht sind, die Selbstdarstellung dorthin zu verlegen, wo sie sich sicherer fühlen. Sie selbst legen enormen Wert darauf, in der Presse namentlich genannt, also aus der Masse herausgehoben zu werden. Zugleich brandmarken sie das Bemühen von Jugendlichen, durch ihr äußeres Erscheinungsbild „sich selbst auszuzeichnen".
23 Baacke, 1981, S. 131
24 Veblen, 1912, deutsch: Theorie der feinen Leute, 1958
25 Über die Bedeutung von Symbolen als Statusersatz vgl. Ausubel, 1968, S. 327 f.
26 Beleg bei Zinnecker, 1981, S. 497
27 Corrigan, 1979, S. 176

LITERATURVERZEICHNIS

Ausubel, D. P.: Das Jugendalter. Fakten – Probleme – Theorie. München 1979[6]

Baacke, D.: Jugend heute: Der leise Widerstand. In: Psychologie Heute – Redaktion (Hrsg.): Lebenswandel – die Veränderung des Alltags, Weinheim u.a. 1981, S. 129–135

Bauer, K.-O., Hellmann, D., Pardon, H.: Einstellungen und Sichtweisen von Jugendlichen, Weinheim u.a. 1983

Corrigan, P.: Nichtstun. In: Clarke, J., u.a.: Jugendkultur als Widerstand. Frankfurt u.a. 1979, S. 176–180

Fischer, R.: Zeitbewußtsein. In: Jugendwerk der Deutschen Shell (Hrsg.): Jugend 81. Lebensentwürfe. Alltagskulturen. Zukunftsbilder. Hamburg 1981, Band 1, S. 346–377

Günther, H.: Die verwöhnte Generation? Lebensstile und Weltbilder 14- bis 19jähriger. Eine empirische Untersuchung. Hanns Martin Schleyer Stiftung, Köln 1982

Häsing, H., Stubenrauch, H., Ziehe, T. (Hrsg.): Narziß. Ein neuer Sozialisationstyp? Bensheim 1979

Inglehart, R.: The Silent Revolution. Changing Values and Political Systems among Western Publics. New Jersey 1977

Derselbe: Zusammenhang zwischen sozioökonomischen Bedingungen und individuellen Wertprioritäten. In: Kölner Zeitschrift für Soziologie und Sozialpsychologie 32 (1980), 144–153

Kreutz, H.: Soziologie der Jugend. München 1974

Pilgrim, V. E.: Der selbstbefriedigte Mensch. Reinbek 1985

Psychologie Heute-Redaktion (Hrsg.): Lebenswandel – die Veränderung des Alltags. Weinheim u.a. 1981

Rolff, H.-G., Zimmermann, P.: Kindheit im Wandel. Eine Einführung in die Sozialisation im Kindesalter. Weinheim u.a. 1985

Veblen, T.: Theorie der feinen Leute. Deutsche Ausgabe, Köln 1958 (engl. New York[2] 1912)

Weber, M.: Gesammelte Aufsätze zur Religionssoziologie, 3 Bde., Tübingen 1963 (1920)

Wirth, H.-J.: Die Schärfung der Sinne. Jugendprotest als persönliche und kulturelle Chance. Frankfurt 1984

Zinnecker, J.: Die Altersgleichen. In: Jugendwerk der Deutschen Shell (Hrsg.): Jugend 81, Band 1, S. 422–556. Hamburg 1981

Joseph Tewes

Schule und Musse – Kommentar zu einer Leerstelle

Man wird hier vergeblich einen Beitrag zur pädagogischen Muße suchen. – Es erwies sich offenbar als zu kraß, die Begriffe Schule und Muße zusammenzuzwingen. Sein Fehlen muß an dieser Stelle vom Herausgeber bedauert werden: Es gehört zu den Enttäuschungen des Buches.
Aber wie hätte es auch gelingen können? Ist ein größerer Gegensatz denkbar? Muß Schule nicht grundsätzlich „Leistungsschule" sein? (vgl. Schulleistung und Leistungsschule, hrsg. von Ilse Lichtenstein-Rother, Bad Heilbrunn 1971). Bedeutet Lernen nicht für Kinder und Jugendliche dasselbe wie Arbeiten für Erwachsene? – Spätestens hier protestiert meine philologische Erinnerung. Stammt das deutsche Wort „Schule" nicht vom griechischen „s-chole", Muße? Im Lateinischen „schola", im Deutschen „Schule"? Hier, und darauf ist zu bestehen, sitzt der Pfeil im Fleisch der Pädagogik. Hier steht sie unter Rechtfertigungszwang.

Was veranlaßte, wie begründete, was berechtigte die antike Paideia, den Ort des Lernens einen Ort der Muße zu nennen, es sei denn, sie hätte ein Geschehen im Sinn, das sich zuallererst in der Art der Muße vollzieht, also seinen Sinn in sich selbst hat und jenseits der Unterscheidung von brauchbar und unbrauchbar steht: ein Freiraum des In-sich-Sinnvollen, das sich anzueignen nur in Muße oder überhaupt nicht möglich ist, ein Bereich, der Sinnspielräume öffnet, zwischen denen das Dasein frei wählen und sich in je anderer Weise zu seiner Ganzheit erfüllen kann.

Wir sind es gewohnt, die Schule als eine Einrichtung zu sehen, die sich die Gesellschaft geschaffen hat, um ihrem Nachwuchs für wichtig gehaltene Kenntnisse zu vermitteln und ihn auf die benötigten Verhaltensweisen festzulegen. Alle Prinzipien, die in der Gesellschaft herrschen: Konkurrenz, grundsätzliche Leistungsbereitschaft, Anpassung und Unterordnung, Bereitschaft zur Entfremdung, Zurückstellen des eigenen Selbst werden in der Schule zwangsweise übertragen. Von der Pädagogik als Wissenschaft wie als Praxis wird damit ständige Selbstaufgabe und das Verraten ihres eigenen pädagogischen Anspruchs verlangt. Gewissermaßen als Ausgleich dafür erhält sie die Funktion, ihre Zöglinge mit Lebenschancen zu belohnen. Sie wird zur zentralen Dirigierungsstelle für die künftige soziale Sicherheit, für den künftigen sozialen Rang und für das Ausmaß künftiger Konsummöglichkeiten.

Einer solchen Schule werden wir die Muße nicht zum Fraße vorwerfen, sie wäre auch gar nicht in der Lage, Muße zu verstehen, weil sie ihrem Wesen fremd ist. Aber noch einmal gefragt: Muß Schule so sein, daß ihr Muße, jene zweckfreie, aber im höchsten Maße sinnvolle Tätigkeit fremd ist? – Eine solche Schule dürfte sich nicht weiterhin ihre Inhalte von der Gesellschaft vorschreiben lassen, sondern sie durch sich selbst als pädagogische Wissenschaft frei wählen.Sie müßte dabei unterschiedliche Entwürfe des Menschseins vorstellen, denkerische, handwerkliche und künstlerische Fähigkeiten ausbilden, mit anderen Zeiten und Kulturen bekanntmachen, Grundmuster geglückten wie mißglückten Lebens und die großen philosophischen, religiösen, sozialen, politischen, ästhetischen Entwürfe, Erkenntnisse, Gedanken, Ideen, Kunstwerke und Mysterien vermitteln. *Muße wäre damit jener Horizont, in dem sich der Mensch ohne zeitliche Enge als freies Wesen konstituiert und aus der Universalität menschlicher Möglichkeiten seine eigene Ganzheit hervorbringt.* Mit solchen Erfahrungen wäre der Mensch sehr wohl in der Lage, in der Gesellschaft zu arbeiten, jetzt aber ohne Aufgabe seines Selbst. In Kenntnis überzeugender Alternativen wird er kritisch sein können, kraftvoll, weil er nicht weiterhin größere Teile seines Wesens zu unterdrücken hat oder nie kennenlernen konnte.

Und wie kann man es überdies rechtfertigen, den Begriff des Lernens und Erkennens so weitgehend durch den Arbeitsbegriff zu interpretieren, wie wir es tun? Es ist so verbreitet wie unsinnig wie ideologisch, daß Lernen nur Arbeiten sein müsse. Lernen kann ebensogut Entdecken sein, sich seiner Neugier Überlassen, das „*gaudium de veritate*", das Glück der Erkenntnis, das staunenerregende Enthüllen, das Herumsuchen und Bohren, das Nicht-weiter-Kommen und die Aporie. Dabei steht außer Zweifel, daß Lernen auch arbeitsähnliche Züge besitzen muß, etwa im unverzichtbaren Üben.

Ist es überhaupt vorstellbar, daß eine solche Schule sich je etabliert? Und wer kann sie überhaupt wollen? – Den Linken wird sie zu elitär sein, den Praktikern zu elfenbeinern, den Verantwortlichen zu unverantwortlich, den Rechten zu wenig leistungsorientiert. Die Eltern, die schon unruhig zu werden beginnen, wenn ihre Kinder auch am dritten Tag keine Hausaufgaben haben, werden fürchten, ihre Zöglinge könnten im allgemeinen Rattenrennen zurückfallen – und dennoch: Sogar heute ist Schule von Spuren eines solchen Lernens durchzogen, und dies sind Augenblicke, die das Übrige ertragen lassen.

Diese Gedanken sind Humboldts humanistischer Bildungskonzeption und einem Aufsatz von Heinrich Romberg verpflichtet. (Leistung und Muße, in: Christlicher Glaube in moderner Gesellschaft, Freiburg 1980, vergleiche dazu auch Nietzsches Bildungsvorstellungen, Aufsatz G. Gödde).

Dorothea Lukowski

Tiefeninterviews zu „Musse“, „Müssiggang“ und „Gelassenheit“ – eine psychologische Feldstudie

Als ich die Aufgabe übernommen hatte, für dieses Buch einen Text zu schreiben, habe ich mich damit auseinandergesetzt, eine „Psychologie der Muße“ zu entwerfen, wie es der Herausgeber nahelegte. Nur, wie sollte das geschehen? Das Literaturstudium brachte mich nicht recht weiter. Begriffe der Alltagssprache, auch der gehobenen Alltagssprache, wie „Muße“ und „Gelassenheit“, werden in der psychologischen Forschung der letzten Jahrzehnte nur noch selten bearbeitet. Dagegen steht die Beobachtung, daß in anderen Disziplinen, wie Philosophie, Theologie, Pastoraltheologie und Pädagogik, sowie vielfach in Büchern zur praktischen Lebenshilfe durchaus Wichtiges zur Muße und zur Frage einer gelassenen Lebensführung geschrieben wurde. In der soziologischen Literatur wird Muße vielfach zum Thema, wenn über Arbeit und Freizeit gehandelt wird. Vergleichbares fand ich in der psychologischen Literatur nicht. Eine psychologische Muße-Theorie ist darum hier nicht zu leisten; dennoch wird in dieser Studie der *psychologische Zugang* zum Thema Muße deutlich werden: In diesem spezifischen Zugang geht es um das Erleben und Verhalten von Menschen und um die Bedingungen hierfür sowie um die Ursachen und Bewertungen, die Menschen ihrem Erleben, ihrem Verhalten und ihrer Eigenwelt zuschreiben. (Vgl. auch Metzger, 1952.)

Dieser Zielvorstellung muß auch die *Methode* entsprechen: Es soll also nicht spekuliert werden, was Menschen unserer Tage mit dem Wort „Muße“ möglicherweise verbinden oder verbinden sollten, sondern sie werden selbst zu Wort kommen. Ich habe darum im letzten halben Jahr viele Gespräche geführt mit den unterschiedlichsten Gesprächspartnern und habe sie gebeten, mir ihre Einfälle, Gedanken und Überlegungen zu dem Wort „Muße“ mitzuteilen.

Nach einem *Vorlauf* von 10 Gesprächen zeichnete sich ab, daß vielfach die Wörter *Gelassenheit* und *Müßiggang* zum Thema Muße assoziiert wurden. Ihre Nennung und Erörterung war wichtig, um die Spezifika von „Muße“ in den Blick zu bekommen. Wegen dieses Anregungsgehaltes habe ich sie in den folgenden Gesprächen weiterverwendet und sie darum auch in den Titel aufgenommen. – Ein Gesprächspartner stellte mir für weitere Interviews eine Zeichnung mit dem Sprichwort

„Müßiggang ist aller Laster Anfang" zur Verfügung, auf der mehrere Lastwagen zu sehen sind. Vorne an der Kühlerhaube haben sie alle ein Schild mit der Aufschrift: *Müßiggang.*

Unter meinen insgesamt 60 Gesprächspartnern und Gesprächspartnerinnen waren junge und ältere Menschen, Arbeitslose und Berufstätige, Schüler und Studierende, Auszubildende und Rentner, sehr Erfolgreiche und Nichtseßhafte, allein Lebende und Frauen, die einem großen Haushalt vorstehen, Kranke und vitale alte Menschen.

Die Liste der Unterschiede könnte noch erweitert werden, doch soll nicht der Eindruck erzeugt werden, als handelte es sich bei den Gesprächen um eine repräsentative Befragung. Das wäre schwerlich zu bewerkstelligen gewesen und ist auch nicht mein Ziel. Die unterschiedlichen Gesprächspartner, die ihre Einfälle mitteilten, sprachen vorerst für sich selber. *Ihre jeweiligen Aussagen* – wenn sie nur sorgfältig erhoben und dokumentiert werden – *sind gültig und werden nicht wahrer dadurch, daß sie gehäuft gegeben werden.* (Vgl. Metzger, 1952.)

Diese Erhebung ist also eine *psychologische Feldstudie,* und wenn im weiteren auch Interpretationen versucht werden und hierbei theoretische Konzepte herangezogen werden, so haben diese Erörterungen den Stellenwert von Hypothesen und von Anregungen zum Nachdenken und Weiterforschen.

Nun *zur Durchführung der Untersuchung:* Um sowohl der Individualität meiner Gesprächspartner als auch der Thematik gerecht zu werden, wählte ich für unsere Gespräche die Technik der sogenannten *„Qualitativen oder Tiefen-Interviews"* (vgl. Guetzkow, 1950, und Kahn and Cannel, 1960[2]). Ich begann immer mit der Bitte, mir mitzuteilen, welche Gedanken sich bei dem Wort „Muße" einstellen, und entwickelte das Gespräch dann entsprechend den geäußerten Einfällen. Wenn zu dem Wort „Muße" das Wort „Müßiggang" assoziiert wurde und hierzu das Sprichwort „Müßiggang ist aller Laster Anfang", habe ich nach einer Erklärung oder nach weiteren Einfällen dazu gefragt. War der Gesprächspartner mit dem „Muße-Thema" zu einem Ende gekommen, habe ich in gleicher Weise wie oben um Gedanken und Einfälle zu dem Wort „Gelassenheit" gebeten und die Mitteilungen – wie immer – mitgeschrieben. Wenn die Gesprächspartner nicht schon eigenständig darauf zu sprechen gekommen waren, habe ich mich stets noch vergewissert, ob sie die Wörter „Muße" und „Gelassenheit" als „zeitgemäß" einschätzen, welche gefühlsmäßige Tönung sie damit verbinden und ob sie „Muße" und „Gelassenheit" besonderen Personen, Personengruppen und besonderen Bedingungen oder Situationen zurechnen.

Weiter habe ich ihnen – ob das Sprichwort „Müßiggang ist aller Laster Anfang" zum Thema „Muße" genannt worden war oder nicht – *die oben erwähnte Witzzeichnung vorgelegt* und ihre Assoziationen und nonverbalen Äußerungen dazu vermerkt. Die Gespräche dauerten zwischen 15 und 60 Minuten. Alle Gesprächspartner haben die Tiefen-Interviews freiwillig, einige am Anfang etwas aufgeregt, aber – nach eigenem Bekunden – gern gegeben und sehr oft interessant und anregend gefunden. Vielfach stellten sich die Gesprächspartner selber weiterführende, die Thematik erweiternde Fragen. Mehrere waren erstaunt über ihre eigenen vielfältigen Einfälle und Assoziationen und ermunterten mich, dieses Kapitel ja zu schreiben, weil es um ein so wichtiges und spannendes Thema gehe.

An dieser Stelle möchte ich mich bei allen Interviewpartnern und bei allen Freunden, die mit mir über diese Studie diskutiert haben, ausdrücklich bedanken, denn ohne sie gäbe es dieses Kapitel nicht!

Nachdem die Reihe der Tiefeninterviews abgeschlossen war und die Ergebnisse bereits ausgewertet waren, habe ich – zur *Überprüfung* sowohl der Methode wie der Befunde – noch eine Gruppe von 30 Lehramtsstudenten (22 bis 24 Jahre alt) gebeten, ihre Gedanken zu „Muße" und „Gelassenheit" aufzuschreiben. Sie erfüllten diese Bitte mit großer Bereitwilligkeit, und auch ihnen bin ich für ihre Mitteilungen herzlich dankbar!

Die Tendenzen, die sich in den Einzelgesprächen abzeichneten, fand ich in den Texten der Studierenden wieder. Auch bestätigte sich meine Vermutung, daß mündlich geführte Tiefeninterviews in der Regel vielfältiger, farbiger und reichhaltiger ausfallen als Ergebnisse aus einer schriftlichen Befragung.

Vorab ein *Überblick über die Ergebnisse*, im zweiten Schritt werden die Befunde näher ausgeführt und einige Interpretationen gewagt.

Das Wort „Muße" weckt bei allen meinen Gesprächspartnern im ersten Zugang erfreuliche Assoziationen, es ist vielleicht nicht immer ganz zeitgemäß, aber die Vorstellung davon wird erst einmal als positiv erlebt; dasselbe geht auch aus den schriftlichen Äußerungen der Studenten hervor.

Als weniger eindeutig wird das Wort „Gelassenheit" empfunden; es gehört zur Muße, kann die Grundlage sein, „Gelassenheit" mag aber auch Stumpfheit und Unempfindlichkeit bedeuten.

Soweit die Übereinstimmungen.

Im einzelnen jedoch unterscheiden sich die Tiefeninterviews in Inhalten und Verlaufstendenzen beträchtlich. Es stellte sich vielfach der Eindruck ein, daß die Gesprächspartner sehr persönliche Aussagen machten und Einsicht gaben in ihre Erlebnistendenzen, Vorlieben und Befürchtungen, in ihre Ängste und Abwehrformen, Denkstrukturen und Handlungsstrategien, kurz, daß sie einen Blick in ihre Eigenwelt ermöglichten.

Ich werde darum bei den folgenden Ausführungen streng darauf achten, Indiskretionen und Bloßstellungen zu vermeiden. Trotz der unterschiedlichen Zugangsweisen der einzelnen schälen sich meines Erachtens *zwei Gruppen von Interviewpartnern* heraus.

In der *1. Gruppe* antworteten die Gesprächspartner so, daß sie mit „Muße" positive

Vorstellungen verbinden entweder, weil sie konkret in ihrem Leben gute Erfahrungen mit Muße gemacht haben oder weil sie Muße – mehr abstrakt – als persönliche Zielvorstellung oder als Aufgabe oder menschliche Verpflichtung bewerten und sich dazu bereits Gedanken gemacht haben.
In der *2. Gruppe* wird unmittelbar nach einer positiven Einschätzung die „Muße" zum eher lastenden Problem: Schnell stellen sich negative Assoziationen ein; es fallen zweifelnde, ironische und banalisierende Bemerkungen und Wörter wie „Leistung", „Erfolg", „Versagen" und immer wieder das Sprichwort „Müßiggang ist aller Laster Anfang", weiter die Redensart „Wer rastet, der rostet". Auch wird die Angst deutlich, „Zum alten Eisen zu gehören", wenn man „Zeit nutzlos vertut".
In diesen Gesprächsphasen gab es vielfach Brüche und Widersprüchlichkeiten trotz oder gerade wegen hoher persönlicher Beteiligung der Gesprächspartner. Es schien mir unübersehbar, daß hier ein mit Ambivalenzen und Schuldgefühlen besetztes Problem zur Sprache kam.
In den Aufzeichnungen der Studierenden wird das Wort Muße kaum mit „Müßiggang" assoziiert, jedoch häufig der „Hektik" gegenübergestellt. Vielfach wird beschrieben, wie den Augenblicken des Nichtstuns ausgewichen und die Muße beinahe ängstlich gemieden wird.
Im nächsten Abschnitt sollen einige der Gesprächspartner selber zu Wort kommen. In den Interviewauszügen sollen generelle Gesprächstendenzen, aber auch individuellere Mitteilungen beispielhaft deutlich werden. Für den Leser bietet sich hier die Möglichkeit, zu schauen, wo er sich selber wiederfinden kann und welche eigenen Einfälle ihm bei den Gedanken anderer kommen.
Zuerst zur *1. Gruppe*, zu den Gesprächspartnern, bei denen die *positiven Assoziationen im Vordergrund* standen.

Ein 15jähriger Schüler: „Mit ‚Muße' verbinde ich Ruhe, Privatleben, freie Zeit, Lesen, Gedichte, Frieden, auch nur faul rumsitzen. Aber eigentlich ist eher die geistige Beschäftigung gemeint, denke ich, Muße geschieht von ganz allein, indem man sich in seine Gedanken vertieft, die Gedanken so kreisen läßt. Muße ist etwas Schönes; daß man sich mit sich selber beschäftigt, sich selber findet; daß man über das nachdenkt, was man tut und was man getan hat, daß man über seine Einstellung nachdenkt. – Es ist schlecht, wenn man zu wenig Muße hat. Das stimmt nicht, daß Müßiggang aller Laster Anfang ist, aber nicht zu viel nachdenken! Man muß auch tun, was man gedacht hat! Vielleicht ... (betrachtet die erwähnte Zeichnung) ... in einem Staat, in dem man nicht frei reden und denken kann ... von deren Standpunkt ist Müßiggang aller Laster Anfang. Muße kann auch was mit Gelassenheit zu tun haben, aber umgekehrt nicht unbedingt.
„Gelassenheit", damit verbinde ich das Trennen von Dingen, die wichtig und nicht

wichtig sind. Gelassenheit ist eine besondere Art, sich zu verhalten, ein Teil der Muße, indem man sich nicht zu sehr von den Dingen beeinflussen läßt, die für die Muße nicht wichtig sind. Diese Gelassenheit muß man einnehmen können, eben gelernt haben. Ich kenne keine wirklich gelassenen Menschen, wohl solche, die sich ihre Gefühle nicht anmerken lassen. Eher alte Menschen sind gelassen als junge, die haben mehr Abstand gewonnen, weil vieles sie nicht mehr betrifft. Junge haben noch vieles vor sich; die nehmen Sachen sehr wichtig und können deswegen gar nicht immer gelassen sein. Muße kann jeder erleben, hängt aber von der Reife und Überzeugung ab." Er selber könne sich, seit er 12 Jahre alt ist, an Mußeerlebnisse erinnern.

In diesen Äußerungen wird Muße mit Nachdenklichkeit und Selbstfindung verbunden. Gedanken, die so und ähnlich in vielen Interviews auftauchten, aber im folgenden nicht mehr in gleicher Ausführlichkeit wiedergegeben werden.

Eine 55jährige Frau, die einen großen Haushalt führt:

„Muße? Ach ja, in Muße gern etwas tun, etwas Schönes tun oder etwas, was nicht unbedingt fertig werden muß. Es in Ruhe auf mich zukommen lassen, gelassen sein; genießen das Schöne, schöne Musik hören, ein schönes Buch lesen; auch einfach nur hinsetzen und nichts tun, so fünf Minuten genügen oft schon; abschalten und umschalten von Streß und Hetze auf Muße. Wenn man sehr angestrengt und unter Zeitdruck gearbeitet hat und ist dann doch rechtzeitig fertig geworden, ... die Viertelstunde danach, das ist eine ganz besondere Zeit, wenn man die nachher sich hinsetzen kann. Diese Muße kann man ganz besonders genießen, fast Feiertagsstimmung."

Hier ist wegen der Fülle von Arbeit für Mußestunden wenig Platz. Deshalb wird das kurzfristige Mußeerlebnis besonders intensiv genossen und hebt sich vom Hintergrund des allgemeinen Zeitdrucks ganz deutlich ab.

Eine 40jährige Sekretärin: „Muße bedeutet für mich, mit innerer Ausgeglichenheit irgend etwas oder auch nichts zu tun, in totalem Frieden mit sich selber. Es ist ein positiver Zustand, den ich anstreben möchte." Auf Nachfrage bestätigt sie, durchaus dazu fähig zu sein. „Mit Muße verbinde ich dezente Musik oder Stille. Krach und viele Leute, wie auf einer Fête, vertragen sich nicht mit Muße. Früher hat es wohl mehr Menschen gegeben, die etwas mit der Muße anfangen konnten, aber das kann auch eine Verklärung der Vergangenheit sein. Gelassenheit? – Was verbinde ich damit? – Wenn ich Dinge erst einmal auf mich wirken lasse, auch wenn es schlimme Dinge sind, daß ich dann erst darauf reagiere. Gelassen sein kann man auch bei Krach und unter vielen Leuten. Das ist die positive Seite der Gelassenheit.

Gelassenheit kann auch leicht umschlagen in eine Stimmung von Uninteressiertheit und Unbeteiligtseinwollen." Auf die Witzzeichnung reagiert die Gesprächspartnerin mit amüsiertem Lächeln, gibt aber keine Erklärung. Ihre Assoziationen sind: „Wer rastet, der rostet; da ist wirklich etwas dahinter. Müßiggang ist negativ besetzt, mit Trägheit. Man soll sich schon aufraffen, sonst rostet man im Kopf, in der Seele, in den Knien."
Assoziationen von Ausgeglichenheit, Frieden mit sich selber und Dezenz stehen bei dieser Gesprächspartnerin Vorstellungen von aktiver Bemühung und Beteiligung ungezwungen gegenüber.

Eine 55jährige Sekretärin: „Muße – kann ich jetzt, während dieses Interviews, nicht empfinden. Ich will aber darüber nachdenken. Also, das Loslösen von fremdbestimmten Eindrücken ist eine Voraussetzung der Muße. Es ist das Gefühl des Dahingleitens ohne bestimmtes Ziel, träumen, ohne zu fragen nach der Bedeutung; etwas tun mit Lust, keinen bestimmten Plan haben. An Freunde schreiben und ihnen von der Muße mitteilen. Muße ist nicht altmodisch, die ist immer schon dagewesen; mir ist sie vertraut; Muße löst ein Gefühl von Geborgenheit aus. Im Mußezustand fühle ich keine Schuldgefühle, das ist eine Art Lebensgefühl ohne Konflikte. Das könnte aber auch eine Verdrängung sein, oder? – Ich will einfach keine Schuldgefühle dabei haben, denn Muße ist eine Art, Kraft zu schöpfen, eine Kraftquelle. – Gelassenheit? – Das ist eine Idealvorstellung des Lebenkönnens; diese Eigenschaft möchte ich gern haben. Es ist eine Fähigkeit zur Distanz, zur notwendigen Distanz zu Gegebenheiten, die ich nicht ändern kann, mit denen ich aber konfrontiert werde; es gelingt mir oft nicht. Gelassenheit hängt mit Muße zusammen: Wenn ich eine längere Zeit Muße habe, dann nimmt die Gelassenheit zu. Die Kraft, die aus der Muße erwächst, geht in Gelassenheit über. Diesen Zustand möchte ich immer verlängern." Reaktion auf die Witzzeichnung: „Müßiggang ist etwas völlig anderes als Muße. Das ist so: Den lieben Gott einen guten Mann sein lassen, sich um nichts kümmern. Etwas völlig anderes als Muße! – Das ist nur vertane Zeit, weil ich Dinge, die ich tun muß und die wichtig sind, nicht tue, sie vor mich herschiebe mit Schuldgefühlen. Das ist Zeit, die ich überhaupt nicht nutze, weder wie ich möchte noch wie ich sollte."
Was an der vorgelegten Zeichnung witzig sein könnte, wird nicht angesprochen, scheint der Gesprächspartnerin auch unklar zu sein.
Muße und Gelassenheit sind für sie, wie für viele, die ich der Gruppe 1 zurechne, unfraglich positive und willkommene Erscheinungen und Zielvorstellungen des Lebens. Hervor sticht, daß Aspekte wie „Dahingleiten", „Träumen", „Lust", aber auch „Freisein von Fremdbestimmung" zur Muße gehören. Weiter werden Mußestunden als Kraftquelle für den gesamten Lebensvollzug erlebt. In diese Ausfüh-

rungen scheinen sowohl eigene Erfahrungen, persönliche Zielvorstellungen wie auch Idealisierungen einzugehen.

Ein 44jähriger Pfarrer: „Muße – das ist freie Zeit, die nicht langweilig ist. Bei der Langeweile ist man irgendwie unter Spannung, weiß aber nicht, was einen interessieren könnte. Mußezeit ist interessant verbrachte Zeit, keine Ablenkung. Wenn man sich ablenkt oder abschaltet, deckt man oft etwas zu. Im Zustand der Muße ist man offener, Muße hat etwas Schöpferisches. Man kriegt neue Ideen, kann kreative Interessen entwickeln. – Ich glaube, bei Kleist steht das: Die Kräfte im Schwerpunkt sammeln. Was man in der Muße tut, bewegt einen persönlich, strengt aber nicht an; man hat nicht die Vorstellung, in Streß zu geraten. Das heißt, manchmal merkt man erst hinterher, daß man doch sehr intensiv dabei war; das merkt man daran, daß man nicht etwas gleich Anregendes oder Anspruchsvolles sofort anschließen kann. – Zur Gelassenheit? – Bei Dürckheim habe ich gelesen: Bevor der Gast sich vom Meister des Malens verabschiedet, malt dieser ihm ein Bild, ohne vorzuzeichnen, in völliger Gelassenheit; ohne Sorge, daß es gelingen möge, ohne Angst, es könne nicht gelingen. – Es kommt von selbst. –
Muße und Gelassenheit sind aufeinander bezogen, unterscheiden sich sowohl von Müßiggang wie von Lässigkeit." Auf die Frage, wer wohl am ehesten zur Muße fähig sei, nennt mein Gesprächspartner „Mönche und Künstler, vielleicht auch alte Bauern und Bergleute, die sich mit ihren Tauben beschäftigen." Insgesamt sei im Mittelalter wohl eher Raum für Muße gewesen. Bei Jugendlichen beobachte er zwar ein Bedürfnis nach Ruhe, bezweifle aber, daß sich damit immer die Fähigkeit zur Muße verbinde, in der zweiten Lebenshälfte gelänge das Menschen wohl etwas leichter.
Dieser Gesprächspartner betont das Schöpferische und Sammelnde der Muße, in der personnah und streßfrei Interessen befriedigt werden können. Bei der Gelassenheit ist für ihn wichtig die Sorglosigkeit gegenüber Leistung und Versagen.

Ein 17jähriger Schüler: „Mit Muße verbinde ich Freizeit, irgendwelche angenehmen Tätigkeiten, Künste, Malen, Musik; auf alle Fälle angenehme Tätigkeiten, auch Schlafen am Nachmittag." Hierzu folgen Gedanken, wie sie aus den obigen Interviews bereits bekannt sind. Auf die Frage, welche Menschen wohl besonders zur Muße fähig seien, äußert er: „Kreative Tätigkeiten und geistige Auseinandersetzungen gehören ja wohl zur Muße, ich glaube, in seinen jüngeren Jahren, so bis 20 Jahre, erfährt man angenehme Freizeit nicht so sehr als Muße. Vielleicht am ehesten bei Kunst und Musik gibt es solche Erlebnisse auch in jüngeren Jahren. Bei den meisten wohl erst ab 50 Jahren. – Zur Gelassenheit fällt mir ganz wenig ein. Vielleicht Vor-

stadium zur Muße; wenn man gelassen ist, kann man sich ruhig fragen, was man mit seiner Mußezeit anfangen kann, welche Tätigkeiten." Auf den vorgelegten Witz reagierte er mit Unverständnis. Schüttelt den Kopf. „Das Laster am Müßiggang ist, daß einer alles haben will, aber nichts dafür tut."
Bei diesem Gesprächspartner wird die Ansicht deutlich, daß jüngere Menschen wohl zu kreativen und musischen Tätigkeiten und Erlebnissen fähig sind, aber weniger zu Gelassenheit und Besinnlichkeit, wie sie in den Äußerungen anderer Interviewpartner (s. o.) häufig angesprochen werden.
Der nächste Interviewpartner bringt zwei neue wichtige Aspekte ins Gespräch: Muße und Zeit, Muße und Sicherheit.

Ein 45jähriger Lehrer: „Bei ‚Muße' denke ich an Zustände, in denen man sich besinnen lernt. Ich denke da an Naturbeobachtungen, für die man immer viel Zeit braucht, weil sich die Dinge nicht so schnell und nicht von selber mitteilen. Der Zeitbedarf kann unterschiedlich groß sein; er richtet sich nach den Situationen, die man sich in der Muße erschließen will. Wenn ich hektisch bin, kriegt mein Hund die Panik, und der Vogel, den ich beobachten will, fliegt weg! Habe ich aber die Muße, mehrere Stunden in Beobachtung zuzubringen, so schärfen sich die Sinne, und ich höre etwas, was ich vorher nicht gehört habe: Brechen eines Zweiges, ganz fern unterschiedliche Geräusche. Wenn ich nur nervös durch die Gegend flattere, nehme ich gar nichts auf. Ähnlich ist es mit der Musik. Man kann nur musizieren oder Musik aufnehmen, wenn man die nötige Ruhe hat zuzuhören, auch das gleiche noch mal zu wiederholen, die Feinheiten und Abgestimmtheiten wahrzunehmen und zu genießen." Muße und Gelassenheit? „Beide hängen miteinander zusammen, und beide Zustände brauchen die nötige Zeit und ein gewisses Gefühl von Sicherheit. Ich erkläre mir das so: Wenn ich einen Weg gehe, den ich noch nie gegangen bin, will ich erst einmal das Ziel finden, bin also in einem Spannungszustand; kenne ich aber das Gelände, kann ich das Umgebende mit allen Sinnen gelassen aufnehmen. Muße kann sich bei mir nur einstellen, wenn ich mit der Situation vertraut bin, mich nicht bedroht fühle. Das Neue ist erregend, kann sehr interessant sein, zum Beispiel auf einer Reise. Es kann aber auch schreckhaft machen, wenn ich es nicht zuordnen kann und es vielleicht sogar als Gefahr erlebe. Das hat dann mit Muße nichts mehr zu tun."
Zum ersten Mal tauchen in diesem Gespräch, in dem Muße als sehr wohltuend geschildert wird, auch Assoziationen von Bedrohung und Gefahr auf. Mußeerfahrungen und Gefährdungserlebnisse werden hier aber als einander ausschließende psychische Zustände beschrieben und voneinander getrennt. Anderen Gesprächspartnern, die ich der 2. Gruppe (s. u.) zuordne, gelingt diese Trennung nicht in gleicher Weise.

Eine 42jährige Psychologin: „Muße, das ist ein schöner Zustand. Ich habe als Kind immer unheimlich gern dagelegen und in den Himmel geguckt. Meine Mutter hat mich auch gelassen und das an mir bewundert. ‚Du hast so was Kreatürliches', hat sie gemeint. Sie selber konnte das nicht so. Ihr Vater hat zu ihr immer gesagt: ‚Hast Du denn nichts zu tun?' Sie mußte immer viel im Haushalt helfen als Kind. Mein Sohn hat das auch nicht so wie ich. Das blöde Fernsehen! All die vielen Angebote, und wenn es Mickimaushefte sind! Es kommt gar nicht mehr zum Erleben von Langeweile. Die Leerstellen werden zu schnell gefüllt. Ich kenne aus meiner Kindheit das Gefühl wirklich quälender Langeweile, und dann gab es da so eine Kippstelle, denke ich: Wenn man die Langeweile nicht mit Zerstreuung totschlug, konnte wirklich etwas passieren, und zwar aus eigener Kraft! Ich habe dann viel gemalt und Gedichte gemacht. – Das wäre eine Aufgabe für Erzieher, Pausen zu lassen und zu helfen, diese inneren Kräfte zu kultivieren. Mir geht es heute noch so: Ich brauche mich nur zu entspannen, dann kann ich mich auf mich selbst verlassen, mir selbst vertrauen. Zum Beispiel beim Schreiben: Wenn ich mir den Druck wegnehme, dann bin ich am produktivsten, dann kommen die Sätze von allein. Diesen fruchtbaren Punkt zu kriegen, dazu gehört Muße. Überhaupt schaffe ich mir den Tag über mehrere solche kleine Mußesituationen. Ich liebe z. B. die ‚blaue Stunde' oder wenn ich morgens früh das Fenster öffne. Es hat lange gedauert, bis ich gemerkt habe, daß es nicht alle so machen."
In diesem Gespräch wird der Zusammenhang von Langeweile, Zerstreuung und Muße hergestellt. Auch bietet sich der Gedanke an, daß *frühe Erfahrungen* mit Zuständen und Erlebnissen von Leere, Langeweile, Zerstreuung, Auf-sich-selbst-Verwiesensein, innerer Kraft und Kreativität *für das weitere Leben wichtig* werden. Wenn dies so ist – und vieles, was wir über die Entwicklung von Menschen wissen, spricht dafür –, läge hier eine wichtige Aufgabe für Pädagogen.

Als letzte Gesprächspartnerin der 1. Gruppe der Befragten *eine 45jährige Lehrerin:* „Mit Muße verbinde ich etwas Positives, sie ist nicht Untätigsein. Man kann sich darauf vorbereiten, indem man seine Sinne schärft und sein Inneres öffnet. Man kann auch entscheiden, ob man sich der Muße hingibt oder nicht. Vielleicht sollte man auch wissen, warum man sich darauf einläßt. Vielleicht aus dem Bedürfnis, die Bedeutung der Dinge in einem Zusammenhang zu sehen? – Das zum Beispiel gilt für mich.
Zweifellos kann man sich dafür bereit machen, aber ein Teil von dem, was man in der Muße erlebt, betrachtet, schaut, fällt einem zu; *den* Teil kann man nicht bestimmen. Ich gebe mal Beispiele: Ich rieche an einer Blume, die duftet nach Honig. Das kann mir gut gefallen, aber dies ist keine Muße. Das andere Beispiel: Ich sehe einen aufgeblühten Klatschmohn. Die Schönheit dieses Rots *ergreift mich.* Das ist Muße!

Das Bild, das ich von dem Klatschmohn behalte, ist mehr als die Wirklichkeit der Blume. – Es kann aber auch ganz anders sein: Ich sitze im Konzert. Alles ist o. k. – aber nichts passiert! – Mein Gott, was für ein Parfüm da hinter mir! Wie riechen die schlecht! – Ich kann mich nicht den Dingen überlassen. – Das zum Thema „Gelassenheit": Sie ist wohl eine Voraussetzung zur Muße, auch einübbar; eine Haltungstugend. „Gelassenheit" kann positiv bedeuten, sich den Dingen gegenüber in dem richtigen Abstand zu verhalten, sie in dem ihnen zukommenden Maß zuzulassen. – Dabei ist aber schon eine Bewertung, eine Unterscheidung mit eingeflossen. – Man kann „Gelassenheit" auch als Haltungstugend ansehen, die inhaltlich nicht bestimmt ist, also keine Zieltugend darstellt. Als die redliche Tugend eines ehrbaren Bürgers! („Er sah seinem Tod mit Gelassenheit entgegen!" – der Idiot.) Gelassenheit kann sich also auch negativ auswirken: Statt nachzudenken und konsequent zu handeln, ist man einfach nur stumpf, feige!"
In den Äußerungen dieser Gesprächspartnerin finden sich Gedanken, die früher oft mit dem Wort „contemplatio" verbunden wurden und heute auch für Menschen wichtig sein können, die sich mit Meditation und Zen-Buddhismus befassen.

Den ersten Abschnitt – mit den zumeist ungebrochenen Äußerungen zu dem Wort „Muße" möchte ich beenden mit einem Text, den mir *ein 24jähriger Student der Pädagogik* aufschrieb. Er soll stehen für viele ähnliche Texte, in denen die Studierenden von ihrer Hektik im Alltag und dem Wunsch nach Ruhe, von dem Bemühen um ein intensives, gelungenes Leben und von ihrer Aufnahmebereitschaft berichten. „Muße bedeutet für mich, Augenblicke der Ruhe zu haben, und ich glaube, daß ich ohne Muße nicht leben könnte. Dabei ist es unerheblich, wo ich bin, ob unter Menschen oder allein, ob es schneit oder regnet. In diesen Situationen, die ich suche, bin ich stiller Beobachter der Welt und genieße. – Zur Zeit wohne ich in der Dortmunder Fußgängerzone auf dem Westenhellweg, und ich gehe abends oft für 'ne Stunde oder auch manchmal mittags für einige Zeit durch diese Geschäftsstraße und merke, wie mir vieles mehr und mehr vertraut wird, trotz der Hektik! Und ich fange an, diese angeblich so abstoßende Stadt gern zu haben. Ich mag die alten Kirchen, den Brunnen vor der Petri-Kirche, die „Mama-Mia" in der Pizzeria, die eher wie eine mondäne Jet-Set-Dame aussieht, aber so viel Warmherzigkeit ausstrahlt; ich mag die Punker, den Menschen mit dem Heftpflaster für 1 DM pro Meter, die Schaufensterdekorationen von „Il mondo" und den Geldschlaucher im Rollstuhl. In diesen Augenblicken der Muße komme ich dazu, meine Umwelt bewußt wahrzunehmen, aber auch über mein Leben nachzudenken, was sich ja zum Teil an ganz anderen Orten abspielt.
Ich bin ein Mensch, der sehr auf andere Menschen angewiesen ist, auf Kontakte und Freunde. Aber ich brauche auch Augenblicke, in denen ich innerlich ganz für mich

allein sein kann. In diesen Momenten kann ich auch sehr traurig werden oder mich einsam fühlen; aber ich glaube, dies gehört zu meinem Menschsein, sich auch dem zu überlassen. Das Wort „Muße" finde ich altmodisch, vielleicht nostalgisch; den Inhalt finde ich für mich sehr aktuell!"
In diesem Text wird überzeugend von Mußeerfahrungen auch in Gegenwart von anderen Menschen, sogar im Menschengewühl, berichtet. Das ist nicht untypisch für diese Studentengruppe und kehrt in einer Reihe von Aufzeichnungen wieder. Von älteren Gesprächspartnern wurde dies nie berichtet. Sie bringen Muße häufiger in Verbindung mit Alleinsein, Ruhe, Natur und ästhetischen Erlebnissen, als dies bei den Zwanzigjährigen der Fall ist.
Die Gedanken der *Studierenden* zu dem Wort „Gelassenheit" ähneln weitgehend dem, was von den Interviewpartnern angesprochen und hier bereits berichtet wurde. „Gelassenheit" ist in ihren Augen oft eine erstrebenswerte Haltung, „paßt in ihre Welt" und ist als Reaktion auf die „Hektik" lebensnotwendig: „Keep cool!" und „Take it easy!" kehren immer wieder.

Nun wende ich mich der *2. Gruppe* der Interviewten zu, denen, die mit Muße durchaus Positives verbanden, aber zudem die unterschiedlichsten Bedenken mitteilten. Auch in diesem Abschnitt lasse ich wieder die Gesprächspartner und Gesprächspartnerinnen selber – ausschnittsweise – zu Wort kommen.
Eine *34jährige Ärztin,* die ansonsten unbeschwert über die Themen „Muße" und „Gelassenheit" gesprochen hatte, für die Muße „positiv, angenehm, erstrebenswert, nicht von Schuldgefühlen belastet" ist, die Muße „getrennt von Leistung, Arbeit, grauem Alltag und Hektik" sieht, fährt schließlich doch so fort: „Die Erholungszeit zwischen zwei Arbeitsphasen ist für mich keine Muße. Da versuche ich einfach nur abzuschalten. Richtige Muße erlebe ich dann, wenn ich mir das wirklich verdient habe. Muße – damit verbinde ich Alleinsein oder in aller Ruhe etwas ganz Kniffeliges stricken; auch nach einer Krankheit, wenn man da so herumgammelt, um sich zu erholen, das ist schön!" – Da habe ich die nächsten Tage keine Schuldgefühle und denke auch kaum an die Patienten."
Bei dieser Gesprächspartnerin scheint sich das schuldfreie, auf sich selber bezogene Mußeerlebnis leichter einzustellen, wenn sie einen Exkulpationsgrund hat.

Eine 17jährige Schülerin: „Muße, das ist Zeit, die nicht mit irgendwelchen Pflichten gefüllt ist, Zeit, die man nur für sich hat; man pflegt sich selber dabei. Gelassenheit ist auch eine Art, sich selber zu pflegen, weil man sich mit dieser gelassenen Haltung nicht so an die Situation verliert. Gelassenheit kann man zu jeder Zeit an den Tag legen, auch im Wirbel, und wenn man Pflichten erfüllen muß. Ich glaube, daß viele

Muße und Langeweile nicht unterscheiden können. ‚Muße' ist kein umgangssprachliches Wort, im Gegensatz zu ‚Gelassenheit'. Man traut sich das Wort ‚Muße' ja gar nicht zu benutzen. Wenn man aber Muße an sich erfährt, weiß man auch, was Muße ist. – Was kann man dabei erfahren? Weiß ich nicht! – So eine Art Zustand, in dem man keinem äußeren oder inneren Zwang ausgesetzt ist! Solch einen Zustand auszuhalten, muß man aber auch erst lernen. Es ist ja immer die Frage, ist das zu etwas nütze? – Man muß da mit sich selber allein sein können, muß etwas tun können ohne eine äußere Anleitung. Wo kriegt man aber die Ideen her! – Ist sehr schwierig! – Verpflichtungen, Hausaufgaben erledigen, ist im Vergleich dazu einfach. Das stellt an meine Kreativität keine Anforderungen. Wenn ich aber ganz für mich bin, also Muße habe, dann muß ich selber herauskriegen, was ‚nötig' und was ‚falsch' ist, was die Sache weiterbringt, mit der ich beschäftigt bin. Leistung messen andere – Muße ist für sich selber – für mich selber – auch das Ergebnis der Mußezeit! Zur Muße gehört nicht nur Kreativität, dazu gehört auch ein gewisser Egoismus. Es ist schon die Frage: Ist der Muße pflegende Mensch ein schlechter, weil egoistischer Mensch? – In gewisser Weise ja! Ich kann mir schon vorstellen, daß sehr sozial eingestellte Menschen mit Schuldgefühlen an Mußestunden denken, weil sie sich etwas gönnen, sich Zeit nehmen auf Kosten anderer. – Aber andererseits, die Gesellschaft braucht die Menschen, die sich Muße gönnen: Auch, wenn ein Schriftsteller nur für sich selber schreibt, dann braucht die Gesellschaft das Ergebnis. Deswegen ist der Egoismus nicht schlecht, sondern nötig. – Aber es bleibt irgendwie ein Problem!"

Viele Bedenken, die in diesen Gesprächen aufkommen, *zeigen sich auch in den anderen Interviews* und gipfeln sich mitunter so auf, daß es zu emotionellen Äußerungen und logischen Brüchen kommt. Immer wieder werden Schuldgefühle über egoistisch oder nutzlos verbrachte Zeit, Mißmut über zu großen Außendruck, die unzuträglichen gesellschaftlichen Bedingungen geäußert. Dazu kommen Klagen über eigene Unzulänglichkeit, mit sich selber in erfreulicher Weise umzugehen, und die Angst vor leerer Zeit, in der man befürchtet, auf „dumme Gedanken" zu kommen oder in Depression zu versinken.

Gegen solche Bedrohungen benutzen *Studierende* in ihren Aufzeichnungen vielfach das Zauberwort „keep cool!". Es liegt nahe, darin eine „Reaktionsbildung", eine „Verkehrung ins Gegenteil", eine Abwehr von innerer Rastlosigkeit und innerem Getriebensein zu vermuten.

Eine 81jährige verwitwete Dame: „Muße und Gelassenheit? Ja, da sagst Du etwas! Ist schön, wenn man das kann, gelassen sein! – Da muß man auch etwas dafür tun. Sonst kommt man auf dumme Gedanken! Macht Dummheiten! Wenn man nachts nicht schlafen kann, muß man sich ablenken. Sonst nimmt man zu viele Schlafmittel, um nicht ins Grübeln zu kommen. Man kann auch aufstehen und etwas hin- und hergehen. Dann wird es meistens auch besser. Das verscheucht die schlimmen Gedanken: oder man kann etwas lesen, um abzuschalten. Manche fangen auch an zu trinken, um Ruhe zu kriegen und kommen ganz runter. Man sollte immer etwas vorhaben, planen, um keinen Leerlauf zu haben; Reisen planen, Besuche machen. Sonst rostet man. Wer rastet, der rostet! Nicht wahr?! Man muß in Bewegung bleiben! Müßiggang ist aller Laster Anfang! Das sagt schon das Sprichwort! Sich nicht gehen lassen, dann bleibt man jung! Sich nicht aufs Altenteil zurückziehen." Als ich noch einmal auf das Stichwort „Muße" verwies, auf das die Gesprächspartnerin bislang kaum eingegangen war: „Also, wie man seine Muße verbringt, das hängt davon ab, in welchem Milieu man aufgewachsen ist. Die Muße gehört zum Leben, Muße ist auch wichtig!"

In diesen Ausführungen bleibt recht vage, was die Interviewpartnerin mit „Muße" verbindet; deutlicher wird, was sie konkret unternimmt, um sich vor innerer Bedrohung und vor dem Altersverfall zu schützen.

Eine 73jährige verwitwete Dame: „Muße und Gelassenheit? – Gelassenheit – darum muß man sich bemühen. Das ist ein Ziel, ist nicht Resignation. Gelassene Menschen sind gereifte Menschen. Die Dinge, die sie ändern können, ändern sie, das andere nehmen sie an ohne Groll. Sie lassen andere ihre Sachen machen, mischen sich nicht unnötig ein.

Aber Muße? – Das ist Zeit vergeuden! Zeit ist Geld! Muße ist nutzlos vertane Zeit. – Da fällt mir ein: *Freu Dich und sei müßig!* Diesen Spruch kenne ich von einem Kuraufenthalt aus Bad Salzuflen. Der hing dort in einem Kurheim im Aufenthaltsraum. Ich habe mit einer anderen Dame über diesen Text gesprochen. Das war eine Erlaubnis, müßig zu sein. Ich habe mir diesen Spruch in einem kleineren Format gekauft für die eigene Wohnung. Diesen Spruch gab es in Bad Salzuflen in den Geschäften zu kaufen, in groß und klein, hinter Glas im Holzrahmen. – Wenn ich nichts tue, müßig bin, habe ich ein schlechtes Gewissen; dann denke ich: Du bist nutzlos, nichts mehr wert, gehörst zum alten Eisen! Man sagt ja auch: *Müßiggang ist aller Laster Anfang!* – Die beiden Sprüche passen aber nicht zusammen. ‚Müßiggang ist aller Laster Anfang' hört man aber sehr oft. Es wird einem schon von Kindesbeinen an gesagt: Das Leben ist Arbeit! – Aber in der Zeit des Ausspannens braucht man keine Hemmung zu haben, auch mal nichts zu tun! Zum Beispiel im Urlaub oder in der Kur. Ein- oder zweimal im Leben sollte man eine Kur machen. Daß man sich auch mal gehenlassen soll! Also ‚Muße'? – man sagt ja auch ‚leichte Muse'! – Beim autogenen Training nach Schultz soll man sich ja auch gehenlassen!"

Die Interviewpartnerin beginnt das Gespräch mit dem Thema „Gelassenheit". Ihre Einfälle ähneln denen vieler anderer. Sie wirkt aufmerksam und ruhig, bis zu dem

Augenblick, als sie über „Muße“ nachzudenken beginnt; sie verliert jetzt ihre Besonnenheit, die Stimme wird schroffer, und man glaubt zu spüren, wieviel Probleme ihr das Thema macht. Mit Muße verbindet sie „lasterhaften Müßiggang“. Andererseits sehnt sie sich auch danach, wagt aber wohl die Muße nur nach Erlaubnis zu genießen. Bemerkenswert sind die detaillierten Ausführungen zu dem Sinnspruch „Freu Dich und sei müßig!“ Ihr selber fällt auf, daß diese Aufforderung und ihr anderer Einfall „Müßiggang ist aller Laster Anfang!“ einander widersprechen. Dem Wunsch nach Leichtigkeit (leichte Muse) und Gelöstheit (Sich-gehenlassen-Können, Ausspannen-Können, keine Hemmungen haben) steht ein bedrohendes schlechtes Gewissen (vergeudete Zeit, Zeit ist Geld, das Leben ist Arbeit, nichts mehr wert sein) gegenüber. Die Konfliktlösung scheint von einer erlaubenden Instanz, vorwiegend von außen kommend, erwartet zu werden. (Wandspruch im Aufenthaltsraum des Kurheims, das Entspannungstraining nach Schultz, die Institutionen „Urlaub“, „Kur“).
In diesem Gespräch wird die Bedrohung und deren Abwehr, die von dem Wort „Muße“ ausgelöst werden können, außergewöhnlich deutlich. Jedoch entwickeln viele meiner Gesprächspartner und Gesprächspartnerinnen der 2. Gruppe ähnliche Gedanken mit verblüffender Regelmäßigkeit, wenn auch nicht immer mit gleichem Nachdruck.

Eine 74jährige, in jungen Jahren verwitwete Hausfrau: „Nach getaner Arbeit ist gut ruhn? – Sicher etwas Schönes! – Muße – wenn ich meine Arbeit getan habe und meine Pflicht erfüllt habe, dann gönne ich mir Ruhe, das ist Muße. Nur arbeiten erfüllt dich nicht; ein Spaziergang erfüllt dich auch und lenkt ab. Gelassenheit! – Man darf sich nicht aus der Ruhe bringen lassen, muß alles planen und das Pensum erfüllen. Wenn du meinst, du hast alles getan, dann bist du zufrieden und gelassen. Langeweile darf es gar nicht geben! Du planst doch immer irgend etwas für den Tag. Da gibt es das Sprichwort ‚Müßiggang ist aller Laster Anfang!‘ Ein wahres Wort! Wenn du nichts zu tun hast, dann kommst du auf dumme Gedanken; wenn du auf dumme Gedanken kommst, dann hast du keine Pflichterfüllung! – Eine Hausfrau kann gar nicht müßig sein, sie findet immer noch etwas; zum Beispiel Silber putzen. – Aber für Muße findet man immer noch etwas Zeit, wenn man sie gut *plant.* Wenn man besonders traurig ist, setzt man sich hin und singt; nicht quatschige Lieder, religiöse Lieder. – Gar nicht so einfach das Leben! – In die Kirche gehen entspannt sehr schön, gibt dir innere Entspannung und Seelenfrieden; das ist auch Muße. Du kommst zur Besinnung und siehst alles mit anderen Augen!“
Arbeit und Planen, Ruhe und Zufriedenheit nach getaner Pflicht stehen im Vordergrund; aber dahinter tauchen Befürchtungen auf: die Angst vor Langeweile, vor „dummen Gedanken“ und vor Traurigkeit. Gegen solche Bedrohungen helfen kon-

trollierte Tagesabläufe voller Arbeit; auch die Zeiten für Entspannung und Ablenkung werden haushälterisch geplant. Etwas mehr Entlastung und Befreiung scheint sie zu erfahren, wenn sie religiöse Lieder singt oder in die Kirche geht.

Am ausgeprägtesten wurde die Angst vor Leere und Langeweile von *einigen Kurgästen im Alter von 45 bis 60 Jahren,* also im letzten Drittel ihres Arbeitslebens, formuliert. Sie wurden wegen ihrer Bandscheibenschäden in einem westdeutschen Heilbad behandelt und brachten einen Teil ihrer Zeit damit zu, Unlustgefühle zu äußern! „So eine Kur ist ein einziger Streß! Noch 7 Tage, dann habe ich *meine Strafe* hier abgesessen. Nichts passiert! Was kann man hier denn tun? Nichts! Ich bin froh, wenn ich wieder zu Hause bin ..." Es folgen Klagen über öde Nachmittage und Abende, schlechtes Essen, mangelhafte Unterkunft, über die Eintönigkeit der Anwendungen, den unzulänglichen Heilerfolg. Immer wieder wird der Wunsch geäußert, endlich nach Hause zu kommen, wo man mehr Anregungen habe und nicht so sehr ins nutzlose Sinnieren komme. Eine Dame bedauert: „Jetzt hat man endlich einmal Zeit und kann gar nichts richtig damit anfangen!"
In diesen Äußerungen wird deutlich, wie schwierig es für Menschen sein kann, Zeit auch dann zu genießen und zu gestalten, wenn sie ihnen unbegrenzt zur Verfügung zu stehen scheint.

An einer Dortmunder „Trinkhalle" kam ich mit *zwei arbeitslosen Nichtseßhaften, etwa im Alter von 40 Jahren,* ins Gespräch, die Ähnliches berichteten: „Über ‚Muße' müssen Sie einen Aufsatz schreiben? – Also, Muße – das ist gut! – Aber davon haben wir hier viel zuviel, das heißt, wir haben keine Arbeit, sind arbeitslos. Haben nichts zu tun. – Was soll man da mit ‚Muße' anfangen? – Man sagt ja wohl ‚Müßiggang' dazu, wenn man keine Arbeit hat." – Es folgt ein Kraftwort. – „Was kann man machen? – Nur so rumsitzen und saufen. – Das war auch mal anders! Als man Arbeit hatte, konnte man den Feierabend richtig genießen! Jetzt ist alles gleich! Immer dasselbe! Nix!"
Für diese Gesprächspartner ist mit der Arbeit auch die Möglichkeit weggefallen, einen Feierabend und freie Zeit genießen zu können, ja Zeit überhaupt als gegliedert wahrzunehmen und aktiv gestalten zu können. In der Studie „Die Arbeitslosen von Marienthal" (Jahoda, Lazarsfeld und Zeisel, 1982, S. 92) wird dasselbe Phänomen berichtet und als „Zeitzerfall" bezeichnet. In einer Arbeitsgesellschaft wie unserer scheint es schwerzufallen, Muße überhaupt erleben und pflegen zu können, wenn die für Muße verfügbare Zeit nicht durch Erwerbsarbeit oder sonstige Verpflichtungen begrenzt oder sogar bis zur Kostbarkeit verknappt wird.

Die andere Seite des Dilemmas, der Verlust von Muße aus Zeitmangel, soll im Interview mit einer *erfolgreichen 38jährigen Managerin* verdeutlicht werden: „Muße? Gibt es das heute überhaupt noch? Das Wort ist schön. Die Idealvorstellung davon besteht bei mir auch noch. Da erinnere ich mich an die Dämmerstunde, die ich als kleines Mädchen immer mit einem alten Gärtnermeister zusammen verlebt habe. Er hat dabei immer eine Zigarre geraucht, das roch toll! Er machte das ganz regelmäßig; und ich war immer dabei, unter allen Umständen! Zur Muße gehört wohl auch diese gewisse Regelmäßigkeit. Muße: Schöner Begriff! Das ist für mich aber vorbei!" – Auf die Frage, was dagegen spräche: „Ich selbst! Habe alles nicht mehr im Griff. Es läuft weg! Das Leben rennt davon! Das hat so eine Eigendynamik! Man hetzt sich selber voran. Da mußt Du sehr stark sein, wenn Du etwas dagegen tun willst in so einem Beruf! Zur Muße gehört eben eine Regelmäßigkeit. Die gibt es in manchen Berufen eben nicht. Wenn man sich Zeit nehmen wollte, wäre man ganz schnell abgehängt und gehörte nicht mehr dazu. Es gibt so eine Art Gruppendruck. Da wird nur auf Erfolg reagiert. Da muß man es bis Dreißig, spätestens bis Vierzig geschafft haben. Die sogenannten „Yuppies"! (Young upwardly mobile professionals, junge aufwärtsstrebende Professionelle)
Da gibt es den Anspruch, daß man im Alter noch rege sein soll. Es muß immer weitergehen. Immer mehr schaffen! Sich steigern! Um Anerkennung bemüht sein, ohne daß man es einem anmerkt. Das Leben ist sehr schnell und wechselhaft. Streß und Imagepflege! Wer rastet, der rostet! Der ist Abfall! Gehört zum „alten Eisen"! Es geht untereinander immer um Leistung – Muße ist da verlorene Zeit, weil man da nichts schafft. Also, Muße und Gelassenheit gehören in die heutige Welt nicht hinein, sind ins tägliche Leben nicht umzusetzen. Da bin ich ganz pessimistisch!"
Die Interviewpartnerin sprach sehr schnell, fast ohne Pausen. Ihre Äußerungen gebe ich – trotz mancher Wiederholungen – ungekürzt wieder, um den Leser etwas von dem Druck spüren zu lassen, unter dem das Interview gegeben wurde.
Im Verlauf unterschied sich dieses Gespräch deutlich von den meisten Gesprächen aus der 1. Gruppe. Die Bitte, über „Muße" und „Gelassenheit" nachzudenken, löste bei Gesprächspartnern der 1. Gruppe häufig Besinnlichkeit aus, regte mitunter an zu längeren, manchmal tastenden, mitunter umständlichen, durch Pausen des Nachdenkens unterbrochenen Ausführungen. Diese Gesprächspartnerin hier beginnt ähnlich, mit einer ruhig vorgetragenen Erinnerungspassage aus ihrer Mädchenzeit. Als sie jedoch auf ihre heutige Lebenssituation zu sprechen kommt, wirkt sie eher getrieben, sogar etwas bitter und resignativ. Bedauern und Abwehr scheinen mitzuschwingen.

Der Leser wird bemerkt haben, daß der Anordnung der Interviews und mancher Zusammenfassungen oder Interpretationen das *psychoanalytische Erklärungsmodell*

zugrundelag. Es war aber nicht mein Ziel, die Interviewtexte im einzelnen zu deuten, schon gar nicht, die Persönlichkeit der jeweiligen Gesprächspartner zu diagnostizieren. Auch die Leser mögen sich nicht dazu verleiten lassen!
Haben die Gesprächspartner der 1. Gruppe unbefangener und ungestörter über ihre Mußevorstellungen und Mußeerlebnisse erzählen können, so sind es gerade die Interviewtexte der 2. Gruppe, die Einblick geben in diffizile psychische und gesellschaftliche Zusammenhänge; sie regen meines Erachtens darum in besonderer Weise zum Nachdenken an. Allerdings muß ich davon ausgehen, daß nicht jeder Leser sich Gedankengängen der Psychoanalyse anschließen mag, ihm darum die hier angebotenen Erörterungen nicht immer zusagen werden. Dennoch könnte sich der Versuch lohnen, sie einmal *probehalber* nachzuvollziehen und zu überprüfen, inwieweit sich die daraus ergebenden pädagogischen und psychohygienischen Überlegungen als hilfreich erweisen.
Die einzelnen Ergebnisse sollen nun noch einmal zusammengetragen werden; daran anschließend wird ein *Interpretationsversuch* angeboten.

Aus allen Interviews, also nicht nur aus den hier vorgetragenen Texten, geht hervor, *daß sich jeder Gesprächspartner unter dem Wort „Muße" etwas vorstellen konnte.* Es ist nicht ganz zu klären, ob vorwiegend über den *Begriff* Muße, ob über *eigene Erfahrungen* oder über *Idealvorstellungen* von Muße gesprochen wurde.
Immer aber wird mit „Muße" etwas Positives, Wohltuendes verbunden, etwas, das zum sinnvollen, harmonischen Leben gehört, was Menschen erfreut, lebenssteigernd ist und im Frieden mit sich selbst erlebt werden kann.
Wer sich zeitweilig zu Mußeerlebnissen unfähig fühlt, weiß doch, wovon die Rede ist, und sehnt sich danach. Einigen erscheint das Wort altmodisch, jedoch nur selten das Gemeinte. Für viele Gesprächspartner zählt *Gelassenheit zu den Bedingungen* für Mußeerlebnisse, sie erscheint vorwiegend als förderlich.
Sehr unterschiedlich, sehr individuell, sehr facettenreich ist jedoch, was die jeweiligen Gesprächspartner im einzelnen über Mußeerfahrungen und Tätigkeiten in Muße berichten. Die *Vielfältigkeit überrascht!* Es wird berichtet über körperliche und geistige Tätigkeit – sogar anstrengender Art –, aber auch über Nichtstun und Ausruhen in Muße, über ästhetische Erlebnisse und Naturbeobachtungen. Muße kann sich in Ruhe und Alleinsein vollziehen, aber auch mitten unter Menschen. In Muße kann man zu sich selber kommen und seinen Gedanken nachhängen über den Sinn des Lebens, man kann beten, aber auch ganz alltägliche Dinge tun, wie Pullover stricken und Stachelbeermarmelade einkochen.
Schließlich kann Muße als Gefühl des Dahingleitens, ohne bestimmtes Ziel, erlebt werden; als Zustand völliger Sorglosigkeit, indem sich die schöpferische Leistung „von selbst" ergibt; als Erlebnis, von einer Einsicht ergriffen worden zu sein.

Trotz der erstaunlichen Vielfalt haben diese Mußeerfahrungen einiges gemeinsam: Sie vollziehen sich ohne Zeitdruck! Genauer: *„Zeit „spielt keine Rolle“* im Erlebnis der Muße, sie ist hinreichend vorhanden, und man kann in Gelassenheit davon Gebrauch machen, ohne Hetze und ohne von Langeweile bedroht zu werden.
Eine weitere Gemeinsamkeit lese ich aus den Berichten heraus: Muße scheint zu gedeihen, wenn Mennschen sich *hinreichend wohlfühlen*, ein gewisses Maß an Sicherheit und Geborgenheit vorhanden ist, wenn sie frei sind von bedrängender Not, von seelischem Leiden und quälenden körperlichen Schmerzen, so daß sie sich öffnen können für sich selber, für ihre eigenen Gedanken und Anmutungen, aber auch für das, was außerhalb ihrer selbst ist.
Mußeerfahrungen scheinen sich vorwiegend einzustellen, wenn Menschen sich dem Augenblick, der Situation überlassen können, ohne befürchten zu müssen, von Außenreizen oder – bedrohlicher noch – von Reizen aus ihrem Innern überschwemmt zu werden.
Die mehrfach berichteten „dummen“ oder „schlimmen Gedanken“, die sich einstellen, wenn man des Nachts wachliegt oder „nichts zu tun hat“, sind meines Erachtens ein Hinweis auf solche Kontrollverlustängste.
Für manche Gesprächspartner scheint die Bemühung um Kontrolle derart im Vordergrund zu stehen, daß sich bei dem Wort „Muße“ auch Unlust einstellt. Sie sprechen dann von Schuldgefühlen und Gewissensbissen, an denen sie zu leiden haben, wenn sie „müßig sind“ und einmal nichts Nützliches tun und nichts Nachweisbares leisten. Muße gerät so in die zweifelhafte Nähe des *lasterhaften* – weil verbotenen – *Müßiggangs.*
Einige Gesprächspartner schildern unterschiedliche Arrangements, wie sie sich von dem übermäßigen Gewissensdruck entlasten und so doch noch in den Genuß von Muße gelangen. Manche bauen „Müßig-sein“ und „Muße“ in das System von Leistung und Belohnung ein: Wenn sie ihre Arbeit, ihre Pflicht, getan haben, dürfen sie sich Muße gönnen. Sie haben sie sich dann verdient und können nun weitgehend auf Schuldgefühle verzichten. Auch wenn sie krank waren und gelitten haben, dürfen sie sich der Erholung hingeben und genußvoll und ohne Bedenken müßig sein. Anderen fällt es leichter, mit gutem Gewissen Muße zu pflegen und Mußezeit für sich selber in Anspruch zu nehmen, wenn sie sich auf eine erlaubende Instanz oder anerkannte Institution zurückziehen können. Das kann ein Arzt, eine therapeutische Anweisung oder der verordnete Kuraufenthalt sein.
In einigen Gesprächen taucht folgendes *moralische Problem* auf: Muße erscheint einerseits bedenklich, weil Menschen, wenn sie Muße pflegen, vorwiegend mit sich selbst, mit Eigenem, befaßt sind und in der Zeit für soziale Aufgaben kaum zur Verfügung stehen. Andererseits: Menschen sind geradezu zur Muße verpflichtet, weil sie auch sich selbst gegenüber, ihrer eigenen persönlichen Entfaltung, verantwortlich sind.

Ich meine, daß sich hier ein echtes Problem zeigt, mit einer letztlich nicht auflösbaren Spannung, auf das jeder eine für seine Situation angemessene und lebbare Antwort finden muß. Viele Gesprächspartner berichteten überzeugend von ihren diesbezüglichen persönlichen Entscheidungen und Kompromissen.

In der *psychoanalytischen Theorie* lassen sich die hier zusammengetragenen Befunde nach meinem Dafürhalten wie folgt darstellen:
Viele Äußerungen weisen darauf hin, daß für einen gelungenen Umgang mit Muße eine gut ausgebildete Ich-Struktur günstig ist, worunter ein relativ starkes und flexibles Ich zu verstehen ist, das unter Herstellung einer realitätsnahen Beziehung zur Außenwelt zwischen den Ansprüchen und Gefahren aus dem Es und dem Über-Ich in befriedigender Weise zu vermitteln in der Lage ist. (Vgl. Dorsch, 1982[10]; S. 295 f.) Die ideale psychische Situation wird immer die Ausnahme bilden, Annäherungen werden die Regel sein.
Es ist aber zu wünschen – und auch darauf hinzuwirken –, daß es dem Ich gelingen möge, ein allzu rigides, Mußezustände verbietendes Über-Ich wenigstens zeitweise auszuschalten oder zu umgehen.
Es liegt nahe, zu spekulieren, daß sich Mußeerfahrungen und Mußetätigkeiten vorwiegend in der von Hartmann so benannten „konfliktfreien Ich-Sphäre“ entfalten, also außerhalb oder abgetrennt vom Einflußbereich virulenter psychischer Konflikte.
Dieser konfliktfreien Ich-Sphäre rechnet Hartmann die „progressive Anpassung“ zu, also Anpassungsleistungen im Sinne fortschreitender Entwicklung des Menschen, aber auch Leistungen „regressiver Anpassung“. Als Beleg zieht er die auf höherer Anpassungsstufe gelungenen zweckmäßigen Leistungen psychisch gesunder Menschen heran, für deren Zustandekommen der Umweg über die Regression geradezu unerläßlich zu sein scheint. (Vgl. Hartmann, 1975[3], S. 35 f.) Kris (1934) zielt in die gleiche Richtung, mit der Vorstellung von einer „Regression im Dienste des Ichs“. Zur Illustration mögen die kreativen Prozesse und Leistungen von Künstlern dienen. Entsprechungen hierzu sehe ich in Berichten meiner Gesprächspartner über ihre schöpferischen Erfahrungen und Einsichten, die sich im Zustand völliger Gelassenheit wie von selbst einzustellen schienen.
Wer dem Text bis hierhin gefolgt ist, wird zu Recht nach den pädagogischen und psychotherapeutischen Folgerungen fragen.
Voranstellen möchte ich: *Um der Muße willen keine neue „Mußepädagogik“ und keine spezielle „Mußetherapie“!* Ich meine damit, daß *keine neue Verpflichtung*, diesmal zur Muße, ausgesprochen und keine ausgefeilte Muße-Didaktik entwickelt werden sollte.
Aus einigen der Interviewtexte wird deutlich, wie stark Menschen an Verpflich-

tungen und an Verboten leiden, wie sehr sie sich unter normativen Anforderungen ducken. Ein Appell, sich doch mehr auf die Muße zu konzentrieren und ihr mehr Zeit einzuräumen, würde – meines Erachtens – weniger entlasten, als neuen (Über-Ich-) Druck bewirken.

Ich denke, daß ein Aufruf sich auch schon darum erübrigt, weil die meisten Menschen sehr wohl wissen oder zumindest ahnen, daß Muße ein wichtiger, positiver, lebenssteigernder Bestandteil menschlicher Existenz ist oder zumindest sein könnte.

In der Regel berichten sie *nicht nur von ihrer Sehnsucht nach Muße, sondern auch von ihren Tätigkeiten und ihren Erfahrungen mit Muße.* Hier kann man ansetzen: Es ginge dann darum, *Menschen zuzuhören und sie zu ermutigen, ganz persönliche Erfahrungen ernst zu nehmen, die eigenen Wege zur Muße kennenzulernen, zu erweitern und auszubauen.*

Die vielen intensiven und persönlichen Gespräche haben mich zu der Überzeugung gebracht, daß dies ein Weg sein könnte, der frei ist von Besserwisserei und Belehrung.

Im einzelnen wird man entscheiden müssen, ob man Erlaubnisse ausspricht, wenn von dem Getriebensein, dem Gewissensdruck, der Angst vor Kontrollverlust die Rede ist. Vielleicht wird das oft gar nicht notwendig sein, denn Menschen haben meist ein feines Gespür dafür, ob der Zuhörer erlaubend und mitfühlend ihren Worten folgt oder nicht.

Ähnlich stellt sich mir die Frage dar, ob man Vorschläge zur Gestaltung von Muße machen soll oder nicht.

Auch hier, meine ich, wird der Gesprächspartner weniger auf die Ratschläge achten als darauf, ob sein Gegenüber ein Mensch ist, der Muße pflegen kann, welchen Ort und welchen Wert sie für sein Leben hat und ob er zulassen kann, daß Menschen eigene Wege gehen, die sich von den seinen erheblich unterscheiden können.

Dorsch, F., 1982[10]. Psychologisches Wörterbuch, Bern
Freud, S., 1950c. Der Witz und seine Beziehung zum Unbewußten, Wien, G.S., Bd.9, S. 5
Guetzkow, H., 1950. Unitizing and categorizing problems in coding qualitative materials. J. clin. Psychol.
Hartmann, H., 1975[3]. Ich-Psychologie und Anpassungsproblem. Stuttgart.
Jahoda, M., Lazarsfeld, P.F. und Zeisel, H., 1982. Die Arbeitslosen von Marienthal. Ein soziographischer Versuch. Frankfurt a.M. Die erste Auflage erschien 1933 in Leipzig.
Kahn, R.L., and Cannel, C.F., 1960[1]. The dynamics of Interviewing, New York
Kris, E., 1934. Imago XX
Metzger, W., 1952. Das Experiment in der Psychologie. Studium Generale, 5.Jg., 3, Berlin

IV.
Fernöstliche Musse

Wilhelm Gössmann

Gartenkunst und Blumenstecken

Im heutigen Japan werden noch immer – oder wieder – überlieferte Kunstübungen gepflegt. Sie machen auf die Fremden, die das Land besuchen oder sich länger dort aufhalten, einen nachhaltigen Eindruck. Auch außerhalb Japans werden diese Kunstübungen in der streng traditionellen oder in abgewandelter Form immer häufiger vermittelt. Jedem fällt sogleich auf, wie sehr die ästhetische Sensibilität hierdurch angesprochen wird.

Bei meinem mehrere Jahre währenden Japanaufenthalt war es vor allem die Ästhetik des Blumensteckens, die mich faszinierte und dann auch dazu brachte, diese Kunst zu erlernen und in meinem Stil weiterzuentwickeln. Durch jahrelange Einübung und Praxis verinnerlichte sich die in diesen Übungen gelegene Auffassung des Schönen und verband sich mit europäisch tradierten und modernen Formen.

Die Beschäftigung mit dem Schönen ist ein Weg zur Meditation und Muße. Überall, wo das Schöne mit im Spiel ist, entsteht eine Atmosphäre gelöster und freier Entspannung. Trotz geistiger Anstrengung entwickelt sich so eine Haltung der Heiterkeit.

Zu den klassischen Kunstübungen gehören:

— die Teezeremonie,
— das Bogenschießen,
— die Gartenkunst,
— das Blumenstecken,
— die Kalligraphie,
— der Schwertkampf,
— das Haiku.

Hinzuzurechnen wären noch verschiedene traditionelle Sportarten, das Spielen von alten Musikinstrumenten, Formen des Theaters und viele als Kunst anzusehende handwerkliche Tätigkeiten.

Alle diese Kunstgattungen besitzen eine längere Geschichte, zumindest gehen ihnen Vorformen voraus: in der Mythologie, in den religiösen Riten, in der frühen Literatur. Auch ist ihr Ursprung vielfach mit der Übernahme chinesischer Kulturgüter verbunden. Entscheidend aber ist für sie die Einwirkung des Zen-Buddhismus, wie er sich in China und dann in Japan ausgebildet hat. Heinrich Dumoulin beurteilt diesen Sachverhalt folgendermaßen: „Wie keine andere religiöse Bewegung hat das Zen einen tiefgreifenden Einfluß auf die japanische Kultur ausgeübt. Die hohe ästhetische Begabung der Japaner brachte die künstlerischen Impulse, die das Zen aus China mitbrachte, zur vollen schöpferischen Entfaltung. *Das breite Spektrum der vom Zen inspirierten sog. ‚Wege' (do) reicht von der Teezeremonie über Dichtung, Malerei und Kalligraphie, Gartenbau und Blumenstecken bis zu Bogenschießen und Schwertfechten.* Alle diese ‚*Wege*' stehen in mehr oder minder enger Beziehung zum Zen, sind in Motivation, Haltung und Übung von der Meditation angeregt und zielen auf Erleuchtung hin."[1]

DAS MEDITATIVE ELEMENT

Um den Gedanken der Meditation wie auch des Weges näher zu verstehen, muß man sich die Zielsetzung des Zen-Buddhismus klargemacht haben. Die Zen-Meditation unterscheidet sich von anderen Formen der Konzentrationsübung dadurch, daß die Aufmerksamkeit auf keinen konkreten Inhalt, keinen bestimmten Gedanken, keinen festen Gegenstand fixiert wird. *Die Inhaltslosigkeit ist sogar das Ziel selbst.* Die Gedanken, Vorstellungen und Gefühle sollen sich entspannen und lösen: *keine Aufmerksamkeit.* Das mag an die Technik der freien Assoziation erinnern, ist im Grunde aber doch anders. Die freie Assoziation kommt normalerweise nicht über den Bereich inhaltlich auszusprechender Gedanken hinaus, bleibt Beschäftigung mit sich selbst.

Bei der Zen-Meditation ist von Bedeutung, daß die bewußten Denkschichten überwunden und die eigene Selbstbespiegelung aufgegeben werden. Die Zen-Meister sprechen deshalb von einem Leerwerden, in einer radikalen Zuspitzung sogar vom Nichts: „Wenn du die Erleuchtung zu erlangen wünschst, so übe eilends Zazen. Für das Zazen ist ein stilles Zimmer gut, Speise und Trank seien mäßig. Wirf alle Bindungen von Dir, beruhige die zehntausend Dinge, denk nicht an Gut und Böse, urteile nicht über richtig und falsch, halte den Lauf des Bewußtseins an, mach die Tätigkeit des Wünschens, Vorstellens, Urteilens aufhören, *sinne nicht darauf, ein Buddha zu werden!*"[2] Danach beschreibt Meister Dogen den Hocksitz mit untergeschlagenen Beinen, gibt die Körperhaltung an, wie auch die Atemtechnik. Wichtig für unseren Zusammenhang ist, daß die Meditation an eine vorgegebene, einzuhaltende Form gebunden ist und der regelmäßigen Übung bedarf.

Die Erfahrungen der Zen-Meditation, die bewußtseinsmäßig auf ein Nichts zielen, auf nichts Bestimmtes, sind bei den traditionellen japanischen Künsten auf *einen* Gegenstand, auf *einen* Vorgang oder auch auf *eine* Tätigkeit gerichtet, *welche hierdurch meditativ umgeformt werden.* So ist zum Beispiel der ganze Vorgang des Teezubereitens und Teetrinkens in der Teezeremonie stilisiert: die körperliche Bewegung, die Form der Begrüßung und Zuwendung, das Halten und Weiterreichen der Teeschale. Aber auch alle Geräte sind von diesem meditativen Sinn geprägt und drücken eine dementsprechende Schönheit aus. Man braucht nur an die künstlerisch so wertvollen Teeschalen zu denken. Selbstverständlich ist auch die Architektur des Teehauses davon bestimmt. Die Teezeremonie und in Analogie dazu auch die anderen Künste haben in dieser strengen Form die Fähigkeit, wieder zur Meditation zurückzuführen. Dies ist der Punkt, wo sich Zen und Kunst in ihrer Zielsetzung berühren.

Diese Künste haben im Prozeß einer breiteren Übernahme *unterhaltende Momente* angenommen. Indem sie Zweckfreiheit beabsichtigen, schaffen sie auch den Raum für einen anspruchsvollen Zeitvertreib; sie nehmen den Charakter des Angenehmen und Erfreulichen an, so daß sie als Mittel gegen die Langeweile, als eine Form kultureller Geselligkeit geübt werden können. Sie überwinden den Hang zur Trägheit, bringen bei ihrem geistigen Anspruch dennoch Entspannung von den Belastungen des täglichen Lebens: eine innere Ausgeglichenheit. Dies erreichen sie auch dadurch, daß sie alle einen konkreten Lebensbezug haben und diesem verpflichtet sind.

Die ästhetischen Prinzipien

Versucht man sich die Ästhetik der Übungen zu verdeutlichen, so muß man beachten, daß sie nur in einer langjährigen Ausbildung und Übung erworben werden können. Man kann diese Künste nicht von selbst lernen, braucht einen Meister, der in diese Kunst einführt, Fehler korrigiert und von Stufe zu Stufe weiterweist. Deshalb gehört zum Verständnis wie auch zur Ausübung eine Entscheidung.

Die Ästhetik der Übungen beruht auf dem Erlernen und Beachten von Regeln, die, einmal von einem bedeutenden Meister ausgebildet, in dieser Form weitergegeben werden. Auch steht am Anfang nicht die Selbstbestimmung, sondern das harte Gesetz des Lehrers, dem man sich, will man tatsächlich weiterkommen, zunächst beugen muß. *Auch wird nicht durch Reden und Diskutieren gelernt, sondern durch Nachahmen und Schweigen.* Was der Lehrer gezeigt hat, muß so lange geübt werden, bis es zur inneren Selbstverständlichkeit geworden ist. Nie jedoch darf ein Schüler bei einer bloß schematischen Übernahme stehenbleiben. Die Regeln und die Anweisungen des Meisters haben letztlich den Sinn, im Nachahmen der äußeren Form einen inneren meditativen Vollzug freizusetzen.

Aus dem Dargelegten wird ersichtlich, daß das Schöne, wie es hier zum Vorschein kommt, in einem Spannungsverhältnis steht zwischen den künstlerischen Formen und der innerseelischen Einstellung. Dies ist typisch für den gesamten Kunstbereich und mit Worten nicht leicht auszudrücken, noch schwerer einem Außenstehenden zu vermitteln. Die Japaner bezeichnen diese Haltung mit den beiden Begriffen *„sabi"* und *„wabi"*. Beide Begriffe sind mit der Geschichte der Kunst in Japan aufs engste verbunden. Sie haben zwar eine Entwicklung durchlaufen, aber ohne daß die Grunderfahrungen je völlig verloren gegangen wären. Obwohl die beiden Begriffe ineinander übergehen und immer zusammen gebraucht werden, kann man doch eine Einzel-Akzentuierung vornehmen.

Das *„sabi"*-Gefühl geht aus der Geringschätzigkeit der eigenen Person hervor und überträgt sich auf die äußeren Dinge. Zugleich aber gehört auch die Erfahrung von Kostbarkeit und anspruchsvollem Wert dazu. Aus solchen Gegensätzen entsteht das typische *„sabi"*-Gefühl. So ist zum Beispiel der Gebrauch von sehr kostbarem Gerät in dem bescheidenen Teeraum ein Gegensatz, der einen eigenartigen, als besonders geschmackvoll empfundenen Reiz ausübt. Weiter ist ein Gegenstand um so mehr *„sabi"*, je älter er ist, „je mehr Schicksal er erlebt hat, je reicher und tiefer die Patina ist, die er an sich trägt und die den Menschen zu einem versinkenden Schauen, zur Einsicht in das Wesen der Dinge und der Welt führt."[3] Angesichts dieser Schönheit breitet sich eine wehmütige Grundstimmung aus.

Diesem Begriff korrespondiert der Begriff des *„wabi"*, der noch stärker die seelische Verfassung anspricht. Während durch *„wabi"* ursprünglich ein schmerzliches Empfinden gekennzeichnet wurde, durch welches der Betroffene die Selbstkontrolle verliert, hat dieser Begriff im ästhetischen Bereich einen *erlösenden* Sinn angenommen. Was das Herz bedrückt, zur Verzweiflung bringt, die seelische Einsamkeit zur Verlassenheit werden läßt, soll innerlich umgewandelt werden. Der Mensch verzichtet von sich aus auf ein aussichtsloses Hoffen und Begehren, strebt unter Verachtung von Rang und Würde nach einem Leben in friedlich stiller Einsamkeit. Nur derjenige, der letztes Leid und vergängliche Pracht kennt, kann innere Ruhe und wahre Schönheit empfinden.[4]

Die von *„sabi"* und *„wabi"* geprägte ästhetische Grundstimmung ist etwas typisch Japanisches und nur bedingt erreichbar. Vielleicht sollte man diese Grundstimmung auch gar nicht anstreben, da sie aus Vorgegebenheiten hervorgeht, die eine völlig andere Mentalitätsgeschichte haben. Statt dessen könnte eine ähnlich gelagerte Grundstimmung an die Stelle treten, etwa eine Mischung aus melancholischen und heiteren Momenten. Ohne eine authentische menschliche Grundstimmung allerdings verfielen die genannten Kunstübungen einer sterilen äußeren Form. Der von einer inneren Grundstimmung getragene Schönheitsbegriff drückt sich durch viele ästhetische Mittel aus.

— Andeutungen

Bei einem Haiku-Gedicht genügt oft nur ein einziges Wort, um eine komplexe Erfahrung anzudeuten. Ein dürrer Zweig, sei er sprachlich im Gedicht oder konkret im Blumenstecken, vermittelt die Atmosphäre des Herbstes, des Alters, der Vergänglichkeit. Für den Betrachter ist es wichtig, solche Andeutungen zu erkennen, sich den darin liegenden Vorstellungen hinzugeben. Je weiter ein Künstler auf dem Weg seiner Kunst fortgeschritten ist, desto eher begnügt er sich mit Andeutungen.

— Unregelmäßigkeit

Ein Weg führt nicht unmittelbar auf einen Tempel oder ein Haus zu, sondern in einer überraschenden Wendung. Eine Teeschale ist nicht einfach rund, sondern ein wenig verformt, wodurch eine gewisse Einmaligkeit entsteht. Das Blumenstecken vermeidet symmetrische Kompositionen.

— Einfachheit

Man kann sich dies Prinzip gut am Zen-Garten beim Ryoanji in Kyoto klar machen. Er besteht nur aus Sand, 15 Natursteinen und ein wenig Moos, das um die zu fünf Gruppen angeordneten Steine wächst. Der Sand symbolisiert Wasser, die Steine Inseln oder Berge. Einen Weg oder Steine zum Gehen gibt es nicht, denn dieser Garten ist nur zum Anschauen da.

— Naturnähe

Abgesehen von shintoistischen Tempelbezirken, liebt man die Naturfarbe des Holzes, das natürliche Aussehen des Bambus, die unbearbeitete Gestalt der Steine. Dennoch ist die Natur nicht überall nur vorgefundene Natur. Sie wird gestaltet, stilisiert. Bäume werden beschnitten und in ihrem Wuchs verändert, aber doch so, daß die Natur in ihrer konkreten Struktur zum Vorschein kommt. In der Natur spiegelt sich das Gesetz des Werdens und Vergehens, die Vergänglichkeit des Menschenlebens. Indem der Mensch im ästhetischen Erleben der Vergänglichkeit inne wird, überwindet er sie gleichsam.

DIE GARTENKUNST

Die ästhetischen wie meditativen Prinzipien sollen an der japanischen Gartenkunst und insbesondere an der Kunst des Blumensteckens eingehender dargestellt werden. Beide Künste gehören eng zusammen, da sie eine besondere Nähe zur Natur, dem Wachsen und Blühen, dem jahreszeitlichen Grundgefühl besitzen. Wir haben es mit einer Kunst des Vegetativen zu tun. Bäume und Blumen leben, sind lebendig, haben eine sensible Wachstumsseele. Das Gespür dafür, daß die menschliche Psyche genauso wie Blumen, Pflanzen und Bäume den kosmischen Energien und Strömungen ausgesetzt ist, liegt sowohl der Gartenkunst wie der Kunst des Blumensteckens zugrunde. Der künstlerische Wahrnehmungs- und Gestaltungsprozeß macht erst deutlich, was in der Natur angelegt ist, wozu die menschlichen Vorstellungen durch sie angeregt werden können.[5]
Um sich der japanischen Gartenkunst vom europäischen Standpunkt aus zu nähern, ist die Philosophie *Schopenhauers* besonders geeignet. In seiner Ästhetik hat er sich eigens mit der Gartenkunst beschäftigt und Prinzipien bereitgestellt, die eine allgemeine Annäherung erlauben. „Die landschaftliche Schönheit eines Fleckes beruht großenteils auf der Mannigfaltigkeit der auf ihm sich beisammenfindenden natürlichen Gegenstände, und sodann darauf, daß diese sich rein aussondern, deutlich hervortreten und doch in passender Verbindung und Abwechslung sich darstellen. Diese beiden Bedingungen sind es, denen die schöne Gartenkunst nachhilft."[6]
Es ist nach Schopenhauer die Kunst, die durch reine Kontemplation das Wesentliche und Bleibende aller Erscheinungen der Welt und damit auch der Pflanzen, Blumen, Bäume und Steine zum Vorschein bringt. Sie hebt das Objekt ihrer Kontemplation aus dem Strom des Weltlaufs, läßt das Rad der Zeit stehen. Nur das Wesentliche, die Ideen, sind Objekt der Kunst. Dem entspricht auf seiten des Künstlers *„die Fähigkeit, sich rein anschauend zu verhalten, sich in die Anschauung zu verlieren, … d.h. sein Interesse, sein Wollen, seine Zwecke, ganz aus den Augen zu lassen, sonach seiner Persönlichkeit sich auf eine Zeit völlig zu entäußern, um als rein erkennendes Subjekt, klares Weltauge, übrig zu bleiben."*[7]
Der japanische Garten als Kunstwerk will nicht einfach Natur darstellen, sondern das Wesentliche an ihr vor Augen führen. Indem die Natur umgewandelt erscheint, wird auch der Betrachter, sofern er sie auf sich einwirken läßt, umgewandelt. Eine die Zeit überwindende oder die Zeit bewußt erlebende Erkenntnis und Anschauung – das ist das verborgene Ziel.
Bei den japanischen Gärten kann man, sieht man von frühen Vorformen ab, drei verschiedene Typen unterscheiden. Zur ersten Gruppe gehören die *Teich- und Hügelgärten.* Ursprünglich der Geselligkeit der höheren Schichten dienend, sind sie heute Spaziergärten, auf deren verschlungenen Wegen sich dem Betrachter immer neue Perspektiven eröffnen: Teiche, Inseln und Hügel, daneben sind Steine und Felsen

angelegt, Bäume und Büsche werden so gepflanzt, daß sie im Wechsel der Jahreszeiten in gegenseitiger Abstimmung blühen oder sich herbstlich verfärben.
Zur zweiten Gruppe rechnet man die *Trockenlandschaftsgärten.* In ihnen ist das Wasser durch Kies- und Sandflächen ersetzt. Oft sind Felsen so arrangiert, daß die Imagination eines Wasserfalls und Wasserlaufs aufkommen soll. Gerade diese Gärten sind vom Zen-Buddhismus beeinflußt, sie sind nicht zum Begehen bestimmt, sondern dienen ausschließlich der Betrachtung. Die Aussicht auf eine Landschaft in Miniatur soll den Besucher bewegen, soll ihm Stille und Ruhe vermitteln. Diesen Gärten eignet ein hoher Grad an Abstraktion, d.h. eine Beschränkung auf einige wesentliche Bestandteile. In Meditationshaltung sitzend, sollte man auf einen solchen Garten schauen.
Man kann noch eine dritte Gruppe von Gärten anführen, die *Teehausgärten.* Meist ist dieser Garten nur ein Vorgarten zum Teehaus, in den man durch ein überdachtes Tor eintritt. Besonders schön ist der gewundene Pfad aus Trittsteinen. Ein Wasserbecken gehört hierher, meist gibt es auch noch eine Steinlaterne und ein offenes Wartehäuschen. Hier sammelt man sich, bevor die Teezeremonie beginnt. Der Garten bildet die Übergangssphäre von der Welt draußen zum Innen des Teehauses.

Die Kunst des Blumensteckens

Das Blumenstecken ist eine Kunstübung, die sich ohne allzu große Materialbearbeitung mit dem beschäftigt, was in der Natur vorkommt: Blumen, Zweige, Wurzeln. Es verkörpert eine Ästhetik des Blühens und Wachsens. Darüber hinaus ist es als eine meditative Tätigkeit zu verstehen, durch die man Einblick in die Formenwelt der Natur und – gleichsam als Dank dafür – seelische Ausgeglichenheit gewinnt.
Die Geschichte des Blumensteckens beginnt mit der Darbringung von Blumen vor der Buddha-Statue. Diesem zeremonialen Akt liegt ein naturreligiöses Verständnis von Pflanzen und Blumen zugrunde. Wachstum und Lebenskraft sind Ausdruck einer naturhaften Beseelung. Aber schon die Darbringung von Blumen vor der Buddha-Statue nahm die Blumen aus dem naturreligiösen Zusammenhang heraus und machte sie zum Zeichen für die Meditation.
Die Darbringung von Blumen blieb nicht auf den Tempelbezirk beschränkt, der Brauch zog in das japanische Wohnhaus ein, und zwar in der dreiteiligen Form des *„mitsugusoku"*: ein Gesteck Blumen, ein Gefäß zum Abbrennen des Weihrauchs und eine Kerze. Diese wurden auf ein tablettartiges Podest gestellt, woraus sich die japanische Wandnische *„tokonoma"* entwickelt hat: der bevorzugte Platz für das Blumengesteck in Japan durch die Jahrhunderte bis heute.
Mit der Zeit hat das Blumenstecken seine ausschließliche Zugehörigkeit zum reli-

giösen Bereich aufgegeben und diente statt dessen einer anspruchsvollen ästhetischen Unterhaltung. Erst aufgrund dieser säkularisierenden Tendenzen konnte es zu einer ausgesprochenen Kunstübung werden.
Der erste klar beschreibbare Stil im Blumenstecken, und damit der Beginn des Blumensteckens im engeren Sinn überhaupt, bildete sich in den Jahrzehnten vor 1500 heraus. Es ist der *Rikka-Stil.* Rikka war lange Zeit die Bezeichnung für Blumensteckkunst. Auskunft über die Entwicklung und Fixierung des Rikka-Stils geben uns verschiedene aus alter Zeit stammende Abhandlungen mit Zeichnungen und Erklärungen. Die älteste ist als *„sendensho“* bekannt, die den Stand zwischen 1445 und 1536 markiert. Hier wird das Blumenstecken als eine Kunst beschrieben, die menschliche Stimmungen und Gefühle auszudrücken versteht.
Ein neuer Stil im Blumenstecken entwickelte sich im 16. Jahrhundert unter dem Einfluß der Teezeremonie. Indem das Ikebana-Gesteck als ein notwendiges Zubehör zum äußerst einfach gehaltenen Teeraum verstanden wurde, übernahm es die meditativen Prinzipien des Zen.
Zwischen dem prächtigen Rikka-Stil und dem einfachen Stil des Blumensteckens für das Teehaus hat es in der Folgezeit viele Mischungen und Übergangsformen gegeben. Unter dem Einfluß des Bürgertums vollzog sich mit der Zeit eine Popularisierung im Verständnis des Blumensteckens. Man kam zu einer Vereinfachung in der Anwendung der Regeln. Ikebana zu lernen sollte nicht mehr zu schwer sein. Die am Anfang des 19. Jahrhunderts sich ausbreitenden Schulen legten sich auf das Drei-Prinzip fest, eine asymmetrische Form mit drei Hauptzweigen. *Der obere Zweig bedeutet „Himmel“, der mittlere „Mensch“ und der untere „Erde“.*

Blumenstecken kann man sich nicht selbst beibringen – davon sollte man ausgehen. Ein Lehrer ist wie bei den anderen Kunstübungen für die Einführung und den fortlaufenden Unterricht erforderlich. Der Schüler muß bereit sein, sich ihm zu fügen, ja unterzuordnen – und das ist nicht leicht. Das Verständnis von Kreativität steht der Blumensteckkunst, vordergründig gesehen, entgegen. Viele meinen, es genüge, mit Blumen persönlich gestaltend umzugehen. Jeder macht seine Erfahrungen, beurteilt sich selbst und findet das gut, was gefällt. Solche Anschauungen muß man am Anfang ablegen; wer ernst damit macht, ein Lernender zu sein, nimmt Korrekturen an und überwindet das Widerstreben dagegen. An den Gestecken, die vom Meister selbst gesteckt werden, ist zu erkennen, daß er nicht willkürlich verfährt, sondern formt. Form aber ist Bindung, die Freiheit hervorbringt.
Wenn ich selber Kurse halte, lasse ich zuerst nur zuschauen, stecke ein Gesteck vor. Dadurch haben die einzelnen Blumen schon die richtige Haltung. Dann nehme ich sie wieder aus der Schale heraus und bitte, das Gesteck nachzustecken. Sofort bemerken die Teilnehmer, daß das Nachstecken gar nicht so leicht von der Hand

geht. Sie sind ein wenig enttäuscht, müssen einsehen, daß sie das Gesteck vorher nicht richtig angeschaut und behalten haben.
Nach den ersten Versuchen des Nachsteckens lernt man, *eine Blume richtig zu halten und anzuschauen: die richtige Wendung, im richtigen Augenblick stillhalten.* Sobald die Blume in Spannung und Entsprechung zum Auge gekommen ist, sie in den „*Kenzan*"(Blumenigel) stecken. Dann sieht man, daß eine Blume allein stehen kann, daß sie Haltung gewinnt, wenn sie richtig steht.
Schon in den ersten Übungsstunden sollte jeder einzelne Schüler in der Weise des Nachsteckens, mit anschließenden Korrekturen vom Meister, ein fertiges und irgendwie vollkommenes Gesteck angeordnet haben. Die sofortige Beteiligung an einem Ganzen schließt das neue Formgefühl auf. *Es wird kaum geredet, vor allem nicht geschwätzt und gelehrt diskutiert, ein nur selten unterbrochenes Schweigen.* Wenn man sich einmal darauf eingestellt hat, ist es später ganz selbstverständlich, das Reden stört nur. Schale und Blumen nimmt der Schüler mit nach Hause, steckt das Blumengesteck noch einmal und läßt es bis zum Verwelken stehen.

Die wichtigsten Regeln lassen sich etwa folgendermaßen zusammenfassen:
— Blumen und Zweige sollte man nicht nur im Geschäft kaufen, sondern sie eher in der Natur und im Garten suchen und so abschneiden, daß es nicht ein zerstörerischer Eingriff ist. Beim Besorgen des Materials beginnt bereits das Blumenstecken.
— Das Blumenstecken ist eine Kunstübung nach überkommenen Regeln. Asymmetrische Anordnung von drei Hauptzweigen; die Blumen sind mit Blüten und Blättern dem Betrachter zugewandt. Sie schauen ihn an, stehen frei, ohne einander hinderlich zu sein.
— Zwischen den Formen der Zweige, ihrer Höhe, der Größe von Vasen und Schalen muß eine deutliche Entsprechung bestehen, ebenso in der Farbabstimmung der Blüten zueinander. Ein Gesteck darf nicht langweilig wirken, es sollte ein unerwartetes Staunen auslösen.
— Alles Überflüssige wird weggeschnitten. Der „Abfall" ist durchweg weiter verwendbar für das Gesteck. Bei einem sinnvollen Blumenstecken bleibt so gut wie nichts übrig. Das Wegschneiden kann anfangs schmerzlich sein.
— Das Blumengesteck verlangt nach einem bevorzugten Platz. An sich sollte in einem Raum nicht mehr als ein Gesteck stehen. Es ist nie bloße Dekoration, sondern Ausdruck von Sammlung, Freundlichkeit und seelisch gewonnener Freiheit.

— Die Blumen sollten der Jahreszeit entsprechen, vielleicht sie sogar ein wenig vorwegnehmen. Ein Gesteck hat nur einige Tage Bestand, dann räumt man es weg und steckt mit neuen Eindrücken das nächste. Die verdorrten Blumen gehören nicht in den Abfalleimer, sondern in den Kreislauf der Natur.
— Jedes Blumengesteck hat Herz, man könnte ebenso Poesie sagen. Die Anordnung der Blumen muß derart sein, daß unscheinbare Erfahrungen dem Auge sichtbar werden. Das eigene Selbst kommt zum Vorschein, wenn man sich dem Wachstumsgesetz der Blumen unterwirft.

Wer Blumen steckt, muß für *Schalen* und *Vasen* ein besonderes Verständnis haben. Sie bestimmen zu einem guten Teil die Form des Gestecks. Die Gefäße sollten deshalb eine ästhetische Qualität besitzen oder durch den Vorgang des Steckens gewinnen.
Es gibt Vasen und Schalen, die in Japan direkt für das Blumenstecken hergestellt werden. Sie sind in ihrer Form, im Material und in der Farbtönung auf die Intention des Blumensteckens abgestimmt. Die Variationsbreite ist groß. Dennoch herrschen zwei Grundformen vor. Es gibt die einfache niedrige Schale, in der durch einen Kenzan die Blumen gehalten werden. Solche Gestecke nennt man *moribana.* Daneben gibt es auch die hochstehende Vase, in der die Blumen und Zweige durch eingeklemmte Ästchen ihren Halt finden. Ein solches Gesteck heißt *nageire.*
Im übrigen aber sind die Schalen und Vasen oft so einmalig gestaltet, daß dadurch die Gestecke in ihrer Form schon eindeutig festgelegt werden. Viele Blumensteckmeister sind deshalb auch *Keramiker,* stellen die Gefäße ihren Vorstellungen entsprechend selbst her.
Ebenso wichtig wie das Zurückgreifen auf Vasen und Schalen, die eigens für das Blumenstecken hergestellt sind und im Prinzip eine große Erleichterung darstellen, ist das Suchen von Gefäßen, die an sich einen anderen Gebrauchszweck haben. Sie für das Blumenstecken umzufunktionieren, ist nicht nur reizvoll und anstrengend, es bereichert auch die künstlerischen Möglichkeiten. Bei aller Modernität sollte man grundsätzlich bei der Keramik bleiben und immer wieder zu ihr zurückkehren. Zwischen der Kunst, keramische Gefäße herzustellen, und der Kunst, Blumen zu stecken, besteht eine enge Verwandtschaft. Es ist die gleiche ästhetische Auffassung, die hier am Werk ist. „Wir Keramiker", so schreibt Kaneshige Sozan, „verwenden fast nur natürliches Material, und aus diesem Grund sind unsere Arbeiten mit der Religion eng verbunden. Wenn man religiös ist, empfindet man mehr Dankbarkeit gegenüber der Natur, die es uns möglich macht, mit diesem wertvollen Material zu arbeiten."[8]

Ist das Blumengesteck fertig, dann verbreitet es über einige Tage eine meditative Stimmung. Danach wird es durch ein neues ersetzt, das den Ablauf der Zeit erneut ausdrückt.[9]

1 Heinrich Dumoulin, Zen, in: Japan-Handbuch, hrsg. von Horst Hammitzsch, Stuttgart 1984, S. 1677
2 Heinrich Dumoulin, Zen, Geschichte und Gestalt, Bern 1959, S. 63
3 Dietrich Seckel, Einführung in die Kunst Ostasiens, München 1960, S. 283
4 Horst Hammitzsch, Cha-Do. Der Teeweg, München-Planegg 1958; Ders., Zu den Begriffen wabi und sabi im Rahmen der japanischen Künste, in: Nachrichten der (Deutschen) Gesellschaft für Natur- und Völkerkunde Ostasiens (OAG) 82 (1957), S. 5–14
5 Vgl. auch Konrad Wiese, Gartenkunst und Landschaftsgestaltung in Japan, Tübingen 1982
6 Arthur Schopenhauer, Sämtliche Werke, hrsg. von Arthur Hübscher, Bd. 2, Wiesbaden 1972, S. 257
7 a.a.O., S. 218 f.
8 Gisela Jahn und Anette Petersen-Brandhorst, Erde und Feuer. Traditionelle japanische Keramik der Gegenwart, München 1954, S. 205
9 Zur Thematik vgl. mein Buch: Die Kunst Blumen zu stecken. Eine Schule des Lebendigen und Meditativen, ostasiatisch – europäisch, insel taschenbuch 489, Frankfurt 1980

Paul Schwarzenau

Das Gewinnen der Seinswonne. Zur kontemplativen Struktur des Buddhismus.

„Ich erinnere mich, daß ich einst, als mein Vater … beschäftigt war, im kühlen Schatten eines Rosenapfelbaumes saß und dort mich frei fühlte von Wünschen und Sorgen, frei von dem Verlangen nach Sinnengenüssen und von unheilsamen Regungen, und die mit Nachdenken und Forschen verbundene, von Freude und Wohlbehagen erfüllte erste Stufe der Versenkung erreichte, und ich dachte: Dies könnte der Weg zum Erwachen sein."

Buddha, Majjhimanikaya[1]

Dieses Bild aus der Überlieferung der großen Reden Buddhas könnte eine Einladung sein – nicht nur zu den folgenden Gedanken und Erläuterungen über die kontemplative Struktur des Buddhismus. Die Lehre des Buddha verspricht dem, der sich ihr öffnet, ein unverlierbares Glück: das Gewinnen der Seinswonne. Wir suchen diese Lehre vielleicht zunächst in schwieriger Theorie und Begrifflichkeit. Aber, was sie meint, ist nichts der Wirklichkeit Aufgesetztes. Sie ist eine Umkehr zum Nächsten, zum Unmittelbarsten, zur Wirklichkeit selbst. Nicht diese ist schwierig, sondern wir sind es geworden; nicht diese ist fern, sondern wir haben uns von ihr entfernt. Ein Bild ihrer Nähe ist der Junge, der im Schatten eines Baumes sitzt und sich dort frei fühlt von Wünschen und Sorgen, ganz in den Augenblick und in das Licht und in den Schatten *versunken,* ein Mensch, *der nicht nach etwas ausgreift und verlangt, sondern einfach ist.* In seinem Schauen und Dasitzen dürfen die Dinge dasein, wie sie *sind,* mit dem, der *daist.* Sie werden nicht ergriffen, besessen, bearbeitet oder in ein Weltbild eingestellt: sie *sind* und sonst – nichts. Wie der Mensch in solchem Dasein *ist* – und sonst nichts. Wenn wir an unsere Kindheit zurückdenken, werden uns vielleicht solche Momente wieder in die Erinnerung treten. Vielleicht.

Das Wort *Meditation* leitet sich her von der Sprachwurzel „med", die „Mitte" bedeutet. Es meint zugleich ein Nachdenken, Einüben, Vergegenwärtigen. Meditierendes Denken ist ein sich öffnendes, ruhig betrachtendes und umschreitendes Denken. Nicht das Ich mit seinen vorgefaßten Einstellungen, sondern das ganz freie Offensein für alles, was begegnet, ist die neue Mitte, darin die Bilder der Welt, des Drangs entkleidet, als Sinn-Bilder tiefen Friedens und des wahren Seins aufscheinen. Das ganz Nahe und Einfache ist das Sein. Dafür die Augen wieder zu gewinnen, wie sie der Junge im Schatten des Baumes geöffnet hat, ist *Kontemplation:* Schauen der unverstellten Wirklichkeit. Sich darauf einlassen, ist *Muße.* „Dies könnte der Weg zum Erwachen sein."

BUDDHA – VERWIRKLICHUNG EINES URTYPUS

Wir finden den Buddha oft sitzend dargestellt, wie er mit der Hand auf die Erde weist. Dieses Symbol soll auf den ungeheuren Meditationskampf hinweisen, den es ihn gekostet hat, bis er die Erleuchtung erlangte und den Löwenruf der Buddhaverkündigung erschallen lassen konnte. Im Buddha hat ein Mensch die höchste Vollendung erlangt und zugleich die Welt überschritten wie kein anderes Wesen außer ihm, auch keiner der Götter, nicht einmal der Weltenschöpfer, Brahma, selbst. Für ihn ist es die letzte Geburt, das Ende der Welt.
Diese Welt scheint darauf zu warten, daß sich in ihr ein Urtypus verwirklichle, der von weither kommt. Ein Wesen, das durch viele Geburten hindurch schon da war – als Tier, als Mensch, als Gott –, um dann als Buddha die Vollendungsgestalt anzunehmen, in der Geburt und Welt enden. Drei Mahakalpas, das sind 3×10^{51} Jahre[2], währt das Kommen eines Buddhas durch alle Schicksale der Wiedergeburten und Selbstaufopferungen hindurch, die ihm das Recht auf das Fleckchen Erde sichern, auf dem er als der Erleuchtete seinen Sitz genommen hat. – E. Conze weist mit Recht darauf hin, „daß der historische Buddha nicht eine isolierte Erscheinung ist, sondern nur einer aus der endlosen Reihe unzähliger Tathagatas, die in allen Zeitaltern auf der Erde erscheinen und immer dieselbe Lehre vortragen."[3] So wie eine Frucht, wenn sie reif geworden ist, sich von dem Baume ablöst, an dem sie wuchs, *so löst sich Mal um Mal nach ungeheuren Umschwüngen der Welt die Lehre eines Buddha als reinste Frucht ab und weist auf die andere, die eigentliche Wirklichkeit hin.* Siddhartha Gautama, der historische Buddha legt daher Wert auf die Feststellung, daß er nicht eine neue oder gar nur subjektive Erkenntnis und Lehre gefunden habe, sondern den Wahrheits- und Erkenntnisweg von alters. „Gesetzt, ein Mann fände im Dschungel einen alten Weg. Er folgte ihm und entdeckte eine alte Stadt, die früher von Menschen bewohnt war. Er teilte dies dem König mit, und dieser ließe sie wieder aufbauen, so daß sie wieder bevölkert würde und zu neuer Blüte erstünde. Gerade so habe ich den *alten Weg* wieder entdeckt; den von den Buddhas der vergangenen Zeiten beschrittenen *Weg* zum Nirvana."[4]
Der westliche Mensch hat ein zwiespältiges Verhältnis zum Buddhismus. Einerseits fühlt er sich von der meditierenden Gestalt des Buddha in ihrer Stille und Ausstrahlung angezogen, andererseits tritt er erschreckt zurück vor dem, was er als buddhistische

Weltverneinung bezeichnet. Wie ein Erstorbener, für den nichts in der natürlichen Welt mehr von Interesse sei, lebe der Buddha in der Welt der reinen Geistigkeit. „Eine pessimistische Religion", sagt Albert Schweitzer, und dies im Gegensatz zum dynamischen, auf Weltveränderung angelegten Christentum.[5] Ich gestehe, daß mich dieses Urteil nicht überzeugt. „Europäer, die aus buddhistischen Ländern, wie Burma und Tibet, zurückkehren, berichten, daß die Bewohner dort, Laien sowohl wie Mönche, durchweg eine freundliche Heiterkeit an den Tag legen. Es wäre einigermaßen rätselhaft, wenn die pessimistische Trübseligkeit, die viele aus der buddhistischen Lehre vom allgemeinen Leiden herauslesen, sich in einer heiteren Lebensführung spiegeln sollte."[6]

Der Buddhismus – eine Lehre vom Glück

Grundsätzlich sollte man nicht aus dem Blick verlieren, *daß der Buddhismus zuallererst eine Glückslehre ist.* Er verkündet die Aufhebung des Leidens, die Verstopfung der Quellen, aus denen dem Menschen das Leiden zufließt. Die berühmte Legende von den vier Ausfahrten des Bodhisattva bringt dies unüberhörbar zum Ausdruck. Ob es sich um den *Alten* handelt, der „geknickt wie der Giebel eines Hauses, gekrümmt, auf einen Stock gestützt, zitternd, vorwärtsgehend, elend, greisenhaft" oder um den *Kranken,* der „leidend, schwerkrank, in seinem eigenen Kot und Urin liegend, von andern aufgerichtet, von anderen bedient", oder um den *Toten,* um den sich eine Menschenmenge versammelt, im Blick auf jedes dieser Übel entfährt es ihm: „Verflucht, wahrlich, sage ich, soll Geburt sein, wo doch an der Geburt das Altern zutage treten muß, die Krankheit zutage treten muß, das Sterben zutage treten muß."[7] Und in anderer Überlieferung: „Wenngleich der Mensch selbst dem Alter, der Krankheit, dem Tode unterworfen ist, fühlt er doch Widerwillen, wenn er einen anderen gealtert, krank oder als Toten sieht. *Auch ich bin so, und das ist meiner nicht würdig.*"[8] Brennend wird daher die Frage, wie man dem Leiden entrinnen kann. „Einem Leidenszustand, wahrlich, ist diese Welt verfallen. Man wird geboren, man altert, man stirbt, man entschwindet, und man taucht wieder auf. Ein Entrinnen aber aus diesem Leiden, dem Altern und Sterben, das kennt man nicht. Wann wird wohl mal ein Entrinnen aus diesem Leiden, dem Altern und Sterben, gefunden werden?"[9]

Die Glücks-Gestimmtheit der Lehrreden Buddhas

In Uruvela erlangte Siddhartha Gautama nach langen Versenkungsübungen unter dem Feigenbaum *die Erleuchtung.* Sie machte ihn zum Buddha und bildet damit den Hintergrund seines weiteren Lebens und Lehrens.

Das rein Theoretische eines buddhistischen Sutta läßt sich leicht auf vier oder fünf Sätze bringen. Man exzerpiert und stellt die Aussagen in religionswissenschaftlichen Lehrbüchern zusamen. Aber damit zerstört man die *Nirvana-Glücks-Gestimmtheit*, die unter dem wundersamen rondell-artigen Kreisen und Schweben *in den Lehrreden Buddhas* liegt. Diese ist höher, umfassender und ursprünglicher als alle Theorie: ein unmittelbar aufklingender Zuspruch tiefsten Friedens und Glücks. Über dem Ganzen liegt ein unvergleichlicher Stimmton, der diese Reden in Paradiese versetzt, der in der Sprachmusik seiner Worte mit dem ersten Satz zur Stelle ist. *Wo der Buddha ist, verwandelt sich die Umgebung in ein Nirvana-Glücks-Symbol für das Paradies.* Der westliche Leser sollte sich zuerst rein hörend an die Lehrreden des Buddha hingeben, ehe er dazu übergeht, das theoretische Element nachzudenken. „Und ich, ihr Mönche“, heißt es im Ariyapariyesana-Sutta, „auf der Suche nach dem ‚Was ist gut?‘, nach dem unvergleichlichen Weg zum höchsten Frieden forschend, wanderte im Magadher-Lande von Ort zu Ort, bis ich nach der Stadt Uruvela kam. Da nun sah ich einen silbern strömenden Fluß, gut zugänglich, entzückend, und in der Nähe ein Dorf zum Almosengang. Da kam mir, ihr Mönche, der Gedanke: ‚Wahrlich, das ist ein entzückender Erdenfleck, eine anmutige Baumgruppe, der Fluß strömt silbern, gut zugänglich, entzückend, und in der Nähe ist ein Dorf für den Almosengang. Genug, wahrlich, ist das zum inneren Fortschritt für einen Edelgeborenen, der nach innerem Fortschritt strebt‘. Und ich, ihr Mönche, ließ mich ebendort nieder: ‚Genug ist das zum inneren Fortschritt.‘“[10]

Wie im tiefsten Einklang mit diesem „entzückenden Erdenfleck“ fließt dann der in seinen Sätzen parallel aufgebaute Lehrvortrag aus dem Grunde einer glückhaft gefundenen Gelöstheit – „Genug ist das ...“ –, wobei mit jedem neuen Satz nur *ein* neues Stichwort in *die ruhige Wiederkehr der Sprache, die als solche schon eine Therapie ist*, eingeführt wird.

Der westliche Leser verlangt ein schnelles Zur-Sache-Kommen, er bahnt sich durch logische Operationen einen abgekürzten Zugang und Zugriff zur Wirklichkeit, die er dadurch beherrscht und in den Griff bekommt. Die Lehrreden Buddhas gehen den umgekehrten Weg. Sie fordern zu einer atemlosen Stille und Beruhigung auf, die noch jenseits der uns bekannten Konzentration liegt.

Buddha führt nicht durch Schlußfolgerungen in eine Theorie ein, sondern gibt stufenweise Anteil an einer Erfahrung, *zu der der Mensch geweckt wird, die in ihm selbst aufwachen muß*, in die er durch den Buddha nur eingestimmt werden kann. Dieses „Wissen“, eigentlich eine Intuition, bedeutet zugleich das Aussprechen einer neuen Existenz, die in Worten tiefen Jubels im Sutta aufklingt.[11]

Die vier edlen Wahrheiten

Es geht, wie sich zeigen wird, nicht um eine pessimistische Weltverneinung, sondern um das Finden der eigentlichen Wirklichkeit und das Innestehen in ihr. Dazu gehört allerdings die Aufhebung des Verfallenseins an das In-der-Welt-Sein. *Der Mensch ist vom In-der-Welt-Sein benommen,* hat sich mit seinem In-der-Welt-Sein identifiziert und schaut nicht mehr daraus hervor. Zu einem Heraustreten aus der Verfallenheit will ihn aber die Lehre von den *vier edlen Wahrheiten,* die dem Buddha in der Erleuchtung aufging, leiten. Ich führe sie hier mit den Worten des Buddha an.[12] „Was ist nun, ihr Mönche, die hohe *Wahrheit vom Leiden?* Geburt ist leidvoll, Alter ist leidvoll, Krankheit ist leidvoll, Tod ist leidvoll, Kummer, Jammer, Schmerz, Gram und Verzweiflung sind leidvoll, nicht erlangen, was man begehrt, ist leidvoll." Das klingt zunächst völlig selbstverständlich. Daß dahinter aber eine *eindringliche Existenztheorie* steht, macht die Zusammenfassung deutlich, die der Buddha hinzufügt: „Kurz gesagt, die *fünf Gruppen des Anhaftens* sind leidvoll." Als diese leidvollen Gruppen des Anhaftens führt er in der weiteren Erläuterung an: „Die Haftensgruppe der körperlichen Form, die Haftensgruppe der Empfindung, die Haftensgruppe der Wahrnehmung, die Haftensgruppe der Gemütsregungen, die Haftensgruppe des Bewußtseins." Das heißt, *wir haften mit voller Vitalität den körperlichen Formen, den Empfindungen, den Wahrnehmungen, den Gemütsregungen, dem Bewußtsein so an, daß wir uns damit identifizieren, davon hingerissen und benommen werden. Wir sind dann aber auch gerade nicht bei uns selbst, sondern werden von außen – sei dieses nun ein physisches oder ein psychisches Außen – getrieben.*

Diese Einsicht führt zur Wahrheit von der Entstehung des Leidens. „Was ist nun, ihr Mönche, die hohe Wahrheit von der Entstehung des Leidens? Es ist jener Wiedergeburt erzeugende, von Wohlgefallen und Lust begleitete *‚Durst',* der bald hier, bald dort sich ergötzt, das will sagen: Der Durst nach Sinnenlust, der Durst nach Werden, der Durst nach Vernichtung." In diesen Durst spielen ausdrücklich die Gruppen der Anhaftung hinein.

Die *Wahrheit von der Aufhebung des Leidens* besteht in der *Aufhebung des Durstes.* „Es ist eben dieses Durstes spurloses, restloses Aufheben, Aufgeben, Verwerfen, Ablegen, Vertreiben." Den Weg dazu öffnet die vierte hohe *Wahrheit von dem zur Aufhebung des Leidens führenden achtteiligen Pfad.* „Es ist dieser hohe achtteilige Weg, nämlich rechte Anschauung, rechte Gesinnung, rechtes Reden, rechtes Handeln, rechte Lebensführung, rechter Kampf, rechtes Gedenken, rechte Konzentration."

Der achtteilige Pfad

„Was, ihr Mönche, ist *rechte Anschauung?* Die Erkenntnis des Leidens, die Erkenntnis der Entstehung des Leidens, die Erkenntnis des zur Aufhebung des Leidens führenden Pfades. Das, ihr Mönche, nennt man rechte Anschauung. Und was, ihr Mönche, ist *rechte* Gesinnung? Die Gesinnung des Entsagens, die von Übelwollen freie Gesinnung, die Gesinnung, die keinem Wesen Harm bereitet. Das, ihr Mönche, nennt man rechte Gesinnung. Und was, ihr Mönche, ist *rechtes Reden?* Das Abstehen vom Lügen, das Abstehen vom Afterreden, das Abstehen von hoher Rede, das Abstehen von eitlem Geschwätz. Das, ihr Mönche, nennt man rechtes Reden. Und was, ihr Mönche, ist *rechtes Handeln?* Abstehen vom Zerstören von Leben, Abstehen vom Nehmen nicht-gegebener Dinge, Abstehen von unkeuschem Wandel. Das, ihr Mönche, nennt man rechtes Handeln. Und was, ihr Mönche, ist *rechte Lebensführung?* Dieser Fall, ihr Mönche, liegt vor, wenn ein edler Jünger eine verkehrte Lebensführung aufgegeben hat und sein Leben in rechter Lebensführung gestaltet. Das, ihr Mönche, nennt man rechte Lebensführung. Und was, ihr Mönche, ist *rechter Kampf?* Da erzeugt, ihr Mönche, ein Mönch in sich den Willen, nicht-vorhandene üble, unheilvolle Zustände nicht entstehen zu lassen, und seine Energie zusammenraffend kämpft er, ringt er, treibt seinen Geist an. Er erzeugt in sich den Willen, nicht-vorhandene heilsame Zustände zu erwecken, und seine Energie zusammenraffend kämpft er, ringt er, treibt seinen Geist an. Er erzeugt in sich den Willen, vorhandene heilsame Zustände zu erhalten, sie nicht schwinden zu lassen und sie zu entfalten, und seine Energie zusammenraffend kämpft er, ringt er, treibt seinen Geist an. Das, ihr Mönche, nennt man den rechten Kampf. Und was, ihr Mönche, ist *rechtes Gedenken?* Da verweilt, ihr Mönche, ein Mönch beim Körper in der Betrachtung des Körpers, eifrig, klar bewußt, besonnen, um in der Welt Begehren und Kümmernis zu bemeistern. Er verweilt bei den Empfindungen in der Betrachtung der Empfindungen eifrig, klar bewußt, besonnen, um in der Welt Begehren und Kümmernis zu bemeistern. Er verweilt bei den Gedanken, in der Betrachtung der Gedanken, eifrig, klar bewußt, besonnen, um in der Welt Begehren und Kümmernis zu bemeistern. Er verweilt bei den Erscheinungen, in der Betrachtung der Erscheinungen, eifrig, klar bewußt, besonnen, um in der Welt Begehren und Kümmernis zu bemeistern. Das, ihr Mönche, nennt man rechtes Gedenken. Und was, ihr Mönche, ist *rechte Konzentration?* Abgeschieden von den Sinnenlüsten, abgeschieden von unheilsamen Zuständen gewinnt ein Mönch die mit Denken und Sinnen verbundene, aus der Abgeschiedenheit entstandene, von Freude und Glück erfüllte erste Versenkung und verweilt darin. Nach Beruhigung des Denkens und Sinnens gewinnt er die innere Sammlung, die Einheit des Geistes, die von Denken und Sinnen freie, aus der Konzentration entstandene, von Freude und Glück erfüllte zweite Versenkung und verweilt darin. Und nach dem Verschwinden der Freude lebt er gleichmütig, klar bewußt und besonnen, und er empfindet leibhaft jenes Glück, von dem die Edlen sagen: ‚Der Gleichmütige und Besonnene lebt glücklich.' So gewinnt er die dritte Versenkung und verweilt darin. Und nach dem Schwinden von Freud und Leid und nach dem Untergang des früheren Frohsinns und Trübsinns gewinnt er die jenseits von Freude und Leid liegende vierte Versenkung, wo Gleichmut und klare Besinnung in voller Reinheit bestehen, und verweilt darin. Das, ihr Mönche, nennt man rechte Konzentration. Dies, ihr Mönche, nennt man die hohe Wahrheit von dem zur Aufhebung des Leidens führenden Pfade."

Nirvana

„Und mir, der ich selbst der Geburt, dem Alter, der Krankheit, dem Tod, dem Leiden und der Befleckung unterworfen war, ward da die wahre Erkenntnis zuteil. Nach jenem Ungeborenen, nicht Alternden, von Krankheit, Tod, Schmerzen und Beflekkung Freien, Unvergleichlichen, dem Freiwerden von dem Tun, nach dem Nirvana forschend, erlangte ich das Ungeborene, nicht Alternde, von Krankheit Freie, Todlose, von Schmerzen Befreite, Fleckenlose, Unvergleichliche, das Nirvana, die Ruhe vom Tun. Mir ward wahrlich die Erkenntnis und Schau zuteil: *Sicher ist mir die Erlösung, dies ist meine letzte Geburt; nicht gibt es hier ein Wiedersein für mich.*"[13] Mit diesen Worten eines ungeheuren Jubels spricht der Buddha aus, daß ihm die *absolute Wirklichkeit* aufleuchtete und zuteil wurde. Ihr Sanskritname ist *Nirvana.* Alle buddhistische Kontemplation geht letztlich dahin, mit der „Nirvana" genannten Urwirklichkeit in Berührung zu kommen und sie so zu erfahren, daß sie in jeder Realität durchscheint.

Vom rechten Bedenken von Nirvana, der Ur-Wirklichkeit, hängt es ab, ob wir einen ausreichenden Zugang zur buddhistischen Kontemplation gewinnen. Gelingt uns dieser Zugang, dann verliert der Begriff den Beigeschmack des Exotischen, angeblich nur „Östlichen" und gewinnt gerade für den westlichen Menschen brennende Aktualität, da er geeignet ist, unsere Wirklichkeits- und Gottesbegriffe aus ihrer, man möchte fast schon sagen, neurotischen Verklemmung zu befreien.

Wesen von Nirvana

Um uns dem Wesen von Nirvana zu nähern, dürfte es zunächst wichtig sein, die Bezeichnungen aufzusuchen, die der Buddha in seinen Reden für das Nirvana gebraucht. Solche Bezeichnungen sind: *„Der schwer zu schauende, unbewegliche Standort"*, *„der ruhige Ort"*, *„die Sphäre der Unsterblichkeit"*, *„die Stätte des Friedens"*, *„das*

Unendliche", „das Ewige", „das Ungeborene", „das Ungewordene", „das Ungeschaffene", „das Qualitätslose", „das Höchste", „das ewige Sein", „das nichtgestaltete Reich", „das Wirkliche jenseits von Sein und Nichtsein" (als Modalitäten des Endlichen), „das Nichtbedingte" (= Unbedingte), „das Reich des absoluten Ruheseins".

Einige dieser Benennungen machen bereits deutlich, *daß es sich bei Nirvana nicht um eine nur psychologische Größe handelt, sondern um das Sein selbst.* Dabei wird auch deutlich, wie sich diese Konzeption des Nirvana von der des traditionellen christlich-jüdischen Gottesbildes unterscheidet, so sehr unterscheidet, daß man sogar von einem „atheistischen Buddhismus" sprechen konnte.

Dieses Urteil hängt offensichtlich damit zusammen, daß man das christlich-jüdische Gottesbild allzu selbstverständlich mit den Vorstellungen eines persönlichen Gottes oder einer Gott-Person identifizierte, Gott war von vornherein und unzweideutig das große Du. Gerne wird in diesem Zusammenhang die Vorstellung von Gott als dem Vater oder von Gott als dem ewigen Du angeführt. Für letztere wird mit Blick auf das Judentum *Martin Buber* als Kronzeuge genannt. Aber selbst Buber macht darauf aufmerksam, daß Gott nicht Person an sich ist, sondern sich uns zur Person begrenzt. Gott ist zuallererst das Umgreifende. Es berührt sich ferner mit jüdischer Vorstellung, wenn das Nirvana als Standort, Ort, Stätte bezeichnet wird, darauf die Wirklichkeit im tiefsten Seinssinne ruht. Gott ist nicht in der Welt, sondern die Welt ist in Gott als ihrem Ort. Gott ist der Ort der Welt, deutet Martin Buber die jüdische Umschreibung für Gott: Makom, Ort. In der jüdischen Mystik, der *Kabbala,* ist der eigentliche Grund der Gottheit *„En Soph"*, das, was ohne Ende ist, nicht-personal, es ist der Seinsgrund, der so auch ein Nichts genannt werden könnte, aus dem sich in einem ewigen Prozeß die mystische Gestalt der Gottheit immer erst erhebt, ein Nichts, das doch der Möglichkeitsfülle nach alles ist und alle Wirklichkeit übersteigt. Der Vergleich zwischen *„En Soph"* als Name für den Seinsgrund der Gottheit und dem Nirvana bietet sich geradezu an. Die Predigt Jesu spricht nicht nur personalistisch vom Vater, sondern zugleich vom *„Reich Gottes"*, das die Gegenwart des neuen Seins meint. In der christlichen Mystik entspricht dem die Unterscheidung von Gottheit und Gott bei *Meister Eckhart.* In der Gottheit als der ersten Ursache „urständet" der Mensch ledig aller Kreatur und Gottes. Dort steht der Mensch in seiner Freiheit und seinem ungeschaffenen Wesen. Erst indem der Mensch aus dieser Unwirklichkeit der Gottheit herausgeht, empfängt er seinen Gott, „denn ehe die Kreaturen waren, war Gott noch nicht Gott."[14] Auch hier deutet sich die *seinsmäßige Entsprechung von mystischer Gottheit* (im Unterschied zum personalen Gott) *und Nirvana* an. Mit Recht spricht *G. Mensching* davon, „daß das buddhistische Nirvana genau dem entspricht, was die Mystik unter der Einigung mit Gott oder dem Göttlichen versteht."[15]

Auch in Religionswissenschaft und Theologie ist es nicht ungewöhnlich, allzu personale Vorstellungen von Gott dadurch aufzubrechen und zu hinter-gründen, daß wir Bezeichnungen wie *„das Heilige"*, *„das Absolute"*, *„das Unbedingte"* benutzen. Selbst *Karl Barth* bezeichnet Gott als das allem Dasein und Sosein der Welt gegenüber *„Ganz Andere"*, und *Paul Tillich* führt grundlegend für Gott den Begriff *„das Sein selbst"* ein. *Die nur-personale Gottesvorstellung steht für einen endlichen, letztlich dämonischen Gott, der nur einen Teil der Wirklichkeit repräsentiert, der ständig das Ganze sein will und es beansprucht, ohne es zu sein. Man darf sagen, daß mit Nirvana eine tiefere Wirklichkeit geschaut worden ist, als sie uns in der landläufig als jüdisch-christlich ausgegebenen Gottesvorstellung begegnet.* Dabei ist schließlich die Einsicht wichtig, die zwischen einem Nirvana der diesseitigen Ordnung *(drishta-dharma-nirvana)* und dem jenseitigen Nirvana *(parinirvana)* unterscheidet. Durch diese Unterscheidung wird deutlich gemacht, daß das Nirvana nicht nur das uns Entrückte, sondern in unsere tägliche Wirklichkeit Hineinreichende und diese Mitgestaltende ist. *Das Nirvana ist daher einer der unsere Erscheinungswelt mitgestaltenden Daseinsfaktoren (dharma), allerdings als solcher unbedingt, im Unterschied zu den übrigen bedingten. Es vermittelt und ist das Bleibende, der gefüllte Augenblick, das Ewige in der Zeit.*

Weltzeitalter und Wiedergeburt

Beachtung verdient noch der Hinweis, daß in die Erleuchtung des Buddha nicht nur die Erkenntnis der vier edlen Wahrheiten mit der Lehre vom achtfachen Pfad hineingehört, sondern zugleich der *„kosmische Blick"*, der alles Leben im Zusammenhang der *Weltzeitalter* und dem Kreislauf unzähliger *Wiedergeburten* ansieht. Zu diesem Schauen mit dem „Buddha-Auge" gehört die Erinnerung und Erkenntnis der eigenen früheren Existenzen. „Mit also gesammeltem, mit geläutertem und reinheitsreichem Geist, der von Flecken frei war, aller Schäden entledigt, geschmeidig, der Arbeit sich fügend, feststehend und unentwegt, wandte ich mich hin auf die *Erinnerung und Erkenntnis meines früheren Daseins.* So erinnerte ich mich an mannigfaltiges früheres Dasein: an eine Existenz, an zwei Existenzen, an drei ... vier ... fünf ... tausend ... hunderttausend Existenzen, an viele Weltalter der Zerstörung und Erneuerung: dort war ich mit dem und dem Namen, von dem und dem Geschlecht, von der und der Erscheinung, von der und der Nahrung lebend, das und das Glück und Leid erfahrend, von so und so langer Lebensdauer. Von da schied ich und wurde dort wiedergeboren: und auch dort war ich mit dem und dem Namen ...: von da schied ich und bin hier wiedergeboren: so erinnerte ich mich an mannigfaltiges früheres Dasein mit seiner Besonderheit und mit der Bestimmtheit seines Wesens."[16]

Zur Erleuchtung des Buddha gehört, daß das Leben von weit her kommt, daß es nicht eingeschränkt ist in die engen Gegebenheiten zwischen Geburt und Tod. Dieses drückt sich aus in der Lehre von den Wiedergeburten und dem Karmagesetz. Die erste Auffassung gibt dem Menschen sich selbst, die zweite macht ihn für sich selbst verantwortlich. Dadurch kann er der Enge, der Froschperspektive und Egozentriertheit mit ihren depressiven Konsequenzen entkommen.[17] Es ist ein Paradox, daß der Mensch sich nur dann wirklich annehmen kann, wenn er zugleich, mit Meister Eckhart zu reden, in sich leer und ledig steht. Das Sich-festhalten-Wollen des Menschen im jeweiligen Ich und das Sich-Identifizieren mit seinem jeweiligen Ich bringt den Menschen in einen sehr engen Rahmen hinein, der durch mangelnde Offenheit in der Kommunikation mit anderen und anderem gekennzeichnet ist, wie durch die Angst des Ich-Verlustes.

Der Mensch muß also in gewissem Sinne ein leeres Bewußtsein haben, um alles aufnehmen zu können. Er muß von sich ledig sein, um anderes ohne Projektionen aufnehmen zu können, also frei zu sein für rechte Erkenntnis und rechte Gesinnung, die zugleich auch wieder die Voraussetzungen sind für ein vorurteilsfreies Wohlwollen allem gegenüber. Durch die Lehre von den Wiedergeburten steht ihm quasi eine ganze Ewigkeit zur Verfügung, Irrtümer zu korrigieren, um sich zu entfalten und zu vervollkommnen.

Jedes einzelne Leben darf als eine Entwicklungsstufe angesehen werden. *Das Karmagesetz läßt sich gut mit der tiefenpsychologischen Lehre C. G. Jungs von einem kollektiven Unbewußten verbinden, das ja transpersonal ist, also das einzelne Leben übergreift. Dieses mahnt immer wieder an, was noch nicht gelebt, getan, verwirklicht worden ist.* So erfahren, steht auf einmal keine asketische Lehre, sondern eine Wegweisung zur Wirklichkeit, zum Sein und zum eigentlichen Selbst vor uns. Diese aber nicht als eine moralische Anweisung, sondern als das stets neue Ergebnis einer Kontemplation des Seins, das uns aus der Verflochtenheit in uns entfremdende Identifikationen und Projektionen herausholt. In den Zusammenhang der Selbstfindung gehört auch die Meditation von unangenehmen Dingen, von Ekelhaftem und Widerwärtigem, nichts soll verdrängt werden, der Mensch jedoch bereit sein, seine Existenz anzunehmen, wie sie ist.

Die buddhistische Lehre besitzt so einen zeitlosen Rang, der ihr zugleich volle Bedeutung für unsere Zeit sichert. Sie hilft uns zur Befreiung von den Zeitmächten des falschen Bewußtseins der Verkrampfung in unser Ich, in die Kategorie des Habens und der Projektionen unseres eigentlichen Selbst auf das, was gerade nicht unser Selbst ist: Projektionen, von denen die Konsumgesellschaft mit all ihren materiellen und seelischen Antrieben lebt.

Das Entstehen in Abhängigkeit

Eine methodische Durchdringung dieser Kontemplation hat der Buddhismus, wohl schon der historische Buddha, durch die Lehre von dem *„Entstehen in Abhängigkeit“ (pratitya-samutpada)* und die damit im Zusammenhang zu sehende *Anatta-*

Lehre oder Lehre vom Nicht-Selbst hergestellt. Danach setzt sich die gesamte Erscheinungswelt aus einem kontinuierlich fließenden Strom von vergänglichen *Daseinsfaktoren* oder *Dharmas* zusammen. Die einzelnen Dharmas, die diesen Strom bilden, entstehen und vergehen schnell. Sie werden in fünf Gruppen eingeteilt: 1) Das Körperliche *(rupa)*, 2) die Empfindungen von Lust und Unlust *(vedana)*, 3) das Unterscheidungsvermögen *(sanjna)*, die Triebkräfte *(sanskara)* und 5) das leere Bewußtsein *(vijnana)*. Von diesen sind die Triebkräfte oder Sanskaras „von ausschlaggebender Bedeutung für die Gestaltung einer künftigen Existenz, denn sie sind die karmischen Mächte, welche die Qualität eines neuen Daseins bestimmen und einem solchen als potentielle unterbewußte Eindrücke aus der Vergangenheit anhaften, um bei gegebener Gelegenheit aktuell zu werden“ (v. Glasenapp).[18]

Die Frage nach dem Selbst

Hier erhebt sich die Streitfrage, *ob es in dem unendlichen Fluß vergänglicher Dharmas so etwas wie ein bleibendes Ich oder, besser ausgedrückt, Selbst (atman) der Persönlichkeit gebe,* die auch im Wechsel der Existenz mit sich identisch bleibe. *V. Glasenapp* vertritt folgende Meinung: „Die Dharmas, aus welchen sich ein Lebewesen zusammensetzt, sind keine dauerhaften Bestandstücke, sondern eher als Kräfte von kurzfristiger Dauer zu kennzeichnen; denn sie haben kein beharrendes Sein, sondern sie bestehen nur eine kurze Zeitspanne, nachdem sie entstanden sind, und vergehen dann wieder. Der Schein ihres Beharrens wird dadurch hervorgerufen, daß die Dharmas einander so schnell folgen, daß die einzelnen Glieder dieser sich fortsetzenden Reihe nicht bemerkt werden, so wie man bei einem Trupp hintereinandermarschierender Ameisen von weitem nur einen Strich sieht und erst bei genauerem Hinblicken bemerkt, daß dieser Strich aus zahllosen Tierchen zusammengesetzt ist. Beim Körper erkennt jeder leicht, daß er vergänglich ist, weil bei ihm unablässig ein Aufnehmen und Wiederausscheiden von Stoffen vor sich geht; vom Geist aber meinen viele, daß er eine unkörperliche Substanz sei, die wegen ihrer Immaterialität und Einfachheit nicht zerstört werden könne. Für Buddha ist aber auch das Geistige kein beharrendes, unteilbares Ganzes, sondern es besteht aus einer Vielheit von aufspringenden und wieder verschwindenden psychischen Faktoren... Das, was Geist oder Denken oder Bewußtsein heißt, und was der gewöhnliche Mensch für sein wahres, unvergängliches Selbst hält, auch dieses ‚entsteht und vergeht in dauerndem Wechsel bei Tag und bei Nacht‘. Für Buddha gibt es mithin keine unsterbliche Seelensubstanz, die im Innern des Körpers haust, nach dem Tode umherwandert und in einen andern Leib eingeht. Das, was die andern indischen Philosophen als ‚Seele‘ oder ‚Selbst‘ bezeichneten, ist für ihn nur eine in der Welt übliche konventionelle Bezeichnung für ein Bündel von psychischen

Daseinsfaktoren, für einen kontinuierlich sich fortsetzenden Strom *(santana)* von vergänglichen Dharmas."[19] Die Seele oder das Selbst einer Persönlichkeit ist daher als „der Inbegriff ihrer Bewußtseinsregungen, Gefühle, Wahrnehmungen, Vorstellungen, psychischen Akte, Leidenschaften und so weiter nur ein zusammengesetztes und in unaufhörlichem Werden begriffenes Kontinuum."[20]

Mensching dagegen hat eine andere Auffassung vom menschlichen Selbst. Er meint, „daß die Leugnung des ‚Ich' sich nur auf die empirische Persönlichkeit innerhalb der Erscheinungswelt beziehen könne."[21] „Wenn also von allen dharma und dharma-Komplexen gesagt wird, sie seien anatta, dann kann das m. E. nur heißen, sie sind oder haben *eigentlich* nicht das, was in der empirischen Welt als Ich bezeichnet wird."[22] Als Zeugen führt er *Frauwallner* an, der in seiner „Geschichte der indischen Philosophie" den gleichen Standpunkt vertritt: „Allerdings hat man verschiedentlich aus der oben wiedergegebenen Beweisführung eine Leugnung des Ich durch den Buddha herauslesen wollen. Das geht unbedingt zu weit. *Für den unbefangenen Beurteiler ist damit nur gesagt, daß die fünf Gruppen nicht das Ich sind.*" Mensching fügt noch hinzu, daß „die häufig anzutreffende Formel vom ‚Eingehen' ins Nirvana völlig sinnlos ist, wenn es nichts gibt, was da eingeht innerhalb des Individuums. Auch ist schwer einzusehen, wieso ein Wesen bei der Erinnerung an seine früheren Geburten alle diese Dharma-Kombinationen als *seine* Geburten auffassen kann."[23]

Die Lehre von den schnell sich ändernden Daseinsfaktoren sagt dem Menschen, daß alles, was diese Begriffe bezeichnen, nicht das eigentliche Selbst des Menschen ausmachen. Sie konstituieren den unendlichen Strom des Lebens und der Welt, der gerade das Eigentliche, den Kern, das Wesen des Menschen, sein Selbst nicht ausmacht. Die Welt – der Strom der physischen und der psychischen Gegebenheiten – ist anatta, ohne das Selbst. Das Wort dharma kommt von dem Sanskritverb „dhri" – tragen. Aber gerade die vermeintlich tragenden Gegebenheiten des Welt-Stroms tragen nicht. Die Essenz des Seins, das Selbst, kommt darin nicht vor. Eigentümlicherweise jedoch ist der Mensch gerade an die Dharmas und die Dharma-Komplexe verfallen, als wären sie sein eigentliches Selbst. Der Mensch identifiziert sich mit seinem Körper und seiner körperlichen Existenz. Er glaubt sein Selbst zu erfahren in den Gefühlen der Lust und der Unlust, die in ihm aufsteigen. Er verwechselt seine jeweilige Gestimmtheit mit seiner Erschlossenheit für das Selbst und die eigentliche Wirklichkeit. Wir finden uns vermeintlich in der Schärfe unseres logischen Denkens, in den Triebkräften und Willensregungen, die uns durchpulsen. Oder wir setzen unser Selbst in das Bewußtsein, das Ich, das all unsere äußeren und inneren Eindrücke zu „meiner" Vorstellung zusammenfaßt und ordnet. *All das ist Unwissenheit über das Selbst und die eigentliche Wirklichkeit, anatta. Darum werden wir durch den Strom des Lebens getrieben und sind nicht bei uns selbst. Das heißt, wir sind in der Welt als in der Selbstentfremdung und Heimatlosigkeit.* An die Stelle der rechten Anschauung tritt die

Blendung durch die Erscheinungswelt, an die Stelle der rechten Gesinnung die Zweideutigkeit, an die Stelle des rechten Redens das Geschwätz, an die Stelle des rechten Handelns das Machen. Rechte Lebensführung, rechter Kampf, rechtes Gedenken und rechte Konzentration werden durch Superioritätsstreben, Konkurrenzhaltung, Erlebnissüchtigkeit und Getriebenheit verdeckt. Wir verstehen nun, *daß es sich bei der Lehre von den Dharmas und Dharma-Komplexen nicht um eine bloße Theorie handelt, die lediglich ein begriffliches Verstehen des Weltganzen anstrebt. Sie ist ein äußerst praktischer Ausdruck für die kontemplative Struktur des Buddhismus. Sie ist eine kontemplative Methode, sich für die Erfahrung des eigentlichen Seins und die Erschlossenheit für das eigentliche Selbst zu öffnen.* Die beständige Kontemplation der erfahrenen inneren und äußeren Weltgegebenheit unter der Voraussetzung, daß sie nicht das wahre Selbst enthalten, führt zu einer immer neuen Ablösung von falschen Identifikationen und Selbst-Projektionen. Es ist, so gesehen, *ein Sich-leer-Machen für die Erfahrung der unbedingten Wirklichkeit,* die als solche freilich nicht herbeigezwungen wird, als handle es sich um einen Akt der Selbsterlösung, sondern die sich als Wunder des Seins dem Ledig-Stehenden und Freien schenkt.

Der Strom der Welt und das Leere

Sansara, der Strom der Welt, der Strom des Lebens, *wird Nirvana,* der ruhenden, absoluten Wirklichkeit *gegenübergestellt.* Das Wort stammt von dem Verb „sri" her, das „fließen", „rennen", „eilen", „wandern" bedeutet. Es weist auf die Unruhe, Hast und Gier des Lebens, das solange unruhig bleibt und unter „Wiederholungszwängen" steht, solange seine Wünsche nicht abgegolten, durchschaut und zur Ruhe gebracht sind.

Hermann Hesse hat im Kapitel „Om" seines Romans „Siddharta" den metaphorischen Sinn von Sansara sehr anschaulich als Fluß beschrieben. Der Fluß scheint immer der gleiche zu sein, und doch sind es stets neue Wellen, die in ihm zusammenfließen. Hesse schreibt: „Und alles zusammen, alle Stimmen, alle Ziele, alles Sehnen, alle Leiden, alle Lust, alles Gute und Böse, alles zusammen war die Welt. Alles zusammen war der Fluß des Geschehens, war die Musik des Lebens." Damit klingt ein neuer Ton auf, der aus einer Art Distanz gewonnen ist.

Es ist ein Unterschied, ob man dem Strom des Lebens verfallen, gleichsam von ihm hingerissen und benommen ist, oder ob man sich durch die buddhistische Kontemplation aus ihm herausgezogen hat und über ihm steht. Ein solcher Mensch ist in dem besonderen Sinne leer geworden. *Aber gerade dieses „Leere", das, was nach dem Wegfall alles Begrenzten und Bedingten übrig bleibt, ist das Unbedingte.*[24] So ist es das Leere *(shunya)* selbst, das die Dinge trägt. Mehr noch, sie sind selbst leer. Es ist kein Zufall, daß der *Mahayana-Buddhismus* die *Lehre von der Leerheit (shunyata)*

ausgebildet hat. So weiht nach der Geheimlehre Buddha selbst seinen Schüler *Subhuti* in dieses Geheimnis ein. „Die Dinge, die leer sind, die sind auch unvergänglich. Und was Leerheit ist, das ist auch Unermeßlichkeit. Deshalb wird auch von diesen Dingen kein Unterschied, keine Verschiedenheit wahrgenommen. Bloße Worte sind alle diese Dinge, ob man es nun das Unermeßliche oder das Unzählige oder das Unvergängliche oder das Leere, das Merkmallose oder das Wunschlose oder das Nichtsein oder das Erlöschen (Nirvana) nennt."[25]
Die „Leerheit" wird somit zu einem Aspekt des Nirvana.[26] *Das heißt aber auch, daß sich der Gegensatz von Sansara und Nirvana aufhebt.* „Vom Standpunkt der höchsten Wirklichkeit gesehen ist also Sansara gleich Nirvana, und es besteht auch nicht der geringste Unterschied zwischen beiden. Beide Begriffe decken sich vollkommen: ihre Grenzen fallen zusammen, und zwischen beiden existiert nichts, was sie in Wahrheit trennt. Oder anders ausgedrückt: ‚Das wahre Wesen aller Dharmas (dharmata) ist, daß sie weder entstehen noch vergehen, wie das Nirvana.'"[27]

Gegenwart der absoluten Wirklichkeit

Aber was bedeutet das nun für die Wahrheit des Lebens? Bedeutet es, daß man sich in der „Leerheit" verliert und im Blick auf das Leben den Boden unter den Füßen entzieht? Sich aus dem Strom des Lebens herausziehen, bedeutet ja zunächst, zu seinem Selbst, zur Wirklichkeit finden, die man beide letztlich nicht beschreiben kann, die man nicht „hat", sondern die ein Sein bilden, die *Gegenwart der absoluten Wirklichkeit.* Es bedeutet, daß wir jene Ruhe und Stille, wir könnten auch sagen: *Muße* gewinnen, die uns nun den Blick für das Seinsmäßige des Flusses des Lebens schenken. *Jedes Ding oder Wesen, das wir in Ruhe eine längere Zeit mit interesselosem Wohlgefallen betrachten, verwandelt sich für uns aus einem zufälligen Bild in ein Urbild. Es wird zu einem Symbol für das unvergängliche Sein.* Der Strom des Lebens, Sansara, in seiner vom „Leeren" durchgründeten Fülle und Unendlichkeit wird zu einem Gleichnis für die potentielle Fülle und Unendlichkeit des „Leeren" von Nirvana. Das bedeutet dann aber zugleich, daß wir Sansara, den Strom des Lebens, annehmen. *Eine solche Grundrichtung des Schauens und Lebens, die mitten in den Dingen und zugleich über ihnen – mit ihnen kommuniziert, gewinnt dem Menschen erst eine wahre Gegenwart. Er taucht aus der verfallenen Zeit, in der jeder Augenblick ausdehnungslos vorübereilt, in den Augenblick der wahren Gegenwart auf, da das ewige Sein im sinnbildgefüllten Nun ruht. Die Zeit fließt und steht. Sansara ist Nirvana.* Der Mensch wird von jener Glückswonne durchdrungen, die die Gegenwart des Buddha immer schon mit sich brachte. „Da nun sah ich einen silbern strömenden Fluß, gut zugänglich, entzückend..."

EINE NEUE WEISE, TÄTIG ZU SEIN

Eine solche Grundhaltung bedeutet nicht nur ein neues Schauen und Erleben, sondern auch *eine neue Weise, tätig zu sein.* Nicht mehr hektische Geschäftigkeit beherrscht den Menschen, sondern das aus der inneren Ruhe gewonnene Tätigsein, das im Erfahren der umgreifenden Wirklichkeit den Dingen und Wesen begegnet. *Ein „Zwischen" tut sich auf zwischen dem Menschen und den Dingen und Wesen, zwischen Mensch und Mensch, das die Ruhe schenkt, den Anderen und Anderes in seinem Sein zu gewahren und ihm zu helfen, sein Sein in der Zeit zu verwirklichen. Eine Fülle von Überflüssigem werden wir los und gewinnen dafür den Überfluß des Lebens, die Seinswonne in allem.* Das Eingehen ins Nirvana ist dann auch nicht mehr ein jenseits unseres Lebens oder vieler Lebenswiederholungen liegendes Ereignis, sondern *in jedem Nun ist Nirvana gegenwärtig,* kann uns erreichen und als das „Leere" mit dem Sein füllen. Die absolute Wirklichkeit ist immer da. Wir können uns öffnen, daß sie eintritt, hier und jetzt. Wir können sie leben und mitten im Hier und Jetzt das reine Land, das Glücksland erfahren, das sich urbildlich hinter allem Abbild aufhält. *Ein Juwelenland tut sich nach buddhistischer Auffassung als urbildliche Wirklichkeit hinter der abbildlichen auf.* Das Juwel ist das *Bild des Selbst,* das nun alle Dinge sinnbilden. Das reine Sein, auch *Dharmakaya* genannt, offenbart sich an allen Orten „vom Zenith des Himmels bis zum Grund der Hölle".[28]

Alle Religionsstifter haben es geschaut, in allen Religionen ist es enthalten, es beschenkt jeden Menschen, der sich ihm in der Kontemplation öffnet und so die Wirklichkeit in das alltägliche Dasein trägt.

1 Aus: Buddhas Reden, in der Übersetzung von Kurt Schmidt, Abschnitt 36, SACCAKA – großes Sutta, Rowohlts Klassiker 87/88, S. 122

2 So Edward Conze, Der Buddhismus. Wesen und Entwicklung, Stuttgart 1974, S. 31

3 Ebd., S. 32

4 zit. aus Gustav Mensching, Buddhistische Geisteswelt, Baden-Baden o. J., S. 89, Samyutta-Nikay 12, 64, 19

5 Albert Schweitzer, Das Christentum und die Weltreligionen, München 1962, S. 27

6 E. Conze, a. a. O., S. 18 f.

7 Buddha. Die Lehre des Erhabenen, aus dem Palikanon ausgewählt und übertragen von Paul Dahlke, S. 72 ff., insbesondere S. 77

8 Gedanken von Buddha (Auswahl, Übersetzung und Erläuterung von Helmuth von Glasenapp), Berlin, Zürich 1942, S. 5

9 Buddha. Die Lehre des Erhabenen (P. Dahlke), a. a. O., S. 79

10 Ebd., S. 37

11 Es gehört, wie hier wenigstens angemerkt werden soll, zur buddhistischen Schau der Geschichte, daß die Menschen ursprünglich in einem Zustand paradiesischer Unschuld ohne Arbeit und Kastenunterschiede lebten. Es ist nicht zufällig, daß man die Wiederkehr eines auch politischen Glückszustandes in Indien im Zusammenhang mit der Buddha-Idee erwartete. Die Vorstellung vom Cakravartin oder „Raddreher" enthielt eine zugleich politische und religiöse Erwartung. Cakravartin ist der Ehrentitel des Buddha und

des Friedenskaisers, der ein helles Licht am Himmel – die Lehre des Buddha – schauen und im Gefolge dieser Lehre ein Friedensreich der Gerechtigkeit aufrichten wird. Auf höherer Stufe wird so der paradiesische Zustand unter den Menschen wiederkehren.

12 Das Folgende zit. aus G. Mensching, Buddhistische Geisteswelt, a. a. O., S. 98–103

13 Reden des Buddha (I.-L. Gunsser), a. a. O., S. 22 f.

14 Meister Eckhart, Vom Wunder der Seele. Eine Auswahl aus seinen Traktaten und Predigten, hrg. von Friedrich Alfred Schmid Noerr, Stuttgart 1964, S. 35

15 G. Mensching, Buddhistische Geisteswelt, a. a. O., S. 206

16 Ebd., S. 25

17 Es sei hier wenigstens angemerkt, daß auch das Neue Testament verdeckte Hinweise auf die Wiedergeburtslehre enthält und daß es in der frühen Christenheit durchaus Verteidiger derselben gab.
So wird Johannes der Täufer als wiedergekommener Elia (Mat. 17, 11ff.), Jesus als wiedergekommener Täufer, Elia, Jeremia oder einer der anderen verstorbenen Propheten aufgefaßt (Mat. 16, 14). Der Jakobusbrief spricht vom „Rad des Daseins" (3, 6). Eine der Seelenwanderung ähnliche Leere vertrat der christliche Theologe Origenes (185/186–254). Die jüdische Geheimlehre, die Kabbala, und der Chassidismus setzen die Seelenwanderung (Gilgul) voraus.

18 H. von Glasenapp, Die Weisheit des Buddha, Wiesbaden o. J., S. 43

19 Ebd., S. 43 f.

20 Ebd., S. 44

21 G. Mensching, Buddhistische Geisteswelt, a. a. O., S. 327

22 Ebd.

23 Ebd.

24 formuliert nach H. von Glasenapp, Die Weisheit des Buddha, a. a. O., S. 174

25 G. Mensching, Buddhistische Geisteswelt, a. a. O., S. 281 f.

26 formuliert nach H. von Glasenapp, Die Weisheit des Buddha, a. a. O., S. 195

27 Ebd., S. 196

28 Friedrich Heiler, Die Religionen der Menschheit in Vergangenheit und Gegenwart, Stuttgart 1962, S. 294

V.

Was nur in Musse oder besser gar nicht zu tun sei

Karl-Oswald Bauer

Eros und Musse

„Die Liebe ist der Feind der Hast."
Joseph Conrad

Ich spreche hier von den jenseits der materiellen Existenzsicherung erstrebenswertesten Gütern: lieben zu dürfen und Zeit zu haben.

Arbeit ist notwendig. Sie ist darüber hinaus für viele ein Seelentröster, für viele, die es aufgegeben haben zu lieben und das Dasein nur ertragen können, solang sie etwas machen. Muße setzt die Liebe zur lebendigen Welt voraus. Ohne Liebe zu Dingen und Menschen gibt es in den Arbeitspausen nur Leerlauf. Eros allein kann die Muße zum Glück erheben. Es ist aber so, als würde die Erotik der Muße auch eine Grenze setzen. Wenn es nicht die Not ist, die den Müßigen wieder auf die Beine bringt, dann ist es die sinnliche, körperliche Liebe. Muße veredelt im Gegenzug die Erotik. Wo keine Hast ist, keine Eile, kein Zwingen, Überreden, Bedrängen, kein Fahrplan und kein Wecker – nur da ist erotische Kultur möglich.

Der Soziologe wird hier die Ideologie der Oberklasse wittern, den elitären Standpunkt tadeln. Aber die soziologische Sichtweise ist nicht die des Müßiggängers und des Liebhabers, sondern die des hochspezialisierten Geistesarbeiters. In ihr steckt schon die Negation jener Liebe und Gelassenheit, die nur der Dilettant sich gestattet. Wer hat recht? Das wissenschaftliche Arbeitstier träumt gelegentlich von Humanität, der gewöhnliche Mensch bewundert die Ausdauer des wie ein Präzisionsinstrument arbeitenden Spezialisten. Ich vertraue verräterisch meiner Intuition, die mir sagt, daß Eros und Muße größer sind als Arbeit und Berechnung. Verräter bin ich an meiner Zunft, denn ich bin selbst Wissenschaftler. Ich bin es auch deshalb geworden, weil ich an den Verboten litt und von einer freieren, aufgeklärten Gesellschaft träumte. Die Verbote beziehen sich im Grunde immer auf Eros und auf den Tod. Im Kern sind sie religiös, und Wissenschaft ist die schärfste Waffe gegen Religion. –

Alle Beflissenheit, alles rationale Entschärfen körper- und lustfeindlicher Attitüden vom Schreibtisch aus wirkt weniger überzeugend als die Grunderfahrung der Muße. Eros wird nicht von den Tabus zur Strecke gebracht, sondern von der allgemeinen Geschäftigkeit, die wissenschaftliche eingerechnet.

Es war sicher kein Zufall, daß ich meine erste Begegnung mit Eros in einer Lebensphase hatte, in der ich zu unnützem Tun verurteilt war, und in einer Institution, in der alles planmäßig vor sich hinrostet und die Menschen träge auf einen Tag warten, der hoffentlich niemals kommen wird, den Tag des Einsatzes. Eros fuhr in mich, als ich achtzehn Jahre alt und Soldat der Bundeswehr war. Er ließ mich die Schönheit eines gleichaltrigen Mannes erkennen, mit dem ich gezwungenermaßen einige Stunden auf der Ladepritsche eines stinkenden Unimogs verbringen mußte. Da kann man nichts tun, nur ein bißchen reden, sich gegenseitig wärmen, mal die Plätze tauschen. Viel Zeit, einander anzusehen, die Schultern aneinander zu reiben, gemeinsam auf „diesen miesen Job hier" zu schimpfen.

Als wir ankamen, wußten wir vorerst nur, daß wir im selben Zimmer schlafen wollten. Erst Wochen später gab es den ersten Kuß auf den Mund und Monate später ein behutsames Tasten nach dem Glied des anderen. Verklemmt? Ängstlich? Nein, ich finde, das Tempo war der Sache angemessen. Ich war zum erstenmal monatelang glücklich.

Erotik ist wohl immer mit der Übertretung oder doch Berührung gewisser Verbote verbunden. Auch wir haben damals, es war 1967, gegen allerlei Regeln verstoßen, unter anderem eine Bestimmung des Strafgesetzbuchs. Das Problem der Verbote hat mich später viel beschäftigt und oft sehr belastet. Heute denke ich, ernüchtert durch meine Erfahrungen mit der von den Universitäten akribisch verwalteten Geistlosigkeit:

Vielleicht ist es besser, die Verbote zu übertreten, zu sündigen und die Schuld auf sich zu nehmen, statt ihre Abschaffung anzustreben: was der Sinn eines großen Teils wissenschaftlicher Tätigkeit ist. Man kann die Verbote übertreten, ohne sie grundsätzlich in Frage zu stellen, solange man sich an bestimmte Regeln oder Rituale hält. Wo Nacktheit verboten ist, kann dem Künstler gestattet sein, einen völlig nackten Menschen in keineswegs unerotischer Manier abzubilden – beispielsweise, wenn der religiös vorgebildete Betrachter sofort erkennt, daß es sich um Adam oder Sebastian handelt. Ohne Verbote gäbe es wahrscheinlich keine erotische Kultur, und ohne die Pflege des Schamgefühls würden wir den erotischen Genuß der Nacktheit nicht empfinden. Auch die Muße gewinnt durch das Verbot. Durch das Verbot nämlich, untätig zu sein. Müßigsein ist eines der Rituale, die es uns gestatten, wach zu sein, ohne zu arbeiten oder sonst etwas Nützliches zu tun. Erotik ist ebensowenig einem Ausbruch elementarer Leidenschaft gleichzusetzen, wie Muße in der Figur des erschöpften Arbeiters zu sichten ist, der sich fallen läßt. Erotik und Muße gehorchen festen Regeln, die allerdings aufhören zu bestehen, wenn die

Menschen aufhören, ihre Gebärden im Sinne dieser Regeln zu deuten. Zu diesen Regeln gehört: Wer müßig ist, ist nicht schwach oder krank. Er wäre auch in der Lage, etwas zu tun. Er will aber nicht. Wer müßig ist, befindet sich in einem angenehmen, oft beneidenswerten Zustand. Er ist nicht von starken Gefühlen aufgewühlt, sondern gelassen. Für die Erotik gilt: Wer einen anderen Menschen von seiner erotischen Seite sieht, hat es nicht primär auf Sexuelles abgesehen, obwohl er sich vom Leib und von der Gestalt des anderen angezogen fühlt. Eine erotische Beziehung ist edler, anspruchsvoller, sublimer als eine bloß sexuelle. Das hat nichts mit Verklemmtheit und altmodischem Mangel an Direktheit zu tun. Es beinhaltet einfach die stolze Weigerung, den Leib des anderen auf das Geschlechtliche zu reduzieren. Wer nach sinnlichen Beispielen sucht, sei auf die Jugendstilfotografien von Gloedens verwiesen[1]. So ist der gezielte Griff an den Busen der Frau oder an das Geschlechtsteil des Mannes das einfachste Mittel, Erotik bereits im Frühstadium abzutöten. Hier wird gegen eine Regel verstoßen mit der Folge, daß das erotische Spiel abgebrochen werden muß. Die Möglichkeit des Abbruchs verweist darauf, daß Erotik Zug um Zug in einer Abfolge komplizierter Handlungen aufgebaut wird. Ebenso wie bei der Muße sind manipulative Methoden und Gewinnstrategien untersagt. Wer versucht, die Muße zu optimieren, hört auf, müßig zu sein. Wer versucht, den begehrten Menschen zu kaufen, zu täuschen, zu bestechen, mag seinem sexuellen Ziel näherkommen, erotisch ist er ein Versager. Wer mit seinen erotischen Erfolgen prahlt, hat sie schon verspielt. Wer angeberisch müßiggeht, hat nie erfahren, was Muße ist.

Erotik und Muße haben also offenbar strukturelle Gemeinsamkeiten. Sie bauen auf ähnlichen Voraussetzungen auf und stellen höchste Anforderungen an den ganzen Menschen, das heißt, an Gefühl, Phantasie, Intuition und Intellekt zugleich. Und doch müssen sie mühelos und ohne Anstrengung sich fast von selbst ergeben. Wie paßt das zusammen? Ich glaube, daß der müßige und der erotische Mensch ihre *anmutige Haltung* der Tatsache verdanken, daß Gefühl, Verstand und Körper in seltener Harmonie zusammenwirken. Es handelt sich dabei nicht um eine mechanische, sondern um eine dialektische, spannungsvolle Harmonie. Ich will versuchen, das an Beispielen zu verdeutlichen und dabei etwas anschaulicher zu werden. Das fällt mir, so verlockend es ist, keineswegs leicht. Ich neige aus Gewohnheit zu einer wissenschaftlichen, empirischen Betrachtungsweise. Zugleich kann ich mir kaum einen größeren Gegensatz vorstellen als den zwischen Arbeit, Wissenschaft, Rationalität auf der einen und Erotik auf der anderen Seite. Das Thema gehört nun einmal eher in den Zuständigkeitsbereich von Dichtern und Philosophen als in den von empirischen Sozialforschern. Gibt es etwas Asexuelleres als die empirische Sexualwissenschaft? Gibt es etwas Unerotischeres als Meinungsumfragen zur Erotik? Der Leser kann ja an sich selber ausprobieren, was ihn mehr anregt: der Kinsey-Report oder Platons Symposion.

Zudem ist Eros mir heilig. Bataille[2] versieht ihn mit dem Attribut „heilig". Damit ist folgendes gemeint: Es gibt zwei Arten von Zeit für uns Menschen, die profane Zeit und die heilige Zeit. Die profane Zeit ist Arbeitszeit, die heilige Zeit ist die Zeit der Muße, der Feste und der Opfer. Hier hinein gehört auch die Religionsausübung. Die Grenze zwischen „heilig" und „alltäglich" wird durch Verbotslinien gezogen. Gedankenexperiment: Der Leser möge sich vorstellen, was er alles an seinem Arbeitsplatz *nicht* darf. Die Erotik gehört diesem Bereich des Verbotenen an, woran Übertretungen nichts ändern. Das gilt übrigens auch für andere profane Organisationen wie Schulen, Krankenhäuser, Altenheime, Badeanstalten usw. Eros ist hier offiziell nicht zugelassen. Eros ist dagegen wohlgelitten in der Sphäre der Feste und Opfer. Was heißt das in unserer Gesellschaft? Wo gibt es bei uns heilige Bezirke, in denen es gestattet ist, erotisch zu werden, ohne sich aufs Sexuelle oder aufs eheliche Kindermachen zu beschränken? (Gegen beides ist nichts einzuwenden, aber Eros ist nun mal kein hedonistischer Wüstling und auch kein Fortpflanzungsspezialist.) Die Sphäre des rituellen Tanzes beispielsweise, in den alten Kulturen vorhanden, scheint bei uns zu fehlen. Die Riten der christlichen Glaubensgemeinschaften mögen an alles Mögliche erinnern, am wenigsten lassen sie Gedanken an Erotik aufkommen. Das gilt zwar nicht für religiöse Darstellungen bildender Künstler, aber gewiß für alle feierlichen Handlungen und Gebräuche. Man muß wohl woanders suchen und den Begriff des „Heiligen" erheblich erweitern, um ein Reservat für Eros zu finden. Vielleicht genügt es, den Begriff des Nichtalltäglichen oder Außerordentlichen zu verwenden, um hier schon einmal anzudeuten, wohin die Suche nach dem „heiligen" Eros führen wird.

Bei Platon findet sich in mehreren seiner Dialoge[3] der Hinweis, daß Liebe oft an Wahnsinn grenzt. Der Liebende ist unvernünftig und kann der Raserei verfallen. Dieser Extremzustand entspricht nicht der hier bevorzugten Bedeutung von Erotik. Wohl aber wird der Gedanke aufgenommen, daß Eros die berechnende Vernunft in den Hintergrund drängt und einen Menschen dem Zustand näherbringt, den verständnislose Nichtbetroffene als Wahnsinn bezeichnen.

Platons Eros ist kein Gott, und er ist auch nicht schön und glückselig. Häßlich und verzweifelt ist er aber auch nicht gerade. Eros gehört einem Zwischenreich an. Eros ist ein Dämon, und ein Dämon ist ein Mittler, ein Dolmetscher zwischen dem Göttlichen und dem Menschlichen. Eros' Eltern sind *Poros* – was man etwa mit Findigkeit, Phantasie, Spürsinn übersetzen kann – und *Penia,* die Armut.

Seiner Herkunft entsprechend ist Eros „immer arm und bei weitem nicht fein und schön, wie die meisten glauben, vielmehr rauh, unansehnlich, unbeschuht, ohne Behausung, auf dem Boden immer umherliegend und unbedeckt, schläft vor den Türen und auf den Straßen im Freien und ist der Natur seiner Mutter gemäß immer der Dürftigkeit Genosse. Und nach seinem Vater wiederum stellt er dem Guten und Schönen nach, ist tapfer, keck und rüstig, ein gewaltiger Jäger ...

sein ganzes Leben lang philosophierend, ein arger Zauberer, Giftmischer und Sophist."[4]

Eros ist also nicht selbst das Liebenswerte, wie Aphrodite, die Göttin, sondern das Liebende, das Streben nach dem Schönen, die Sehnsucht. Eros ist aber nicht etwa häßlich und abstoßend, er ist immer auf dem Weg zur Schönheit und ihr somit näher als der, der nicht liebt. Das Schöne wird bei Platon auf einem Stufenweg erkannt. Zuerst, in der Jugend, geht man einer einzelnen schönen Gestalt nach. Danach wird man zum Liebhaber aller schönen Leiber, zum Liebhaber der leiblichen Schönheit. Darauf wird die Schönheit der Seelen entdeckt, schließlich wendet sich die Liebe zur Schönheit der Bestrebungen und der Erkenntnis zu. So kommt man zur Einsicht des Schönen selbst. Die Liebe zum schönen Leib ist also eine Phase eines langen Entwicklungsweges, der immer höher hinaufführt.

Der von Platon wiedererzählte Mythos enthält noch einen weiteren wichtigen Hinweis. Erotik entsteht aus der Vereinigung des Mangels mit dem Überfluß, dem Erfindungsreichtum, der ein Sohn der Einsicht ist. Erotik hat also – so würden wir auf Neuwissenschaftlich sagen – eine „kognitive" Herkunft, zumindest vom Großvater väterlicherseits her. Hier spielt das Motiv der Verzögerung eine wichtige Rolle. Der Mangel, das Verlangen nach dem Schönen spornen an, aber es bedarf der Einsicht und der Findigkeit, um zum Schönen zu gelangen. Poros heißt auch „Weg" oder „Furt". Von Eros beseelt sein heißt folglich auch: unterwegs sein, fern vom Ziel sein. Der Erotisierte ist ein umherziehender Zauberer, um dessen Finanzen es meistens nicht zum besten bestellt ist.

„Zauberer und Giftmischer" ... Ich denke an eine moderne Version der Zauberei, die Fotografie, und möchte folgende Geschichte erzählen:

Ein Zehnjähriger verliebte sich in sein Ebenbild. Ein Fotograf, vom Dämon verzaubert, hatte Porträts von ihm gemacht, als der Junge mit seiner Mutter zusammen an der Nordsee Urlaub machte. Auf den Fotos sehen wir lachende, klare Augen, deren Blick aber auch etwas Durchtriebenes hat. Das Haar wird vom Wind in der Mitte gescheitelt, die Locken fallen weit in die Stirn. Der Junge fühlte sich von dem Porträt, aus dem die Verliebtheit des Fotografen ihn ansah, immer wieder angezogen. Viele Jahre warb er um dieses Ebenbild. Als er älter war, kaufte er sich auch eine Kamera und tastete mit ihr die eigene Gestalt ab. Er begann mit dem Gesicht, mit Auge, Mund und Haar; erst viel später wagte er, Brust und Bauch abzubilden. Jahrelang machte er einen keuschen Bogen um das eigene Geschlecht. Erst als er schon erwachsen war, trat er seinem nackten Ebenbild aus Silberstaub entgegen. Das war kein einfaches Abbild, das war ein von Verliebtheit verzaubertes Spiegelbild. Das nackte Verweilen vor der Kamera – nicht Minuten, sondern Stunden – wird zum erotischen Genuß. Verzögerungsphänomene gibt es auch hier, denn die Liebenden begegnen einander erst in der Dunkelkammer oder noch später, beim Pressen der Bilder.

Der eigene geliebte Leib wurde für ihn zum Beispiel für die helle Figur auf dunklem Grund, die sich mit ihren Umrissen klar und wohlproportioniert abhebt. Aber der Leib kann sich auch im zarten Nebel eines Oktobermorgens auflösen, all seine Schwere verlieren und über dem Boden schweben. Die Formen des Leibes finden sich wieder in den Gestalten der Landschaften, oder der Leib schmiegt sich an Bäume an, ruht auf Steinen, glänzt von Wasser. Die Themen werden abstrakter, Allegorien schleichen sich ein. Weiterhin nackt sitzt er, abgewandt vom Betrachter, den Kopf in die Hände gestützt, auf einer Bettkante, dunkel und massig vor dem hellen Hintergrund eines Spiegels, in dem sich ein Fenster spiegelt, Sinnbild der Melancholie. So entdeckt er nicht nur den eigenen Leib, sondern den Leib überhaupt, und nicht nur den Leib, sondern die Formen und Gestalten, aus denen er gefügt ist, und nicht nur die Formen und Gestalten, sondern ihre Bedeutung. Von der eigenen Gestalt ausgehend, wendet sich sein Blick und seine Kamera immer häufiger dem fremden Leib zu. Er beginnt zuweilen, die Kamera nachdenklich sinken lassend, über Harmonie und Ausgewogenheit, über Spannung und Statik, über Spezialisierung und Generalisierung, über Zentrum und Peripherie, über Schwerpunkt und Mittelpunkt zu philosophieren. Und ohne eines Wegweisers zu bedürfen, wandelt er auf Platons Wegen.

Eros bedeutet zunächst: *Dämonische Liebe zum Leib, die sich im Fortgang als Liebe zum Schönen und zur Erkenntnis erweist.* Liebe zum Leib muß keine geschlechtliche Liebe sein. Bei Klaus Mann ist Liebe zum Leib gleichbedeutend mit Liebe zum Leben, und die Etymologie des Wortes „Leib“ deutet auf die Herkunft aus dem Wort für „Leben“. *Liebe zum Leib umgreift den Leib der anderen Menschen, den eigenen Leib, den Leib der Tiere und Pflanzen, das Leibliche an Göttern und Geistern.*

Ein humaner Umgang mit dem Leib des anderen hat immer eine erotische Komponente, und alle moralisierende Entrüstung darüber soll nur die Kälte und Brutalität derer verdecken, die ohne den Dämon Eros leben. Krankenpfleger, die täglich mit Schwerkranken zu tun haben, berichten zuweilen, daß sie für ihre Patienten eine körperliche Zärtlichkeit empfinden. Wohl den Patienten, die an einen solchen Pfleger geraten und nicht an einen, der sie nur berührt, wenn es sich nicht vermeiden läßt.

Phänomenologen haben sich intensiv mit der leiblichen Seite der Existenz beschäftigt. Von ihnen läßt sich lernen: Dadurch, daß ich Leib bin, bin ich offen, bin ich verwundbar. Der Leib macht uns sterblich, er macht uns schön und häßlich, stark und schwach, krank und gesund. Durch ihn sind wir Teil der Welt, aus dem gleichen Stoff wie die Erde. Die „niedere“ Herkunft des Leibes, seine Verletzlichkeit, seine erotische Reizbarkeit – das sind Eigenschaften, die uns ängstigen und unserer Allmacht Grenzen setzen. Das erotische Verhältnis zum eigenen Leib ist damit die Liebe zur schutzlosen Seite der eigenen Person.

So wenig sich das Erotische auf das Geschlechtliche reduzieren, so wenig sich Muße auf Freizeit beschränken läßt, so wenig ist der Leib mit dem Körper gleichzusetzen. Der Körper kann tot oder lebendig sein; er ist objektiv meßbar und quantifizierbar, hat ein bestimmtes Gewicht und Volumen. Der Leib ist dagegen alles, was von mir wahrnehmbar ist, auch ohne meßbar zu sein. Der Leib existiert nicht losgelöst von mir selbst, er ist vielmehr die sichtbare Seite meiner Person.

„Eros“, „Muße“, „Leib“ – drei antiquiert erscheinende Begriffe, die etwas bezeichnen, das bedroht ist. Eros ist bedroht durch das Sexuelle. Die Hinwendung zum Geschlechtlichen ist alles andere als eine Befreiung des Leibes. Im Gegenteil. Die Unterordnung der Gestalt unter die Funktion, des Glückes unter die „Befriedigung“, der Zärtlichkeit unter das Sexuelle – all diese Unterwerfungen kennzeichnen einen Verlust an erotischer Kraft.

Man vergleiche Männerdarstellungen der griechischen Klassik mit Aktaufnahmen, die in den letzten Jahren entstanden sind: Auffallend sind die verschobenen Proportionen zwischen Leib und Geschlecht. Dem kleinen, beinah unbedeutenden Genital der griechischen Skulpturen stehen Darstellungen nackter Männer gegenüber, bei denen das Geschlecht überdimensionale Größe annimmt.

Die Muskelprotze des Body-Buildings sind allerdings das aufgeblasene Gegenstück zum überdimensionalen Geschlecht: der geschlechtslose Fleischkoloß.

Erotik bedeutet für mich auch: Aussteigen aus der metrischen Zeit, Hinüberwechseln von der körperlichen in die leibliche Seinsform. Das fällt am leichtesten in der heiligen Zeit der Feste. Ich komme zurück auf die oben gestellte Frage, wo es diese heilige Zeit für uns noch gibt.

Der Ort, an dem man das Heilige am wenigsten vermutet, dürfte eine Großstadtbibliothek für schwules Publikum sein. Und doch ist es mir zweimal genau dort begegnet.

Einmal suchte ich mir, umtost von lauter Neuigkeiten in Haartracht und Kleidung, einen Platz und schloß zuerst die Augen. Ich kam zur Ruhe wie im Zentrum eines Sturms. Ich hätte jetzt reden, lachen, schauen müssen, aber ich schwieg, fuhr mir mit der Zunge über die Oberlippe, ließ mich von Poros davontragen. Ich begann also zu phantasieren. Daneben dachte es in mir: Wenn ich jetzt die Augen öffne, werden sie mir meine Sehnsucht ansehen.

Meine Augen beginnen langsam zu wandern, begegnen dem Blick eines anderen, der mich sehr ernst und gesammelt anschaut. Unsere Blicke ruhen fest ineinander. Ich spüre, wie sich meine Brust weitet, mir ist feierlich zumute, mit einem Hauch von Traurigkeit, die ich hinüberschicke zu dem anderen, der sich aus der Gruppe zu lösen beginnt. Beide verlassen wir unsere Plätze, nähern uns von zwei Seiten einem plötzlich erkannten Zentrum und treffen dort aufeinander. Das Ganze hat den Charakter einer vielgeübten Zeremonie. Ein Schritt zuviel oder zu rasch getan, und wir hätten uns verfehlt. Wir sprechen miteinander. Jeder weiß im voraus, was er zu sagen hat, wir greifen auf Formeln zurück, die wir mit unbewegten Mienen austauschen – während uns beiden das Herz im Leib hüpft. Unser Blut strömt in Richtung Unterleib, und wir können sehen, wie sich unter dem Stoff das Glied des anderen langsam füllt. Uns ist warm dort, während der Kopf kühl bleibt. Wir begehren jeder den anderen und haben zugleich einen Heidenrespekt voreinander. In diesem Moment spüre ich, daß der Mensch etwas Göttliches ist, und verneige mich unmerklich vor meinem Gegenüber.

Ein zweites, ähnliches Erlebnis hatte ich an einem Ort, der sich eines noch geringeren Ansehens erfreut. Es handelt sich um eine Kneipe, die gerade die Ausmaße einer mittleren Garage hat, und in der alle paar Wochen recht zweifelhafte Shows stattfinden. Aber gerade hier überleben archaische Bräuche. Sie gedeihen dort im Schutz von Tabus, die sie bislang vor Kommerzialisierung und wissenschaftlicher Aufklärung, vor Freizeitplanung und Sozialpädagogik schützen konnten. In diesen dunklen Höhlen verwandeln sich schlanke Jünglinge in halbnackte, vollbusige, wie Fische glitzernde Frauen, junge Frauen in alte Hexen, das Schöne in das Häßliche und (seltener) umgekehrt. Hier ist die Sudelküche, in der Giftmischerei betrieben wird. Ich erinnere mich an ein solches Schauspiel und sehe, wie ein junger Mann plötzlich auf die Knie fällt. Der Kniefall wird mit Andacht und Hingabe ausgeführt, formvollendet und mit absolut sicherem Gespür für den Inhalt dieser großen Geste. Es ist keine Parodie, es ist ergreifend ernst gemeint.

Ich sehe die Silhouette seines schlanken Körpers, wie er langsam das Knie beugt, den Kopf senkt. – Zugleich neben oder hinter ihm einen Meßdiener in seinem weiß und roten Kleid, mit dem gleichen verlockenden Ausdruck der Reinheit und Scheu auf dem Gesicht. Das war dieser Junge, um dessentwillen ich als Zwölfjähriger gelegentlich in die Schulmesse gegangen bin.

Ich glaube, der verbotene und daher oftmals verborgene Eros weist eine höhere Dichte auf als der normale, gesellschaftlich gebilligte Eros. Das liegt einfach daran, daß der erotische Wille eine um so größere Rolle spielt, je größer der gesellschaftliche Widerstand gegen die betreffende Art der körperlichen Liebe ist. Wer ein Schwulenlokal betritt, sagt damit, daß er mehr und anderes will als ein Bier trinken und sich nett unterhalten. Es kommen Männer dorthin, die so unschuldig aussehen, als wäre ihnen schon der bloße Gedanke unerträglich, ihren nackten Körper an den ihres Nebenmannes zu schmiegen. Aber was treibt sie her, wenn nicht das Liebesverlangen?

Schon das bloße Verweilen an diesem Ort enthält ein Bekenntnis, nicht nur zu einer bestimmten sexuellen Orientierung, sondern auch zur sexuellen Bereitschaft. Allerdings wird diese Bereitschaft meist nicht direkt geäußert, und gerade darin liegt die Möglichkeit begründet, daß die Beteiligten erotisch gestimmt werden. Ich möchte hier nicht auf Besonderheiten gleichgeschlechtlicher Liebe eingehen, sondern versuchen, Zusammenhänge zwischen Nichtstun und dem Anwachsen des Erotischen aufzuspüren, die für gegengeschlechtliche Anziehung gleichermaßen gelten. Das erotische Moment wird um so stärker, je mehr Überflüssiges, Unnötiges geschieht und je weniger man sich aufs Wesentliche der sexuellen Funktion beschränkt. Grenzenlos und bisher kaum beachtet ist dabei das Gebiet der Phantasien, Rituale und Umwege. Jeder weiß aus der eigenen Erfahrung, daß die Kunst der Verzögerung aus dem Akt der Selbstbefriedigung ein Stunden, sogar Tage währendes tiefempfundenes Erlebnis machen kann.[5]

Jemand wandert eines Nachts stundenlang durchs Wattenmeer. Es wäre an der Zeit und vernünftig, sich ins Bett zu legen, aber er kann sich nicht losreißen. Er ist verzaubert von dieser Landschaft, er fühlt wie ein Verliebter. Da tritt hinter einem gewaltigen Schleier von blauweißen Wolkenfetzen nackt und strahlend der Mond hervor und fordert ihn auf, sich zu erkennen zu geben. Der junge Mensch legt seine Kleider ab und wirft sich auf die Knie. Er hebt die Hände und bietet sie dem Mond mit nach oben geöffneten Handflächen dar. In diesem Augenblick spürt er keine Grenze mehr zwischen Leben und Tod. Er liebt, er liebt den Mond, und nackt bietet er sich selbst als Opfer an.

Noch ein zweites Ereignis

Es handelt von einer Liebe zu „Nali“. Nali ist der Dortmund-Ems-Kanal. Er ist rauh und an vielen Stellen unnahbar. Sein Liebhaber muß über glitschige, von Algen überzogene Steine klettern oder ihn aus zwei, drei Metern Höhe im Sprung nehmen. Verlassen kann man ihn nach dem Bad über grandios verrostete Eisenleitern. Dieser herrliche Rost, Symbol der langen Zeit und der mangelnden Funktionserfüllung! Überall wuchern meterhoch die Brennesseln an seinem Ufer, als hätte Nali sich ein nesselndes Kleid übergestreift. Mit seinem sandigen Wasser gewährt er dem Liebhaber die sanftesten und leichtesten Umarmungen, die dieser je erlebt hat. Wenn er ihn schließlich verläßt, muß er auf der flachen Seite wie ein triefendes Tier auf allen Vieren über die glitschigen Steine klettern oder, auf der steilen Seite, die rissigen Sprossen der Eisenleiter hochhangeln.

Nali ist nebenher immer damit beschäftigt, ein paar Schiffe zu befördern, aber seine wahre Stärke ist der Müßiggang, diese Mischung aus üppigem Wachstum der Pflanzen, rostendem Eisen, trägem Daliegen und Sich-Hingeben an den, der ihn bespringt. Wenn ich hier über Sexuelles schreiben würde, endeten beide Schilderungen mit dem Akt der Selbstbefriedigung. Aber es geht ja um Erotik, und da genügt die Versicherung, daß Nali und der Mond im Wattenmeer durchaus fähig sind, eine sexuelle Handlung zu einer erotischen zu befördern. Der sich da befriedigt, könnte übrigens gar nicht mit Sicherheit sagen, daß er selbst es ist, der das tut.

Liebe als Sehnsucht nach dem Schönen hat ihre eigene Zeit; es wäre durchaus keine Übertreibung, der metrischen und verwalteten Zeit die erotische Zeit entgegenzusetzen. In der erotischen Zeit dehnt und breitet sich die Gegenwart aus, die Vergangenheit bringt den Fluß nicht ins Stocken, und die Zukunft reißt ihn nicht vorwärts. Gewiß gibt es in der erotischen Zeit Turbulenzen und Strudel, Stau und Überschwemmung, gewiß gibt es den Wahnsinn des Verliebten, aber das Zentrum, aus dem dies alles kommt, ist grenzenlose Gegenwart. Das Moment der Wiederholung äußert sich auch in den Handlungen des von Eros Begeisterten. Immer wieder liest er die wenigen Zeilen, die ihm der geliebte Mensch geschrieben hat, immer wieder betrachtet er sein Bild. Er verweilt bei wenigen Dingen und entwickelt eine Abneigung gegen das Neue. Er bedarf nicht der Abwechslung und Zerstreuung. Muße bedeutet auch: Ich will jetzt nicht in das Geschehen eingreifen und damit das Werden beschleunigen. Momente der Besessenheit und des fiebernden Verlangens mögen in die erotische Zeit eingestreut sein, aber der Wunsch innezuhalten und zu verweilen ist stärker. Wenn wir mit einem geliebten Menschen zusammenliegen, ist es gerade die Pause nach der sexuellen Vereinigung, in der Muße und Eros sich entfalten. An dieser Stelle wird der Unterschied zwischen einem sexuellen und einem erotischen Erlebnis sinnfällig. Wir möchten, daß dieser Zustand andauere, wenn wir dem nahe sind, wonach wir uns sehnen. Ist das der Fall, sind wir glücklich. Es liegt nahe, dem Eros zu seiner besonderen Zeit auch einen eigenen Raum zuzugestehen. Der Dämon meidet Räume, die durch Arbeit, Verkehr und nützliche Beschäftigung stark belastet sind. Wenn Millionen von Menschen aus den nördlichen Ländern alljährlich die Strapazen einer Reise in den Süden auf sich nehmen, dann steckt dahinter der Wunsch, die gewohnten, der Funktion unterworfenen Räume zu verlassen. Eros wird eher im Freien vermutet als drinnen und eher in wirtschaftlich zurückgebliebenen als in industrialisierten Regionen. Daß die, die ihm nachreisen, häufig ankommen, wenn er schon längst geflüchtet ist, soll uns hier nicht beschäftigen.

Man muß nicht verreisen, um in erotische Räume vorzustoßen. Es gibt auch inmitten der Städte und der zersiedelten Landschaft umfriedete Gebiete, die durch Verbotslinien aus ihrer Umgebung herausgehoben sind. Das Tabu wehrt uns ab und schützt zugleich die Räume, die Eros noch geblieben sind. Es sind dunkle Stellen, stillgelegte Räume, heilige Stätten. Wahrscheinlich gibt es sie in jedem zweiten Haus, jeder dritten Wohnung, also auch im kleinen Format. Etwas in mir sträubt sich dagegen, daß ich jetzt Beispiele nenne. Das hieße ja auch wieder ein Geheimnis preisgeben. Immerhin, ich nenne eine Kategorie, die Kategorie der offiziell geschlossenen Räume: das geschlossene Freibad, Theater, Museum, der geschlossene Park, der eingezäunte Truppenübungsplatz, der verbotene Baggersee, der zugesperrte Seitenflügel eines alten Schlosses, der nie benutzte Dachboden, die mit Stacheldraht umgebene Abraumhalde,Eisenbahnbrücken und Gleisanlagen.

Habe ich irgend etwas Neues gesagt? Ich glaube nicht.

Ich habe von einem Leben gesprochen, in dem wir nach Schönheit streben, *uns fortentwickeln durch den Umgang mit der schönen Gestalt.* Wenn ich mich diesem Thema, wie es sich gehört, ein wenig schwärmerisch, im persönlichen Dialog zugewendet habe, gab es oft Widerspruch, am meisten von meinen „gebildeten" Gesprächspartnern. Ich deute diesen Widerspruch so: Sie verweigern sich Eros, weil sie der Sehnsucht und dem Schmerz aus dem Weg gehen wollen. Sie haben Angst vor dem Dämon, fürchten sich vor dem Enthusiasmus. Einige kultivieren das „Häßliche" und zelebrieren so auf ihre Art schwarze Messen, ohne zu bemerken, daß sie einem negativen Eros dienen. Sie haben sich abgewendet von dem, was man ihnen vorenthält. Andere sind für den erotischen Reiz einer schöngewachsenen Buche unempfänglich, verweisen aber wohlinformiert auf die Progression des Waldsterbens. Gehe ich auf die ästhetische Qualität des katholischen Gottesdienstes, der Liturgie, der Architektur, der festlichen Gebräuche, der Gewänder und kostbaren Gerätschaften, auf den verborgenen erotischen Gehalt, der in alledem liegt, ein, kommen sie mir mit der Inquisition, senilen Päpsten, Beichtzwang, vollgefressenen Mönchlein, Ablaßhandel und Galileis Ärger mit den kirchlichen Wahrheitshütern. Als könnte man das eine mit dem anderen verrechnen. Andere wieder halten mir vor, meine Auffassung von Erotik, diese *„ästhetisierende"* Betrachtungsweise, sei eben typisch für Homosexuelle und gehe sie nichts an. Kann sein, aber vielleicht haben die Schwulen (kommt von schwelen = langsam brennen, glimmen) ja etwas Wichtiges mitzuteilen.

Ich schwele weiter. Ein erotisches Leben erscheint mir erstrebenswert. Was hindert diejenigen, die etwas Ähnliches wollen, daran, es auch zu führen? Antworten darauf gibt es zuhauf. Soziologen mögen die protestantische Ethik oder den Konsumterror verantwortlich machen, Psychologen das Unbehagen in der Kultur oder mangelndes Selbstwertgefühl, Pädagogen mal die autoritäre Erziehung und das strenge Über-Ich, mal die liberale Erziehung und den Narzißmus, Sexualforscher die Tabus und Kulturkritiker die Neuen Medien. Schließlich halten uns Philosophen wie Epikur – offenbar nicht erst in der Ära der Konsumgesellschaft – vor, daß wir nicht ausreichend zwischen notwendigen und eitlen Bedürfnissen unterscheiden könnten. Und ich selbst, auch ich habe meine Theorie und sehe eine große Gefahr für die Erotik im Niedergang der grenzziehenden Rituale, die es uns beispielsweise gestatten, Schamgefühle zu haben und doch unter bestimmten Umständen unsere Scham zu überwinden. Es ist erotischer, das Geschlecht in der Badehose zu verbergen und gerade dadurch darauf hinzuweisen, als damit einfach ganz „locker und frei" herumzuspazieren und es so zu einem banalen Anhängsel zu machen.

Und noch etwas: Eros lebt nicht ohne Traditionen. Es geht nicht ohne die alten Geschichten und Lieder über die immerwährenden Themen, ohne die Bilder, Plastiken und Skulpturen, ohne die Gewänder und den Singsang und alles das, was zu einem heiligen Fest dazugehört. „Neu" und „Zukunft", diese beiden Obergötzen unserer Zeit, auf die so viele Menschen vertrauen, sind Betrüger. Das wahre Sein liegt in der Gegenwart, und nur hier ist Eros.

Ich bin dem Leser einen Rat schuldig. Ich will ihn geben. Die Gegenwart ist jetzt, in diesem Moment. Du kannst jetzt in die erotische Zeit überwechseln, den Sprung ins Sein tun. Vertrau dich einem Seelenführer an, den du in dir trägst, trau dem Gefühl der Anziehung, die von Gegenständen, Menschen, Gedanken und Phantasien in diesem Moment ausgeht. Folge ihnen nach. Hol die Fotos heraus, die du schon hundertmal angeschaut hast, lies die Zeilen noch einmal, die dich immer wieder beglückt haben, geh nach draußen, wenn es dich dorthin lockt, und warte ab, was weiter geschieht. Halte Ausschau nicht nach dem, was dir nützlich ist, oder nach dem, was andere für dich bereithalten, halte Ausschau nach dem, was dich lockt. Vielleicht stehst du jetzt vor dem Schaufenster einer Boutique, eines Autohändlers oder eines Antiquitätengeschäftes und merkst, daß du etwas besitzen möchtest. Dann stell dir vor, du hättest es, und spiel mit dem Gedanken. Auch wenn du ein Grüner bist, darfst du jetzt zugeben, daß dir das Sportcabrio gefällt. Auch wenn du ein Linker bist, darfst du jetzt mit dem Gründerzeitschreibtisch liebäugeln. Und auch wenn du ein Rechter bist, darfst du jetzt Lust auf die Dreigroschenoper haben. Denk nur daran, daß jetzt keine Zeit für Geschäfte ist.

Das ist mein erster Rat. Ich möchte zum Abschluß, inzwischen vierzig Jahre alt geworden (begonnen habe ich den Aufsatz mit siebenunddreißig), noch einen zweiten geben. Mir ist klar geworden, daß Erotik mit Politik, Vernunft, Moral und Wissenschaft nichts zu tun hat, absolut nichts. Für mich ist die erotischste Farbe schwarz. Das ist das Gegenteil von Licht und Aufklärung. Erotisch sind die Werkzeuge der gewalttätigen Unterdrückung, Ketten, Lederriemen und -peitschen. Die sind das Gegenteil von Schreibwerkzeugen, Stimmzetteln, Verkehrsschildern, Verordnungen. Erotisch ist das Schweigen, nicht die Beredsamkeit, erotisch ist das Geheimnis, nicht seine Veröffentlichung, erotisch ist die Gefahr, nicht ihre Beseitigung. Wissen ist nicht erotisch, Nicht-Wissen ist erotisch.

Das bürgerliche Leben ist unerotisch. Matrosen, Bauarbeiter, Adlige sind erotisch; Professoren, Ministerialräte, Sparkassenbeamte sind es nicht. Wenn wir, die wir einen bürgerlichen Beruf ausüben, die Erotik nicht abschreiben wollen, dann müssen wir ein Doppelleben führen. Und dazu rate ich euch allen. Seid andersherum, seid verdreht, schlängelt euch, tragt unter dem tadellosen Anzug den Cock-Ring, den Leder-Tanga, den Brustwarzenring. Nehmt euch einen ganzen Tag Zeit, euch nur mit euch selbst, eurem eigenen Leib zu beschäftigen und ihn aufzugeilen. Sucht dazu geheimnisvolle Orte auf, geht in die Tiefe, legt euch nackt auf die Erde und tragt den Schmutz mit Stolz.

1 Wilhelm von Gloeden Photograph. Galleria del Levante. München 1979
2 Bataille, G.: Der heilige Eros. Frankfurt u.a. 1984
3 in den Dialogen „Phaidon" und „Symposion"; ich zitiere aus: Platon, Sämtliche Werke. In der Übersetzung von Friedrich Schleiermacher, 6 Bde., Reinbek 1965: Rowohlt
4 Platon, Sämtliche Werke, a.a.O., Band 2, 203 c–e
5 Pilgrim, V.E.: Der selbstbefriedigte Mensch. Reinbek u.a. 1975

Brunhilde Wehinger

Des Müssigen alte und neue Kleider

Stellt nicht die Muße eine der unverzichtbaren Voraussetzungen der Mode dar? Mit all ihren sozialen, ökonomischen, erotischen und ästhetischen Implikationen hat sich die Mode zunächst in der Sphäre des Müßiggangs entfaltet und erst allmählich und eher en passant auch die Arbeitskleidung modifiziert.

Rufen wir uns noch einmal die Kleidermode des bürgerlichen 19. Jahrhunderts in Erinnerung: Die von den Modeschöpfern erfundenen wechselnden Phantasiegebilde in ihrer Farbenpracht und demonstrativen Zwecklosigkeit – man denke an die Reifröcke und die korsettverschnürte Wespentaille – lassen keinen Zweifel daran, daß es sich bei diesen Kleidungsstücken um alles andere als um Arbeitskleidung gehandelt hat. Im übrigen kümmerte sich die damalige Mode in erster Linie um die eine Hälfte der bürgerlichen Gesellschaft, um die weibliche. Ja, sie inszenierte mit viel aktiver Phantasie und visueller Anziehungskraft, verschwenderisch und unerschöpflich, die Differenz der Geschlechter. Im Bereich der Kleidung herrschte Geschlechtertrennung: Männer und Frauen verfügten über unterschiedliche Kleidersprachen. Während die Mode ihre Adeptinnen im schwindelerregenden Rhythmus ihres ständigen Wechsels in Atem hielt, erlegte sich die andere Hälfte der „guten" Gesellschaft modische Enthaltsamkeit auf. Im dunklen Anzug, Gehrock oder Frack verlieh der Bürger seiner Einstellung zum Ernst des Lebens Ausdruck. Jeder vestimentären Verschwendung abhold, signalisierte seine Kleidung Strenge und Sparsamkeit, die schwarz-weiß-graue Indifferenz, zugleich ein Zeichen für bürgerliche Gleichheit, entsprach demjenigen, der seiner Arbeit nachging und dies auch stolz zum Ausdruck brachte. Den vom Bürger erarbeiteten Wohlstand trug an seiner Seite die modisch herausgeputzte Frau zur Schau, ein Jahrhundert lang verwies die bürgerliche Mode die Frauen in den Bereich der Muße und die schlicht und rigide gekleideten Männer in den Bereich der Arbeit, wobei die Mode als deren Kehrseite die Welt der Arbeit vergessen lassen wollte.

Diese „Gebote" verlockten bekanntlich immer wieder zu Überschreitungen: Ähnlich wie die Frauen sich mit den ihnen einst von der Mode zugeordneten Zeichen nicht abgefunden und sich „männliche" angeeignet haben – welche Frau ließe sich heute das Tragen von Hosen verbieten! –, begegnen uns auch hin und wieder männliche Figuren, die diese Ordnung überschritten. Im 19. Jahrhundert ist es der

Dandy, die männliche Erscheinung des „demonstrativen Müßiggängers", der sich über die festgelegten Regeln hinwegsetzt. Er bringt diskrete Farbtupfer und extravagante Raritäten in die Indifferenz der Männer-Kleidung und begibt sich – als Akteur und als Zuschauer – auf den Schauplatz, wo das Allerneueste zirkuliert: Auf den Boulevards der Metropolen wird er inmitten der hektischen Betriebsamkeit *unermüdlich und doch vollkommen müßig* das inszenieren, was seinen Geschlechtsgenossen abhanden gekommen ist: die Zeit. Weder von der Bahnhofsuhr noch von der Taschenuhr wird er sich sein Tempo vorschreiben lassen, dann schon eher von einer mit Edelsteinen verzierten Schildkröte, die er auf dem Makadam der Großstadt spazierenführt ... zumindest als literarische Figur. Er übt sich im Zuspätkommen und ignoriert demonstrativ die gesellschaftliche Zeit. Dem Arbeitsleben zieht er das müßige Dasein vor, und höchst elegant pflegt er seine Vorlieben. Seine Lebenskunst gipfelt darin, den Müßiggang genießen zu können, ohne je dafür gearbeitet zu haben. Statt sich abzuhetzen, betreibt er einen luxuriösen, zeitverschwenderischen Aufwand, um sich durch sein vestimentäres Erscheinungsbild zu distinguieren. Als Zeichen besonderer Eleganz trägt er am hellichten Tage gelbe Handschuhe, die ihn vor jeder unmittelbaren Berührung schützen; seine engsitzende farbige Weste setzt unverwechselbare Akzente: Während der Bourgeois auf seinen Wohlstandsbauch stolz ist, achtet der Dandy auf die schlanke Linie; doch vor allem weiß er um das erlesene Privileg des Müßiggängers, um die Krawatte, welche allein er auf einzigartige Weise zu binden versteht. Stehen dem Bourgeois zweiunddreißig Arten, die Krawatte zu binden, zur Verfügung, läßt es sich der Dandy nicht nehmen, nach Stunden vor dem Spiegel die dreiunddreißigste zu erfinden. Zu einer Zeit, in der es alle Welt eilig hat, leistet er sich den Luxus, die Zeit zu „verzehren". Immer wird er andere, singuläre Gesten und Zeichen erfinden, die seinen Zeitgenossen unmißverständlich signalisieren: Ich nehme mir die Freiheit, die Zeit zu verschwenden ... Den blauen Dunst der hektisch nebenbei gerauchten Zigarette wird er verachten und sich an die Zigarre halten, die man nur rauchen kann, wenn man nebenbei nichts anderes tut. Als Dichter wird er sich lieber tagelang mit der Formulierung eines einzigen Satzes aufhalten, anstatt, wie die berufsmäßigen Schreiber, die Feuilletons der im Schnelldruckverfahren produzierten Tageszeitungen zu beliefern. Selbst die Mode, nicht nur die Kleidermode, hat für ihn wenig Bedeutung, er kreiert auch keine Anti-Mode, das wäre zuviel an Aufsehen, zu viel Lärm und im übrigen „Weibersache". Es sind die kleinen, aber bedeutsamen Unterschiede *innerhalb* des männlichen (Kleider-)Codes, die absolut diskrete Eleganz, die ihn als *Mann* auszeichnen. Und genau das bedarf des uneingeschränkten Müßiggangs, wobei das Paradox des Dandys letztlich darin liegt, daß er die Freiheit, über seine Zeit zu verfügen, der geradezu rituellen Komposition und der ununterbrochenen Kontrolle seines Erscheinungsbildes opfert. Beim aufwendigen Verbrauch seiner Zeit erschöpft er sich völlig, und an die Stelle der von ihm verachteten notwendigen Erwerbsarbeit tritt letztlich eine Form des Müßiggangs, die vor allem eine mühsame, unabschließbare Suche nach einem anderen „Zeitverbrauch" ist – individuell und ohne Not –, wobei er sich die enorme Anstrengung natürlich nicht anmerken läßt.

Spielt also der Dandy seine Rolle als demonstrativer Müßiggänger vorzugsweise dort, wo das öffentliche Leben pulsiert, so verfügt der sich ins Interieur zurückziehende Müßiggänger über eine andere Kleidersprache. Nichtsdestoweniger setzt auch er sich vestimentär in Szene, vielleicht um den glücklichen und zugleich labilen Zustand seines müßigen Daseins zu „stabilisieren": Im eigens dafür vorgesehenen „Hauskleid" bestätigt er sich, daß die öffentlich-gesellschaftlichen Verpflichtungen für eine Weile ruhen; und jetzt erlaubt er sich das, was ihm im Exterieur unter Androhung entsprechender Sanktionen versagt bleibt: sich bequem, nachlässig oder phantasievoll zu kleiden, so recht zum Verweilen. Je rigider und eintöniger der Berufsbürger des 19. Jahrhunderts im „Straßenanzug" daherkam, um so ausschweifender und phantasievoller kleidete sich der Müßige im Interieur. Balzac, der nicht nur für die singuläre Eleganz des Dandys etwas übrig hatte, feierte die Pracht seiner „robe de chambre", die wir lieber nicht mit „Schlafrock" übersetzen wollen, ist sie doch aus kostbarstem Material gefertigt und versetzt sie ihren Besitzer in den müßigen und indes höchst aktiven Zustand angeregten Träumens: In einem Brief vom 20. Oktober 1849 gerät Balzac angesichts seines neuen „Hausrocks" ins Schwärmen: er sei aus einem prachtvollen persischen Stoff, von dem er noch vor wenigen Jahren nur zu träumen gewagt habe, denn bislang hätten in seiner Vorstellung allein Königinnen solch wunderbare Gewänder getragen. Aus reiner Seide sei das Glanzstück, die so kunstvoll verarbeitet sei, daß sie den Eindruck erwecke, sämtliche Wundertaten der indischen Kaschmirweber vereinten sich in ihrem Gewebe. Doch nicht nur unglaublich schön anzusehen sei das gute Stück, es sei überdies bequem und unverwüstlich, warm und weich, so daß er sich wie in „Sonne gekleidet" fühle. Auf schwarzem Grund sei eine feingliedrige Palmenverzierung angebracht, um die sich goldene Blumen ranken. Balzac fehlt es nicht an poetischen Bildern, um seiner Brieffreundin das Glücksgefühl zu vermitteln, das ihm sein Hausrock verschaffte: Er fühle sich wie ein 18jähriger Jüngling, der sich freue wie ein zwölfjähriger Knabe; im Glanze seiner Palmen bewege er sich „wie ein Sultan" – und so gekleidet schreibe er ihr ... in der Tat ein unvergleichlich enthusiastischer Brief.

Ein knappes Jahrhundert vor Balzacs Eloge auf die orientalische Pracht seines Hauskleides setzte ein (früh-)bürgerlicher Autor ganz andere Akzente: Kein Geringerer als Diderot verfaßte 1769 die „Klagen über den Verlust meines alten Schlafrocks"; zwanzig Jahre *vor* dem historischen Einschnitt, der die Männer- und die Frauen-Kleidung für ein Jahrhundert voneinander trennen sollte. Schließlich war es die französische Nationalversammlung, die während der Revolution den dunklen

Anzug zum Ehrenkleid des Bürgers erhob, so daß in der Folge die Männer in dunkler Tristesse und die Frauen in leuchtendem Weiß auftraten, was die Romantiker immer wieder als einen Ausdruck der „verlorenen Illusionen" beschworen. Diderots „Klagen" stammen aus einer Zeit, in der es für die erfolgreichen Männer des Ancien Régime noch zum guten Ton gehörte, sich herauszuputzen und kostbar in Samt und Seide zu kleiden. Im Gegensatz zum prächtigen Hausrock, der Balzacs Phantasie beflügelte, ist es bei Diderot ein alter, zerlumpter Schlafrock, der ihn zur Komposition eines Textes inspiriert, welcher uns Diderots Denk- und Schreibweise anschaulich vor Augen führt. In einem unbeschwerten Wechselspiel von Fragen, Ausrufungen, Überlegungen und Empfindungen verwickelt er den Leser in ein Zwiegespräch, in dem er uns und sich selbst das Wohlbefinden dank eines so alltäglichen Kleidungsstücks wie des abgetragenen Schlafrocks vergegenwärtigt. Auf der Höhe seines schriftstellerischen Ruhms angelangt, habe sich auch er nicht länger der luxuriösen Anpassung an den herrschenden Geschmack entziehen können, der nach Prunk verlangte, insbesondere auf der Ebene der Kleidung und der Wohnung, die sich nach der Renovierung in „ein Cabinett des Weltmanns" verwandelt habe. Diderot, der nun, wie er uns mitteilt, in seinem Gemach ein prächtiges, zur Einrichtung passendes Gewand trägt, sehnt sich nach der Bequemlichkeit seines bescheidenen alten Hausrockes, in dem er sich frei und ungezwungen bewegen und zugleich vor allen Unwägbarkeiten geschützt fühlen konnte:

> „Warum habe ich meinen alten Schlafrock nicht behalten! Er war so ganz für mich, wie ich für ihn. Er legte sich dicht und bequem um mich herum; ich gab einen malerischen Anblick. Der neue ist dafür steif und schwer, und ich sehe darin aus wie ein Gliedermann. Zu jedem Bedürfnis war er so gefällig, sich mir zum Gebrauch hinzugeben; denn Dürftigkeit war noch immer dienstfertig (...). Unter seinem Schutze scheute ich weder die Ungelenkigkeit meines Bedienten, noch meine eigene, weder das Umhersprühen der Feuerfunken noch einen Wasserguß. Mit einem Worte: Ich war der unumschränkte Gebieter meines alten Schlafrocks; der neue hat mich gänzlich zu seinem Sklaven gemacht. (...) Verdammt sei dies prächtige Gewand, für das ich Respekt haben muß. Wo ist dafür mein alter, demütiger, zerlumpter Schlafrock von Calemande?"

Diderots Absage an die „Versklavung" durch die Tyrannei der Mode in Form des neuen, in „herrschsüchtigem Scharlach" respekteischenden Hauskleides, das wohl eher einem verschwendungssüchtigen Aristokraten anstünde, ist zugleich ein Plädoyer für vestimentäre Bescheidenheit und für die angemessene Kleidung einer „empfindsamen Seele" und eines „klaren Verstandes", der sich nicht durch pompösen Luxus blenden lassen will und statt dessen in seiner Zurückgezogenheit alten Plunder bevorzugt, der „zusamt meinem alten ehrbaren Schlafrock wirklich einen interessanten Anblick der Dürftigkeit bildete, die auf das vollkommenste mit sich selbst harmonierte". Die gesamte neuerstandene Wohnungseinrichtung scheint Diderots Lebensgefühl ebenfalls zuwiderzulaufen – wahre Verwüstungen habe der neumodische Luxus in seinem Revier angerichtet: Strohstuhl und einfacher Holztisch, die unscheinbare Tapete und selbst die geliebten Kupferstiche seien dem

Neuen geopfert worden. Die „Anmaßungen des Reichtums, der Zwang des Überflusses" sind ihm vor allem in seinen müßigen Stunden zuwider, mit einer Ausnahme, und darin liegt die Pointe des kleinen Textes: Unversehens kommt Diderot nämlich von den „Klagen über den Verlust seines alten Schlafrocks" über die Kritik am „verderblichen Luxus" auf einen seiner Lieblingsmaler zu sprechen, von dem er sich, immerhin dank des erreichten Wohlstandes, ein Bild kaufen konnte, das nun in seiner mit Damast-Tapeten ausgeschlagenen Wohnung hinge, über die er ansonsten nur spottet: Auf alles könne er verzichten, nur auf den „Sturm von Vernet" nicht!

Diderots emphatisch vorgetragenes Lob auf den alten Schlafrock gipfelt in der Begeisterung für ein Landschaftsbild von Vernet, das er im Zeichen der teilnehmenden Bewunderung, ja geradezu der Entzückung, beschreibt und dem Leser in einer lebhaften Sprache vergegenwärtigt, so als nehme der Autor an dem von Vernet dargestellten Geschehen teil: Diderot bringt den festgehaltenen Augenblick – „ein Sturm im Aufhören, ohne traurige Katastrophe" – in einen bewegten Handlungsablauf und führt den Leser von einem Schauplatz zum andern, wobei er seiner angeregten Phantasie freien Lauf läßt ...

Vom „alten Schlafrock" zur Formulierung einer ästhetischen Position – auf diesem Weg vermittelt uns Diderot etwas von seiner Einstellung zum Alltagsleben und zur Kunst. Während er eingefahrene Konventionen, herrschende Dogmen und das, was er in Kunst und Alltag für „gekünstelt", für falsch und verlogen hält, verwirft, begeistert er sich für das „Wahrhaftige", das „Wahre" in Natur und Leben, dessen verborgene Gesetzmäßigkeit in Vernets Landschaftsbild so vollkommen zum Ausdruck kommt. Eben genauso, wie auf andere Weise in seiner Zuneigung zu seinem alten Hausrock, der ihm das Glücksgefühl, mit sich selber im Einklang zu sein, ermöglicht.

Das Lebensgefühl, das sich hier in der Vorliebe für einen unscheinbaren, bequemen Hausrock mitteilt, ist gekennzeichnet durch den Wunsch nach Befreiung von den Fesseln der Etikette, der Befreiung vom Zwang der „stilvollen" Vereinheitlichung. Diderot verweist nebenbei auf ein „häßliches", ein querеinschießendes Detail, das überhaupt nicht zum Ensemble seiner neuen Wohnungseinrichtung passe: Er habe seinen alten abgetretenen Fußbodenbelag bewahrt, damit dieser ihn bei Betreten des Zimmers immer an seine frühere Lage erinnere und dem „verderblichen Hang zum Übereinstimmenden" entgegenwirke. Diderot geht es – auch in bezug auf die Kleidung – weder um Perfektion noch um Askese. Nach dem alten Schlafrock verlangt er, um sich in seinen vier Wänden frei bewegen zu können, und den unverzichtbaren Vernet leistet er sich aus ästhetischer Überzeugung, obwohl er sich dafür – ganz unbürgerlich – in Schulden gestürzt habe.

Wenig später, 1774, thematisierte Goethe in den „Leiden des jungen Werther" das Lebensgefühl seiner Generation und ließ dabei seinen Helden in der legendären

Werther-Tracht auftreten, die dann von den vom „Werther-Fieber" infizierten Zeitgenossen getragen wurde. An zwei Stellen lenkt Goethe die Aufmerksamkeit des Lesers auf die Kleidung seines „Aussteigers": unüberlesbar am Ende des Romans, als man Werther, „in völliger Kleidung, gestiefelt, in blauem Frack mit gelber Weste", sterbend in seinem Zimmer auffindet; und zuvor, in der ersten Hälfte des 2. Buches, wo Werther am 6. September notiert, er habe sich entschlossen, seinen „blauen einfachen Frack" abzulegen und sich einen neuen machen zu lassen, „ganz wie den vorigen, Kragen und Aufschlag, und auch wieder so gelbe Weste und Beinkleider dazu".

Mit nur wenigen Federstrichen entwirft Goethe das unverwechselbare Kostüm seines Helden, der an den „fatalen bürgerlichen Verhältnissen" leidet und zugrunde geht. In seinem blauen Frack, der nicht aus Seide, sondern aus einfachem Tuch gefertigt ist, distanziert sich der junge Werther zunächst vom Adel, dessen Standesdünkel ihm widerstrebt; dann aber auch vom unbescholtenen Bürger, der es gerne unauffällig und farblos hätte. Doch bleibt die Werther-Tracht innerhalb des bürgerlichen *„Kleidercodes"*, den sie gewissermaßen variiert, von dem sie durch ihre Unverwechselbarkeit abweicht und innerhalb dessen sie andere Akzente setzt, ähnlich wie die diskrete Eleganz des Dandys, die ja auch innerhalb der zeitgenössischen männlichen Kleiderordnung angesiedelt ist. Aus der Position des „Insiders" heraus ist auch die Anklage gegen die bürgerliche Gesellschaft formuliert: Werther trifft ins Schwarze, wenn er die „Verhältnisse" des Standes seiner Herkunft wie folgt auf den Punkt bringt: *„Die meisten verarbeiten den größten Teil der Zeit um zu leben, und das bißchen, das ihnen von der Freiheit übrig bleibt, ängstigt sie so, daß sie alle Mittel aufsuchen, um es loszuwerden."*

Abgesehen vom Ideal der bürgerlichen Kleinfamilie und der Unantastbarkeit der Institution Ehe, stellt Goethes Werther insbesondere das Arbeitsethos des aufsteigenden Bürgertums in Frage; seine Kritik bezieht sich auf den Umstand, daß die im Entstehen begriffene bürgerliche Ökonomie die Arbeitsteilung voraussetzt, die wiederum dazu führt, daß jeder respektable Bürger, wie Werthers Gegenspieler Albert, sich „abarbeitet" und dann die zur Reproduktion der Arbeitskraft nötigen Erholungsstunden im privaten Kreis der Kleinfamilie unter Ausschluß aller *„Störenfriede"* zubringt. Dagegen protestiert der blau gekleidete, aus berufsbürgerlicher Sicht untätige Werther. Denn letztlich scheitert er nicht nur an seiner unerhörten Leidenschaft, sondern ebenso an der bürgerlichen Welt, in der die Suche des Müßiggängers nach der „Freiheit des Geistes" zum Scheitern verurteilt ist.

Blau wird auch wieder der Held der 1968 entstandenen „neuen Leiden des jungen W." von Plenzdorf gekleidet sein: Der neue W. *„steht auf Jeans"* und widmet diesem Kleidungsstück eigens einen „Blue Jeans Song", denn für ihn sind Jeans nicht einfach ein Paar Hosen, die jeder Spießer tragen könnte, sondern eine *„Einstellung"*, das Kostüm, das er sich zulegt, um seinem Überdruß am Arbeitsethos der sozialistischen Gesellschaft demonstrativ Ausdruck zu verleihen. Wie bereits der *„alte"* Werther, so kennt auch der *„neue"* die unerträglich gewordenen und kritisierten Verhältnisse von innen: von Kindheit an erscheint ihm das ganze Leben verplant, und wer an seinem (Arbeits-)Platz, der ihm von oben zugewiesen wird, fehlt, wird ausgegrenzt; der Müßiggänger wird zum Arbeitsscheuen abgestempelt, wer *„blau macht"*, verstößt gegen die guten Sitten...

Schlägt man den Bogen vom blauen Frack des *„old Werther"* bis hin zu den inzwischen weltweit getragenen Blue Jeans des neuen Werthers, dann fragt man sich, was es denn mit dieser *„blauen Internationalen"* auf sich hat. Das Blau ist die Farbe des Himmels, sie reicht vom leuchtenden Ultramarin bis zu einem dunklen, zum Schwarz hin tendierenden Ton und entspricht damit der Tag- und der Nachtseite des Himmels. An das Blau als Himmelsfarbe schließt auch die traditionelle Symbolik dieser Farbe an: erhabene Ferne, Unbegrenztheit, schließlich die Farbe der Freiheit von irdischen Fesseln. Schwingt nicht auch die Vorstellung von etwas Schwerelosem, Heiteren mit, sobald wir an Himmelblau und schönes Wetter denken, insbesondere dann, wenn wir uns unbeschwert aufmachen und ins Blaue fahren, um unsere arbeitsfreie Zeit zu genießen? Marineblau ist die Farbe der Matrosen, ihre blau-weißen Anzüge waren Evergreens der „Freizeit-Kleidung", bevor weltweit die Blue Jeans an ihre Stelle traten.

Im Farbenspektrum der ständischen Kleiderordnungen war Blau auch die Farbe der unteren Stände; sie hat sich lange in den Livreen der Bedienten gehalten, und noch heute sind die „Uniformen" der „Staatsdiener", etwa bei Post und Bahn, blau. Im 14. und 15. Jahrhundert war die Kleidung der Handwerksgesellen, die sich neben dem Sonntag noch einen weiteren arbeitsfreien Tag erkämpften, natürlich blau: sie sicherten sich den „blauen Montag", an dem sie ihre Bruderzechen und Versammlungen abhielten, bis dann die Industrialisierung diesen Brauch, von wenigen Ausnahmen abgesehen, zum Verschwinden gebracht hat. Nach wie vor ist der „blaue Anton" – heute in Form von Jeans – die Kleidung derjenigen, die schwer arbeiten. Nicht zuletzt drückt sich in der Doppeldeutigkeit der Farbe blau das Leiden an den „fatalen bürgerlichen Verhältnissen" aus, das Leiden an den Schattenseiten des Daseins, denen man entfliehen möchte.

Gelegentlich teilt der Müßige das Wissen um das Verhältnis von Arbeit und Muße mit dem Philosophen, der an der mittelalterlichen Universität ein blaues Birett trug, um dadurch seine Fakultätszugehörigkeit zu erkennen zu geben, während die Theologen schwarze und die Juristen rote Birette trugen.

Solange der zeitliche Wechsel von Arbeit und Feierabend, von Werktag und Mußestunden markiert ist, sind auch die Inhalte der einzelnen Zeiteinheiten erkennbar, ist die Zeit erfüllt. Das läßt sich nicht zuletzt an der Kleidermode ablesen, die für die einzelnen Tageszeiten und für die zu bestimmten Tageszeiten stattfindenden Ereignisse die entsprechende Garderobe vorsah. Mit dem Triumph der sportiven Freizeitkleidung in Unisex-Look, die sich für Mann und Frau, für jung und alt prinzipiell nicht mehr unterscheidet, gibt die Mode keine Auskunft mehr über Beruf, Geschlecht und Tageszeit. Sie lenkt den Blick vielmehr auf die konkretisierten Träume der Freizeitgesellschaft: weg vom markierten Rhythmus der durch Arbeit bzw. Ruhe erfüllten Zeiteinheiten, hin zur unbestimmten, von konkreten Inhalten entleerten Frei-Zeit, die unabhängig von den Tages- und Jahreszeiten das Dasein der in Jeans, Polohemd und Turnschuhen gekleideten Freizeit-Menschen bestimmt. Als „leere" Zeit verlangt sie angesichts des menschlichen horror vacui unverzüglich nach Erfüllung. Mit welchen Aktivitäten die leere Zeit ausgefüllt wird, teilt uns wiederum die *Freizeitmode* mit: als grundsätzlich *sportive Mode* – ebenso weit entfernt vom alten einfachen bzw. prunkvollen Hausrock wie von der diskreten Eleganz des Dandys – verweist sie auf ein Tun, das aus einer eigentümlichen Mischung von körperlicher Betätigung und Nichtstun besteht, das vor allem nichts mit Arbeit zu schaffen haben will: auf den Sport. Das Prestige, das der Sport genießt, geht in die Freizeitmode ein, und es manifestiert sich insbesondere in der irreversiblen Präsenz der Blue Jeans. In einer Welt, in der man immer etwas tun muß, damit die Zeit nicht lang wird, und angesichts der Unfähigkeit zur Lange-Weile, bietet sich die sportive Praktik geradezu an. Diese Einstellung dokumentiert sich, nebenbei gesagt, auch in der Werbung: Coca-Cola hat inzwischen auf ihren traditionellen Werbeslogan „Mach mal Pause, trink Coca-Cola" verzichtet; jetzt appelliert die Cola-Werbung an die Aktiven: *„Frischwärts..."*

Die Freizeitmode bringt das Kunststück fertig, daß wir sportlich aussehen, sportlich sein können, ohne dabei die Widrigkeiten und die Mühsal sportlicher Betätigung in Kauf nehmen zu müssen – man treibt eben nicht Sport, man trägt Sport, zu jeder Zeit, an jedem Ort. Sport und Freizeit gehören zusammen wie Blue Jeans und Sweatshirt. Sie versprechen Mann und Frau, jung und alt die ewigen Ferien, mit allem, was dazu gehört: Gesundheit, Schönheit, Jugendlichkeit. Und nachdem diese Mode die Differenz der Geschlechter, die bis dato eigens inszeniert wurde, ebenso aufgehoben, wie sie die sozialen und politischen Erkennungszeichen der Kleidung über Bord geworden hat, bleibt als einzige Konkurrentin im Wettbewerb um das Prestige die Zeit. Die ewige, androgyne Jugend lockt mit dem Versprechen, daß wir älter werden können, ohne alt zu werden. Im Nachhinein ähnelt der alte Werbeslogan „Mach mal Pause..." beinahe einer Einladung zum müßigen Verweilen, während das Wortungetüm „frischwärts" die neueste Absage an den Müßiggang darstellt. Man fragt sich schließlich, unsicher geworden, an welchem Ort, zu welcher Zeit, in welchem Kleid heutzutage die wahren Müßiggänger anzutreffen sind.

Brunhilde Wehinger

Lektüre, Träumerei, Tränen und geheime Lust
Zum Leser als Müssiggänger

Auch du hast genug von diesen intellektzerfressenen, analysezerfledderten Seiten, du träumst von der Rückkehr zu einem natürlichen, unschuldigen, ursprünglichen Lesen...

Italo Calvino, *Wenn ein Reisender in einer Winternacht*

Die Muße früherer Lesegewohnheiten wiederfinden: ein aristokratischer Leser sein.

Roland Barthes, *Die Lust am Text*

In der Abhandlung „*Über das Bücherlesen, in so fern es zum Luxus unserer Zeiten gehört*" (1795), die heute wieder mit Genuß zu lesen ist, schildert ein aufgeklärter Pädagoge den moralisch, gesundheitlich und nationalökonomisch höchst verwerflichen Luxus des Lesens. Man sei sich einig geworden, daß „nicht blos des Bücherschreibens, sondern auch des Bücherlesens, zuviel geworden sey." Und, so lassen sich die geäußerten Bedenken zusammenfassen, *die sich schrankenlos ausbreitende Leselust destabilisiere die Ordnung der Dinge oder bringe zumindest die Autoritäten ins Wanken.* Überall, zu jeder Zeit, an jedem Ort treffe man die *Lesesüchtigen* an, die sich statt einer nutzbringenden Tätigkeit zu widmen, dem Lesen hingeben, diesem zugleich glühenden und gelassenen Genuß, der gar zu einem „*Artikel des Luxus*" geworden sei, ja zu einem Luxus für die Masse, für den „*großen Haufen der Lesewelt*". Doch welcher bürgerliche Ökonom vermöchte die Frage nach einem legitimen Luxus für alle, welcher Erzieher die nach dem Leseluxus für alle, die lesen und schreiben können, zu bejahen?

„Betrachten wir 1. das Lesen als *Unterhaltung* und *Zeitvertreib,* so ist es eines der verführerischsten Vergnügen, welches den, der es einmal gekostet hat, so sehr fesselt und anzieht, daß er sich nicht wieder losmachen kann. Tagelang sitzt der Leselustige auf einer Stelle, und betrachtet jedes ernsthafte Geschäft, das ihn von seinem Buche abruft, als eine Störung in seinem Vergnügen, die er so lange zu entfernen sucht, als es möglich ist. Und reißt er sich einmal los, um dringende Geschäfte zu verrichten: so thut er sie doch nicht mit Attachement, Lust und Ernst, sondern seine Gedanken sind immer abwesend, und nach halbgethaner Arbeit eilt er wie ein Heißhungriger wieder an seinen Lesetisch, um seine gespannte Neugier zu befriedigen, die jedoch nie gesättigt wird, sondern wenn eine Kost verschlungen ist, sich schnell nach einer anderen umsieht, sie auch wieder zu sich nimmt, um sich eine dritte zu erhaschen. (...) Daher finden wir Handwerksbursche, Bediente, Bürger und Bauern von aller Art, die jede nicht blos müßige, sondern auch ihren Berufsgeschäften *entwendete* Stunden mit Lesen ausfüllen. Ob nun die bürgerliche Glücksseligkeit und der häusliche Wohlstand dabey gewinnen, wenn den ernsthaften Geschäften des Berufs so manche Stunde entwendet wird; wenn der Jüngling, der höhern Wissenschaften sich gewidmet hat, seine beste Zeit mit amüsanter Lektüre hinbringt, oder das Mädchen, statt in häuslichen Verrichtungen sich zu üben, und sich zu einer guten Hausmutter zuzubereiten, sich mit Romanen, Gedichten, Allmanachs und Rittergeschichten unterhält; oder wenn der Mensch, der zu Handarbeiten oder andern mühsamen Geschäften bestimmt ist, sich an ein Vergnügen gewöhnt, das so verführerisch ist, und ihm einen Ekel, wenigstens eine Unlust gegen andere Zeitbenutzungen beybringt?"[1]

Dieser hier so geschmähte „Leseluxus" stellt sich als etwas um so Heimtückischeres heraus, als er einerseits leicht erschwinglich, wenn nicht gar gratis sei und dank der eigens dafür eingerichteten Lesezirkel und Leihbibliotheken, sozusagen mühelos zugänglich gemacht werde; andererseits ist das Lesen eine anerkannte Geistesbeschäftigung und innerhalb der bürgerlichen Wertesphäre hoch angesiedelt, die man als *Chance der „wahren Aufklärung"*, die hier allerdings bereits unausgesprochen mit Bildung gleichgesetzt wird, nicht leichtfertig verspielen darf. So lautete denn auch schon 1795 das Gebot der Stunde: *den „nachtheiligen Einfluß auf die moralische Bildung der Menschheit", den der Leseluxus unverkennbar ausübe, zu vermindern und die leselustigen Zeitgenossen von der „unfruchtbaren Zeit- und Geistverderbenden Lektüre ab- und auf nützliche, gesunde und stärkende Geistesnahrung zu lenken."*[2]
Gewiß, es ist der Denker, der Aufgeklärte, der die *„richtige"* Lektüre praktiziere; er gehöre zu jenem Teil der Leserschaft, der das Lesen als Mittel gebrauche, „seine Kenntnisse zu vermehren, seine Geisteskräfte zu verädeln, und die eingesammelten Kenntnisse zum Besten der Menschheit wieder zu verarbeiten – dem also das Lesen zugleich Beruf und Arbeit ist, der nicht blos Bücher liest, sondern Bücher studirt."[3] Für ihn ist das Lesen gleichbedeutend mit Arbeit für den unaufhaltsamen Fortschritt, auf dessen Schattenseite sich die Leselust als Laster rückhaltlos auszubreiten scheint. Der Leselustige sei ein Müßiggänger, der die Zweckmäßigkeit des Lesens verachte, weil sie ihm offensichtlich keine Lust bringe, sich dagegen an allem erfreue, was ihn reize, fessele und frappiere. Er stürze sich auf Bücher, die mit so vielen, „die Einbildungskraft erhitzenden Bildern, schlüpfrigen Gemählden, wolllüstigen Süßigkeiten, witzig scheinenden Einfällen etc." vermischt seien, „welche auf die Sinnlichkeit des Lesers einen weit tieferen Eindruck machen und weit bleibendere Wirkungen zurücklassen, als die wenigen belehrenden und besserenden Wahrheiten."[4]

Dieser Leser muß sich zu guter Letzt den Vorwurf gefallen lassen, „weichlich, unthätig, unmännlich und undeutsch“ zu sein.
Unserem aufgeklärten Pädagogen geht es nun keineswegs um ein Leseverbot. Zweifellos war ihm die Erkenntnis der Denker des 18. Jahrhunderts vertraut, gesellschaftliche Unterdrückung und Ausbeutung beruhten auf den Vorrechten der Herrschenden, die nicht nur materieller, sondern auch immaterieller Art waren; und im Kampf gegen Unterdrückung, mithin gegen die „Unwissenheit“ des Volkes – Wissen macht frei! – sei das Lesen und Schreiben ein erster Schritt und nicht zuletzt eine Möglichkeit, „mündig“ zu werden. Nur: daß mit der Emanzipation des Subjekts auch die des Lesers einhergeht, der sozusagen zum autonomen Leser wird und dem Vor-Leser das Gehör bzw. den Gehorsam verweigert, indem er sich als einsamer und unkontrollierter Leser einzig seiner Neugierde, seiner Phantasie, seiner Lust etc. hingibt, das hat gewiß neben dem Erzieher noch ganz andere Autoritätspersonen beunruhigt. Gegen die „abenteuerliche“ Lesewut, diese „unsinnige Verschwendung“, mußte man Maßregelungen erfinden. Das Lesen sollte in geregeltem Rahmen, zielgerichtet und mit „höheren Zwecken“ versehen vonstatten gehen, so daß das Lesevergnügen auch einen Nutzen haben konnte:

„Die Vorstellung des Nutzens einer Lektüre erweckt so wol die Begierde darnach, als sie das Vergnügen während derselben erhöhet; das daraus gesammelte Nützliche erhält in der Erinnerung und Anwendung den vorzüglichsten Werth, und das ist die Quelle eines immerwährenden reinen Vergnügens.“[5]

Selbst der Verfasser jener Abhandlung „Über die jetzige abentheuerliche Lesesucht“, der alles, was dem „reinen“ Lesevergnügen zuwiderläuft, verabscheut, hatte die angenehme Seite der zweckmäßigen Lektüre noch nicht ganz aus den Augen verloren. Vielleicht wußte er noch um den „Höhenflug der Bedeutung des ästhetischen Genusses in der klassischen deutschen Kunstperiode, die *das Genießen als eine Form der Weltaneignung und der Selbstvergewisserung* rechtfertigte und den Genuß als Bedingung der Möglichkeit bewertete, Wirklichkeit anzuschauen und sich anzueignen.“[6] Das genießende Verhalten, das durch Kunst ausgelöst und ermöglicht wird, so H. R. Jauß, sei die ästhetische Erfahrung par excellence. Und das mit der frühbürgerlichen Lesekultur entstandene genießende Lesen, das Lesen um des Lesens willen – insbesondere das Lesen von Romanen –, hätte mit der zunehmenden Alphabetisierung und den technischen Erleichterungen in der Buchherstellung und -verbreitung zu einer wahrhaft grenzenlosen Möglichkeit der ästhetischen Erfahrungen werden können, vorausgesetzt, man gesteht allen Lesern die Befreiung von den praktischen Zwängen des Alltags zu, die Freisetzung von dem, was zu leisten ist, um weiterexistieren zu können.
In der frühbürgerlichen Ära *gestanden die Denker des „ästhetischen Genießens“ diesem durchaus eine Erkenntnisleistung zu;* und zwar im Blick auf das, was man heute etwas spöttisch *Bewußtseinserweiterung* nennt. Die Tatsache allerdings, daß der Genuß,

ebenso wie die Vernunft, sehr schnell mit dem Attribut „rein“ versehen worden ist, läßt aufhorchen. Es sind in der Regel die Adjektive, die das Ideologische in die Sprache eindringen lassen und uns deshalb mißtrauisch machen. Die „reine“ Vernunft, die „reine“ Lust, das „reine“ Vergnügen implizieren zugleich die Kehrseite, das „Unreine“, das „Unzüchtige“ und rufen, angesichts dieser unbestreitbaren Duplizität, Gendarmen oder zumindest das „schlechte Gewissen“ auf den Plan: Das eine ist erlaubt, das andere verpönt.

Es ist der Müssiggang ein sehr gefährliches Laster

Vertrackt wird das Verhältnis von Erkennen und Genießen tatsächlich in dem Moment, wo das eine in das Begriffsfeld der Arbeit und das andere in das der Muße, des Spiels etc. verwiesen wird und beide hierarchisch aufeinander bezogen werden. Die Sammelstätten des gesellschaftlichen Wissens in Form der im 19. Jahrhundert florierenden Enzyklopädien tradieren von Auflage zu Auflage die sich wandelnden Bedeutungen und zugleich die Wertschätzungen der philosophischen und sozialhistorischen Grundbegriffe. Ein Blick auf die Enzyklopädie-Artikel zur Muße zeigt, daß die Muße im 18. Jahrhundert noch als Komplementärbegriff zum Begriff der Arbeit verstanden wurde. Ihr kommt noch eine relative Eigenständigkeit in der Bedeutung eines menschlichen Grundbedürfnisses zu, das in unmittelbar semantischer Nachbarschaft zu Ruhe und Spiel, grundsätzlich jedem zugestanden wird. „Muße heißt Freiheit von ordentlichen Verrichtungen“ (Zedler, *Großes vollständiges Universallexikon,* 1732–1750, Artikel „Muße“), in den „müßigen Stunden“ könne jeder seinen Neigungen nachgehen, sich auf „unernste Weise“ betätigen, erlaubtermaßen nicht zum Nutzen der Gesellschaft, sondern nur aus Lust am Genuß. So ist auch das Spiel für den Erwachsenen legitim (körperliche Spiele für die „geistig“ Arbeitenden, Kartenspiele für die Handwerker); die Ruhe erscheint als Begrenzung der Arbeit (für den Christen zugleich als Pflicht, sich Gott zuzuwenden).
In diesem Rahmen erscheint das Lesen, Musizieren, Theaterspielen als „Spiel der Phantasie“ (Pierer, *Universal-Lexikon oder vollständiges encyclopädisches Wörterbuch,* 1835–1848), mit dem man sich die „Zeit vertreibt“. Das beglückende und angenehme Moment der legitimen Muße erhält sein Profil vor dem Hintergrund des Arbeitsbegriffes, solange dieser *durch den Mühsalcharakter der Arbeit im biblischen Verständnis geprägt bleibt* („Im Schweiße deines Angesichts sollst du dein Brot essen“). Die bemerkenswert positiven Aspekte der Muße verlieren sich mit dem Verzicht auf die Vorstellung von der Arbeit als Mühe, Qual, Last, d. h. als Fluch nach dem Sündenfall, und mit der zunehmenden Hochschätzung der Arbeit als wesensbestimmend für den zur Freiheit aufsteigenden Menschen, so daß schließlich im 19. Jahrhundert die menschliche Existenz nur noch auf Arbeit gegründet sein durfte,

wogegen Müßiggang als Diebstahl gebrandmarkt werden konnte. Marx, der den bürgerlich-ökonomischen Arbeitsbegriff kritisiert und die „entfremdete Arbeit" als die moderne Form der Arbeit dekuvriert hat, setzt ihr nicht etwa die Muße als „Freiheit und Glück" entgegen, sondern die „nicht entfremdete Arbeit", die er als einzige Möglichkeit der menschlichen Selbstverwirklichung – Aneignung der Natur und Entfaltung des Menschen – im „Reich der Freiheit" gelten läßt. Die kaum mehr zu überbietende Positivierung des Arbeitsbegriffes erlaubt es Marx, jede menschliche Betätigung (z. B. auch Spiel und Kunst) mit einzubeziehen, abgesehen von all jenen Formen, die sich durch *„Losgelöstheit vom alltäglichen Leben"*, *„Ungegenständlichkeit"*, *„Zerstreuung"*, *„Genuß"*, *„Muße"* auszeichnen. Diese Bedeutungen aus dem Gegenbegriffsfeld von Arbeit schließt Marx aus: „Wirklich freies Arbeiten ... ist gerade darum verdammtester Ernst, intensivste Anstrengung". In diesem Zusammenhang steht denn auch sein Diktum: „Der Genuß ist also unter das Kapital, das genießende Individuum unter das kapitalistische subsumiert."[7]

Ungeachtet dieses *„Klassencharakters"* verurteilen die Verfasser der Enzyklopädie-Artikel aus dem bürgerlichen Lager das *„genießende Individuum"* ebenfalls aufs Schärfste, wenn es der Muße jenseits der akzeptierten Grenzen von Raum und Zeit nachgeht oder gar von seiner Muße offen Gebrauch macht, um allein seinem Genusse zu frönen: Es käme dann gar oft auf „böse Gedanken und Gelüste", darum sage auch das Sprichwort, „Müßiggang ist aller Laster Anfang". Der Müßiggang, als Verfallsform der exzessiven Muße desavouiert, sei die Lebensweise des „Faulen", des „Nichtstuers", der sich einbilde, er sei nur auf der Erde, um deren Früchte zu genießen, aber selbst nichts zur allgemeinen Wohlfahrt beitragen wolle. Die nicht mehr zu unterbietende Schwundstufe erreicht der Müßiggang in *Meyers „Großes Konversationslexikon"* (1909), das ihn kurzerhand mit „Arbeitsscheu" gleichsetzt, die nach dem Gesetzbuch mit bis zu sechs Wochen Haft bestraft oder mit der Einweisung ins „Arbeitshaus" geahndet werden könne. Offensichtlich besteht das entscheidende Vergehen des Müßiggängers, der sich kaum ideologisch verorten läßt, in seinem Rückzug aus der Arbeitswelt, denn solange die Muße, das Spiel, der Genuß etc. die Pflicht nicht vergessen lassen, ja ihr zugute kommen, sind sie in die Sphäre der bürgerlichen Werte integrierbar; wird die Muße aber exzessiv, d. h. zum Müßiggang, muß sie als Negation des Wertes der Arbeit ausgegrenzt, wenn nicht gar kriminalisiert werden.

Auf dem Höhepunkt der bürgerlichen Ära wird der Müßiggänger als „Arbeitsscheuer" nach *unten* ausgegrenzt und der „unreinen" Sphäre des Pöbels, des Lumpenproletariats zugeordnet. So trifft er sich – aus bourgeoiser Sicht – mit jenem Müßiggänger, der zu Beginn der bürgerlichen Emanzipationsbestrebungen nach *oben* ausgegrenzt worden ist. Ehedem verkörperte der nach „oben" hin randständige Müßiggänger die Spezies des parasitären Aristokraten, den Libertin bzw. „Wollüstigen", der, so heißt es im Enzyklopädie-Artikel zum „Müßiggang" von Zedler (1739), das „Gute“ und das „Böse“ nur durch die Lust oder die Unlust, welche ihm die Sinne dabei gewähren, unterscheide.

LESEN ALS IMMERWÄHRENDES FEST

Den Leser, der seine Muße nicht zu zweckmäßigem Studium nutzt, sondern „*bloß*“ seinem Genusse, seiner Lust nachgeht, scheinen indes solche Zuordnungen, Ausgrenzungen und Hierarchisierungen kaltzulassen, vielmehr zu Übertretungen, ja zu Respektlosigkeit zu verlocken.
Der Bannstrahl, der in der berufsbürgerlichen Welt den Müßiggänger in Form des schlechten Gewissens (konkret: Schulzwang, Hausaufgaben, heute: Zwangsverkabelung) treffen soll – das ganze gute Gewissen auf Seiten der Arbeit –, zielt auch auf den Leselustigen, der sich nicht um die Verwertbarkeit seiner Lesefrüchte schert. Aus der Sicht des Berufs- und Bildungsbürgers haftet auch dem Leser als Müßiggänger etwas Pöbelhaftes oder Aristokratisches an, denn niemals entschuldigt oder rechtfertigt er sich. Außerhalb der auf dem Arbeitsbegriff beruhenden Hierarchie der Werte stehend, frönt der einer Leidenschaft, der Lust am Text, die sich im Augenblick verzehrt und unersättlich ist. So verschlingt er mit geradezu erotischem Heißhunger sein Objekt – die Texte – und gibt sich dem Prinzip des Sichverlierens hin. Er sucht nach immer neuen Quellen, um sich zu erquicken: Je glühender seine Begierde ist, je spannender und komplexer die Texte werden, um so weniger kommt die Lektüre an ein Ende. Wir schieben sie vielleicht auf, in der Gewißheit, daß sie nichts von ihrer Verheißung, der Lust und des Vergnügens, verlieren wird. Doch sobald man uns das Lesen zur Pflicht macht und sich ein Autoritätsprinzip einschaltet, können wir uns dem „Gesetz“ nur entziehen, indem wir erst einmal – aber radikal – eine ganze Weile lang nichts mehr lesen. Dann halten wir es mit dem Schüler, der sich den Schulzwängen stillschweigend und ohne einen Konflikt auszulösen durch „Faulheit“ entzieht. Im bekannten Ton der Enzyklopädie-Artikel gegen Müßiggänger und Wollüstige wird es dann heißen: Faulheit ist schlimmer als Dummheit! Als Hinterbänkler, Außenseiter verschwinden wir aus dem Blickfeld des Pädagogen und sichern uns hinterrücks einen anderen Spielraum für die Lektüre im Zeichen des Genusses, der in der ersten Bank unterdrückt würde.
In der Rolle des Müßiggängers genießt der Leser, ohne dem Meisterwerk Respekt zu zollen: wie ein Schmetterling ruhelos von Blüte zu Blüte hüpfend, um dann gelassen und vollkommen müßig die ihm schönste zu genießen. Es ist natürlich seine Flatterlust, die dem zünftigen Philologen zum Ärgernis wird. Kommt es diesem doch vor allem auf die Vermittlung des gebührenden Respekts gegenüber dem Meisterwerk und dessen Sinn, dem einen, vom Autor gewollten und philologisch rekonstruierten, an, oder zumindest auf die Treue zum Werk. Freilich, wir kennen

auch undogmatische Philologen, die weder ihre eigene Lust am Text noch die der anderen Leser aus dem Tempel der Wissenschaft verbannen. Bei ihnen stehen die Leser und das Lesen im Zentrum des Interesses: „fröhliche Literaturwissenschaft". Diese neueren Theorien der ästhetischen Wirkung und der ästhetischen Erfahrung verzichten auf die Opposition von *„genießendem"* und *„verdammt ernstem, intensiv angestrengtem"* Lesen. Sie lenken den Blick auf die Vielfalt der Lektüre und der Leserrollen, um dem Abenteuer des Lesens und der Texte, das sie vom Stigma des Lasterhaften und des Mühseligen befreien, auf die Spur zu kommen, dem Abenteuer, auf das sich die Leser literarischer Texte immer wieder einlassen. So erfährt der „Akt des Lesens" eine neue Wertschätzung, die darauf beruht, daß jede Lektüre zu einem Akt wird, in dem das vielgestaltige Gebilde des Textes seine Bedeutung im Lesevorgang hervorbringt.[8]

Der Leser-Müßiggänger gefällt sich in der Rolle des Abenteurers, der sich nicht mit einer Botschaft begnügen will. Respektlos begehrt er auf gegen die festgeschriebenen Einsinnigkeiten und maßt sich an, zum eigensinnigen Mitautor zu werden. Indem er der Vorherrschaft des einen Sinns mißtraut, insbesondere, wenn dieser sich durch plane Wiederholbarkeit auszeichnet, kann es für ihn nur die Vielheit der Lektüre geben. Bevor er beim Lesen von Wiedergekäutem einschläft, wird er sich die Freiheit herausnehmen, das Buch wegzulegen, vor allem in dem Moment, wo er keine Lust hat, sich als Ideologiekritiker zu betätigen, geriete er doch dabei unweigerlich selbst in die Rolle des Wiederholers. In der Freiheit, einen Text aus Lust zu lesen, was auch die Freiheit impliziert, nicht zu lesen, feiert der Leser seine „Macht", die es ihm ermöglicht, die „Zeit zu verschwenden".

Ähnlich wie der „alte" Müßiggänger es sich zur Zeit der „Vollbeschäftigung" erlaubte, den Wert der Arbeit zu negieren, wird heute der Leser als Müßiggänger den gedruckten „Schnellschüssen" (so heißen in der Branche die zur Tagesaktualität auf den Markt geworfenen Buchprodukte) sowie der Reizüberflutung durch das Spektakel der Medien, nur entkommen, wenn er sich nicht an die räumlichen und zeitlichen Maßgaben für seine Muße hält: Im Neonlicht der kulturellen Superlative wird er eine Art Schattendasein, eine intellektuelle Zurückgezogenheit beanspruchen und sich die Freiheit nehmen, unentschuldigt, eigensinnig, manchmal respektlos, in aller Ruhe und dennoch unermüdlich seinem Begehren nach der Lust am Text nachzugehen.

Da er um die Differenz weiß, in der die literarischen Texte zum Leben stehen, wird auch seine Einstellung von einer Distanznahme gegenüber dem Alltäglichen gekennzeichnet sein. Er wird sich den Luxus der Freisetzung von sozialen und kulturellen Pflichten erlauben und etwas an ihre Stelle setzen, das im Freizeitkalender nicht vermerkt ist: *Lesen als ein immerwährendes Fest.*

IM SCHATTEN SCHÖNER SOMMERTAGE: ASYLE DES LESENS

Proust evoziert in seinem Werk „Auf der Suche nach der verlorenen Zeit" – „A la recherche du temps perdu" („Combray") eine der Grundsituationen des Lesens: Weil der kleine Marcel die Großmutter nicht leiden sehen wollte, stieg er

> „im Hause hoch unter das Dach hinauf, wo neben dem Schulzimmer ein kleiner Raum lag, der nach Iris roch und außerdem von einem wilden Johannisbeerstrauch durchduftet wurde, welcher draußen zwischen den Mauersteinen wuchs, und einen Blütenzweig durch das halboffene Fenster schob. An sich für einen spezielleren und niedrigeren Gebrauch bestimmt, diente mir dieser Raum, von dem aus man bis zum Turm von Roussainville-le-Pin blicken konnte, lange Zeit als Zuflucht, zweifellos weil er der einzige war, in dem ich mich einschließen durfte; dort ging ich allen den Dingen nach, die unverletzliche Einsamkeit erfordern: Lektüre, Träumerei, Tränen und geheime Lust."[9]

Sein Rückzug aus dem Gesellschaftszimmer in einen durch keinerlei soziale Verpflichtungen beanspruchten, völlig abgelegenen und unbedeutenden Raum *(neben* dem Schulzimmer!) versetzt ihn in einen nahezu paradiesischen Zustand. Sein „Traumzimmer", angefüllt mit Blütenduft, ist gegen die Gesellschaft abschließbar und dennoch mit der Welt verbunden, so daß sich ein „Lustort" eröffnet. Auf der vertikalen Achse ist das paradiesische Lektürezimmer hoch oben, zwischen Himmel und Erde, und dennoch innerhalb des Hauses angesiedelt. In der „Textur" des Hauses stellt es einen Ort dar, dessen Funktion unbestimmt und deshalb für die Wünsche des Lesenden offen bleibt: eine „Leerstelle" als Einladung für den Abtrünnigen. Man könnte dieses von Marcel okkupierte Zimmer als ein Bild für den Text lesen, der durch seine Anreize – Verschlossenheit und Halbgeöffnetsein – zur Lektüre verlockt. Es wäre ein Text, der den Leser, der die Familienszene hinter sich läßt, *„fesselt"*, ihn aber nicht gefangen hält: Durch das Fenster kommen Wohlgeruch und Licht herein, sein Blick kann in die Ferne schweifen, und die Gewißheit, daß der Blick sowohl hier als auch dort verweilen kann, ist ein Glücksversprechen, das den *„unbestimmten"* Raum um so anziehender macht. Abwechselnd die Nase im Buch und den Kopf im Wind vollzieht sich eine Lektüre, die dem Platz am Fenster entspricht, wo man das Innen und das Außen zugleich genießt. Diese Lektüre vermischt die Gegenwart des Textes mit Wünschen, Erinnerungen und Fragen des Lesers an den Text, und sie kann zu einem köstlichen Spiel werden, das sich aus dem Bann des Zweckmäßigen löst. Der von außen kommende Blütenduft steigert den sinnlichen Genuß, der zu Unterbrechungen führt, die vor der Integrität des Textes wenig Respekt haben, sobald der Leser sich ungeniert anderen Reizen, Assoziationen, Ideen hingibt. Wenige Seiten später spricht Proust von der abendlichen Lektüre des Kindes, dem die Mutter aus einem Roman von George Sand vorliest: „Die Handlung kam ins Rollen; sie kam mir um so dunkler vor, als ich in jenen Zeiten beim Lesen häufig ins Träumen geriet und ganze Seiten lang an etwas anderes dachte." (S.59)

Das Abweichen vom Text, die Lücken und Ablenkungen, gehören untrennbar zum Lektüre-Text, in welchem der Leser die Bedeutungen festhält, die im Akt des Lesens allererst entstehen. Würde der Raum nicht betreten, könnte sich dort soviel Staub ansammeln wie auf den ungelesenen Büchern.

Der Leser, dem die Familie in *Combray* ohne weiteres erlaubt, sich ins Dachzimmer einzuschließen, ist bei Proust zweifach privilegiert: Er ist noch ein Kind, das, befreit vom Schulalltag, seine lustvolle Lektüre in den Sommerferien genießt. Zum Wohlgeruch des einen, unendlich langen Sommertages von Combray,[10] als den sich die Kindheit der Erinnerung eingeschrieben hat, gehört auch die Lektüre, die damals begann und unabschließbar ist. Sie scheint nicht einmal einen genau zu bestimmenden Anfang zu haben, denn bevor das Kind lesen und schreiben lernt, liest es Bilder-Bücher oder lauscht den Geschichten, die ihm von der Mutter, der „ungetreuen Vorleserin", die alle Liebesgeschichten übergeht, zugleich aber eine „bewundernswerte Interpretin" ist, vorgelesen werden und die auf den kleinen Marcel eine „geheimnisvolle Anziehungskraft" ausüben, die ihn geneigt macht, sich unter „richtigen" Romanen „etwas unbeschreiblich Köstliches" vorzustellen.

Die „erinnerte", d.h. die durch Erinnerung mediatisierte und fragmentarisierte Lektüre des kleinen Marcel, sein reizvolles Lesen, an das sich der Erzähler wie an einen paradiesischen Glückszustand erinnert, ist untrennbar an die Orte und an die Stunden geknüpft, die „hinreichend friedlich und unverletzlich waren, um ihm Asyl zu gewähren". So erfahren wir auch weniger etwas über das *„unbeschreiblich Köstliche" der gelesenen Romane selbst,* als vielmehr über *das Köstliche des Lesens* als einer unverwechselbaren Situation, die wie ein Bild der Orte und Tage, an denen Marcel sich ihm gewidmet hat, erinnerbar wird.

Das Unverwechselbare dieser Situation beruht u.a. auf der Faszination der magischen Traumwelt der Lektüre, die das Spannungsverhältnis, auf das sich der Leser in bezug auf das „Leben" freiwillig einläßt, nicht nur erträglich, sondern hochgradig genießbar macht: Er bevorzugt die vom Alltäglichen unberührte Entrücktheit seiner Lektürenachmittage und verzichtet dabei auf Spaziergänge, Spiele mit anderen Kindern, auf die Geselligkeit, ja selbst auf die wohltuende Wärme und Helligkeit des Sommers, um sich in der Kühle des abgedunkelten Zimmers, im Schatten des Kastanienbaumes oder, unbehelligt von den Blicken der Besucher, in einer Hütte im Garten von Combray – „wie ein ruhender Schmetterling unbeweglich" – in seine Bücher zu vertiefen; „denn diese Nachmittage waren an dramatischen Ereignissen reicher, als ein ganzes Menschenleben es ist." (S.116)

Während draußen der Alltag seinen gewohnten Gang nimmt, eröffnet sich dem Leser in seinem „hell-dunklen", halbverschlossenen Schonraum ein Schauspiel, in dem sich all das zu vermischen und zu intensivieren scheint, was im „Leben" getrennt oder nur bruchstückhaft und nacheinander möglich ist: Licht und Schatten, Stillstand und Bewegtheit, Phantasie und Tätigkeit.

„Die dunkle Kühle meines Zimmers verhielt sich zur besonnten Straße wie der Schatten zum Licht, d.h., ihre Intensität war genau so groß; sie schenkte mir in der Phantasie das volle Schauspiel des Sommers, von dem meine Sinne auf einem Spaziergang zum Beispiel nur jeweils einen Teilaspekt hätten genießen können; dadurch paßte sie so gut zu meiner Art von Ruhe, die (dank den in meinen Büchern erzählten, mich im Innern bewegenden Abenteuern) wie eine Hand, die man regungslos in fließendes Wasser hält, den tobenden Anprall eines Stromes von lebhafter Handlung aushielt." (S. 115)

Im Bild der regungslosen Hand, die im fließenden Wasser der „tobenden" Bewegtheit standhält, veranschaulicht sich die Ambivalenz des Lesens als einer Form der Muße: Es ist ein privilegierter und zugleich fragiler Zustand des Sowohl-als-Auch, von Ruhe und Angeregtheit, der im Augenblick der Lektüre nicht aufgelöst, sondern in der Schwebe gehalten, „ausgehalten" wird. Ob seiner Labilität bedarf er denn auch einer Vielfalt von stabilisierenden „Inszenierungen"; bei Proust z. B. „das Gefühl, angenehm zu sitzen, die gute Luft zu spüren und durch Besucher nicht behelligt zu werden" (S. 120); es bedarf der „unverletzlichen Einsamkeit", der Freude auf ein gutes Essen danach und vor allem des Wissens darum, daß die Zeit zwar verstreicht und draußen etwas stattfindet, aber nicht für den Lesenden; denn die Gegenwart der Lektüre ist eine auf ihre Weise erfüllte Zeit.

Nicht allein die Schutzbedürftigkeit und mithin die Unvollkommenheit dieses Daseins, auch die räumliche und zeitliche Begrenztheit werfen bereits den Schatten des Verlorenseins auf dieses Paradies. Weil Marcel die Leiden der Großmutter, „die Marter, die meine Großtante ihr auferlegte", nicht mitansehen wollte, sucht er Zuflucht in seinem paradiesischen Lektürezimmer. Und sobald „die zwei zögernden Schläge des Glöckchens" ertönen und den Störenfried in Gestalt des Monsieur Swann ankündigen, läßt sich das abendliche Drama des Zubettgehens nicht länger aufschieben.

Die glücklichen Intensitätszonen des Lesens sind in der *Recherche* oft unmittelbar, nur durch ein Komma abgetrennt, in Passagen verwoben, die im Zeichen der Tristesse stehen, von der sich das „unbeschreiblich Köstliche" des Lesens um so stärker abhebt. Das Zauberhafte daran, dessen Unvollkommenheit uns bei fortgesetzter Lektüre letztlich nicht entgehen kann, gewinnt seine unerschöpfliche Faszination gerade dadurch, daß wir um seine Zugehörigkeit zur Literatur wissen: lesend können wir davon träumen, ihm zu begegnen. Träfen wir einen solchen „verzauberten" Leser hingegen im „wirklichen" Leben an, wäre er wahrscheinlich ziemlich unansehnlich; ein Schreckbild, dem wir am liebsten aus dem Weg gingen. Oder er wäre völlig unscheinbar. Doch in dem Augenblick, wo er anfinge, uns etwas von seiner Lektüre zu erzählen, könnte er uns nicht nur auf seine Bücher neugierig machen…

1 Johann Rudolph Gottlieb Beyer, „Über das Bücherlesen, in so fern es zum Luxus unserer Zeiten gehört." in: Die Leserevolution. Quellen zur Geschichte des Buchwesens, hg. von R. Wittman, München 1981, S. 12 ff.
2 a.a.O., S. 25
3 a.a.O., S. 4
4 a.a.O., S. 16
5 Johann Gottfried Hocke, „Vertraute Briefe über die jetzige abentheuerliche Leselust und über den Einfluß derselben auf die Verminderung des häuslichen und öffentlichen Glücks." in: Die Leserevolution, cf. Anm. 1
6 H. R. Jauß, „Der ästhetische Genuß und die Grunderfahrung der Poiesis, Aisthesis und Katharsis", in: Ders., Ästhetische Erfahrung und literarische Hermeneutik, Frankfurt 1982, S. 71–90.
7 Zur Geschichte des „Arbeitsbegriffs": W. Conze, in: Geschichtliche Grundbegriffe. Historisches Lexikon zur politisch-sozialen Sprache in Deutschland. Hg. von O. Brunner, W. Conze, R. Koselleck, Stuttgar 1972, Bd. 1
8 W. Iser, Der Akt des Lesens, München 1976
9 Marcel Proust, Auf der Suche nach der verlorenen Zeit. Erster Teil: In Swanns Welt, Frankfurt 1981 (Suhrkamp Taschenbuch), S. 21
10 H. R. Jauß, Zeit und Erinnerung in Marcel Prousts „A la recherche du temps perdu". Ein Beitrag zur Theorie des Romans. Frankfurt 1986

Otto Betz

Wandern, um der Musse zu begegnen

Es gibt Namen, die Macht über mich haben: Ravello, Amalfi, Castel del Monte, Dodoni, Meteora. Nun, es müssen nicht unbedingt fremde Namen sein, Zillis oder Maulbronn klingen in meinen Ohren nicht minder, Urschalling, Zwiefalten. – Wenn ich im ausgehenden Winter solche Wortklänge, solchen Namenszauber höre, dann hält es mich nicht mehr auf meinem Sitz, dann spür ich ein Kribbeln in den Füßen und kann die gewohnten Mauern und Straßen nur noch mühsam ertragen.

I

Ich reise gern. Aber es ist eigentlich nicht das Reisen, das mich anzieht, sondern das Wandern in einem reizvollen fremden Landstrich. Die Distanz zur üblichen Umwelt gehört unbedingt dazu, ein Schuß Fremdheit und Überraschung. So schön das Wieder-Finden und Wieder-Erkennen sein mag, das völlig Neue und Unvertraute lockt doch noch mehr. Welch ein unvergleichliches Gefühl, am Ausgangspunkt der Wanderung angekommen zu sein, die terra incognita breitet sich vor mir aus. Nun kann ich draufloslaufen, wobei es ganz wichtig ist, daß die Route mich nicht zwingend festlegt. Was wären die Wanderungen ohne plötzliche Abweichungen, weil da ein Schlößchen am Horizont auftaucht, eine Kapelle auf einem Felsvorsprung. Wer könnte durch Umbrien ziehen und die Höhenstädte, die da irgendwo am Berg kleben, einfach links oder rechts liegen lassen? Nicht, weil es der Bädeker befiehlt, sondern weil der Anblick spontan verlockt, muß man alle Vorausplanung drangeben und sich die Seitensprünge genehmigen.
Zustimmen kann ich nur Lin Yutang, der es als „falsches Reisen" ansieht, wenn der Reisende schon im vorhinein genau weiß, wie viele Stunden er sich in Wien oder Budapest aufhalten wird. Vor der Abfahrt fertigt sich dieser Mensch einen vollständigen Stundenplan an, den er fortan mit Inbrunst verfolgt. Dieselben Mächte, die ihn zu Hause knechteten und jagten, nämlich Uhr und Kalender, knechten und jagen ihn auch noch auf Reisen.[1]
Natürlich ist Planung vonnöten, gerade so wenig, daß sie einen lose im Rahmen hält, aber auch wieder so viel, daß man sich über sie hinwegsetzen mag. Man sollte

eine Reihe von Anhaltspunkten vor Augen haben, sich dann aber treiben lassen; nie genau wissen, was man tun wird, jeden Tag neu entwerfen, als sei er der erste. Dabei jedoch den Bogen der Reise, ihren Horizont im Auge behalten.

II

„Gehen ist meine Lust. Im Ausschreiten, das sein Ziel in sich selbst hat, decken sich auf erlösende Weise Wollen und Tun.“[2]

Zu Fuß gehen, darauf kommt es an. Alle anderen Fortbewegungsarten sind ja abgeleitet, sind Erfindungen der menschlichen Tüchtigkeit oder der Eile. Den Menschen ging es nicht schnell genug, sie wollten Zeit gewinnen, also beschleunigten sie die Mobilität. „Wo ist sie eigentlich“, fragt Erhart Kästner, „alle die gewonnene Zeit? Wie von der Kuh aufgeleckt ist sie, jedermann sieht, es ist auf einmal fast keine mehr da“.[3] Freilich gibt es Phasen in meinem Leben, da muß ich haushälterisch mit der Zeit umgehen und muß planen. Aber was für ein Glück ist es, hie und da eine Spanne zu haben, die unverplant ist, die einfach „zur Verfügung steht“. Um Zeit zu erleben, darf man sie nicht sparen, man muß sie schon vergeuden, nein, nicht verplempern, aber bewußt „drangeben“. Im gemächlichen Schritt gehe ich meinen Weg, manchmal verzögere ich ihn noch. Die Landschaft verändert sich in jedem Moment, die Perspektive verschiebt sich, neue Einzelheiten treten ins Blickfeld. Gibt es schönere Augenblicke als das erste Erreichen eines Grates im Gebirge, wenn zum ersten Mal der Blick auf die andere Seite frei wird? Plötzlich entschlüsselt sich das Land, wird die Struktur anschaulich: die Senken und Hebungen, die Schrunden im Angesicht der Erde, die rhythmischen Schwingungen der verschiedenen Höhenzüge. Aber ich mußte schon die Mühsal des Aufstiegs auf mich nehmen, sonst hätte ich das Gefühl, mir etwas erschlichen zu haben, was mir nicht zusteht. Erst wenn ich mit meinen Füßen eine Landschaft ertastet habe, wird sie mir zu eigen, bleibt sie auch unvergeßlich. „Es empfiehlt sich auch, stundenlang in Architekturen umherzugehen, sich ihren Erstreckungen, Maß- und Mißverhältnissen auszusetzen, ihre Stille wie ihren Hallraum zu erfahren, die Beziehungen zum Platz oder zur Natur ringsum zu erkunden.“[4] Es ist, als hätten wir nur so die Möglichkeit, die Grundstrukturen und geheimen Rhythmen der Natur, der Architektur und Kunst aufzunehmen und nachzuempfinden.

III

Es ist nicht nur Außenwelt, es sind nicht nur die Berge und Wälder, die Stromtäler und Bachläufe, Städte und Kathedralen, die wir aufnehmen, von außen nach innen also, ich glaube, es erwacht dabei auch die innere Welt. Gedanken und Empfindungen, Träume und Phantasien, sie brauchen ja Anstöße, um in Gang zu kommen.

Müssen wir nicht die ganze Vielfalt der Welt betrachtet haben, damit auch die staunenswerte Fülle unserer ungeteilten Seele aufwachen und wirksam werden kann? Als Goethe sich – nach mehreren Anläufen – auf seine italienische Reise machen konnte, notierte er: „Ich mache diese wunderbare Reise nicht, um mich zu betrügen, sondern um mich an den Gegenständen kennen zu lernen". Goethe brachte es offenbar fertig, alles, was ihm widerfuhr, als Spiegel seiner inneren Wirklichkeit zu begreifen. Das „Außen" reflektierte das „Innen", er konnte Entsprechungen entdekken, die ihm zur Entfaltung seiner versteckten personalen Provinzen dienten. Und er hatte den Eindruck, daß sich das innere Labyrinth etwas entwirrt, wenn wir uns der Vielfalt der Welt zuwenden, uns den Schönheiten aussetzen, die Ordnungen studieren, den Wirkungen der Geschichte nachgehen. Wie eine Reminiszenz des Goethe-Satzes wirkt eine Stelle des österreichischen Dichters Peter Rosei in einem seiner Bücher: „Inständig horchte ich in die Welt hinaus, als könnte ich mir von dorther begegnen... War ich in eine Gegend hinein unterwegs, die ich selber war?"

IV

Merkt man es nicht den Gedanken an, wenn sie an tristen Schreibtischen und in öden Räumen entworfen sind? Ob eine Philosophie anderer Art, wenn sie in der Sonne und im Freien ambulierend entwickelt wird? Man sollte wieder eine Schule für Peripatetiker gründen.

Nietzsche jedenfalls bekennt von sich: „Unsere Gewohnheit ist, im Freien zu denken, gehend, springend, steigend, tanzend, am liebsten auf einsamen Bergen oder dicht am Meere, da wo selbst die Wege nachdenklich werden." Wenn wir dialogische Wesen sind, dann sind wir nicht nur darauf aus, menschliche Gesprächspartner zu finden, auch die vielen Dinge und Wesen in der Welt reden uns an und wollen in unseren Diskurs hineingenommen werden. Vielleicht hat Heidegger deshalb die Holzwege philosophisch beschworen und den Feldweg imaginativ erschlossen.

Unsere Stuben sind zu voll von unserer eigenen Rede, vom Schwall der konventionellen Begriffe. Wenn ich mich auf den Weg mache, entkomme ich dem vorlauten Getön der Wörter und kann mich auf die Zwischentöne der Elemente einlassen. Wandern heißt: neue Sprachen lernen.

V

Wer sich dem Wandern überläßt, muß Abschied nehmen, er muß die Seßhaftigkeit aufgeben. Wohl brauchen wir alle unsere Wurzeln, einen „Grund", der uns Stand gibt und das Gefühl, Heimat zu haben. Aber daneben ist es auch wichtig, mindestens auf Zeit, das gewohnte Haus und den täglichen Kram hinter sich zu lassen, vor allem aber die selbstverständliche Behaglichkeit. Alles lief seinen üblichen geordneten Gang, nun auf einmal ist diese Automatik abgefallen, das Unbekannte und Verwunderliche kann beginnen.

Neue Orte tauchen auf, erfreuen uns, schenken uns Heimat – auf Zeit. Wir kehren ein, um wieder Abschied zu nehmen.

„Wem Abschied auf der Stirne steht geschrieben,
er läßt sich selbst ja nur als Wandrer lieben",

heißt es bei Christian Morgenstern. Es ist gut, eine Bleibe zu finden, bei jemandem zu Gast sein zu können, auch wenn das nur eine vergängliche Gabe ist. Mit Vergnügen lese ich, daß Hermann Hesse, der sich ja an einem paradiesischen Ort ein Haus gebaut hat, eigentlich das Loblied des flüchtigen Wanderers singt: „Der Wanderer hat das Beste und Zarteste von allen Genüssen, weil er neben dem Schmecken auch noch das Wissen von der Flüchtigkeit aller Freuden hat. Er schaut auch dem Verlorenen nicht lange nach und begehrt nicht, an jedem Ort, wo es einmal gut sein war, gleich Wurzeln zu schlagen."

VI

Ich lobe mir den Wanderer. Er hat es nicht auf schnellen Ortswechsel abgesehen, sondern folgt noch den ganz allmählichen Veränderungen des Blickfeldes nach, sein Auge hat nicht die Aufgeregtheit des schnellen Reagierens, des flüchtigen Überfliegens an sich, geruhsam und behutsam kann er noch schmecken und verkosten. Nach jedem Schritt kann er innehalten, wenn er etwas entdeckt hat, das der näheren Betrachtung wert ist. „Gehen – innehalten – gehen: Ideale Seinsweise", heißt es in Peter Handkes „Geschichte des Bleistifts".

Unter den Wanderern gibt es auch fanatische Eiferer. Sie tragen einen Schrittzähler mit sich, führen Buch über Tagesleistungen, stellen Rekorde auf, vergleichen unter ihresgleichen Ergebnisse und sind dabei auf dem besten Wege, die Muße einzubüßen. Da halte ich es doch lieber mit Karl Krolow, der gerade im Verzicht auf die vorzeigbaren Zwecke den eigentlichen Sinn des Spazierens entdeckt hat:

„Sich etwas ergehen ist eine besondere Sache, auch heute noch. Man ist dabei auf eine ganz persönliche Weise beteiligt. Jeder kann dabei dem anhängen, was ihm lieb ist: Gedanken, Träumen, Eindrücken, Stimmungen. Er kann sich einer angenehmen Ziel- und Sorglosigkeit überlassen. Er kann sich dem Augenblick überlassen und allem, was ihm im Augenblick entgegenkommt: Vogelflug, Fliedergeruch, Insektenton, Wolkenschatten. – Wer spazieren geht, läßt sich treiben. Er läßt gleichsam mit sich geschehen. Es drückt ihn kein Ehrgeiz des Tempos, das er einschlägt oder nicht einschlägt. Beruhigendes Gefühl: jederzeit seinen Gang abbrechen und umkehren zu können! Der sich selber überlassene Spaziergänger ist ein freier

Mensch. Sein Ziel heißt Laune oder Gewohnheit. Auf diese Weise ist noch etwas zu lernen, wahrzunehmen, zu erleben. Der Zeitgenosse registriert. Aber der mit dem Moment verbündete Schlenderer ist ganz Netzhaut und Ohr. Man braucht auf diese Weise nur um ein paar Ecken zu gehen, einen beliebigen Waldpfad einschlagen, vor einem höchst beiläufigen Wiesenstück Halt machen und hat, wenn schon nicht die Welt in der Tasche, aber doch einer geheimen und weisen Zeit zugesehen… Was darf einer *mehr* erwarten, der vor die Tür seines Hauses geht?"

VII

Wandern und Spazierengehen sind nicht identisch, das sei zugegeben. Zum Spazierengehen gehört das absichtslose Bummeln, das Flanieren im Park. Habe ich eine Wanderung vor, dann packe ich meinen Rucksack, lege Wanderkarten zurecht und vergesse auch den Kunstführer nicht. – Und trotzdem möchte ich auch beim Wandern die Einstellung des Spaziergängers nicht völlig vergessen. Ich möchte offen bleiben für plötzliche Überraschungen, für die einfach Zeit da sein soll, unbehelligt von den vorausberechneten Plänen. Als ich in Hagia Triada auf Kreta Ameisenlöwen entdeckte, waren alle Zeitvorstellungen im Winde verweht: ich hatte nur noch offene Augen für diese seltsamen Insekten in ihrem Trichter, die die Ameisen mit raffinierten Methoden „in die Grube" fallen ließen. Obwohl ich nicht wußte, wem ich meine Sympathien zuwenden sollte, saß ich fasziniert auf dem Boden und konnte nichts weiter tun als zuschauen.

VIII

Der Peregrinus, der christliche Pilger des Mittelalters, ist auf die Wanderschaft gegangen, weil er in der Bibel las: „Wir haben hier keine bleibende Stätte" und weil er von Jesus wußte, daß er nichts hatte, wo er sein Haupt hinlegen konnte. Das Unterwegs-Sein, die irdische Heimatlosigkeit, das ist eigentlich der Normalzustand des Christen. Und schon die alten Israeliten waren gehalten, mindestens zu bestimmten Festzeiten zum Tempel nach Jerusalem zu wallfahren. In den Psalmen klingt noch der Jubel über diese Pilgerfahrt nach:

> „Freude erfaßt mich, weil man mir zuruft:
> ‚Zu Gottes Hause wollen wir ziehn!'
> Nun stehen unsere Füße in deinen Toren, Jerusalem.
> Jerusalem, du herrliche hohe Stadt…
> hinauf zu dir wandern sie alle, die Stämme des Herrn,
> verbunden fühlen sie sich dir, um dort Gottes Namen
> zu preisen." (Ps. 122)

Nur wer sich nicht zu stark in seinem Lebensbereich beheimatet, wer also auch das *„Fremdsein"* in seiner Welt wahrnimmt und akzeptiert, bleibt auf dem Wege, sucht nach einem intensiveren Zuhause. Jede gastliche Hütte, jede freudige und freundliche Aufnahme, vor allem natürlich jeder heilige Ort und jede Gnadenstätte hat den mittelalterlichen Pilger an seine himmlische Heimat erinnert.

Wir wollen nicht nur gehen, wir wollen auch ankommen. Selbst wenn diese Ankünfte nur gestundet sind und ihnen Abschiede folgen. Kein Mensch kann immer nur blindlings in der Welt herumlaufen, wir brauchen Ziele; *Orte, die uns wenigstens für eine kurze Zeit beglücken und ruhen lassen.* Für den Pilger waren es die Orte, wo sich der Himmel einmal geöffnet hatte, wo vielleicht auch jetzt noch ein Stück Himmel auf Erden erfahren werden konnte. Wer in Santiago angekommen war oder bei den Apostelgräbern in Rom, wer in die Michaelshöhle des Monte Gargano hinunterstieg oder in die Kirche der heiligen Sophia eintrat, der wußte sich dem letzten Geheimnis nah, sowohl das Faszinosum wie das Tremendum des Heiligen wurden erlebbar.

IX

Warum wandern wir? Weil es unserem Gast-Dasein auf dieser Erde am ehesten entspricht. Sie ist schön, diese Erde, und wenn ich auf ihr gehe und sie mit den Füßen ein Stück weit entdecke, liebe ich sie immer mehr und tiefer. Und weil ich als Wanderer nicht seßhaft sein kann, geht mir das Transitorische unserer Existenz besonders deutlich auf. Ich lerne schöne Landschaften kennen, Orte, die das Wesen eines ganzen Landes in sich versammeln.

Plötzlich erwacht der Wunsch: Hier sein, hier bleiben, hier auf Dauer wohnen! Ich bleibe eine Stunde, einen Tag, eine Woche, dann nehme ich Abschied. Wer wandert, öffnet sich für das unerwartete Schöne, er empfängt dankbar, ohne es festhalten und besitzen zu wollen. „Schönheit: eine Frucht, die man betrachtet, ohne die Hand nach ihr auszustrecken", sagt Simone Weil.

Absolute Unbehaustheit können wir nicht ertragen. Aber weil unser Haus immer auch eine Abwehrbastion ist, ein Schneckenhaus des Rückzugs und der Flucht, deshalb müssen wir diesen Schutzbereich manchmal verlassen. Der „Auszug" relativiert unsere Selbsteinschätzung und unsere Denkgewohnheiten: ich kann mich neu erleben und muß auch die Maßstäbe meiner Weltbetrachtung überprüfen. „Reisen heißt sich ausprobieren, vielseitigeren Anforderungen genügen. Wer wirklich über sich Klarheit gewinnen will, tue es auf Reisen. Es liegt auch ein Reiz darin, bis an seine Grenzen und etwas darüber hinaus zu gehen."[5] Und vielleicht kann es auch dahin kommen, meinen „Ort" anders auszumessen und mich neu zu orientieren. Kommt Gott wieder in den Blick, der in meinem bisherigen Dasein nur so schwach zu hören war?

So müssen wir immer wieder aufbrechen, neue Wege suchen, Leben und Tod erfahren, uns dem Dasein aussetzen und uns selbst trotz der vielen Schritte nach außen näher kommen. Wir gehen die nächste Strecke Weges gespannt, was es noch zu entdecken geben mag, aber ohne zu wissen, wieviele Schritte uns noch gewährt sind.
In einem mittelalterlichen Wallfahrtslied heißt es:

„In Gottes Namen fahren wir,
auf deinen Trost, Herr, hoffen wir,
den Frieden gib in dieser Zeit,
wend von uns alles Herzeleid.
Kyrieleison."

1 Lin Yutang, Weisheit des lächelnden Lebens, Stuttgart 1979
2 Rainer Malkowski, Fragmentarische Auskunft
3 Erhard Kästner, Die Stundentrommel vom heiligen Berg Athos, München 1956
4 Günther Metken, Reisen als schöne Kunst betrachtet, Frankfurt 1983
5 Günther Metken, a.a.O.

Rainer Lutz

Müssigsein und Geniessen. Therapeutische Überlegungen.

Schon auf den ersten Blick erkennt man die Nähe von Muße und Genuß. Brauchen wir doch Muße, um genießen zu können, wie Muße selbst nicht anders als genußvoll gedacht werden kann.

Therapeutische Erfahrung lehrt, daß der gutgemeinte Ratschlag, sich doch mal etwas Gutes zu gönnen, zu genießen oder sich um angenehme Ereignisse zu kümmern, nicht sinnvoll ist, mitunter sogar schädlich sein kann. Zumindest für Patienten gilt, daß sie nach einer solchen Aufforderung enttäuscht feststellen müssen, gar nicht mehr genießen zu können. Analog könnte dies auch für den Müßiggang zutreffen. Die zentrale Überlegung dieses Aufsatzes ist es nun, daß wir Muße wie auch Genuß lernen können und z.T. auch müssen. Ausgangspunkt ist die Beschäftigung mit dem Thema Genuß, entwickelt aus einem verhaltenstherapeutischen Konzept. Was im einzelnen für die verschiedenen Menschen Genuß bedeutet, ist höchst unterschiedlich und sehr individuell. Das Gemeinsame am Vorgang des Genießens ist jedoch, daß es ein *sinnliches* Verhalten ist, bei dem der Mensch sich auf ein *lustvolles* Erleben einläßt und sich dessen *bewußt* ist. Genuß ist also sinnlich, lustvoll und reflexiv. Genuß ist an unsere Sinne gebunden. Sehen, Hören, Schmecken, Riechen und Tasten sind Voraussetzungen für Genuß. Gleichzeitig meint „sinnlich" einen komplexen inneren Verarbeitungsmechanismus, dem eine positive Gefühlsbeimischung zu eigen ist.

Die Dimension Lust – Unlust ist in der Psychologie eine übliche Beschreibungsdimension von Emotionen. Unverwechselbar ist Genuß lustvoll. Allerdings: Während Lust als basaler Regulationsmechanismus von vitalen Prozessen angesehen werden kann, steht Genuß entwicklungsgeschichtlich auf einer höheren Stufe und hat z.B. Bezug zu kognitiven Prozessen. So ist Genuß immer mit Lust verbunden, aber nicht jede Lust ist wirklich genußreich. Um den Unterschied zu verdeutlichen: Ein süchtiges Verhalten wie Alkoholismus zum Beispiel wird im wesentlichen durch die zwanghafte Befriedigung eines Bedürfnisses (Lust) bestimmt, ohne daß man dabei von „Genuß" sprechen könnte. Dagegen spielt im Verhaltensmuster „Genuß" immer ein gewisses Maß an Eigensteuerung eine Rolle. Insofern ist Genuß reflexiv. Dies hat nichts mit irgend einem Intelligenzquotienten

zu tun, sondern mit der Fähigkeit, seine eigenen Gefühle wahrzunehmen und bewußt zu erleben. – Auf diesem Grundkonzept aufbauend haben Koppenhöfer & Lutz (zuletzt 1985) ein Therapieprogramm mit dem Namen „Kleine Schule des Genießens“ entwickelt.[1] Dieses war zunächst für depressive Patienten bestimmt und wird nun auch bei anderen Patientengruppen angewendet. Dabei zeigt sich, daß das Programm therapeutisch höchst wirkungsvoll ist. Die Tatsache, daß es depressiven Patienten nach einem solchen „Genußtraining“ besser geht, liegt sicher nicht daran, daß sie etwas besser riechen oder schmecken können. Vielmehr wird durch dieses Gruppenprogramm Patienten ein Verhalten nahegebracht, mit dem sie sich – bildlich gesprochen – fürsorglicher bei der Hand nehmen.
Wie sieht nun dieses Programm im einzelnen aus? Zunächst werden dem Patienten sieben wichtige Aspekte von Genuß vorgestellt.

1. Genuss braucht Zeit

In Anlehnung an die Gestaltpsychologie ist Genuß wie jeder andere emotionale Zustand auch, eine Zeitgestalt. Zeit ist zumindest für eine Reihe von positiven Emotionen eine unabdingbare Voraussetzung. In der therapeutischen Anwendung bedeutet dies, daß Patienten lernen, Zeiten gut einzuteilen, daß sie sich für das, was ihnen wichtig ist, auch Zeit nehmen. Will man ein gutes Frühstück genießen, dann muß man eine halbe Stunde früher aufstehen oder am Abend vorher gewisse Vorbereitungen treffen.

2. Geniessen muss erlaubt sein

Die entscheidende Voraussetzung für Genuß ist, daß Genießen erlaubt und nicht tabuisiert ist. Dieser Aspekt ist in den Therapiegruppen von entscheidender Bedeutung. Wir alle sind innerhalb eines Rahmens von mehr oder weniger genußfeindlichen Lebensregeln erzogen worden. So dürfte es entscheidend von der Familienbiographie abhängen, ob Genuß akzeptiert oder untersagt wurde. Sowohl im therapeutischen Kontext als auch für unser tägliches Leben ist es also wichtig, daß Genuß zunächst vom Therapeuten erlaubt wird – mit dem Ziel, ihn sich selber zu erlauben.

3. Ohne Erfahrung kein Genuss

Allgemein bekannt dürfte das Bild des begeisterten Pfeifenrauchers sein, der sich für eine bestimmte Situation eine ganz bestimmte Pfeife mit einem ganz spezifischen Tabak ansteckt. Vergleichbar geht es einem Weintrinker, der abhängig von seiner Stimmung und der Gelegenheit weiß, welcher Wein angemessen ist und in diesem Augenblick der Wahl den höchstmöglichen Genuß verspricht. Wollen wir also genießen können, dann müssen wir für einen umschriebenen Bereich genügend Auswahlmöglichkeiten haben und diese auch kennen. Wir müssen darüber hinaus über ein differenziertes Sprachsystem verfügen, um Nuancen benennen zu können.

4. Geniessen geht nicht nebenbei

Beim Geniessen müssen wir unsere Aufmerksamkeit auf einen relativ engen Bereich *fokussieren* können. Da das menschliche Wahrnehmungssystem in seiner Aufnahme- und Verarbeitungskapazität beschränkt ist, können wir zu einem bestimmten Zeitpunkt nur eine beschränkte Anzahl von Informationen aufnehmen und verarbeiten. Dieser vorgegebene Sachverhalt führt dazu, daß wir nicht viele Dinge gleichzeitig genießen können, was eher einem undifferenzierten Konsum entspricht. Vielmehr müsen wir unter den Angeboten das auswählen, was wir zu einem bestimmten Zeitpunkt genießen wollen.

5. Genuss: Auswählen, was mir gut tut

Das Angebot an potentiellen Genüssen ist groß. Entsprechend unserer individuellen Biographie wird es Bereiche geben, die uns zum Genießen zur Verfügung stehen oder die wir uns leicht erschließen können, und andere, die für uns weniger günstig sind. (Was dem einen sein Uhl, ist dem andern sein Nachtigall.) Wir müssen lernen, diese Bereiche herauszufinden.

6. Genuss ist alltäglich

Genuß ist im alltäglichen Leben auffindbar. Es bedarf keiner außerordentlichen Ereignisse, damit Genuß erfahrbar wird. Wir tun gut daran, Genuß im Alltag zuzulassen. Diesem Gesichtspunkt liegt zugrunde, daß es nicht immer „große Genüsse" sind, die ein Leben glücklicher machen. Sonst kann es zu einem traurigen Warten auf solche außerordentlichen Ereignisse kommen. Vielmehr ist es angezeigt, Schönes und Angenehmes im Alltag zu entdecken.

7. Genuss: Weniger ist mehr

Schon die umgangssprachliche Psychologie weiß, daß Sättigung Genuß ausschließt. (Wenn die Maus satt ist, schmeckt das Mehl bitter.) In diesem Sinn führt Gamm aus[2], daß Askese eine notwendige Voraussetzung von Genuß ist. Eine solche Position kann in die Nähe kleinbürgerlicher Wertvorstellungen geraten: „Beschränke und bescheide Dich!" Wir meinen hier einen gänzlich anderen Sachverhalt: Man soll sich beschränken, nicht um sich zu bescheiden, sondern um sich das jeweils Beste gönnen zu können; eine Begrenzung der Quantität um der Qualität willen.

Diese „Genuß-Regeln" werden den Patienten zu Beginn der Therapie vorgestellt. Zugleich werden sie aufgefordert, sie bei den folgenden Übungen anzuwenden und auch zu schauen, ob sie sie außerhalb der Therapiestunde wieder entdecken können.

Nacheinander werden die unterschiedlichen Sinnesbereiche thematisiert und in jeweils einer Therapiestunde Anregungsmateial für einen Sinn zur Verfügung gestellt. Bei depressiven Patienten beginnen wir üblicherweise mit dem Riechen, da dieser Sinn erfahrungsgemäß durch das Krankheitsbild weniger beeinträchtigt ist. Den Patienten werden zum Beispiel duftende Blumen, Erde, Gewürze etc. angeboten, kurz, eine Auswahl dessen, was um sie herum verfügbar ist. Während der Stunde sollen sie diese Gerüche ausprobieren und entscheiden, welche ihnen in diesem Augenblick zusagen. Werden unangenehme Eindrücke entdeckt, so sollen diese nicht „weggedrängt" werden. Vielmehr soll die Einstellung die sein, sie zu akzeptieren, aber ihnen nicht weiter nachzugehen. Am Ende der ersten Stunde werden die Patienten aufgefordert, bis zur nächsten Sitzung in ihrer konkreten Umwelt nach Gerüchen zu suchen und zur nächsten Stunde irgend etwas mitzubringen, was sie für sich entdeckt haben.

Die nächste Stunde beginnt damit, daß die mitgebrachten Düfte den anderen vorgestellt werden. Danach wird vom Therapeuten für den nächsten Sinnesbereich wieder Anregungsmaterial vorgegeben; die Patienten explorieren damit und sollen bis zur nächsten Therapiesitzung ihre Umwelt wieder unter diesem Gesichtspunkt neu entdecken.

Der Aufbau dieses Therapieprogramms ist überaus simpel, und man fragt sich, warum es so effektiv ist. Dies ausführlicher zu erörtern, ist hier nicht der Platz. Einige Hinweise mögen genügen: Die sogenannten Genußregeln sind nicht nur Regeln zum Genießen, sondern Anhaltspunkte, um sich neuen Dingen, Erlebnissen etc. zuzuwenden, Angenehmes zu entdecken und zulassen zu können. Patienten werden damit aufgefordert, ihre Umwelt neu, und zwar sinnlich zu erfahren. Bei diesem Prozeß wird ein zentraler Mechanismus genutzt und trainiert, nämlich der

der Aufmerksamkeitsfokussierung. Die Patienten werden angehalten, ihre Wahrnehmung auf angenehme Dinge zu konzentrieren. Gleichzeitig werden beim Fokussieren aufgrund der beschränkten Verarbeitungskapazität andere Informationen unterdrückt. Dies sind im wesentlichen unangenehme Erlebnisse, Gedanken etc. Ein Patient lernt auf diese Art und Weise also, unangenehme Eindrücke zu kontrollieren.
Weiterhin wird der Patient indirekt aufgefordert, aktiver zu sein und seine freie Zeit zu nutzen. Eine durchgängige Beobachtung ist, daß Patienten sich in kleinen Gruppen zusammenschließen, Spaziergänge machen, sich Dinge ansehen, z.B. in Geschäften Parfüms ausprobieren etc.
Die Bedeutung der „Kleinen Schule des Genießens" liegt darin, daß vermittelt wird, *wie* man sich verhalten muß, um genießen zu können, und nicht vorgeschrieben wird, *was* im einzelnen zu tun sei.

Eine treffende Umschreibung für Muße steht in Meyers Lexikon: *tätiges Nichtstun.* In diesem Satz ist der scheinbare Widerspruch zwischen Tun und Nichtstun aufgehoben. Auch beim Nichtstun nämlich tun wir tatsächlich eine Menge, nur eben etwas anderes als arbeiten oder etwas leisten. Wir haben Zeit, unseren Gedanken nachzugehen, Empfindungen aufkommen zu lassen, oder auch Raum für Tätigkeiten, die mit Lust und Laune verbunden sind. Tätigkeiten der Muße sind also immer solche, die als *„euthymes"* Erleben und Verhalten umschrieben werden können, also solche Verhaltensweisen, die dem Wortsinn entsprechend *der „Seele" bzw. dem „Gemüt" gut tun.*
Angesichts der heutigen Lebenssituation, die man gerne als hektisch und voller Unrast umschreibt (eine Klage, die meines Wissens so alt ist wie schriftliche Überlieferungen überhaupt), scheint der Wunsch nach mehr Muße eher eine Utopie denn eine realistische Perspektive für unser Leben zu sein. Um diese Frage erörtern zu können, will ich den sogenannten Aktivationszirkel beschreiben.
Der Wechsel von Aktivation und Desaktivation bzw. von Spannung und Lösung wird als ein grundlegender Regulationsmechanismus menschlichen Verhaltens beschrieben. Trotz einiger Unterschiede in Details haben solche Modelle gemeinsam, daß ein Organismus bestrebt ist, im Wachzustand einen mittleren Aktivationsgrad beizubehalten, unter dem er optimal handeln kann. Abweichungen von diesem Optimum setzen Gegenregulationen in Gang. So wird man bei einer zu hohen Aktivation bestrebt sein, diesen als unangenehm erlebten Zustand zu beseitigen. Ist umgekehrt das Anregungspotential zu gering, droht unerträgliche Langeweile. In einem solchen Fall ist mit dem Bedürfnis nach Unterhaltung oder mit Neugier etc. zu rechnen, also Aktivitäten, die das Aktivationspotential heben.
Inhaltlich hat Heckhausen (1964) in seiner Analyse des kindlichen Spiels den

angesprochenen Mechanismus plastisch geschildert.[3] Demzufolge wird eine psychische Spannung bis zu einem gewissen Grade aufgebaut, der nach einer gewissen Frist, „und zwar möglichst plötzlich, abfällt, sich wieder auflädt, abfällt ... und dies in ständiger Wiederholungsfolge." Nach diesem Modell pendelt das Affekterleben ständig um einen mittleren Spannungsgrad, der gleich weit entfernt ist von Langeweile einerseits und überwältigendem Effekt andererseits. „Ein mittlerer Aktivierungsgrad und ein rascher Aktivierungszirkel werden als ausgesprochen angenehm, unterhaltsam, eher lustvoll erregend empfunden. Anregungskonstellationen, durch welche sie ausgelöst werden, wirken anziehend und werden spontan aufgesucht." Dieser Sachverhalt wird an einem 10 Monate alten Mädchen, namens Jutta, illustriert.

Durch ein Tuch werden ihre Augen verdeckt, sie versucht sich zu befreien und zeigt dabei alle Anzeichen von Ängstlichkeit und Erregung. Sie befreit sich von dem Tuch, beruhigt sich und lächelt erleichtert. Das Kind selber will später das Spiel fortsetzen. Es verdeckt sich die Augen, wird ängstlich und erregt, befreit sich wieder und drückt Erleichterung und Freude aus. Einen solchen Spielverlauf und einen solchen Wechsel im Affekterleben werden sicher viele schon beobachtet haben.

Nach dem hier vorgestellten Modell wäre Unrast gleichbedeutend damit, die Aktivationsphasen möglichst zu verlängern und nur das Nötigste an Desaktivation zuzulassen. Der Müßiggänger dagegen wäre jemand, der gelernt hat, mit Desaktivation umzugehen und die Aktivationsphasen nur soweit zuzulassen, wie sie entweder situationsspezifisch gefordert werden oder dem phasischen Ablauf menschlichen Handelns entsprechen. Gleichzeitig geht der Gedanke mit ein, daß die Aktivationsebene bei Unrast sehr viel höher liegt als bei der Muße.

Aus psychologischer Sicht ist der Übergang von hoher Aktivation zu Desaktivation von besonderem Interesse. Als Beispiel läßt sich hier der Rententod anführen: Im Berufsleben sehr aktive Menschen ertragen ihre Pensionierung nicht und sterben frühzeitig. Immer wieder wird von Studenten ein sogenanntes Loch nach anstrengenden Prüfungszeiten beschrieben. Allseits bekannt dürfte die sogenannte Urlaubsdepression sein, die insbesondere in den ersten Tagen der Ferien auftritt und mit Empfindungen der Gereiztheit, Niedergeschlagenheit, Nichts-mit-sich-anfangen-Können etc. einhergeht. All diesen Phänomenen ist gemeinsam, daß das gesamte Verhalten auf hohe Aktivation ausgerichtet war, und diese Verhaltensweisen plötzlich der veränderten Situation nicht mehr angemessen sind. Therapeutisch wird daher empfohlen, bereits vor derartigen Lebensveränderungen weitere Tätigkeiten, Interessen etc. zu entwickeln, die nach einem solchen Bruch verstärkt herangezogen werden können. Genauso wichtig scheint es mir zu sein, daß in der Zeit vorher gelernt wird, mit Nichtstun umgehen zu können.

Ein solches Ansinnen ist nicht neu. Schon 1848 beschreibt Lafargue in seiner Schrift „Das Recht auf Faulheit" „Rasende, bis zur Erschöpfung der Individuen gehende

Arbeitssuchende". In heutigen psychosomatischen Kliniken gibt es eine Reihe von Patienten mit genau dieser Diagnose. Ziel der therapeutischen Bemühungen ist dabei häufig das, was Nietzsche das Ertragen der Langeweile nennt, als der „Windstille" der Seele, welche der glücklichen Fahrt und den lustigen Winden vorangehe. „Er muß sie ertragen und ihre Wirkung bei sich abwarten; das gerade ist es, was die geringeren Naturen durchaus nicht von sich erlangen können! Langeweile auf jede Weise von sich scheuen, ist gemein: Wie Arbeiten ohne Lust gemein ist."

Mit diesem Zitat wäre ein Ziel umschrieben, das sicher nicht nur für Arbeitssüchtige gilt. Wichtig erscheint mir hier die Frage, welche spezifischen Verhaltensweisen es sind, die Desaktivation zur Muße machen und Langeweile nicht zu einem bohrenden und unerträglichen Zustand werden lassen, sondern zu einem mit „langer Weile" und innerem Ausgleich.

Ich halte es hier für sehr wahrscheinlich, daß die Genußregeln hilfreich sein könnten, auch ein müßiges Verhalten zu verwirklichen. Wie bei Genuß, sollte das, was für einzelne Menschen Muße bedeutet, nicht inhaltlich bestimmt werden. Dennoch muß ich aus therapeutischer Sicht eine Reihe von Empfehlungen aussprechen. Dies führt zu einem Widerspruch: Haben doch weder Muße noch Genuß irgend etwas mit einem noch so geringen Diktat zu tun. Dieser Widerspruch löst sich dann auf, wenn man zwischen der Zeit, in der eine bestimmte Kompetenz erworben wird, und dem Ziel-Zustand trennt. Hat man die Kompetenz erworben, selbständig über Genuß und Muße zu verfügen, dann sind Fragen der Anleitung zweitrangig geworden. Will man solche Kompetenzen jedoch lernen, so sind Anleitungen äußerst hilfreich.

Muße hat einen ganz augenfälligen Bezug zur *Zeit.* Vom subjektiven Erleben her dürften wir nicht von irgendwelchen Zeitplänen getrieben sein, wir selber verfügen vielmehr über unsere Zeit. Sind wir in Muße, so dürfte kein Gedanke an Zeit in dem Sinne aufkommen, daß wir mit irgend etwas fertig werden müssen.

Mußezeiten können sicher ganz unterschiedlich aussehen. Es kann ein kontemplatives An-Schauen der Welt sein, ein Nach-Denken über sich, ein ruhiges Gespräch, aber auch Tätigkeiten, die mit Lust und Freude verbunden sind. Idealerweise werden wir Muße spontan mit Tätigkeiten dieser Art ausfüllen. Vorher aber müssen wir ein solches Verhalten und ihre Wirkung auf uns erfahren haben, wir müssen über einen *Erfahrungsschatz der Muße* verfügen. Nur so werden wir entscheiden können, was im Augenblick für uns gut ist. So wie es verschiedene Müßiggänger gibt, so wird es verschiedene Arten des Müßigganges geben. Schon beim Sammeln von Erfahrungen zum Müßiggang dürfte festgestellt werden, daß uns bestimmte Formen des Müßigganges zusagen und andere weniger. Wir werden lernen müssen, *welcher Müßiggang uns gemäß* ist und in welchen Situationen ein bestimmter Müßiggang uns gut tut.

Müßiggang braucht Zeit, und in manchem Alltag ist wenig Zeit für Müßiggang. So träumen wir häufig von freien Zeiten, vom Urlaub oder den großen Ferien, in denen wir den Müßiggang pflegen können. Ich habe den Verdacht, daß der, der den Müßiggang auf solche Zeiten verschiebt, auch diese Freiräume mit Müßiggang nicht wird füllen können. Daher müssen wir lernen, auch in einem noch so unruhigen *Alltag Zeiten der Ruhe und des Müßiggangs* unterzubringen. Zweifellos kann sich Muße in großen Freiräumen besser entfalten; aber gerade *die kleine Muße* zwischen aktiven Phasen müssen wir lernen, um fürsorglicher mit uns umzugehen.

Es gehört zur Eigenart der Muße, daß ein *Müßiggänger sich auf eine Sache beschränkt.* Sich das Meer anschauen, in einem Wald sitzen, ein Buch lesen, Gedanken nachhängen etc. All dies können Tätigkeiten der Muße sein. Alles zusammen getan, ergäbe jedoch eine unerträgliche Hektik. Genau diesen Punkt aber müssen wir lernen, um ein rechter Müßiggänger zu sein.

1 Rainer Lutz (Hrsg.): Genuß und Genießen, Zur Psychologie des genußvollen Erlebens und Handelns, Weinheim und Basel 1983, sowie Rainer Lutz, Therapietheorie zur Förderung genußvollen Erlebens und Handelns, in: Zielke, Mark, (Hrsg.): Fortschritte der angewandten Verhaltensmedizin, Springer, Heidelberg 1989

2 H.-J. Gamm: Umgang mit sich selbst. Grundriß einer Verhaltenslehre, Reinbek 1979: Rowohlt, Taschenbuch N° 7280

3 Heckhausen, H. (1964): Entwurf einer Psychologie des Spielens, in: Psychologische Beiträge, 27, S. 225 bis 243

VI.
Ausblick

Ferdinand W. Menne

Verlangsamung. Ein notwendiges Stichwort.

Allen Durchgedrehten, Umgehetzten,
was ich, kaum erhoben, wanken seh,
gestern an und morgen abgeschaltet:
Eh dein Kopf zum Totenkopf erkaltet:
Bleib erschütterbar – doch widersteh!

Peter Rühmkorf

In seinem Roman „Die Entdeckung der Langsamkeit" erzählt Sten Nadolny von John Franklin, den man im Lexikon als britischen Seefahrer und Entdecker (1786–1847) auffinden kann.[1] In einer Besprechung dieses Buches hebt Hanns-Josef Ortheil das Gegenwartsinteresse hervor, das im Werk aufscheint: Indem Nadolny darstelle, wie es Franklin ergangen sei, werde der Zustand unserer *manisch-forteilenden Kultur* wie in einem Gegenbild deutlich. Im folgenden soll versucht werden, Bild und Gegenbild aus lebendigem Eigeninteresse aufeinander zu beziehen. In der Entwicklung des Problemfelds „Langsamkeit/Verlangsamung" wird spielerisch verwiesen auf die erzählte Figur John Franklin. Die Bezüge und Zitate sind keine Belege in einem wissenschaftlichen Sinn; es geht weniger um den Ernst ausgefeilter Argumente.

1. Schnelligkeit als Überlegenheit – Langsamkeit als Behinderung

John Franklin beobachtet das Zeit-Geschehen mit Aufmerksamkeit, betrachtet alle Vorgänge in der Mit- und Umwelt von verschiedenen Seiten. Erstaunt nimmt er Veränderungen wahr, so die Verliebtheit der Londoner in die Geschwindigkeit, die wachsende Bestimmung des Alltags durch Zeitknappheit und Eile, den rasanten Zuwachs an Apparaten, Maschinen und Eisenkonstruktionen: „Man nannte es den Fortschritt. Viele wirkten an ihm mit, wenige hatten an ihm teil. Die meisten starrten ihn mit glänzenden Augen an und sagten bewundernd: ‚Wahnsinn!'"

Das „moderne" Leben hatte endgültig begonnen. Denn die Steigerung von Geschwindigkeiten und die Bewunderung von Schnelligkeit sind modern. Das fortgesetzte Überschreiten des jeweils erreichten Standes der Dinge ist der Lauf der Dinge. Tempo-Überlegenheit ist vorteilhaft: B kann in gleicher Zeit nicht nur dasselbe tun wie A, sondern zwischendurch und nebenbei noch weiteres. Aufs Ganze gesehen werden immer größere Ereignismassen in immer kürzerer Zeit möglich[2]. Wer nicht mit- oder wenigstens nachkommt, erscheint als rückständig, rückschrittlich: „Stillstand ist Rückgang." *Wo Schnelligkeit Überlegenheit verleiht, erscheint Langsamkeit als Behinderung.*

Diese allgemeine Wertung des Weltlaufs schlägt bei John Franklin im alltäglichen Umgang durch: Als ein Langsamer muß er sich in seiner Jugend als Mängelwesen erfahren. Bei Kinderspielen macht er die anderen ungeduldig, darf allenfalls die Leine halten, hält sie als Gegenüber eines Baumes so gut wie der Baum. Noch die frischgebackenen Absolventen der Marineschule können sich einen langsamen Kapitän nicht vorstellen; so erhält er seinen Spitznamen: „Käpt'n Handicap".

Im ungeschriebenen Moralkodex des industriellen Zeitalters, so bezieht Günther Anders derartige Erfahrung auf die allgemeine Lage, gilt Langsamkeit als etwas Blamables, als menschlicher Makel: Es gibt keinen Flug zwischen A und B, der nicht grundsätzlich als zu lang gilt; welches Versagen, wenn wir für die Überbrückung einer Strecke, die jetzt 6 Stunden dauert, im nächsten Jahr mehr als 5, im übernächsten mehr als 4 Stunden benötigen. Zeit gehört zu den „Grundformen der Behinderung":

> „Was immer Dauer erfordert, dauert zu lange. Was immer Zeit beansprucht, beansprucht zuviel Zeit. Das Faktum, daß Handlungen Zeit kosten, gilt heute als Vergeudung. Gleich, wie kurz sie währen – niemals sind sie kurz genug. Die bloße Tatsache, daß sie währen, macht sie zu Verzögerungen. *Zeit = Langsamkeit. Welch unsinnige Gleichung!*"[3]

2. Schnelligkeit als Behinderung – Langsamkeit als Überlegenheit

John Franklin nimmt wahr, daß einen der selbst- und fremdauferlegte Zwang, in immer kürzeren Zeiten immer mehr zu bewältigen, notwendig Fehler machen läßt. Dieser Zwang führt zu einem starren Blick, zur phantasielosen Ausführung vorgefaßter Pläne; man wird unfähig, Neues zu entdecken, ist jedoch vor bösen Überraschungen nicht geschützt. So führen viele Beschleunigungen auf Dauer zu Scheinlösungen, die nicht das Erwünschte bewirken. Schnelligkeit fördert zudem gewalttätige Zugriffe, zerstört das ruhige Wahrnehmen, das nicht eingreifende Entdecken, das geduldige Erfahren.

Zu John Franklins historischer Zeit aber ging es mit der Schnellebigkeit doch noch gemächlich voran. Die in den modernen Rhythmus einbezogenen Räume waren begrenzt, es gab noch viele fremde Gegenden zu entdecken, mit Schiffen und mit Gefährten, die von ermüdenden Tieren bewegt wurden. In der Gegenwart hat es noch einmal einen Schub gegeben. Hannah Arendt betont, daß vor allem das Funktionieren der modernen Wirtschaft verlange, „daß alle weltlichen Dinge in einem immer beschleunigteren Tempo erscheinen und verschwinden; sie (die Wirtschaft, F.W.M.) würde sofort zum Stillstand kommen, wenn Menschen anfangen würden, Dinge in Gebrauch zu nehmen, sie zu respektieren und den ihnen innewohnenden Bestand zu erhalten“[4]. Die Menge der Güter, die kurzlebig sind und es in unserer Wirtschaftsform (wegen des Erfordernisses weiterer und möglichst steigender Nachfrage) sein müssen, wächst unaufhaltsam. Häuser, Mobiliar, Autos, ja auch Landschaften, Meere, der Luftraum, alles Greifbare, das wir benutzen und das uns umgibt, muß so schnell wie möglich verbraucht, verzehrt, zerarbeitet werden.[5] Es entsteht das Paradox, daß vieles, was mehr und mehr Menschen zu überleben half, die Lebensdienlichkeit verliert, das Leben der Menschen zu behindern und zu bedrohen beginnt; Werkzeuge der Lebensfristung wandeln sich zu Krücken beschädigten Lebens. Das als hundertjährig gefeierte Automobil ist dafür ein Paradebeispiel: Es werden enorme Entfernungen zurückgelegt, ohne daß man allgemein sagen könnte, die „Erfahrenheit“ der Menschen sei gewachsen. Zu schweigen auch von den immer noch vielen, die als Nichtmotorisierte nur die Kehrseite der Autogesellschaft erleben.[6]

Das hastige Umwälzen bleibt nicht auf den umschriebenen Bereich „Wirtschaft“ begrenzt, es geht vielmehr auch in die Menschen ein. Die tagtäglich zu bewältigenden Ereignisfolgen erzwingen eine Verkürzung von Kommunikationszeiten. Wenn alles schnell gehen soll, muß vor allem Ernsthaftes, Schwieriges und Langwieriges vertagt werden. Der Druck auf Kürze und Schnelligkeit bewirkt, daß vieles, was Dauer und Geduld erfordert, unterbleibt, als Zumutung erfahren wird oder durch abweichendes Verhalten herausgefordert werden muß. („Aussteigen“ kann seinen Grund haben darin, daß man sich nicht weiter „überfahren lassen“, sich über sich „in Ruhe“ klarwerden will.) Selbst intime Verrichtungen werden oft hastig „erledigt“; auch wenn man akzeptiert, daß männliche Sexualität Männer kaum zu ruhigen Liebhabern bestimmt, ist nicht zu übersehen, daß die Menschen gegenwärtig besonders darunter leiden, daß auch in erotischen Beziehungen vieles „auf die Schnelle“ gehen muß. Dabei scheint der atemlose Lebensstil in einen Kreislauf sättigungsloser Befriedigungen mit der Folge bleibenden bzw. sich je erneuernden Unbehagens zu führen.[7]
John Franklin macht aus der Not unerwünschter Langsamkeit eine Tugend, aus seiner Behinderung eine besondere Fähigkeit, eine Überlegenheit. Er wird zu feiner Beobachtung und genauer Wahrnehmung tauglich, erweist sich als idealer Zuhörer

für unerbittliche Denker, selbst wenn er nicht alles versteht. Wer genau wahrnimmt und aufmerksam zuzuhören versteht, hat die besten Voraussetzungen, selbst gründlich nachzudenken. Zunehmend seinem eigenen Kopf folgend, seinen Eigensinn bildend, ist Franklin seiner selbst auch in schlimmen Augenblicken sicher. In seinen Utopien hält er das Gegenbild fest:

„Kampf gegen unnötige Beschleunigung, sanfte, allmähliche Entdeckung der Welt und der Menschen. Eine sprechende Säule schien sich aus der Mitte des Meeres zu erheben, er sah Maschinen und Einrichtungen vor sich, die nicht der Ausnutzung, sondern dem Schutz der individuellen Zeit dienten, Reservate für Sorgfalt, Zärtlichkeit, Nachdenken."

Wo Schnelligkeit sich als Behinderung des Lebens herauszustellen beginnt, wird Langsamkeit, Verlangsamung zum notwendigen Gegenwert.

In letzter Zeit wandten sich immer mehr Menschen gegen Hast und Beschleunigung von Lebensvollzügen. Der Wunsch nach Verlangsamung wird zu einem neuen Bedürfnis. Zu den Programmpunkten einer „Wiederverzauberung der Welt" gehört auch Verlangsamung. Verwestlicht-östliche Denk- und Handlungsweisen faszinieren, so das chinesische Wu Wei, das Tun des Nicht-Tuns (indem der Taoist sich auf das Wu Wei zurücknimmt, verähnlicht er sich dem Tao selbst, dessen Wirkkraft gerade durch seine „Aktionslosigkeit" universell ist).[8]

Auch der andere taoistische Grundgedanke, daß die Natur den Menschen, nicht der Mensch die Natur bewegen solle, nimmt für sich ein. Sätze wie der von Carlos Castañeda, ein Mensch ohne drängende Geschäfte sei Herr seiner Entscheidungen, finden offene Ohren. (John Franklin teilt die Ansicht der Indianer über Blindheit und Erbarmungslosigkeit des Eroberersystems aus einem Gefühl der Zuneigung zum Gleichbleibenden. Er lernt bei den Eskimos, daß Frieden überall dort entsteht, wo man langsam aufeinander zugeht.) In einigen Bestrebungen des Psychobooms wird das Bemühen sichtbar, das Innehalten zu üben, im „Hier und Jetzt" sich selbst zu suchen. Mit der Gebärde eines wissenden Meisters (aber dann auch wieder anmaßend-ungeduldig) bewegt sich Peter Handke mit „Sehnsuchtskraft" auf eine „liebreiche Ordnung" zu: „O langsame Welt!"[9]

3. Verlangsamung als politisches Ziel

Doch gerade für den, der Anregungen dieser Art sich angehen lassen, weiterführende Lösungen erkennen will, entstehen Fragen hinsichtlich solcher Langsamkeitswünsche und -utopien. Im Sinne der Selbstverständigung sind Differenzierungen im Begriff der Langsamkeit erforderlich, die es erlauben, zwischen Spuren einer Wiederverzauberung und faulem Zauber zu trennen. Es muß kein Weg sein, wo ein Wunsch und Wille ist.

Wann nimmt das Projekt der Verlangsamung Gleichgültigkeit gegenüber dem

Rasenden in sich auf, Abwanderung aus eingreifender Teilnahme? Was bewahrt Innerlichkeit davor, statt zu einer produktiven zu einer abgewandten zu werden? Macht sich nicht zu einem nur noch Behandelten, wer seine Individualität zu verfeinern sucht, persönliches Wachstum anstrebt ohne aufbegehrende Teilnahme an dem, was es auch noch gibt? Was bewahrt Programme der *„Metapolitik"* davor, elitäre und privilegierte Freiräume zu kultivieren, die hartgesottene *„Tempokraten"* vernachlässigen können, weil ihnen daraus kein Widerstand erwächst?[10] Erlaubt nicht das Vergessenwollen derer, die nur noch privat Atem holen, den in die Beschleunigung Vernarrten, die Kurzatmigkeit zu perfektionieren?

Wie also für die „andere Seite" Sorge tragen, ohne die Widersprüche des atemlosen Lebens einseitig, undialektisch aufzulösen? *Persönliche „Tempo-Limits"* sind gewiß Teil der notwendigen Entwicklung, aber über ihrer Pflege kann die *„Tempokratie"*, das *„Machtsystem der Beschleunigungen"* (B. Strauß) wohl nur um den Preis des Abgestelltwerdens außer acht gelassen werden. Die Weigerung gegen die durchgesetzte Umtriebigkeit wie gegen das verinnerlichte Geschehenlassen wendet sich statt auf eine Langsamkeit der Abwanderung auf eine des Widerspruchs, damit auf *eine Politik der Langsamkeit bzw. der Verlangsamung.*

Als Gouverneur in einer Strafkolonie träumt John Franklin von einer Stimme, die sagt: „Wenn du eines nicht kannst, John Franklin, dann ist es die Politik!" Es ist klar: Er ist kein Freund großer, schneller Worte, mißtraut der Mobilmachung von Argumenten in Behauptungskriegen, fühlt sich für allgemeine Begeisterungen nicht recht geeignet, liebt öffentliche Auftritte nicht. Doch die – von ihm auch angestrebten – Aufgaben fordern von ihm, Stellung zu nehmen, beiseitestehen kann er nicht. Seine Autoritätsausübung muß anders sein, vergleichbar der Navigation, der wohlüberlegten, gründlich vorbedachten Steuerung.

John Franklin würde mit der Umschreibung von Politik übereinstimmen, die Max Weber gab: „Die Politik bedeutet ein starkes langsames Bohren von harten Brettern mit Leidenschaft und Augenmaß zugleich." Wenn Verlangsamung als politisches Ziel anerkannt wird, kann aber nicht „Politik als Beruf" (allein) gemeint sein (dies war der Titel von Webers Vortrag). Dazu scheinen Berufspolitiker denn doch zu häufig einerseits unbesonnen, vorschnell zupackend, irren sich zu oft im Glauben – „Heureka" – sie hätten es gefunden. Die sogenannte „friedliche Nutzung der Atomenergie" ist dafür ein Beispiel:

> „Hier entstehen Folgen starker Wörter
> die leblos sind, das verruchte Gesindel
> spürt nichts, sie schließen die Kartelle
> keine Ahnung was sie in die Erde setzen
> Ahnung nicht, nur Wissen
> was sie in die Erde setzen in Luft und Wasser für immer

kein Gefühl für ‚immer'. Den Tod
sonderbehandeln sie wie einen Schädling
der gute Tod vergiftet wie die liebe Not."

Nicolas Born[11]

Andererseits sind Politiker schlecht verlangsamt, bloß verbiedert und gemütlich. Die Inszenierung *„Waldsterben"* mit all ihren Haupt- und Nebenschauplätzen demonstriert das.

„Politik"-Politik ist allzu häufig Politik aus Behinderung, mit großen, flotten Sprüchen, mit raschen Auftritten und Abgängen, mit Ausfällen an bedächtiger, beharrlicher Steuerung.[12] Die Politiker-Sonntagsrede handelt durchaus davon, es dürfe nicht alles gemacht werden, was machbar sei; doch bleibt im politischen Alltagshandeln oft ein einfaches Gebot außer acht, daß jeder Fortschritt dadurch ein gesicherter werden müsse, daß beim Hinausgehen ins Unwegsame gleichsam eine *„Gegenfahrbahn"* mit zu erfinden sei, die eine menschliche Rückkehr erlaubt.[13] Es ist die Art der Kinder, munter auf Bäume zu klettern, von denen sie allein nicht wieder herunterkommen.

Die möglichen Sprecher und Träger einer Politik der Verlangsamung sind keine gesellschaftlich fest umschriebene Gruppe. Ganz allgemein sind jene dazu zu rechnen, die das verheerende bloße Weitermachen zu überwinden suchen, die nicht einmal vergnügte, ein andermal verdrossene Zuschauer des vermeintlichen Fortschritts bleiben wollen (vergnügt im Automobil, verdrossen im Stau, im Abgas). Angesichts bedrohter Literalität sind *„die Leser"* hierherzurechnen, eine in der Gesellschaft unsichtbar verbundene Gruppe – jenseits bildungsbürgerlicher Lese-Kultur (mit großem K). Lesen kann produktive Hemmung sein, kann Aufschub des Unbedachten bewirken. Peter Bichsel stellt schöne Verbindungen her: „Lesen braucht Lange-Weile, lange Zeit. ... Wie aber soll einer, der kein Verhältnis zur Langeweile hat, die Lange Zeit finden, zu lesen?"

Soziologisch konkreter finden sich produktive Verlangsamer in den Reihen der neuen sozialen Bewegungen, die sich (auch) bewegen, um langsamer zu werden. In *Teilen der Frauenbewegung* macht man sich daran, das ununterbrochene Schmieden an der Kette tagtäglicher neuer „Sachzwänge" zu stören, sich nicht zum Widerlager männlicher, abstrakter Schnelligkeiten machen zu lassen. Kampf gilt der schamlosen Ausnutzung der Tatsache, daß Frauen direkter erinnert werden an gattungsgeschichtlich von weit her kommende Rhythmen des Lebens. In der Auseinandersetzung um die Biotechnologie wenden sich Frauen gegen die Verbindung eines heuchlerisch-sentimentalen Lebensschutzes mit der Förderung von Menschenbau-Technologien.

Das Motiv der Störung, Unterbrechung des besinnungslosen Laufs der Dinge, des

immer hektischeren Durchwurstelns verbindet Gruppen der Frauenbewegung mit solchen der *Ökologiebewegung*. In ihren hellsichtigsten Teilen geht es darum, unwiederbringliche Verluste und nicht wiedergutzumachenden Raubbau zu vermeiden. Die *Alternativbewegung* wendet sich gegen eine Arbeitswut, in der eilfertig das Zerarbeiten der Lebensgrundlagen verwechselt wird mit wichtigen menschlichen Leistungen. Als machtarme Suchbewegung ist sie zwar angesiedelt in einem Übergangsfeld zwischen erwünschtem „anderen Leben“ und erzwungener neuer Kultur der Armut, doch bleibt ein Überschuß an gesellschaftlicher Sensibilität.
Beim Aufsuchen möglicher Sprecher und Träger einer Politik der Verlangsamung ist nachzugehen auch *einzelnen*, die abseits der politischen Schnellstraßen eigensinnig neue Wege und Rückkehrmöglichkeiten suchen, die unverwandt auf ihre Sache blicken und nicht über alles mit sich reden lassen. Die – nach einem Wort von Antonio Gramsci – von Intelligenz Pessimisten, von Willen Optimisten sind.
Es geht um die *am rechten Ort nicht allzu Beweglichen*. „Wer geht, sieht im Durchschnitt anthropologisch und kosmisch mehr, als wer fährt“, sagt einer, der etwa zur Zeit des historischen John Franklin lebte, Johann Gottfried Seume.

Für den Menschen, der nach einem Wort Arnold Gehlens von Natur ein Kulturwesen ist, gibt es natürlich keine Rückkehr zur „alten Natur“. Das humane Projekt ist eine neue Kultur, in der sich die Menschen auf neue Geschwindigkeitsregelungen einigen. Eine Kultur der Verlangsamung bzw. Langsamkeit könnte auch als Kultur der Muße entworfen werden. Keiner absoluten Muße, wenn die dadurch gekennzeichnet ist, daß „das Warten restlos verschwunden ist“[14]. „Muße“ ist für Peter Bichsel der wertfreiere Ausdruck für die Lange-Weile; die wahren Vergnügungen brauchen Lange Zeit. Im Schweizerdeutschen ist nicht nur die Lange Weile doppeldeutig, sondern auch die Lange Zeit: „‚Längyzit‘ ist der schweizerische Ausdruck für Sehnsucht“. Sehnsucht aber nicht als Gefühl des gegenstandslosen Schmachtens, sondern als mußevolles Erwarten, das nicht unpolitisch sein kann: „Ob Sehnsucht ein positives Gefühl, ob sie wünschenswert ist, das ist … mitunter auch eine politische Frage und mag mitunter politische Gruppierungen voneinander unterscheiden.“[15] So gesehen kommt in den neuen politisch-sozialen Bewegungen (aber nicht nur in ihnen) politische Sehnsucht zu Sprache und Ausdruck.
In dieser Art *sehnsüchtiger Muße* kann das Bild einer verlangsamten Gesellschaft entstehen *ohne „die Vorstellung vom fessellosen Tun, dem ununterbrochenen Zeugen, der pausbäckigen Unersättlichkeit, der Freiheit als Hochbetrieb“*, so wie es Theodor W. Adorno zum Ende des zweiten Teils der „Minima moralia“ beschwört: *„Vielleicht wird die wahre Gesellschaft der Entfaltung überdrüssig und läßt aus Freiheit Möglichkeiten ungenutzt, anstatt unter irrem Zwang auf fremde Sterne einzustürmen.“*[16].

1 Der bekanntere Franklin, Benjamin (1706–1790), gebrauchte die Maxime „Zeit ist Geld", eine Formel, die für Max Weber die vorwärtstreibende „Rechenhaftigkeit" in der protestantischen Ethik auf eine Kurzformel brachte.

2 Dazu einiges bei Niklas Luhmann, Soziale Systeme. Grundriß einer allgemeinen Theorie, Frankfurt/M. 1985², 75 f.; 268 u. öfter

3 Günther Anders, Die Antiquiertheit von Raum und Zeit, in: G. A., Die Antiquiertheit des Menschen, 2. Band, München 1981², 335 ff., hier 337 f.

4 Hannah Arendt, Vom Sinn der Arbeit, in: Technologie und Politik 10, Reinbek bei Hamburg 1978, 64–174, hier: 103

5 Über die Entfaltung der Zeit in einem Jahrtausende währenden konflikthaften Prozeß, die Auflösung der Vorstellung von Zeit als einer letztlich unabänderlichen Naturkonstanten und die Realutopie einer Auflösung der auf Zeit abstellenden Produktivitäts- und Effizienzkriterien in unserer Ökonomie vgl. Rinderspacher.

6 Anschauung zu diesem Thema in: Peter M. Bode u. a., Alptraum Auto, München 1986

7 Diskutable Überlegungen dazu in: Albert O. Hirschmann, Engagement und Enttäuschung. Über das Schwanken der Bürger zwischen Privatwohl und Gemeinwohl, Frankfurt/M. 1984

8 vgl. dazu: Max Kaltenmark, Lao-tzu und der Taoismus, = ES 1055, Frankfurt/M. 1981, bes. 94 ff.

9 vgl. dazu: Waltraud Schwarz, Wendesignale aus Österreich. Die Heimkehr von Peter Handke und anderen, in: Die politische Meinung Nr. 216, Sept./Okt. 1984, 78–88

10 vgl. Kumar/Hentschel. In einem Prospekt des inzwischen in Konkurs geratenen Verlags „dianus trikont" heißt es: „Metapolitik handelt von Entwürfen und Artikulation neuer politischer Methoden, neuer politischer Inhalte als auch neuer Anwendungsformen. Metapolitik beinhaltet den Diskurs über die Grundlagen unserer Politik, aber auch die Alltagserscheinungen vieler einzelner Menschen, die in ihrem Denken, Fühlen und Handeln neue Wege gehen.
Die Macht des Überpolitischen wird oft unterschätzt, obwohl sie das eigentlich richtungsgebende Element der Geschichte ist. Bewußt und ganz wesentlich vermeidet Metapolitik die klassischen Methoden der Durchsetzung von Politik wie Parteien, Parlamente, Massenversammlungen, Aufstände oder Revolutionen. Experimentiert wird mit schrittweiser Veränderung des sozialen Raums und des Bewußtseins."

11 Aus dem Gedicht „Entsorgt" von Nicolas Born. Vgl. N. B., Gedichte 1967–1978, Reinbek b. Hamburg 1978, 221 f.

12 „Politik"-Politik meint den ausdifferenzierten Bereich, in dem „Experten der Macht" repräsentativ handeln. Für Claus Offe steht dagegen tendenziell „Laien-Politik, Protestpolitik, Politik in der ersten Person".
Vgl. dazu folgende Leit-Artikel: Theo Sommer, Die Entdeckung der Langsamkeit. Einsichten und Ausblicke beim Jahreswechsel, in: Die Zeit Nr. 1 vom 30.12.1983; Rolf Zundel, in: Die Zeit Nr. 40 vom 27.9.85: „Sie (die Koalition; F. W. M.) hat sich als eine Art politisches Perpetuum mobile erwiesen – eine Maschine, die sich heftig bewegt, ohne irgend etwas zu bewegen."
Robert Leicht, Unter dem Diktat des Mittelmaßes, in: Die Zeit Nr. 14 vom 28.3.1986 („Doch die ruhige Suche nach der treffenden Einsicht, das angespannte Warten auf den richtigen Augenblick, die Bereitschaft zu uneitler Einsamkeit, zur Lösung vom flachen Erfolgsdruck – dies alles kommt nur schwer auf inmitten von Leuten, die nur eines fürchten: den Anschluß zu verpassen.")

13 vgl. dazu: Gabriele Althaus, Der Blick vom Mond. Zur Philosophie von Günther Anders, in: Merkur, H. 1/1985, 15–24

14 Strauß, 114. Keine Zustimmung zu der zum Schlüsselsatz hochgeredeten Wendung: „(Ohne Dialektik denken wir auf Anhieb dümmer; aber es muß sein: ohne sie!)" (115). Im Gedicht Brechts gehört die Dialektik zu den nicht müßigen „Vergnügungen" wie das wiedergefundene alte Buch, bequeme Schuhe, Begreifen, freundlich sein.

15 Bichsel, 38

16 Adorno, 207

LITERATUR

Theodor W. Adorno, Minima moralia. Reflexionen aus dem beschädigten Leben, = Bibliothek Suhrkamp Bd. 236, Frankfurt/M. 1969

Peter Bichsel, Der Leser. Das Erzählen. Frankfurter Poetik-Vorlesungen, = Sammlung Luchterhand Bd. 438, Darmstadt und Neuwied 1983[3]

Satish Kumar / Roswitha Hentschel (Hrsg.), Viele Wege. Paradigmen einer neuen Politik, München 1985

dies. (Hrsg.), Metapolitik. Die E. F. Schumacher-Lectures, München 1985

Sten Nadolny, Die Entdeckung der Langsamkeit. Roman, München/Zürich 1983

Claus Offe, Griff nach der Notbremse. Bewirken oder Bewahren – der Aufstieg der Grünen bringt zwei Politikbegriffe ins Spiel, die einander widersprechen, in: Wolfgang Kraushaar (Hrsg.), Was sollen die Grünen im Parlament?, Frankfurt/M. 1983, 85–92

Jürgen P. Rinderspacher, Gesellschaft ohne Zeit. Individuelle Zeitverwendung und soziale Organisation der Arbeit, = Schriften des Wissenschaftszentrums Berlin, Frankfurt / New York 1985

Botho Strauß, Paare, Passanten, München / Wien 1981[4]

Harald Weinrich, Lesen – schneller lesen – langsamer lesen, in: Neue Rundschau, H. 3/1984, 80–99

Zu den Autoren

Bauer, K.-O., Dr., Akad. Rat im Fachbereich Erziehungswissenschaften an der Universität Dortmund

Bernath, K., Dr., Mediävist, freiberuflicher Dozent für Philosophie, Bonn-Bad Godesberg

Betz, O., Dr., Prof. für Allgemeine Erziehungswissenschaft und Religionspädagogik an der Universität Hamburg

Dischner, G., Dr., Prof. für Neue deutsche Literatur an der Universität Hannover

Fetscher, I., Dr., Prof. für Politische Wissenschaften an der Universität Frankfurt

Gödde, G., Dr., Dipl.-Psych., Psychotherapeut in Berlin

Gössmann, W., Dr., Prof. für Deutsche Sprache und Literatur an der Universität Düsseldorf

Lukowski, D., Dr., Akad. Oberrätin im Fachbereich Gesellschaftswissenschaften, Psychologie, an der Universität Dortmund

Lutz, R., Dipl.-Psych., Fachbereich Psychologie der Universität Marburg

Menne, F., Dr., Prof. für Sozialpädagogik im Fachbereich Erziehungswissenschaften an der Universität Dortmund

Pfaff, K., Dr., Prof. für Soziologie und Sozialpädagogik (em.), Fachbereich Gesellschaftswissenschaften, Universität Dortmund

Schwarzenau, P., Dr., Prof. für Evangelische Theologie und Religionswissenschaft (i.R.), Fachbereich Gesellschaftswissenschaften, Universität Dortmund

Tewes, J., Dr., Akad. Oberrat im Fachbereich Erziehungswissenschaften an der Universität Dortmund

Wehinger, B., Dr., Assistentin am Institut für Romanische Philologie an der Freien Universität Berlin

Das Erscheinen dieses Buches haben unterstützt

Hildegard Dörffel

Elisabeth Guhl

Brunhild Hagedorn

Maria Hagedorn

Peter-Thomas Kiper

Herbert Kledtke, Rohrleitungs- und Apparatebau

Günter und Liselotte Kratel

Armin Krebs

Gisela Michels

Ingrid Nietert

Liselotte Polchow

Walli Ricker

Regina Schlüter

Ruth Suhr

Brigitte Windgätter